国家 "十二五"规划重点图书
国家出版基金资助项目

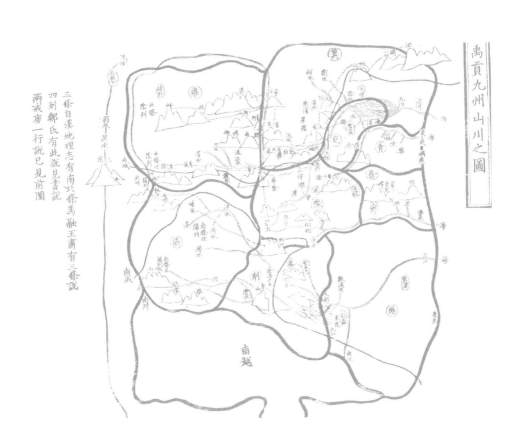

国家自然科学基金项目　国家社会科学基金项目
上海市社会科学重大项目

中國行政區劃通史

元代卷

李治安　薛磊　著

周振鹤◎主编

復旦大學出版社

中国行政区划通史

周振鹤　主编

总论　先秦卷　　　　　周振鹤　李晓杰　著
秦汉卷　　　　　　　　周振鹤　李晓杰　张　莉　著
三国两晋南朝卷　　　　胡阿祥　孔祥军　徐　成　著
十六国北朝卷　　　　　牟发松　毋有江　魏俊杰　著
隋代卷　　　　　　　　施和金　著
唐代卷　　　　　　　　郭声波　著
五代十国卷　　　　　　李晓杰　著
宋西夏卷　　　　　　　李昌宪　著
辽金卷　　　　　　　　余　蔚　著
元代卷　　　　　　　　李治安　薛　磊　著
明代卷　　　　　　　　郭　红　靳润成　著
清代卷　　　　　　　　傅林祥　林　涓　任玉雪　王卫东　著
中华民国卷　　　　　　傅林祥　郑宝恒　著

全书简介

本书研究自先秦至民国时期的中国行政区划变迁史。这一研究不仅是传统的关于历时政区沿革的考证（纵向），而且对同一年代各政区并存的面貌作出复原（横向），在条件许可的情况下相关的复原以详细至逐年为尺度。全书在总论外，分为十三卷，依次是先秦卷、秦汉卷、三国两晋南朝卷、十六国北朝卷、隋代卷、唐代卷、五代十国卷、宋西夏卷、辽金卷、元代卷、明代卷、清代卷及中华民国卷。

在掌握传世与出土历史文献的基础上，本书充分吸收前人的研究成果，力求最大可能地反映历史真实。全书以重建政区变迁序列、复原政区变迁面貌为主要内容，而由于历史时期中国行政区划的变化很大，在正式政区以外又有准政区的形式存在，加之政区层级、幅员及边界在不同时期的变迁程度不一，因此各卷又独立成书，其考证过程和编写结构有各自的侧重点。

本书是中华人民共和国成立以来第一部学术意义上的行政区划变迁通史。各卷作者在相关领域有长期的学术积累，全书的写作也倾注了十余年之功，希望能成为中国行政区划变迁史研究的重要参考著作。

作者简介

李治安，1949年生，河北邢台人。南开大学历史系毕业，历史学博士。曾任南开大学图书馆馆长、历史学院院长。现任南开大学历史学院教授、博士生导师，兼任中国元史研究会会长、国家哲学社会科学基金评审委员会历史组成员等。主要研究领域为元史和政治制度史。著有《元代分封制度研究》、《中国古代官僚政治》、《唐宋元明清中央与地方关系研究》、《行省制度研究》、《元代政治制度研究》、《忽必烈传》等。

薛磊，1977年生，江苏铜山人。南开大学历史学院毕业，历史学博士。现为南开大学历史学院副教授。主要研究领域为元史。在学术期刊上发表论文二十余篇。

元代卷 提要

本卷在详细梳理各种史书、地方志、文集等资料的基础上，深入系统地论述了元代地方行政体制与政区的变迁过程，尤其在路、府、州、县的建置演变方面考述颇详，填补了很多学术空白。

本卷首先阐述了元代政区设置的概况，然后依次论述了腹里政区、岭北行省、辽阳行省、河南行省、陕西行省、四川行省、甘肃行省、云南行省、江浙行省、江西行省、湖广行省、宣政院辖下吐蕃三道宣慰司的建置以及所辖路、府、州、县的建置沿革情况，并总结了元代政区地理变迁的轨迹和特色。

本卷指出，地方政区层级趋多、行省制的问世、边疆直接治理型官司取代羁縻州，这三者是元代政区建置方面最显著的变动与特色，也是与前朝迥然不同之所在。在元代政区建置的变动过程中，北方汉地和江南既有共同之处，也存在一定的差异。在政区层级趋多和实施行省制方面它们是一致的，但是，北方汉地的此类变化主要是借"画境之制"和投下食邑置路州来完成的，江南则是通过宣慰司接管南宋诸路和州县依户口数升格改造而实现的。

目　　录

绪　言 ····· 1
　一、元代政区的层级与统属关系 ····· 1
　二、元代行省政区建置概况 ····· 2
　三、元代宣慰使司政区建置概况 ····· 4
　四、元代路府州县政区建置概况 ····· 9

第一章　中书省直辖区"腹里"所辖路府州 ····· 17
第一节　腹里政区建置概况 ····· 17
第二节　大都路、上都路及兴和路沿革 ····· 18
　一、大都路 ····· 18
　二、上都路 ····· 21
　三、兴和路 ····· 22
第三节　保定路、河间路与永平路沿革 ····· 22
　一、保定路 ····· 22
　二、河间路 ····· 24
　三、永平路 ····· 26
第四节　德宁、净州等七路、一府沿革 ····· 27
　一、德宁路、净州路、集宁路与砂井总管府 ····· 27
　二、应昌路与全宁路 ····· 29
　三、宁昌路与泰宁路 ····· 31
第五节　真定路、顺德路与广平路沿革 ····· 32
　一、真定路 ····· 32
　二、顺德路 ····· 35
　三、广平路 ····· 35

第六节　彰德路、大名路、怀庆路与卫辉路沿革 …………… 37
　　一、彰德路 ……………………………………………… 37
　　二、大名路 ……………………………………………… 38
　　三、怀庆路 ……………………………………………… 40
　　四、卫辉路 ……………………………………………… 40
第七节　东平等三路、七州沿革 ………………………………… 41
　　一、东平路 ……………………………………………… 41
　　二、东昌路 ……………………………………………… 43
　　三、济宁路 ……………………………………………… 45
　　四、曹州 ………………………………………………… 47
　　五、濮州 ………………………………………………… 47
　　六、高唐州 ……………………………………………… 48
　　七、泰安州 ……………………………………………… 49
　　八、德州 ………………………………………………… 49
　　九、恩州 ………………………………………………… 50
　　十、冠州 ………………………………………………… 50
第八节　山东东西道所属益都等三路、一州沿革 ……………… 51
　　一、益都路 ……………………………………………… 51
　　二、济南路 ……………………………………………… 52
　　三、般阳府路 …………………………………………… 53
　　四、宁海州 ……………………………………………… 54
第九节　河东山西道所属大同等三路沿革 ……………………… 55
　　一、大同路 ……………………………………………… 55
　　二、太原路 ……………………………………………… 57
　　三、平阳路 ……………………………………………… 59

第二章　岭北行省的建置及其所辖行政机构 ……………………… 62

第三章　辽阳行省所辖路府州 ………………………………………… 65
　第一节　辽阳行省建置沿革概况 ………………………………… 65
　第二节　辽阳路与广宁路 ………………………………………… 68
　　一、辽阳路 ……………………………………………… 68

  二、广宁路 …………………………………………………… 72

 第三节　大宁路、东宁府、沈阳路 ……………………………… 76

  一、大宁路 …………………………………………………… 76

  二、东宁府 …………………………………………………… 84

  三、沈阳路 …………………………………………………… 87

 第四节　开元路与水达达路 ……………………………………… 92

  一、开元路 …………………………………………………… 92

  二、水达达路 ………………………………………………… 95

  三、附录：元代开元路建置新考 …………………………… 99

  四、附录：元代的双城总管府 …………………………… 104

第四章　河南行省所辖路府州 ……………………………… 113

 第一节　河南行省建置沿革概况 ……………………………… 113

 第二节　汴梁等三路、三府沿革 ……………………………… 115

  一、汴梁路 ………………………………………………… 115

  二、河南府路 ……………………………………………… 119

  三、南阳府 ………………………………………………… 120

  四、汝宁府 ………………………………………………… 123

  五、归德府 ………………………………………………… 125

  六、襄阳路 ………………………………………………… 127

 第三节　淮西五路沿革 ………………………………………… 129

  一、蕲州路 ………………………………………………… 129

  二、黄州路 ………………………………………………… 130

  三、庐州路 ………………………………………………… 130

  四、安丰路 ………………………………………………… 131

  五、安庆路 ………………………………………………… 133

 第四节　淮东道所属二路、一府沿革 ………………………… 133

  一、扬州路 ………………………………………………… 133

  二、淮安路 ………………………………………………… 135

  三、高邮府 ………………………………………………… 136

 第五节　荆湖北道所属二路、三府、一州沿革 ……………… 137

- 一、中兴路 ……………………………………………………… 137
- 二、峡州路 ……………………………………………………… 137
- 三、安陆府 ……………………………………………………… 139
- 四、沔阳府 ……………………………………………………… 139
- 五、荆门州 ……………………………………………………… 139
- 六、德安府 ……………………………………………………… 140

第五章 陕西行省所辖路府州 ……………………………………… 141

第一节 陕西行省建置沿革概况 ……………………………… 141
第二节 奉元、延安、兴元三路沿革 ………………………… 146
- 一、奉元路 ……………………………………………………… 146
- 二、延安路 ……………………………………………………… 148
- 三、兴元路 ……………………………………………………… 151

第三节 凤翔等一府、四州沿革 ……………………………… 152
- 一、凤翔府 ……………………………………………………… 152
- 二、邠州 ………………………………………………………… 153
- 三、泾州 ………………………………………………………… 153
- 四、开成州 ……………………………………………………… 154
- 五、庄浪州 ……………………………………………………… 154

第四节 巩昌等处总帅府所属四府、十五州沿革 …………… 154
- 一、关于巩昌等处总帅府 ……………………………………… 154
- 二、巩昌府 ……………………………………………………… 158
- 三、平凉府 ……………………………………………………… 159
- 四、临洮府 ……………………………………………………… 159
- 五、庆阳府 ……………………………………………………… 160
- 六、秦州 ………………………………………………………… 160
- 七、陇州 ………………………………………………………… 160
- 八、宁州 ………………………………………………………… 160
- 九、定西州 ……………………………………………………… 160
- 十、镇原州 ……………………………………………………… 161
- 十一、西和州 …………………………………………………… 161

十二、环州 …………………………………………………… 161

十三、金州 …………………………………………………… 161

十四、静宁州 ………………………………………………… 161

十五、兰州 …………………………………………………… 162

十六、会州 …………………………………………………… 162

十七、徽州 …………………………………………………… 162

十八、阶州 …………………………………………………… 163

十九、成州 …………………………………………………… 163

二十、金洋州 ………………………………………………… 163

第六章 四川行省所辖路府州 …………………………… 164

第一节 四川行省建置沿革概况 ………………………… 164

第二节 成都等五路、一府沿革 ………………………… 167

一、成都路 …………………………………………………… 167

二、嘉定府路 ………………………………………………… 169

三、广元路 …………………………………………………… 170

四、顺庆路 …………………………………………………… 172

五、潼川府 …………………………………………………… 173

六、永宁路 …………………………………………………… 174

第三节 四川南道所辖四路、二府沿革 ………………… 174

一、重庆路 …………………………………………………… 174

二、绍庆府 …………………………………………………… 176

三、怀德府 …………………………………………………… 177

四、夔路 ……………………………………………………… 177

五、叙南等处蛮夷宣抚司 …………………………………… 179

六、叙州路 …………………………………………………… 179

七、马湖路 …………………………………………………… 180

八、上罗计长官司 …………………………………………… 181

九、下罗计长官司 …………………………………………… 182

十、四十六囤蛮夷千户所 …………………………………… 182

十一、四川南道所辖其他诸部蛮夷 ………………………… 182

第七章 甘肃行省所辖路府州 …… 183

第一节 甘肃行省建置沿革概况 …… 183
第二节 甘州、永昌、肃州、沙州四路 …… 184
　　一、甘州路 …… 184
　　二、永昌路 …… 184
　　三、肃州路 …… 185
　　四、沙州路 …… 186
第三节 亦集乃路、宁夏府路、兀剌海路及山丹、西宁二州 …… 186
　　一、亦集乃路 …… 186
　　二、宁夏府路 …… 187
　　三、兀剌海路 …… 187
　　四、山丹州 …… 188
　　五、西宁州 …… 188

第八章 云南行省所辖路府州 …… 189

第一节 云南行省的建置沿革概况 …… 189
第二节 云南行省直辖各路 …… 190
　　一、中庆路 …… 190
　　二、威楚开南等路 …… 192
　　三、武定路军民府 …… 193
　　四、鹤庆路 …… 193
　　五、云远路 …… 194
　　六、彻里军民总管府 …… 194
　　七、广南西路宣抚司 …… 194
　　八、丽江路军民宣抚司 …… 195
　　九、东川路 …… 196
　　十、茫部路军民总管府 …… 196
　　十一、孟杰路 …… 197
　　十二、普安路 …… 197
第三节 曲靖等路宣慰司所辖路府州 …… 197

一、曲靖等路宣慰司及曲靖路 …………………………………… 197
　　二、澂江路 …………………………………………………………… 199
　　三、普定路 …………………………………………………………… 200
　　四、仁德府 …………………………………………………………… 200
　第四节　罗罗斯宣慰司所辖路府州 …………………………………… 201
　　一、建昌路 …………………………………………………………… 201
　　二、德昌路 …………………………………………………………… 202
　　三、会川路 …………………………………………………………… 203
　　四、柏兴府 …………………………………………………………… 204
　第五节　临安广西元江等处宣慰司所辖路州 ………………………… 204
　　一、临安路 …………………………………………………………… 205
　　二、广西路 …………………………………………………………… 206
　　三、元江路 …………………………………………………………… 206
　第六节　大理金齿等处宣慰司所辖路府州 …………………………… 206
　　一、大理路 …………………………………………………………… 207
　　二、蒙怜路 …………………………………………………………… 208
　　三、蒙莱路 …………………………………………………………… 208
　　四、金齿等处宣抚司 ………………………………………………… 208
　第七节　乌撒乌蒙宣慰司所辖各路 …………………………………… 209

第九章　江浙行省所辖路府州 …………………………………………… 211
　第一节　江浙行省建置沿革概况 ……………………………………… 211
　第二节　浙西七路、一府、一州沿革 ………………………………… 213
　　一、杭州路 …………………………………………………………… 214
　　二、湖州路 …………………………………………………………… 216
　　三、嘉兴路 …………………………………………………………… 216
　　四、平江路 …………………………………………………………… 217
　　五、常州路 …………………………………………………………… 219
　　六、镇江路 …………………………………………………………… 219
　　七、建德路 …………………………………………………………… 220
　　八、松江府 …………………………………………………………… 221

九、江阴州 …………………………………………………… 221
第三节　浙东道所属七路沿革 …………………………………… 222
　　一、庆元路 …………………………………………………… 222
　　二、衢州路 …………………………………………………… 224
　　三、婺州路 …………………………………………………… 225
　　四、绍兴路 …………………………………………………… 226
　　五、温州路 …………………………………………………… 228
　　六、台州路 …………………………………………………… 229
　　七、处州路 …………………………………………………… 229
第四节　江东八路、一州沿革 …………………………………… 230
　　一、宁国路 …………………………………………………… 230
　　二、徽州路 …………………………………………………… 231
　　三、饶州路 …………………………………………………… 231
　　四、集庆路 …………………………………………………… 232
　　五、太平路 …………………………………………………… 234
　　六、池州路 …………………………………………………… 235
　　七、信州路 …………………………………………………… 235
　　八、广德路 …………………………………………………… 236
　　九、铅山州 …………………………………………………… 236
第五节　福建道所属八路沿革 …………………………………… 237
　　一、福州路 …………………………………………………… 237
　　二、建宁路 …………………………………………………… 238
　　三、泉州路 …………………………………………………… 239
　　四、兴化路 …………………………………………………… 239
　　五、邵武路 …………………………………………………… 240
　　六、延平路 …………………………………………………… 241
　　七、汀州路 …………………………………………………… 241
　　八、漳州路 …………………………………………………… 243

第十章　江西行省所辖路府州 …………………………………… 244
　第一节　江西行省建置沿革概况 ………………………………… 244

第二节 龙兴等十一路、一州沿革 …………………………… 248
  一、龙兴路 ………………………………………………… 248
  二、吉安路 ………………………………………………… 250
  三、瑞州路 ………………………………………………… 251
  四、袁州路 ………………………………………………… 252
  五、临江路 ………………………………………………… 252
  六、抚州路 ………………………………………………… 253
  七、江州路 ………………………………………………… 256
  八、南康路 ………………………………………………… 256
  九、赣州路 ………………………………………………… 257
  十、建昌路 ………………………………………………… 258
  十一、南安路 ……………………………………………… 259
  十二、南丰州 ……………………………………………… 259

第三节 广东道所属七路、八州沿革 …………………………… 260
  一、广州路 ………………………………………………… 260
  二、韶州路 ………………………………………………… 261
  三、惠州路 ………………………………………………… 262
  四、南雄路 ………………………………………………… 262
  五、潮州路 ………………………………………………… 263
  六、德庆路 ………………………………………………… 264
  七、肇庆路 ………………………………………………… 264
  八、英德州 ………………………………………………… 264
  九、梅州 …………………………………………………… 265
  十、南恩州 ………………………………………………… 265
  十一、封州 ………………………………………………… 266
  十二、新州 ………………………………………………… 266
  十三、桂阳州 ……………………………………………… 266
  十四、连州 ………………………………………………… 267
  十五、循州 ………………………………………………… 268

第十一章 湖广行省所辖路府州 ……………………………………… 270
第一节 湖广行省建置沿革概况 ………………………………… 270

第二节　湖北八路、一府、一州沿革 …… 276
- 一、武昌路 …… 277
- 二、岳州路 …… 278
- 三、常德路 …… 278
- 四、澧州路 …… 278
- 五、辰州路 …… 279
- 六、沅州路 …… 279
- 七、兴国路 …… 280
- 八、靖州路 …… 280
- 九、汉阳府 …… 280
- 十、归州 …… 281

第三节　湖南道所属九路、三州沿革 …… 281
- 一、潭州路 …… 281
- 二、衡州路 …… 282
- 三、道州路 …… 283
- 四、永州路 …… 283
- 五、郴州路 …… 284
- 六、全州路 …… 284
- 七、宝庆路 …… 285
- 八、武冈路 …… 285
- 九、桂阳路 …… 286
- 十、茶陵州 …… 286
- 十一、耒阳州 …… 287
- 十二、常宁州 …… 287

第四节　广西两江道所属六路、一司、一府、九州等沿革 …… 287
- 一、静江路 …… 287
- 二、南宁路 …… 288
- 三、梧州路 …… 289
- 四、浔州路 …… 290
- 五、柳州路 …… 290
- 六、横州路 …… 291
- 七、庆远南丹溪洞等处军民安抚司 …… 292

八、平乐府 …………………………………………………… 293
　　九、郁林州 …………………………………………………… 293
　　十、容州 ……………………………………………………… 294
　　十一、象州 …………………………………………………… 295
　　十二、宾州 …………………………………………………… 295
　　十三、融州 …………………………………………………… 296
　　十四、藤州 …………………………………………………… 296
　　十五、贺州 …………………………………………………… 296
　　十六、贵州 …………………………………………………… 297
　　十七、左江的思明路、太平路，右江的田江路、来安路、
　　　　　镇安路等 ………………………………………………… 297
　第五节　海北海南道所属路军及八番顺元宣慰司沿革 ………… 302
　　一、雷州路 …………………………………………………… 302
　　二、化州路 …………………………………………………… 303
　　三、高州路 …………………………………………………… 303
　　四、钦州路 …………………………………………………… 304
　　五、廉州路 …………………………………………………… 304
　　六、乾宁军民安抚司 …………………………………………… 305
　　七、南宁军 …………………………………………………… 306
　　八、万安军 …………………………………………………… 306
　　九、吉阳军 …………………………………………………… 306
　　十、八番顺元宣慰司 …………………………………………… 307

第十二章　宣政院辖下的吐蕃三道宣慰司 …………………………… 315

第十三章　元代政区地理变迁轨迹和特色 …………………………… 319
　第一节　北方汉地：画境之制与投下食邑置路州 ……………… 319
　　一、蒙古时期的"画境之制" ………………………………… 319
　　二、至元初的投下食邑置路州 ………………………………… 323
　第二节　江南地区政区的变迁特点 ……………………………… 324
　第三节　行省的创置 ……………………………………………… 328
　第四节　边疆地区的行政管理方式 ……………………………… 329
　第五节　简短结语 ………………………………………………… 331

附　录 ·· 333

一、元帝国行省政区划分示意图 ·· 334
　　1. 至元十五年(1278)元帝国行省政区划分示意图 ·············· 334
　　2. 至元十八年(1281)元帝国行省政区划分示意图 ·············· 335
　　3. 至元二十五年(1288)元帝国行省政区划分示意图 ·········· 336
　　4. 至元三十年(1293)元帝国行省政区划分示意图 ·············· 337
　　5. 至大元年(1308)元帝国行省政区划分示意图 ·················· 338

二、元代行省与路、直隶府州建置沿革表 ···································· 339
　　1. 元代行省 ·· 339
　　2. 腹里政区 ·· 340
　　3. 辽阳行省 ·· 346
　　4. 河南行省 ·· 347
　　5. 陕西行省 ·· 350
　　6. 四川行省 ·· 354
　　7. 甘肃行省 ·· 356
　　8. 云南行省 ·· 357
　　9. 江浙行省 ·· 361
　　10. 江西行省 ·· 364
　　11. 湖广行省 ·· 366

主要参考文献 ·· 372

丞相和平章,燕京路宣慰司遂销声匿迹①。中统初,燕京宣慰司或宣慰使大抵是忽必烈派往燕京控制汉地"诸道"的特使,临时性使职差遣的色彩颇重。其官称虽曰宣慰使(司),严格地说更像是燕京行省的前身。较为正规的宣慰司设置,当在中统三年以后。

中统三年二月李璮之乱爆发后,元廷陆续设立十路宣慰司。是年十月,十路宣慰司全部设置完毕。这当是《元史》卷5《世祖纪二》中统三年十二月"立十路宣慰司"句的真正含义。中统三年所设宣慰司是由其前身十道宣抚司改造而来的。十道宣抚司是宣慰司的前身,宣慰司是十道宣抚司的变异。二者前后衔接,共同构成了相当于"监司"的第一个发展阶段。无论宣抚司,还是宣慰司,都是在不触动、不改变各地汉世侯军阀统治机构情况下的居上监临督察。职能上的如出一辙,也是宣抚司与宣慰司前后因袭联系的另一重要表现。正如日本学者爱宕松男所说:"尽管十路宣抚司变为十路宣慰司,但其内容却未发生本质的变化。"②

2. 至元元年至十五年临时处理军政事务的宣慰司

元朝前期,行中书省尚未定制,在相当长时间内,行省分别以临时处理军政事务和半固定化两种形式出现。至元元年(1264)到十五年的宣慰司,又是作为上述两类行省的补充而设置和活动的,我们注意到,在半固定的行省的场合,宣慰司常常与行省迭为废立。如设立于中统二年的北京等处行省,至元二年十月被废罢,改立"宣慰司以节制东北州郡"。翌年二月,西夏中兴行省也被宣慰司所替代。至元六年和八年东京等路行省和西夏中兴等路行省恢复,两处宣慰司随而撤销③。而在执行征伐任务的行省场合,宣慰司又往往充当其辅助机构。如至元十年九月元廷以荆湖行省和淮西行枢密院负责平宋战争之际,曾设河南宣慰司专门"供给荆湖、淮南军需"。翌年六月,又以中书左丞合剌合孙、中书参政崔斌"行河南道宣慰司事"④。关于河南道宣慰司办理军需转输的情况,河南道宣慰副使王复《墓志铭》载:"国家方有事襄汉……军需百色,羽书交督,急于星火,一责于我。中间筹办,君(王复)力为不少。时大军复东掀五河战,力而馁乏。河走陵蔽川不易转,致众艰于行。君毅然以漕事任,至撞冰东下,一夕冻欸解,军威藉以振。"⑤可见,河南宣慰司在供给攻宋大军

---

① 《中堂事记》(上),中统元年七月,二年正月,《秋涧集》卷80;《元史》卷4《世祖纪一》。
② 爱宕松男:《东洋史学论集》第4卷,日本三一书房1988年版,第86页。
③ 《元史》卷6《世祖纪三》、卷7《世祖纪四》。
④ 《元史》卷8《世祖纪五》。
⑤ 《秋涧集》卷49《故正议大夫前御史中丞王公墓志铭》。

的军需方面,功不可没。元军攻占临安后,为了迅速而有效地控制江南地区,元廷采取了以荆湖行省和江淮行省为主干,辅以诸路宣慰司的军政合一的统治体制。江南诸路宣慰司以伯颜所设浙东、西宣慰司为开端,很快形成了较普遍的设置。至元十三年六月又规定:"设诸路宣慰司,以行省官为之并带相衔;其立行省者,不立宣慰司。"① 迄至元十五年,江淮、荆湖等行省辖区内先后设置了浙东道、浙西道、江西道、江东道、湖北道、淮西道、淮东道、湖南道、广西道、广东道、福建道等十一道宣慰司。十一道宣慰司官员多数由攻略南宋行省的伯颜及阿里海牙的部将担任。如跟随伯颜攻克临安和进军闽广的部将中,阿剌罕任江东道宣慰使,谒只里、怀都任浙东道宣慰使,忽剌出任淮东宣慰使,塔出任江西宣慰使,塔里赤任福建宣慰使;随阿里海牙经营湖广的部将奥鲁赤、贾居贞任湖北道宣慰使,贾文备任湖南道宣慰使②。上述行省与十一道宣慰司构成的江南统治体制,与平宋军事行动紧密联系在一起,其构建原则大体是谁攻占的区域谁进行管理,而且实行军官兼管民政,军事民政混合的制度。此时的十一道宣慰司乃至荆湖、江淮等行省,实质上是一种过渡性的地区型军事管制机构。

总之,无论是与半固定化行省迭为废立的北京、西夏等处宣慰司,抑或平宋以后所设的带有军事管制性质的江南十一道宣慰司,都与中统年间监司形态的宣慰司及至元十五年以后的宣慰司,存在较大差异。其奉朝廷或行省之命临时处理军政事务的性质颇为突出。所以,我们不妨依其使命特色称其为临时处理军政事务的宣慰司。

3. 至元十五年以后行省等属下分治机构的宣慰司

至元十五年以后,元廷对宣慰司进行了大幅度的整顿和改进。这种整顿与行省地方最高官府的定制,几乎是同步的。随而,宣慰司发生了很大的变化,逐步过渡到行省等属下分治机构。此类调整和变化的表现有四个方面。

第一,宣慰司仅掌民政,兼都元帅府者综理军民。

至元十三年前后江南十一道宣慰司实行地区性军事管制,集统军、弭盗、选官、抚民、劝农、理财诸权于一身。这毕竟是平定南宋后的临时举措,并不符合元帝国在中原地区业已推行多年的军民分治制度。因此,至元十五年忽必烈接受囊加带"兵民宜各署官属"的建议③,江南地区诸官府也开始实行军民

---

① 《元史》卷9《世祖纪六》。
② 《元史》卷129《阿剌罕传》,卷131《怀都传》,卷135《塔出传》、《塔里赤传》,卷133《忽剌出传》,卷154《谒只里传》,卷131《奥鲁赤传》,卷153《贾居贞传》,卷165《贾文备传》。
③ 《元史》卷10《世祖纪七》至元十五年十一月壬辰。

分治,宣慰司原持提调军马的虎符被收回。至元十六年五月,"中书省请复授宣慰司虎符",却未被批准①;二十一年十月,忽必烈"敕管民万户为行省宣慰使者,毋兼军事"②。此二者表明:宣慰司大抵被归入管民官之类,不能过问军事了。至元二十八年以后,元廷陆续设置了金齿等处宣慰司都元帅府、海北海南道宣慰司都元帅府、左右江宣慰司都元帅府、吐蕃等处宣慰司都元帅府、乌思藏·纳·速古儿孙等三路宣慰司都元帅府、广东道宣慰司都元帅府、蒙庆道宣慰司都元帅府、福建道宣慰司都元帅府等。与一般宣慰司不同的是,宣慰司都元帅府除掌管民政外,其长官都元帅佩金虎符,提调军马。如广东道宣慰司都元帅"佩元帅大符,持节治军府……盖广东所统七路八州大小县数十及诸司官吏食禄累千数百人,军帅布在列郡及江省岁以兵来戍者,皆总于是"③。由此,宣慰司体制中又形成了宣慰司仅掌民政,兼都元帅府者综理军民两种形态并存的情况。

第二,精减员额,撤销相衔。

平宋之初,包括宣慰使在内的地方军民官吏都由行省自行举荐任用,一度出现"由行省官举荐超授宣慰使者其众"的情形。忽必烈采纳淮西宣慰使昂吉儿的建议,特派平章哈伯、左丞崔斌等"减汰"江南冗官④。结果是江南地区"其宣慰司十一道,除额设员数外,余并罢去"。迄至元二十年,江南诸道宣慰司官一百四十员减为九十三员,还削去了宣慰使等原带宰执衔⑤。

第三,正式隶于行省等属下。

宣慰司正式隶于行省等属下,始于云南行省。至元十二年正月,忽必烈采纳云南行省平章赛典赤·赡思丁的建议,"命宣慰司兼行元帅府事并听行省节度"⑥。这是首次出现的宣慰司正式被置于行省等属下的情况,其意义不可低估。可以说,此举开了宣慰司过渡到行省等属下分治机构的先例。平宋以后,尤其是至元十五年整顿宣慰司后,各行省范围的宣慰司陆续被置于行省节制之下。据初步统计,至元十五年以降隶属于十行省的宣慰司和宣慰司都元帅府达到三十八个。其中,长期、固定设置的十九个,短期或旋置旋废者十九个,各占一半。宣政院所属吐蕃等处三宣慰司均为长期设置。中书省直辖区"腹

---

① 《元史》卷10《世祖纪七》。
② 《元史》卷13《世祖纪十》。
③ 《道园类稿》卷26《广东道宣慰使都元帅僧家讷生祠记》。
④ 《元史》卷132《昂吉儿传》。
⑤ 《元史》卷10《世祖纪七》至元十五年六月甲辰,卷12《世祖纪九》至元十九年五月己巳、至元二十年七月丙子。
⑥ 《元史》卷8《世祖纪五》。

里"所属六个宣慰司中,河东山西与山东东西二道宣慰司也是长期设置。

有一点需要说明,即至元十三年六月"其立行省者,不立宣慰司"的规定和后来宣慰司隶属于行省,并不相抵牾。"其立行省者,不立宣慰司"的意思,是指行省治所在道不许设置宣慰司。河南行省治所在的原河南(南京)道宣慰司、江浙行省治所在的原浙西道宣慰司、甘肃行省治所在的原河西道宣慰司、江西行省治所在的原江西道宣慰司、湖广行省治所在的原湖北道宣慰司、岭北行省治所在的原和林宣慰司等,即随行省创立或省治移至该地而相继废罢。行省辖区内其他道的宣慰司和宣慰司都元帅府,则无例外地长期隶属于行省,受行省节制。这就是"其立行省者,不立宣慰司"规定的具体、确切的含义。换言之,至元十三年的上述规定,只是减少了行省治所在道的最高官府的重复建置,并不影响多数宣慰司及宣慰司都元帅府隶属于行省等的基本格局。

第四,宣慰司均有了较稳定的辖区。

至元十五年以后,诸宣慰司长期而稳定地统辖着所属路及直隶州,多者十几个,少者三五个。如前述,广东宣慰司都元帅府"所统七路、八州、大小县数十"。所辖路州的稳定性,充分体现了宣慰司在行省之下"分道以总郡县"的基本职能[①]。这也是至元十五年以后宣慰司过渡为行省等属下分治机构的具有说服力的证据。

总之,宣慰司和宣慰司都元帅府分别设立,精简员额及撤销相衔,使宣慰司的建置、职司、官衔等摆脱了临时性,增加了正规性;而正式隶属于行省及辖区的稳定化,又从上司下辖两方面确定了宣慰司分治机构所处的位置。经过这样的整顿和改进,宣慰司已不停留于临时处理军政事务阶段,而是过渡为行省等属下分治机构了。另外,宣政院和中书省"腹里"属下十余个宣慰司,实际上也是一种分治军民的机构,只不过它们不隶属于行省,而分别隶属于宣政院或中书省,具体使命也略有差别而已。

无论宣慰司,抑或宣慰司都元帅府,它们在"掌军民之务,分道以总郡县"方面的事权都是相当显赫的。尤其是宣慰司都元帅府似乎构成了行省以外的另一个地方官府的权力中心。"承转机关"只反映宣慰司的部分职事,而未言及其职能的基本方面。鉴于此,单纯称宣慰司为行省与路府州县间的"承转机关",似乎不够确切和全面。

我们认为,元代宣慰司的建置沿革既然经历了前述三个阶段,其性质自应与这三个阶段密切关联。至元二年以前的宣慰司及宣抚司应为"监司"。至元

---

① 《元史》卷91《百官志七》。

元年到十五年的宣慰司，又应是临时处理军政事务的机构。至元十五年以后宣慰司的性质，则大抵是行省等属下的分治机构。元人王沂所言"宣慰，大府也，临制列郡"①，正披露了这层意思。由于第三阶段又是在行省为首的地方统治体系定制的情况下宣慰司较稳定的形态，历时长达九十年，相当于前二阶段的四倍半。所以，我们用"行省等属下的分治机构"概括元代宣慰司的性质，也大体不错。这一概括既反映了宣慰司"掌军民之务，分道以总郡县"的基本职能，又兼顾了"行省有政令则布于下，郡县有请则达于省"的承转作用。元人云"我朝置帅阃……有人民焉，有军旅焉，政事无大小，悉综于大府，受约束，奉期会"，"八州隶辖势亦重"，"上承下接不须虑"②，也是对元宣慰司上述性质颇有说服力的诠释。

四、元代路府州县政区建置概况

元代路总管府是杂糅宋、金之制并加以变通而来的。路之名称，源自两宋转运使、提点刑狱、提举常平、安抚使等，但两宋的路仅为各司其职、分立并存的监司，并未形成正规的地方一级行政机构。比较而言，元路总管府对金路总管府建置的承袭，似乎更显著、更直接。金制，路为地方一级行政区划，五京、十四总管府合为十九路，每路设都总管，综理本路兵马及民政，又兼所在府尹。其下设同知都总管、副都总管、总管判官、府判、推官、知法等，充任佐贰僚属③。可以说，金代路总管府就是元路总管府的前身，元路总管府则多半是因袭和变通金制而来的。

路总管之职名，起初是由金末降蒙的汉族地主武装头目所系官衔带入蒙元的。与此一起带入的职名，还有行省、都元帅、元帅、万户等。《元史》卷124《塔本传》云："阿台，当袭父职，适罢行省为平滦路总管府。丁巳，宪宗命阿台为平滦路达鲁花赤。"卷151《郝和尚拔都传》说，壬子岁（1252）郝和尚逝世前担任河东北路行省，"凡四年"。身亡后，长子天益袭职太原路军民万户都总管。这两个事例说明：宪宗丁巳年（1257）以前，汉世侯等地主武装头目所任职名囊括行省、总管、万户、都元帅、元帅等金朝诸色官职，纷然杂陈。而且，在诸官职中又以行省为尊，即使是辖有一府、一州、一路之地的世侯军阀，也要冠之以行省。丁巳年左右，朝廷降低此类官职的规格，许多行省改称为路总管

---

① 《伊滨集》卷14《送翟生序》。
② 《羽庭集》卷5《送吴仲明赴广东帅阃经历序》；《秋涧集》卷11《淮西行·送汤侯宣慰庐江郡》。
③ 《金史》卷57《百官志三》。

府。于是,由汉世侯担任长官的路总管府大量出现。东平严实父子也属于这种情况。庚子年(1240)严实在世时,其职务是"行尚书省事"和"东平路行军万户",次子严忠济嗣职后,则为"东平路行军万户、管民长官",迄中统二年(1261)被罢免前一直没有改变①。稍有例外的是,益都李璮在中统三年反叛前,一直称为"李行省",且在世祖即位时加江淮大都督②。这或许和李璮辖区地处防范南宋的前线有一定关系。

如果说宪宗丁巳年左右是路总管府设置趋于普遍的开始,那么,从世祖至元元年路总管府正式向地方管民官转变。《元史》卷91《百官志七》云:"诸路总管府,至元初置。"所言甚是。在此以前,路总管例兼行军总管或万户,"尽专兵民之权",名为国家官吏,实为世侯军阀。耶律楚材关于兵民分治、"各不相统摄"的设想,迟迟未能实现③。引起上述旧制变化的契机,就是平定李璮之乱。当时忽必烈已经意识到,汉世侯兼领兵民,乃是李璮反叛的重要凭借,因此大刀阔斧地实施了"罢诸侯世守,立迁转法"和兵民分治的政策④。中书省左丞相耶律铸、中书省左丞姚枢等行省河东、山东、河南,就是专门执行此项任务的⑤。这一政策实施之后,路总管等一律由朝廷派官担任。如原十路宣慰司官赵璧担任了淄莱路总管,游显担任了益都路总管,郑鼎担任了平阳路总管,李德辉担任了太原路总管⑥。而且他们开始只掌民事财政,不过问军事(北方仍兼管汉军奥鲁事),变为典型的地方管民官或牧民官。《吏学指南·官称》说:"牧民官,司养百姓曰牧民……路府诸州是也。"路总管府被称为管民官或牧民官,似乎应来自至元元年罢世侯和兵民分治的政策。

有必要强调的是,至元前期忽必烈罢黜汉世侯不久,即在中原汉地着手调整与投下五户丝食邑相关的路州建置。其做法大致是:在原汉世侯辖区内,以较重要的诸王勋贵分地为单位,采取分设、新立、改置及维持原状等方式,众建路及直隶州,划一食邑,尽可能使拥有较多封户的诸王贵族独占一路、一州,或在该路占主导地位,尽可能减少同路(州)内数投下封君领民纷杂交织的现象。如严实东平路辖区被分为济宁、东昌、东平三路和高唐、冠州等七个直隶州,而般阳路、彰德路、卫辉路、广平路、顺德路、怀孟路、河南府路等,则是从某

---

① 《元好问全集》卷26《东平行台严公神道碑》;《元史》卷148《严实传》。
② 《纪录汇编》卷202《前闻记·李璮》;《元史》卷206《李璮传》。
③ 《道园类稿》卷37《淮南宪武王庙堂碑》;《元文类》卷57《中书令耶律公神道碑》。
④ 《元史》卷5《世祖纪二》至元元年十二月庚午。
⑤ 《元文类》卷60《姚文献公神道碑》;《元史》卷146《耶律铸传》。
⑥ 《元史》卷150《赵璧传》、卷154《郑鼎传》;《牧庵集》卷22《荣禄大夫江淮等处行省平章政事游公神道碑》、卷30《中书右丞李忠宣公行状》。

些路州中割划、合并而来的新路(州)。益都路、济南路、真定路、大名路、河间路等又属于路的名称未变,实际辖区却因投下封民所在发生划割改属等变动而"改置"的路。上述以投下食邑所在置路州的做法,对元代路及直隶州建置产生了重要影响。许有壬说:"我朝为路,路则今制。"①意思是说,元朝路及总管府的名称虽沿袭宋金,但其建置规模却是独特的,属于本朝自身的制度。两宋路为监司之路,金代路才成为地方一级行政区划,二者辖区较大,一般管辖或监治十来个州。以北宋全境和南宋、金朝南北辖区合计,所设路数起初仅十五个,最多不超过四十个。元初,特别是"画境之制"后,路的建置或袭金制,或以几个势力较强的世侯为分野,故辖区比较大,其数目也与金朝相去不远。自至元二年投下食邑陆续置路州后,虽然朝廷也实行过省并州县,但路的数目大大增加,辖区相应缩小。如金朝统治的北方地区,原设路仅十九个,元世祖至元以降则增至四十余个。腹里地区的许多路所辖散州散府也减为一到三个,还出现了一些辖境更小的投下食邑直隶省部之州。灭南宋后,元廷于至元十三年至十七年模仿北方路的建置规模,在江南改置了一百余个路,几乎发展到"每州皆为路"的地步②。由于上述改置在前,分封江南投下食邑在后(分封多在至元十八年至二十二年),故多数江南食邑是以新改置的路府州县为单位,将所在民户(或全部或部分)封授给宗王贵戚功臣的。唯有铅山州、南丰州、桂阳州、茶陵州、常宁州等,是封授别里古台大王、答里真大王、畏答儿、末哥大王、合丹大王以后由县升格为"直隶行省"之州的③。无论改置路州在前,抑或在后,江南地区也被建置成数十个投下食邑路州,乃是无可辩驳的事实。此外,漠南草原地带的某些诸王驸马分地,也相继建立了投下路州,如永昌路、沙州路、山丹州、西宁州、德宁路、净州路、泰宁路、集宁路、应昌路、全宁路等。这样,以投下封邑大量设置路州为先导,全国范围内路的数目逐渐增加到文宗朝的一百八十五个。

　　元制,"十万户之上者为上路,十万户之下者为下路"④。上述投下封邑所置路州多半辖户较少,与元朝以户数多寡来定行政建置级别的规则明显不合。如顺德路、彰德路、怀孟路仅三万余户,广平路四万余户,般阳路、卫辉路各二万余户,济宁路一万余户⑤,均不及一路之规定数。至于漠南草原地带的投下

---

① 《安阳县金石录》卷10《彰德路创建鲸背桥记》。
② 《元史》卷58至卷63《地理志》;《草木子》卷3下《杂制篇》。
③ 《元史》卷95《食货志三》、卷62《地理志五》、卷63《地理志六》。
④ 《元史》卷91《百官志七》;《事林广记》前集卷4郡邑类。
⑤ 《元史》卷58《地理志一》。

路州户数就更少了。路数增多与辖户减少的结果,是路级建置泛滥,部分路的规模几乎与一般府州相差无几。元中叶,王结上书宰相,提议废罢路总管府建置①,就是针对路总管府数目多、辖户少等弊端的。

此外,元廷于至元二十年(1283)规定如下十二路因地"当冲要","虽不及十万户亦为上路",它们是江陵路、扬州路、静江路、潭州路、成都路、杭州路、重庆路、绍兴路、建康路、鄂州路、淮安路、龙兴路②。依地势重要而确定上路的原则,显然又含有为军事镇戍等特殊目的服务的意思。

元袭金制,在路总管府以外又设若干散府。散府是相对于路而言的。有元一代,路总管府通称"总府",路总管府以外的其他府一概称为散府。

散府,秩正四品,高于诸州。例设达鲁花赤一员,知府或府尹一员,正四品,兼领劝农及江北奥鲁;同知一员,从五品;判官一员,从六品。后增设专理刑狱的推官一员,正七品;司狱一员,从九品。又有首领官知事、提控案牍各一员,司吏若干员③。散府内部没有路州式的上、中、下之别。然而,由隶属关系表现出的等差还是存在的。正如《元史》卷91《百官志七》所说,"所在有隶诸路及宣慰司、行省者,有直隶省部者,有统州县者,有不统县者,其制各有等差"。隶于路总管府及军民安抚司的散府,计有顺宁府等十一个;隶于行省、宣慰司及巩昌总帅府的散府,计有南阳府等二十二个。此二数相加,恰好与《元史》卷58《地理志一》"府三十三"的记载吻合。对前一类散府,《元史·地理志》称为"属府";对后一类散府,则径称为府。这两种称呼,大抵区分了元代散府内部依隶属关系而划分的两个类别。只是后一类"府"的称谓,似显笼统,因其在散府中占多数,我们不妨称之为"一般散府"。我们注意到,除边疆地区外,"一般散府"和"属府",均能统辖州县,数量一个至十余个不等。比较而言,"一般散府"统辖州县数稍多。因其直隶行省或宣慰司,还能取得与直隶省部之州相近的地位。《墙东类稿》卷7《江阴改州记》云:"以州隶行省,事得直达,免旁郡牵制之虞。""一般散府"的品秩较直隶行省之州高,其"事得直达"等权,应该比直隶行省之州更显著。如此看来,直隶行省或宣慰司的"一般散府",在品秩和领州县方面虽与"属府"大同小异,但实际权势地位又与直隶省部之州相近,而远在"属府"之上。从这个意义上可以说,散府与不同上司间的隶属关系,引起了其内部的高下等差。

---

① 《文忠集》卷4《上中书宰相八事书·革冗官》。
② 《元史》卷91《百官志七》;《事林广记》前集卷4"郡邑类"。
③ 《元史》卷91《百官志七》。

在路府州县管民官系列内,散府是介于路与州县之间的官府。从品秩来看,散府低于路而高于州,故在路府州县的排列中散府居第二,州居第三。就隶属关系来说,散府与州的上下位置一般分为两种情况:(1)直隶省部(包括行省、宣慰司)之散府,仅次于路而高于州,有些还可领属若干属州,如南阳府、汝宁府、归德府、德安府、潼川府等。(2)"属府"的权势地位又明显处于直隶省部(包括行省、宣慰司)之州下面。另,有元一代散府的总数仅三十三个,相当于路总管府总数(一百八十五个)的五分之一弱,不及州总数(三百五十九个)的十分之一。这或许是《元史》卷58《地理志一》谈及地方行政建置时既言"元则有路、府、州、县四等",又云"大率以路领州领县",而将散府略去不论的缘由。然而,数量较少,并不足以降低散府的地位。在元代地方统治秩序中,散府上承省路,下领属州、属县,掌管行政、财赋、司法的角色,仍应受到一定的重视。

中统五年(1264)"并立州县"之初,诸州已有上、下两等和达鲁花赤以下官三员的编制①。以后,诸州等第由上、下二等变为上、中、下三等,而且经历了至元三年(1266)、至元二十年、元贞元年(1295)三次变动。至元三年,朝廷首次以百姓户数确定诸州等第,"定一万五千户之上者为上州,六千户之上者为中州,六千户之下者为下州"。这显然是依据北方诸州辖户实际情况而规定的。至元二十年,因江南地区人口稠密,难以照搬北方制度,"又定其地五万户之上者为上州,三万户之上者为中州,不及三万户者为下州"。实施这项新规定后,"升县为州者四十有四"②。或许是江南地区由县升州者过多,成宗元贞元年五月又调整为:"户至四万五千者为下州,五万至十万者为中州。"不用说,上州的户数,就在十万以上了。此次调整后,"凡为中州者二十八,下州者十五",部分"户不及额"者被降格③,江南地区诸州数量过多的情况得到一定程度的控制。

诸州的官吏设置,又依上、中、下三等第而略有不同。中统五年,除达鲁花赤外,上州设州尹、同知、州判三员,下州设知州、同知、州判三员④。至元三年诸州分为三等之后,上州设达鲁花赤、州尹各一员,秩从四品;同知一员,正六品;判官一员或二员,正七品。中州设达鲁花赤、知州各一员,秩正五品;同知

---

① 《事林广记》别集卷1《官职新制》。然而,《元史》卷91《百官志七》却说,此时诸州"未有等差"。兹存疑。
② 《元史》卷91《百官志七》。
③ 《元史》卷18《成宗纪一》。
④ 《事林广记》别集卷1《官职新制》。

一员,从六品;判官一员,从七品。下州设达鲁花赤、知州各一员,秩从五品;同知一员,正七品;判官一员,正八品。首领官,上州设知事、提控案牍各一员,中州设吏目、提控案牍各一员,下州设吏目一员或二员①。中、下州吏目属流外职,"位在天子命吏之下"②。上州知事和中州提控案牍,又是大德四年(1300)六月经中书省批准添设的③。诸州的其他属官还有司狱、僧正司、税使司、儒学教授司、蒙古字学教授司、医学学正、阴阳学学正等④。

除了上、中、下等第之外,元代诸州还有直隶省部(或行省、宣慰司)之州和"属州"的差别。在《元史·地理志》中,前者径称为州,后者称为"属州"。顾名思义,直隶省部(或行省、宣慰司)之州,强调其直接隶属于省部(或行省、宣慰司),"属州",则表明隶属于路及散府。有元一代,直隶省部(或行省、宣慰司)之州共计六十一个,占全国诸州总数(三百五十九个)的百分之十七;"属州"共计二百九十八个,占全国诸州总数的百分之八十三。令人费解的是,元代诸州上、中、下等第,基本是按户口数确定的。而直隶省部(或行省、宣慰司)之州与"属州"的区别,多半和户口数无甚直接关系。

可以看到,六十一个直隶省部(或行省、宣慰司)之州中,下州五十个、中州六个、不明者两个,下州占百分之八十二;而二百九十八个属州中,下州二百十六个、中州四十七个、上州六个、不明者二十九个,下州占百分之七十二点五。按照元朝州县户数制度,北方下州应在五千至六千户之间,江南下州应在二万至四万户之间。上述六十一个直隶省部(或行省、宣慰司)之州中,梅州、封州、桂阳州、连州、循州、归州、郁林州、容州、宾州、横州、藤州、贺州、贵州等十三州所辖户口数,明显低于朝廷的规定。其他未标明户数的邠州等十一州所辖户数,估计也不会多。可见,元代直隶省部(或行省、宣慰司)中,这种下州居多和辖户数不及朝廷定制的情况相当普遍。

直隶省部(或行省、宣慰司)之州和属州的权势地位是否一样呢?关于这个问题,元人陆文圭《江阴改州记》为我们提供了较圆满的答案:至元二十八年江阴州降为常州路的"属州","既而急符数下,调发无虚日,沂流供给,回远百里,民疲于奔命,讯报滞留,囚多瘐死,兵廪不时,率有怨言"。成宗初改为直隶行省之州后,"事得专达,免旁郡牵制之虞",且能"专治其民"⑤。虞集《灵惠

---

① 《元史》卷 91《百官志七》。
② 《道园类稿》卷 47《王诚之墓志铭》。
③ 《元典章》卷 9 吏部三《首领官·上中州添设首领官》。
④ 《元典章》卷 12 吏部六《狱典》;《大德昌国州志》卷 5;《至正金陵新志》卷 6 上《本朝统属官制》。
⑤ 《墙东类稿》卷 7。

冲虚通妙真君王侍宸记》也说:"南丰,下州也,而不统于郡,得专达行省。"①换句话说,直隶省部(或行省、宣慰司)之州和属州,虽然均曰"州",但属州在权力行使上受制于路总管府,直隶省部(或行省、宣慰司)之州却可以获得与路总管府相似的权力,而不受其他路总管府的支配。二者的确是相去甚远。

如前所述,直隶省部(或行省、宣慰司)之州与属州的划分,并不依上、中、下等第来确定。直隶省部之州与属州内部,上、中、下三等州均有之,属州内上州和中州的比例,还明显高于直隶省部(或行省、宣慰司)之州。元廷之所以一概不依上、中、下等第,另行划出直隶省部之州与属州,原因是比较复杂的。我们注意到,在六十一个直隶省部(或行省、宣慰司)之州中,有二十一个是诸王功臣的封邑所在。这批投下封邑不论户数多寡,大多被定为直隶省部之州,故能享受路级官府式的直接向都省或行省禀报政务的权力,在五户丝征集、达鲁花赤委派及品秩等方面,也能给投下封君及部属带来诸多便利;同时,又容易把各自为政的投下官府纳入国家的路州官僚体系内。此种怀柔投下和加强对投下封邑有效管辖的政策,正是直隶省部之州设置的主要原因之一②。我们还看到,其他四十个直隶省部(或行省、宣慰司)之州的两种不同情况:一是地理上具有较重要的政治军事意义的州,如荆门州、邠州、泾州、归州、江阴州等;二是某些边疆少数民族杂居地区的要镇,如雅州、黎州、洮州、贵德州、茂州、岷州、铁州、英德州、封州、新州、连州、循州、郁林州、容州、象州、宾州、融州、贺州等。它们在元廷军事镇戍和政治统治方面均有较重要的意义。我们从部分直隶省部之州一度升为路(如开成州、江阴州、英德州、南恩州、封州、新州、连州、循州、容州、象州、宾州、横州、融州),也能窥见此种迹象。

需要提及的是,元代直隶省部之州和属州的划分,对明清州制颇有影响。在某种意义上可以说,明清直隶州和散州大体上是在元直隶省部之州及属州制的基础上发展起来的。

附带谈谈元代少数军的设置。《元史》卷91《百官志七》云:"诸军,唯边远之地有之,各统属县,其秩如下州,其设官置史少如之。"有元一代,军的设置主要有四个:一个是隶属于四川行省马湖路的长宁军,另外三个是湖广行省海北海南道宣慰司的南宁军、万安军、吉阳军。从设置由来看,此四军均为平宋后沿袭南宋原有建置,而且均在边疆少数民族杂居区,户口则九千余、八千余、

---

① 《道园类稿》卷25。另,《水云村稿》卷3《南丰州鼓角楼记》亦载:"丰,故壮邑,甲江右。岁值壬午,隆以州,权专决直达,与盱、抚等。"
② 参阅李治安:《元代分封制度研究》,天津古籍出版社,1992年,第108页。

一千余不等①。其官府级别又与下州略同。因数量少,史料阙如,仅作附言,恕不详述。

元代地方行政建置由汉唐的郡(州)县二级变为行省、路、府、州、县四、五级。处于最底层的县,品秩低微,上司变多,但因其"亲临民事,周知下情"②等不可替代的性质,县级官府在地方统治体系及士大夫心目中,仍然是最基础、最重要的部分。

元代的县依户数多寡分为上、中、下三等,而且兼顾了江北、江南两地区的不同情况。江北诸县分等是在至元二年合并北方州县的基础上实施的,当时规定:六千户以上为上县,二千户以上为中县,不及二千户为下县。江南诸县分等延迟到至元二十年,针对江南人口稠密的具体情况,上县的规定户数扩大为三万户以上,中县为一万户以上,下县为一万户以下。上县设达鲁花赤一员,县尹一员,从六品;县丞一员,正八品;主簿一员,从八品;县尉一员,从九品。中县设达鲁花赤一员,县尹一员,正七品;主簿一员,从八品;县尉一员,从九品。下县设达鲁花赤一员,县尹一员,从七品;主簿一员,正九品;县尉一员,从九品。"民少事简之地,则以簿兼尉。"其下还有首领官典史一至二员及司吏若干名③。以上制度的实施是比较严格的。如婺州路浦江县"入国朝稽合户版,宜为中县,署达鲁花赤、县尹皆正七品,主簿品亦从八"④。镇江路丹徒、丹阳、金坛三县均为中县,监、尹、簿、尉品秩同上,司吏皆七名,另有尉吏、巡检司吏各一名。首领官典史,丹徒、丹阳二县各一名,金坛县二名⑤。上述四县官吏员数及品秩,大抵与朝廷制度吻合。

---

① 《元史》卷 60《地理志三》、卷 63《地理志五》。
② 《秋涧集》卷 62《谕平阳路官吏文》。
③ 《元史》卷 91《百官志七》;《事林广记》别集卷 1《官制类》。
④ 《柳待制集》卷 17《浦江县官题名序》。
⑤ 《至顺镇江志》卷 13《廪禄》。

第一章　中书省直辖区"腹里"所辖路府州

第一节　腹里政区建置概况

元《经世大典序录·都邑》篇云:"惟我太祖皇帝开创中土,而大业既定。世祖皇帝削平江南,而大统始一。舆地之广,古所未有。遂分天下为十一省,以山东、西,河北之地为腹里,隶都省。"① 元代中书省直接管辖的河北、山西、山东之地,特称为"腹里"。该地区含有路二十九个、直隶省部之州八个、散府三个、属州九十一个、县三百四十六个。在其东、西两翼,还有山东东西道宣慰使司和河东山西道宣慰使司的建置。这与诸行省辖区边远处另设宣慰使司的情况,大体类似。由于是上都、大都之所在,"腹里"地区又构成了元帝国的政治中心区域。其重要性自然超出十个行省。

汉语"腹里"一词,意指内地,大体肇始于两宋②。有元一代,由山东、山西、河北组成的"腹里",既是古老的华夏文明的中心地带,又是空间上距蒙古本土较近和部分接壤的区域。就整个汉地而言,"腹里"还是蒙古贵族最早用兵征服和占领,并由此出发进一步征服和统一全国的"基地"。尤其是元世祖忽必烈将国都由和林迁至漠南,设置上都、大都之后,"腹里"又成为蒙元帝国新的政治中心区域。于是,相对于十行省管辖的边地,"腹里"又自然成了内地。这就是元代中书省直辖的山东、山西、河北特称为"腹里"(内地)的缘由。

与元代的行省特大政区类似,"腹里"地区的幅员范围,远远超过了历代汉地王朝的"三辅"、"京畿"和"直隶"等京师直辖区。这显然是受蒙古草原大帝国的传统影响所致。元代"腹里",曾经是金朝统治的中心地域,又是大批蒙古人及色目人南下定居、留驻、屯戍之处。元代"腹里"政区不可避免地保留着相

---

① 《元文类》卷40《杂著》。
② 杨士奇等:《历代名臣奏议》卷86《经国》。

当多的金朝遗制,又肯定受到来自统治民族蒙古人的诸多影响。在某种意义上说,"腹里"政区的变迁,乃是蒙古贵族统治汉地政策在行政地理领域的一个窗口。

由于是中书省直辖,没有行省一级的机构建置,腹里地区比起十行省政区层级数,一般少一级。这是元代"腹里"政区在地方官府层级方面与十行省迥异之处。在政区的整体框架上,元朝统治者还有意无意地模仿漠北蒙古本土中央兀鲁思和东道、西道宗王兀鲁思的方位构建,设计了"腹里"地区中部由中书省直辖,东、西两翼另增设宣慰司的方式。尽管它们存在宗王封地和宣慰司统辖的差异,但在区别中部和东、西两翼不同情况相应采取不同管辖方式上,元朝"腹里"地区与漠北蒙古可谓异曲同工。

在元代"腹里"政区的变迁过程中,蒙古窝阔台汗八年(1236)左右的"画境之制",首次引起了较大变动。元世祖朝至元二年(1265)合并州县和投下食邑置路州,造成了"腹里"政区第二次较大的变动。

关于"腹里"政区,王颋博士论文《元代行政地理研究》、瞿大风博士论文《元朝统治下的山西地区》、赵文坦博士论文《大蒙古国时期汉人世侯研究》、张金铣的《元代地方行政制度研究》及李治安的《元代中原投下封地置路州发微》等文[1],曾经从不同视角作了探讨。本章吸收前人成果,试作如下较系统的考察。

第二节 大都路、上都路及兴和路沿革

一、大都路

元大都(今北京市),旧名燕京,金为中都和大兴府,蒙古国时期为燕京行断事官治所。忽必烈建元朝后,初为燕京行省治,至元元年(1264)名曰中都。九年,改名大都。至元二十一年,设大都路总管府。于是,大都与上都一样,又成为京师所在路的治所。

大都城由新城、旧城两部分组成。新城系至元四年修建,位于金中都东北,又称北城,共有城门十一座,南为丽正、文明、顺承三门,北为安贞、健德二门,东为崇仁、齐化、光熙三门,西为和义、平则、肃清三门。旧城是原金中都,

---

[1] 王颋:《元代行政地理研究》,复旦大学博士学位论文,1989年;瞿大风:《元朝统治下的山西地区》,南开大学博士学位论文,2003年;赵文坦:《大蒙古国时期汉人世侯研究》,山东大学博士学位论文,1999年;张金铣:《元代地方行政制度研究》,安徽大学出版社,2001年;李治安:《元代中原投下封地置路州发微》,《蒙古史研究》第三辑,内蒙古大学出版社,1989年。

位于新城西南,又称南城。新城有福田、阜财、金城等五十坊。旧城有西开阳坊、南开远坊、北开远坊等六十二坊。

迄元武宗朝的大都路,下辖二院、六县、九州,州领十五县。延祐三年(1316),因仁宗爱育黎拔力八达降生于上都路缙山县,朝廷特地下令升缙山县为龙庆州,连同怀来县,一并划属大都路。这样,大都路所辖州就增为十个,州领县随而增至十六个。另,延祐五年十月,宣德府一度自上都路划出,改属大都路①。

二院,即管辖京师在城坊市民事的右警巡院、左警巡院,设置于至元六年。起初,右警巡院管辖旧城西南西北二隅四十二坊,左警巡院管辖旧城东南东北二隅二十坊。至元十二年设置的大都警巡院,则管辖新城坊事。至元二十四年,精简大都警巡院,只存左、右警巡院,分领京师城民事。其管辖范围大抵是元大都新城内五十坊。大德九年(1305)十一月,又增设大都南城警巡院,其管辖范围可能是旧城四隅六十二坊②。

六县,乃大都路直辖的大兴县、宛平县、良乡县、永清县、宝坻县、昌平县。其中,大兴、宛平二县均系分治外城的"赤县"。

十州,即涿州、霸州、通州、蓟州、漷州、顺州、檀州、东安州、固安州、龙庆州。

涿州,下州。宋为涿州。金因之,隶属中都路。窝阔台八年(1236)升为涿州路。中统四年(1263)复为涿州。领范阳、房山二县,较金朝少三县。房山县,金为奉先县,至元二十七年改用今名。

关于涿州一度升路的原因,赵文坦从史传中检出易州涞水人赵柔降蒙后曾担任涿、易二州长官和真定、涿、易等路兵马都元帅。同时又对其时史氏为河北西路兵马都元帅,镇真定,赵柔本人卒于涿州升路之年,未见其后人继任涿州路长官等情节表示质疑③。笔者赞同赵博士的见解,赵柔曾担任涿、易二州长官,是比较确凿的,但不太像权势很大的世侯军阀。笔者还认为,涿州升路或许与拖雷妻唆儿忽黑塔尼别吉投下户有关。窝阔台汗四年,窝阔台汗携幼弟拖雷南下攻金,取得三峰山战役和占领关中、河南大部分地区的胜利。当年九月北归途中,拖雷因替汗兄喝珊蛮祛病巫水而死亡。可能是作为回报,窝

---

① 以上据《元一统志》卷1《中书省统山东西河北之地》,赵万里辑校本,中华书局,1966年;《元史》卷58《地理志一》、卷26《仁宗纪三》延祐五年十月己丑。
② 《元一统志》卷1《中书省统山东西河北之地》;《析津志辑佚·城池街市》;《元史》卷58《地理志一》、卷21《成宗纪四》大德九年十一月丁未、卷90《百官志六》。
③ 赵文坦:《大蒙古国时期汉人世侯研究》,山东大学博士学位论文,1999年。

阔台汗命令直脱儿所掳掠的关中、河南民户四万余,拨属唆儿忽黑塔尼为脂粉丝线颜色户。八年,又在涿州设立织染七局。翌年,改涿州路,直脱儿被任命为达鲁花赤①。从"脂粉丝线颜色户"与"织染七局"的相近职能看,从直脱儿始终操办且担任达鲁花赤看,从赵柔也曾兼任诸处打捕总管看,涿州织染七局和涿州路应该是基于唆儿忽黑塔尼四万余投下户的特殊建置。

霸州,下州。宋一度赐名永清郡。金先为信安军,后改霸州,隶属中都路。入元仍为霸州,领益津、文安、大城、保定四县。与金比较,减信安县,而增保定县。

通州,下州。唐为潞县。金取漕运通济之义,改通州,隶属中都路。领潞县和三河县。

蓟州,下州。金改蓟州,隶属中都路。成吉思汗十年(1215)定其地,仍为蓟州。领渔阳、丰闰、玉田、遵化、平谷五县。

漷州,下州。金为大兴府漷阴县。至元十三年升漷州,割大兴府之香河、武清二县来属。

顺州,下州。宋为顺兴军。金为顺州,置温阳县,隶属中都路。元初,属县由二减为一。而后,废县存州。

檀州,下州。宋为镇远军。金为檀州,元仍因之。

东安州,下州。金为大兴府安次县。窝阔台七年改隶霸州。中统四年升为东安州,隶大都路。

固安州,下州。金为涿州属县固安。入元,先后改隶霸州和大兴府。中统四年升为固安州,隶大都路。

龙庆州,下州。金为西京路德兴府属县缙山。入元,隶属上都路宣德府奉圣州。如前述,延祐三年,因仁宗降生于缙山县,朝廷特地下令缙山县和怀来县一并划属大都路。又升缙山县为龙庆州,领一怀来县②。

与金中都路相比,元大都路的属州(府)总数由十三个减少至十个,表面看来变化不算大。实际上,易州、保州、遂州、安州、安肃州五州之地划属保定路,平州和滦州又划属永平路。原属州(府)总数十三去七,仅余涿州、霸州、通州、蓟州、顺州及原大兴府所属城邑。其他漷州、檀州、东安州、固安州、龙庆州五州,都是从金中都路及西京路属县升格而来的。就是说,元大都路的实际辖区

---

① 《元史》卷123《直脱儿传》;《史集》卷2,余大钧、周建奇译本,商务印书馆,1985年,第201页。
② 以上据《金史》卷24《地理志上》;《元一统志》卷1《中书省统山东西河北之地》;《元史》卷58《地理志一》。

比金中都路缩小了将近一半。这也合乎元代路级官府增加和所辖区相应缩小的总趋势。

二、上都路

上都路（治所在今内蒙古正蓝旗东闪电河北岸），金为桓州。蒙古国前期是五投下札剌亦儿部、兀鲁兀部的营地。蒙哥汗时，忽必烈奉命总领漠南军国重事，开始在此地驻屯并兴建开平城。中统元年，忽必烈即汗位于开平。五年，正式定为上都。每岁春夏，忽必烈等元朝皇帝巡幸上都。至元二年，置留守司。五年设上都路总管府，后又以上都留守司兼行本路总管府事。

仁宗朝以前，上都路下辖一院、一县、一府、四州。州领三县。府领三县、二州。

一院，即警巡院，管辖在城坊市民事。

一县，即路总管府直属的开平县。

一府，顺宁府，原名宣德府，窝阔台七年改山西东路。中统四年，复为宣德府，又划属上都路。后至元四年八月，因地震易名顺宁府。该府领宣德、宣平、顺圣三县，奉圣、蔚州二州。奉圣州下属永兴、缙山、怀来三县，蔚州下属灵仙、灵丘、飞狐、定安、广灵五县。宣德府所属城邑的变动，同样发生在仁宗朝。延祐三年，仁宗爱育黎拔力八达降生地奉圣州缙山县，连同怀来县，一并自上都路划出，改属大都路。结果，奉圣州下属县由三个减为永兴一县。另，后至元四年八月，因为地震，奉圣州易名为保安州[1]。

四州，即兴州、松州、桓州、云州。

兴州，下州。金初为兴化军，后改兴州，隶属北京路。中统三年划属上都路。领兴安、宜兴二县。

松州，下州。金为北京路大定府属县松山。中统三年升为松州，仍保留松山县。至元二年，省县入州。

桓州，下州。金置桓州。元初废，至元二年复置。

云州，下州。金为西京路德兴府望云县。中统四年升为云州，治望云县。至元二年，州存县废。至元二十八年又升宣德府龙门镇为望云县，隶属于云州[2]。

---

[1] 以上据《元一统志》卷1《中书省统山东西河北之地》；《元史》卷58《地理志一》、卷39《顺帝纪二》至元四年八月癸未。关于宣德府和奉圣州的改名时间，《地理志一》记作"仍至元三年"，"仍"疑为"后"之讹。今从《顺帝纪二》。

[2] 以上据《金史》卷24《地理志上》、《元史》卷58《地理志一》。

总之，上都路是元廷因上都所在而新增设的路，其辖区府州县主要来自原金朝的西京路和北京路。

三、兴和路

兴和路（治所在今河北张北县），下路。金为抚州，隶属西京（大同）路。中统三年自西京划出，升格为隆兴府，至元四年又升隆兴路。仁宗皇庆元年（1312）十月，改隆兴路为兴和路①。

需要说明的是，兴和路地处上都、大都之间皇帝岁时巡幸驿道的交通要冲，中统三年十二月，忽必烈即在此建有纳钵行宫。大德十一年（1307）六月武宗即位伊始，又下令在隆兴路的旺兀察都之地（今河北张北县北郊）大兴土木，在原行宫的基础上建设宫阙，号为中都；还专设中都留守司兼开宁路都总管府，大同路一度划属该留守司。当时，开宁路取代了隆兴路，又在旺兀察都增设开宁县，降隆兴为源州。直到仁宗初，中都及留守司被废罢，恢复隆兴路总管府建置，开宁路也被撤销②。仁宗改隆兴路为兴和路，事在废罢中都十六个月后，显然与他蓄意消除该地的武宗政治色彩有关。

兴和路下辖四县、一州。

四县，即高原县、怀安县、天成县、威宁县。以上四县，元初均属宣德府，中统三年新立隆兴府时，改属隆兴。另，开宁县的短暂设置已如前述。

一州，即宝昌州，下州。金为西京路昌州。元初亦属宣德府，同样是中统三年改属隆兴。延祐六年，昌州治所迁往原属县宝山县，易名为宝昌州③。

足见，兴和路所辖地，主要是由原金朝西京路抚州、昌州等划属组成的。

第三节　保定路、河间路与永平路沿革

一、保定路

保定路（治所在今河北保定市），上路。原本清苑县，宋升保州。金改顺天军。金末，易州定兴县人张柔担任金中都留守，兼大兴府尹和经略史，1230年

---

① 《元一统志》卷1《中书省统山东西河北之地》；《元史》卷58《地理志一》、卷24《仁宗纪一》皇庆元年十月甲子。
② 《元史》卷22《武宗纪一》大德十一年六月甲午，至大元年七月壬戌、十二月庚申，卷24《仁宗纪一》至大四年四月癸亥。
③ 《元史》卷26《仁宗纪三》延祐六年九月戊戌。

被俘投降蒙古。张柔作为早期汉族世侯之一,率领部曲,攻略雄、易、安、保、完等州的全境或部分地区。根据蒙古国"北人以州县下者,即以为守令"的原则,张柔曾在满城开元帅府,先后占据深州、冀州以北和真定以北的三十余城,包括两个节度使之州和五个刺史之州的将近七州之地。

窝阔台汗八年(1236)左右,蒙廷实行"画境之制",对犬牙交错的汉地世侯辖区,按照金朝路州旧制划界。由于张柔辖地的中心满城和清苑,金朝仅是中都路下属的顺天军,所占其他城邑也大多分属原先的金中都路及河北西路。所以,"画境之制"的举措,造成张柔所辖三十余城多半按金朝路州旧有建置,回归中都路及河北西路,剩下的顺天保州"居燕、赵之间,分隶无几"①。

窝阔台汗十三年,蒙廷似乎觉得亏待战功卓著的张柔,于是重新调整其辖地,下令割雄、易、保、遂、安肃五州置顺天路,隶属张柔②。由此奠定了顺天路(后称保定路)的基本辖地。

世祖至元初,再次对汉地路州设置归属进行调整。张柔所辖顺天路的地盘,又有所扩大。所领属州数,在原先的雄、易、保、遂、安肃五州之外,增加祁州和完州,又恢复了七个属州的建置。另有一个录事司、八个直属县和十一个州属县。至元十二年(1275),顺天路正式改名为保定路。

八个直属县,即清苑、满城、唐县、庆都、行唐、曲阳、新安、博野。其中清苑、满城二县为金保州旧属县。庆都、曲阳、唐县原属金河北西路中山府,窝阔台汗十一年前后划归顺天路。行唐县原来也是金河北西路真定府的属县。新安,金为新安州渥城县,至元二年一度废罢,九年再设新安县,隶属于顺天路。博野县原属金河北东路蠡州,至元三十一年复立而归属于保定路③。

易州,中州。金属中都路,窝阔台汗十三年划归顺天路。至元十年一度回归大都路,二十三年还隶保定路。下辖易县、涞水、定兴三县。其中易县、涞水二县金朝已有之。易县作为倚郭县,元初一度存州废县,至元三年复置。定兴县金朝隶涿州,入元改属易州。

祁州,中州。金属河北西路。至元三年,以祁州原二属县蒲阴和深泽,连同原深州属县束鹿,重组为祁州,一并划属保定路。

雄州,下州。金朝先为永定军,后易名雄州,隶属中都路。窝阔台汗十三年,划归顺天路。至元十年一度回归大都路,二十三年还隶保定路。下辖归

---

① 《元史》卷147《张柔传》;《陵川集》卷35《贾辅神道碑》;《畿辅通志》卷107《张柔神道碑》;《元朝名臣事略》卷6《万户张忠武王》。
② 《元史》卷58《地理志一》。
③ 《金史》卷25《地理志中》;《元史》卷58《地理志一》。

信、容城、新城三县。前二县为金雄州原属县,新城县原属金中都路涿州,窝阔台汗二年一度改新泰州,十一年改属顺天路。至元二年开始成为雄州属县,十年复隶大都路,二十三年最终隶属雄州。

安州,下州。宋为顺安军。金改安州,治渥城县,隶属中都路。元初,移治葛城。至元二年一度废为镇,并入高阳县。后复为安州,隶属保定路。下辖葛城、高阳二县,较金朝少一县。

遂州,下州。宋为广信军。金降为遂城县,隶保州。至元二年并入安肃州,且降为镇。后复为遂州,隶属保定路。

安肃州,下州。宋为安肃军。金改安肃州,隶属中都路。窝阔台汗十三年始,划属顺天路。

完州,下州。宋为北平军。金改永平县,又升完州。至元二年降为永平县,后复为完州①。

综观《金史》和《元史·地理志》,不难发现,保定路所属州县地盘大部分是从金中都路分割出来的。保定路的设置,又与多数中原路州依蒙古诸王功臣封邑封户所在而变动调整建置迥然不同。它大抵是元廷照顾汉世侯张柔和增加路数量、缩小路辖区等政策所造成的。

二、河间路

河间路(治所在今河北河间市),上路。宋为河间府。金为河北东路。至元二年,元廷置河间路总管府。元河间路大抵是在金河北东路的框架内稍加变化而来。简要地说,它基本沿袭了金河北东路所辖沧州、景州、清州、献州、莫州五州之地。而金河北东路的蠡、冀、深三州,则割隶真定路。

有元一代,河间路领一录事司、六县、六州,州领十七县,政区州县建置和地域范围基本稳定。

六县,即河间县、肃宁县、齐东县、宁津县、临邑县、青城县。

河间县和肃宁县,都是金河北东路河间府的原属县。至元二年,肃宁县一度废为镇,省入河间县,后复旧。

齐东县、宁津县、临邑县、青城县则是从其他路州割出划属的。

宁津县,金为河北东路景州属县,蒙哥汗二年(1252)属济南路,至元二年,回归河间路,成为与录事司相距一百公里的路直属县。

齐东县,蒙哥汗三年隶济南路。至元二年,还属河间路。

---

① 以上据《金史》卷24《地理志上》、卷25《地理志中》;《元史》卷58《地理志一》。

临邑县,原本隶属济南府。窝阔台汗七年割属河间府。蒙哥汗三年,还属济南。至元二年,复归新设的河间路。

青城县,原为青平镇,窝阔台汗七年,析宁津、临邑二县地置县,隶属济南府。中统中,置青城县,隶陵州。至元二年,改为河间路直属县。

六州,即沧州、景州、清州、献州、莫州、陵州,大抵均在金河北东路范围内。

沧州,中州。唐为沧州。金为横海军。入元复为沧州,领清池、乐陵、南皮、无棣、盐山五县,与金朝无异。

景州,中州。宋为永静军。金先为景州,后改观州。至元二年复为景州。领蓚县、故城、阜城、东光、吴桥五县。其中,蓚县、阜城、东光、吴桥四县是金景州的原属县。故城,元初隶河间路,至元二年划属景州。

清州,下州。宋为清州。金为乾宁军。窝阔台汗二年,改清宁府,七年(1235)改清州。至元二年,省并州县,将靖海、兴济二属县和本州司候司并为会川县。后复置清州,领会川、靖海、兴济三县,与金朝相同。

献州,下州。金先为寿州,又改献州。至元二年,废州为乐寿县,直隶河间路。不久,恢复献州建置。领乐寿、交河二县,与金朝无异。

莫州,下州。金先为莫州,后降为莫亭县。至元二年省入河间县,而后复为莫州。领莫亭、任丘二县。

陵州,下州。金为景州属县将陵。蒙哥汗三年,割隶河间府。同年升为陵州,改隶济南路。至元二年降为县,三年复为州,仍隶河间路①。

窝阔台汗丙申岁(1236)分封中原汉地食邑户时,成吉思汗第六子阔列坚受封河间府45 930户。至元二年,阔列坚孙兀鲁带受封河间王,获赐金印驼纽第三等的河间王印②。据《元史》卷58《地理志一》,河间路户数为79 266户。河间王封户占全路户数的多半,兀鲁带以封邑路名获赐河间王号及王印,乃是不争的事实。

除了阔列坚太子封户以外,河间路境内还有太祖成吉思汗第二斡耳朵丁巳年(1237)获拨河间路青城县2 900户,左手儿千户合丹大息千户丙申岁获拨河间路齐东县1 023户,也速不花等四千户丙申岁获拨河间路陵州1 317户,也速兀儿等三千户丙申岁获拨河间路宁津1 775户,帖柳兀秃千户丙申岁获拨河间路临邑县1 450户③。

---

① 以上据《金史》卷25《地理志中》;《元史》卷58《地理志一》。
② 《元史》卷2《太宗纪》、卷6《世祖纪三》至元二年二月戊申、卷95《食货志三·岁赐》、卷108《诸王表》。
③ 《元史》卷95《食货志三·岁赐》。

笔者注意到,齐东、临邑、青城三县,不仅远离河间路治所,而且地域上都在济南路范围,构成了河间路本辖区以外的三块"飞地"①。宁津县与录事司相距一百公里,却直属路总管府。陵州则由金景州属县将陵破例升格为州。这显然是成吉思汗第二斡耳朵、合丹大息千户、也速不花等四千户、也速兀儿等三千户和帖柳兀秃千户的封户所在给河间路州县建置带来的特殊后果。

河间路总管府设置和阔列坚孙兀鲁带受封河间王,同在至元二年。齐东、临邑、青城、宁津、陵州等四县一州较稳定地划属河间路,也均在至元二年。于此,元世祖忽必烈尽可能以河间王及蒙古左手九千户封户等所在独立设路的政策意图,昭然可见。

三、永平路

永平路(治所在今河北卢龙县),下路。其前身是金朝中都路所属的平州和滦州。成吉思汗十年(1215),改兴平府。中统元年(1260)升格为平滦路。据说,忽必烈即汗位伊始"分朔南为十路,肇建总管府",平滦路居其一②。大德四年(1300)因水患改名永平路。该路以原平州为中心,领一录事司、四县、一州。

四县,即卢龙县、迁安县、抚宁县、昌黎县,与金朝平州属县相同。

一州,即滦州,下州。地在卢龙塞南。金之滦州。领义丰、马城、石城、乐亭四县。至元二年,因倚郭,省义丰县入滦州,翌年复置。起先,石城县省入乐亭,是年,改入义丰。至元四年,马城县省废。此后,滦州仅领义丰、乐亭二县③。

元代永平路自金中都路割出,始终自成一路,似乎与成吉思汗幼弟铁木哥·斡赤斤早年攻略平、滦二州且受封该地食邑有关。

史称,金贞祐初,"皇太弟国王"铁木哥·斡赤斤"奉命率兵出榆关,循龙卢(卢龙)而南",金兴平军节度使幕官摄府事王浩"遂挈二州五县板图投献辕门"。铁木哥·斡赤斤奏闻成吉思汗,授予王浩兴平路兵马都总管。王浩子孙亦世袭此职。另一名参与攻略平、滦二州的畏兀儿人军将塔本,则祖孙三代担任兴平行省都元帅和兴平路达鲁花赤④。前述成吉思汗十年改兴平路,当与

---

① 《金史》卷25《地理志中》;《元史》卷58《地理志一》。另,谭其骧主编《中国历史地图集》七册将齐东、青城二县合列为地域相连的一块"飞地"。疑是。
② 《秋涧集》卷57《大元故昭勇大将军北京路总管王公神道碑铭》。
③ 《金史》卷24《地理志上》;《元史》卷58《地理志一》。
④ 《秋涧集》卷57《大元故昭勇大将军北京路总管王公神道碑铭》;《元史》卷124《塔本传》。

王浩、塔本的任职大体同时。这也是平、滦二州自金中都路割出的开始。

窝阔台汗丙申年分封中原食邑户之际,斡陈那颜受封平滦州。一般认为,此斡陈即斡赤斤的同名异译,成吉思汗幼弟铁木哥·斡赤斤丙申年获得了平滦州和益都路两处封邑。这又合乎蒙古国征服所得城邑民户即行封赐的惯例。武宗初,永平路又被转封给鲁国长公主祥哥剌吉,并规定"租赋及土产悉赐之"①,从此变为鲁国公主位下的实封之地。这可能是《元史》卷95《食货志三·岁赐》中铁木哥·斡赤斤五户丝食邑只记益都路而不载平滦州或永平路的原因。

第四节　德宁、净州等七路、一府沿革

一、德宁路、净州路、集宁路与砂井总管府

德宁路、净州路、集宁路与砂井总管府,是汪古部驸马漠南草原领地所设路州。《元史》卷58《地理志一》仅存"德宁路,下。领县一:德宁,下。净州路,下。领县一:天山,下。……集宁路,下。领县一:集宁,下。……砂井总管府,领县一:砂井"等零星记载,其他皆阙如。幸而林子良撰《王傅德风堂碑记》载:"自至大元年(1308),始立王傅府事,奉王□颁银印,给虎符……俱备。王傅府后乃为赵国之纲纪,以下德宁、砂井、净州、集宁等路及断事官,所辖总计壹百……拾……属焉。"因为这些路州都是漠南汪古部驸马投下的分地,元朝政府只是把它们按全国统一的制度改成相应的行政建置,其内部仍由领主自治,所以仅列路、府、县之名,其地理沿革、户口等一律不载②。

德宁路,原名按答堡子。此名来自汪古部阿剌兀思家族与成吉思汗"约世婚、交友之好,号按达-忽答(anda-quda)"③。起初是金代汪古部首领阿剌兀思等所驻边堡,位于今内蒙古自治区达尔罕茂明安联合旗百灵庙镇西北七十里的鄂伦苏木古城。世祖忽必烈朝前后,扩建城池,称之为黑水新城。成宗大德九年(1305)七月,改黑水新城为静安路。仁宗延祐五年(1318)三月,又改静安路为德宁路,其属县静安随之易名德宁县④。20世纪20年代以后,国内外

---

① 《元史》卷2《太宗纪》、卷22《武宗纪一》大德十一年七月乙亥。
② 周清澍:《汪古部的领地及其统治制度》,《文史》第十四辑,中华书局,1982年。
③ 林子良撰:《王傅德风堂碑记》,北平《新晨报》1928年9月2日副刊。
④ 《元史》卷12《世祖纪九》至元二十年四月辛卯、卷15《世祖纪十二》至元二十五年七月丙戌、卷21《成宗纪四》大德九年七月癸丑、卷26《仁宗纪三》延祐五年三月庚午。

学者曾在鄂伦苏木发现规模宏大的古城和宫室建筑遗址,研究表明此城是汪古部首领王府所在地,也是该部草原领地的政治中心①。《元史》卷 58《地理志一》、《王傅德风堂碑记》等大多把德宁路列为汪古部四城之首,同样显示出德宁路的上述地位。

净州路,金为西京路属州净州,大定十八年(1178)由天山县改升。其地北至界八十里。所领倚郭天山一县,旧为榷场。元代沿袭金制,仍为汪古部城邑之一。据有关研究,净州路故城在今内蒙古自治区四子王旗吉生太镇苏木城卜子村,城西南有文庙建筑遗址,原有《大元加封宣圣碑记》上镌刻"净州路总管府"、"大德十一年七月二十一日立"等字②。《元史》卷 25《仁宗纪二》延祐三年十一月乙巳条云:"增集宁、砂井、净州路同知、府判、提控案牍各一员。"根据上述二记载,大德十一年以前,净州已经升为路总管府,直隶中书省部。因为净州路人口较少,金朝只有 5 938 人③,升置路总管府初期没有设同知、府判、提控案牍等官职。延祐三年增置后,净州路总管府就比较正规了。

集宁路,金为西京路抚州集宁县,明昌三年(1192)由春市场改置为县,北至界二百七十里。据考古调查,元代集宁路故城在今内蒙古自治区察哈尔右翼前旗巴音塔拉镇苏木土城子,城内发现《大成至圣文宣王庙学碑》。碑上刻有集宁路总管府达鲁花赤、总管、同知的题名和皇庆元年(1312)正月的刻石时间④。是证皇庆元年以前,集宁已升为路总管府。

砂井总管府,金朝未见有州县建置。然而,成吉思汗和窝阔台汗时期砂井的地名已出现于史书中。耶律楚材曾经写过数首与沙井有关的诗歌⑤。宋人彭大雅、徐霆《黑鞑事略》又说:"出沙井,则四望平旷,荒芜际天。"还特意注明沙井在"天山县[北]八十里"。此与《金史·地理志》所载净州"北至界八十里"相吻合。是证砂井总管府与净州路接界,位于净州路及其倚郭天山县以北八十里处。金元二代,砂井始终是漠南漠北的交通枢纽。世祖朝,砂井已成为通往漠北的木怜站道上的重要驿站之一,还设置过"军储"所和"榷场仓官"⑥。如前所述,砂井总管府同样是在仁宗延祐三年十一月以前设立的。

---

① 周清澍:《汪古部的领地及其统治制度》,《文史》第十四辑,中华书局,1982 年;《オロンスム—モンゴル帝国のキリスト教遺迹》,横滨ユーラシア文化館,2003 年。
② 《归绥县志·金石志》;郑隆:《元代净州路古城调查》,《考古通讯》1957 年 1 月。
③ 《金史》卷 24《地理志上》;《元史》卷 58《地理志一》。
④ 《集宁县志》卷 4;张驭寰:《元集宁路故城与建筑遗物》,《考古》1962 年第 11 期。
⑤ 《湛然居士文集》卷 2《丁亥过沙井和移剌子春韵二首》、卷 4《寄沙井刘子春》。
⑥ 《元史》卷 167《张廷珍传》、卷 4《世祖纪一》中统元年六月戊戌;《永乐大典》卷 11598《经世大典·市籴粮草》。参阅周清澍:《汪古部的领地及其统治制度》,《文史》第十四辑,中华书局,1982 年。

二、应昌路与全宁路

关于应昌路和全宁路,《元史》卷58《地理志一》简单记述道:"应昌路,下。领县一:应昌,下。全宁路,下。领县一:全宁,下。"此二路,是蒙古弘吉剌部驸马领地的藩府所在。弘吉剌部是蒙元时期与成吉思汗黄金家族世代联姻的贵戚部族之一。其驸马首领较早受封王爵,武宗朝后又得以晋封鲁王第一等王爵。他们模仿皇子安西王等,拥有冬、夏二藩府及路总管府的设置,恰是其贵戚特权高位之体现。应昌、全宁"两路南北相去七十余里,冬夏以避寒暑"①。应昌路居北,是驻夏之地;全宁路偏南,是驻冬之地。这显然是蒙古草原游牧民季节性迁徙的夏营地、冬营地古老习俗的延伸。

应昌路,最初是至元七年(1270)弘吉剌部首领、万户斡罗陈和其妃囊加真公主(忽必烈之女)上奏说:"本藩所受农土,在上都东北三百里答儿海子,实本藩驻夏之地,可建城邑以居。"忽必烈批准了他们的奏请,于是,开始称其城为应昌府。当年八月,朝廷赈济应昌府饥荒,又设立应昌府官吏②。翌年动工兴建。至元二十二年应昌府升为路。

据有关研究,应昌路城邑故址在今内蒙古自治区赤峰市克什克腾旗达里诺尔湖西南二公里处。该城为正方形,东、西、南各设一门,鲁王府邸在城北中央,面积占城北的近三分之一。元人胡祖广"置官署,开巷陌,立社稷、府库、宫殿,大其制度,人民日众,车马第舍,填郭溢廓"的描述③,相当形象逼真。

忽必烈建立元朝以后,应昌路充当了元上都的北边门户及交通枢纽。

应昌路与西南方的元上都,距离仅三百里。它也是通往漠北的帖木干驿道上的重要驿站之一。在帖木干驿道上,自上都北上,经伯只剌、憨赤海二站,就是著名的鱼儿泊站。鱼儿泊即是应昌路所在的站名④。

至元十四年,蒙古宗王昔里吉发动反叛,率兵东来,袭击和林,掠取祖宗大斡耳朵。弘吉剌部驸马斡罗陈之弟只儿瓦台举兵响应,裹胁并杀害兄长斡罗陈,还一度围攻应昌府,忽必烈之女囊加真公主也被围困。这无疑对元上都构成了严重的军事威胁。二月,忽必烈命令中书省右丞别乞里迷失率领蒙古军、汉军等迅速北上援救,并全力打击只儿瓦台叛军。诸王彻彻都、兀鲁兀部脱欢、忙兀部博罗欢、札剌亦儿部脱欢、钦察人土土哈和苦彻拔都儿、阿速千户玉

---

① ③ 《巨野县志》卷20胡祖广:《相哥八剌鲁王元勋世德碑》,道光二十四年(1844)本。
② 《元史》卷118《特薛禅传》,卷7《世祖纪四》。
④ 陈得芝:《元岭北行省诸驿道考》,《元史论集》,人民出版社,1984年。

哇失及伯答儿、中卫亲军总管移剌元臣、高丽人洪茶丘等均率兵参加了平定只儿瓦台的军事行动。此后三四年,应囊加真公主的请求,忽必烈命令后卫侍卫亲军副指挥使移剌元臣率所部长期镇守应昌城,以备不虞①。

元朝覆灭之际,顺帝妥欢贴睦尔弃大都城北遁,又暂驻应昌路一年余,最后病死在应昌路②。

这两个事例说明,应昌路不愧为上都以北的军事重镇。

应昌路又是元廷向漠北输送粮食物资的重要转运站。至元十三年元廷命令在应昌建立和籴所。由朝廷拨发钱钞,"增其直而市粮于民",然后将收购的粮食转输漠北和林的军队和诸王。忽必烈朝元政府每年拨给应昌路中统钞达三千锭至五千锭,收购和储藏的粮食接近一万石③。

全宁路,是在弘吉剌部驸马驻冬之地基础上建立的另一个藩府。此处在金朝时仅是北京路属下的全州,领安丰县,位于潢河(失列门林河)、黑河(哈剌木伦河)交汇处。全宁路的设置,是由蛮子台驸马和囊加真公主积极奏请而促成的。至元二十七年弘吉剌部斡罗陈之弟蛮子台袭为万户和该部首领,又尚其寡嫂囊加真公主。成宗即位,加封囊加真公主为皇姑鲁国大长公主,封蛮子台为济宁王。元贞元年(1295),蛮子台和囊加真公主上奏:以应昌路东七百里驻冬的原金全州之地创建本投下城邑。成宗予以批准。大德元年,升全州为全宁府,七年又升全宁府为全宁路④。

元顺帝朝一度下诏废罢应昌路和全宁路,二路所属拨归鲁王马某沙王傅府管辖。至正十四年(1354)四月,有司以为不便。于是,重新恢复了应昌路和全宁路的建置⑤。元制,王傅府主要负责管理投下领地和领民事务。在未设或废罢路总管府时二路事务归王傅府管辖表明,其投下领地属性昭然若揭。

应昌路和全宁路,都是蒙古弘吉剌部驸马投下草原领地,所以,其官员任用是"自达鲁花赤总管以下诸官属,皆得专任其陪臣,而王人不与焉",这和汉地食邑只任命投下达鲁花赤的情况有所不同⑥。在这个意义上,应昌路和全

---

① 《元史》卷120《术赤台传》、卷121《博罗欢传》、卷133《脱欢传》、卷123《苦彻拔都儿传》、卷128《土土哈传》、卷132《玉哇失传》、卷135《阿答赤传》、卷149《移剌捏儿传》、卷154《洪福源传》。
② 《元史》卷47《顺帝纪十》。
③ 《元史》卷15《世祖纪十二》至元二十五年四月辛酉,卷13《世祖纪十》至元二十二年十月;《永乐大典》卷11598《经世大典·市籴粮草》。
④ 《元史》卷118《特薛禅传》、卷19《成宗纪二》大德元年二月戊戌,卷21《成宗纪四》大德七年十一月辛未。
⑤ 《元史》卷43《顺帝纪六》。
⑥ 《元史》卷118《特薛禅传》。以上参阅叶新民:《弘吉剌部的封建领地制度》,《蒙古史论文选集》第一辑,内蒙古大学学报丛刊,1983年。

宁路投下领地路府的性质更为彰显和典型。

三、宁昌路与泰宁路

关于宁昌路，史书记载非常有限。《元史》卷58《地理志一》说："宁昌路，下。领县一：宁昌。"《元一统志》中相关记载亦阙如。其他记载还有《元史》卷13《世祖纪十》至元二十二年正月戊子条云："封驸马唆郎哥为宁昌郡王，赐龟纽银印。"卷108《诸王表》宁昌郡王栏也说："唆郎哥驸马，至元二十二年封。不怜吉歹驸马。"按，钱大昕《元史氏族表》载，唆郎哥和不怜吉歹，均属亦乞列思部。唆郎哥是锁儿哈之弟，不怜吉歹是唆郎哥之子。另，《元史》卷118《孛秃传》载：亦乞列思部驸马孛秃"从太师国王木华黎略地辽东、西，以功封冠、懿二州"。辽代懿州辖宁昌、顺安二县，后宁昌县并入顺安①。以上封赐当然包括宁昌之地。足见，宁昌路之由来及得名，始于亦乞列思部驸马孛秃以功封赐包括宁昌县在内的"冠、懿二州"。次子唆郎哥驸马至元二十二年受封宁昌郡王，估计也是由此而来。正是因为上述两次封授，才会有仁宗延祐五年二月甲寅"置宁昌府"和英宗至治二年（1322）十二月丙戌"升宁昌府为下路，增置一县"②。而《元史》卷58《地理志一》"宁昌路，下。领县一：宁昌"的记述，又直接依据了英宗至治二年十二月丙戌宁昌府升路的变动。

《元史》卷118《孛秃传》说，武宗朝，亦乞列思部驸马忽怜之子阿失封昌王，"仁宗朝，复赐以宁昌县税入"。这条记载大体正确。只是仁宗朝尚未重新设置宁昌县，故其措词稍有出入。严格地说，仁宗朝所赐是宁昌府税入。因为后来宁昌路（府）仅领一县，其民户税入曰府曰县，实际是一样的。

有关泰宁路，《元史》卷58《地理志一》的记载同样十分简单，仅有寥寥十余字："泰宁路，下。领县一：泰宁，下。"

据说，元前期泰宁路之地，仅仅是北京路下属的泰州。按，金之泰州，南至懿州八百里，东至肇州三百五十里，大致在今吉林省前郭尔罗斯蒙古族自治县一带。元前期泰州的方位，当与金朝相同。仁宗延祐二年八月，改辽阳行省泰州为泰宁府③。延祐四年二月，又升泰宁府为泰宁路，仍置泰宁县为属县④。这应该是《元史》卷58《地理志一》泰宁路相关记载的由来。

另，明初朱元璋封降附的辽王阿扎失里为泰宁卫指挥同知。泰宁卫，蒙古

---

① 《钦定盛京通志》卷101《古迹二·懿州》。
② 《元史》卷26《仁宗纪三》、卷28《英宗纪二》。
③ 《金史》卷24《地理志上》；《元史》卷25《仁宗纪二》。
④ 《元史》卷26《仁宗纪三》。

语曰"往流"(或罔留),意思是"属于王的人民"。从泰宁路地处辽王领地和辽王阿扎失里受封泰宁卫指挥同知等情节看,泰宁路的"王的人民"就是辽王的部民,泰宁路应当是辽王领地的重要组成部分①。

除了泰宁路,铁木哥·斡赤斤后裔的分地还有肇州。在《元史》卷 58《地理志一》中,泰宁路直属中书省,肇州附于辽阳行省广宁府路之后。《元史》卷 25《仁宗纪三》又载,延祐四年四月甲辰"以泰宁路隶辽阳省"。亦邻真、周清澍等依据《经世大典·站赤》认为:《元史》卷 58《地理志一》有误,泰宁路及宁昌路应隶属于辽阳行省②。笔者拙见,《元史》卷 58《地理志一》、卷 25《仁宗纪三》及《经世大典·站赤》的相关记载,都应该受到重视,与其肯定其中一说而否定另一说,不如把上述相关歧异记载视作二路在辽阳行省和中书省之间发生改属变动的证据。可以说,延祐四年四月以前的泰宁路曾经隶属中书省,延祐四年四月改属辽阳行省。之后,又回归中书省。尽管泰宁路后来回归中书省的时间不详,但泰宁路的设置及其与肇州分别隶属中书省、辽阳行省的史实,应该是元廷刻意作出的政治性安排。"天历之变"时,辽王脱脱党附上都泰定帝集团被杀。当年十二月,江南行御史台御史奏言:"辽王脱脱,自其祖父以来,屡为叛逆,盖因所封地大物众。宜削王号,处其子孙远方,而析其元封分地。"文宗诏命中书省与勋旧大臣议论其事。天历二年(1329)八月牙纳失里奉命嗣辽王爵位和印章,足见江南行御史台御史奏言并没有被全部采纳③。不过,元后期泰宁路与肇州分别隶属中书省、辽阳行省,估计是"析其元封分地"之策的具体实施。

第五节 真定路、顺德路与广平路沿革

一、真定路

真定路(治所在今河北正定县),上路。宋为真定府。金为河北西路和真定府。元代的真定路虽然名称、治所与金代基本类似,但实际辖区却发生了很大变化。此变化主要分两个阶段:一是窝阔台汗八年(1236)左右的"画境之制",二是世祖至元初。

---

① 参阅和田清:《明代蒙古史论集》上册,商务印书馆,1984 年,第 90 页;韩儒林:《元代的吉利吉思及其邻近诸部》,《穹庐集》,上海人民出版社,1982 年,第 364 页。
② 亦邻真、周清澍等:《内蒙古历史地理》,内蒙古大学出版社,1994 年,第 126 页。
③ 《元史》卷 32《文宗纪一》天历元年十二月辛丑、卷 33《文宗纪二》天历二年八月丙午。

蒙古灭金以后,中原汉地世侯军阀林立,真定路主要被较早投靠蒙古的史天泽所占领和控制。但是,这帮世侯军阀的地盘犬牙交错,打乱了原有的府州县秩序。针对这种情形,蒙廷结合窝阔台汗八年分封汉地食邑民,进一步实行"画境之制"的州县地界秩序调整,由此带来真定路第一阶段的变化。

在金朝灭亡伊始和"画境之制"之前,真定世侯史天泽所占据的地盘,大抵是《元史》卷58《地理志一》所云"元初置总管府,领中山府,赵、邢、洺、磁、滑、相、浚、卫、祁、威、完十一州"。这和金河北西路的辖区范围相差无几。经过"画境之制",真定路的地盘缩小了将近一半。具体地说,窝阔台汗四年立彰德总帅府,自真定路析出相、卫二州,单独管辖;窝阔台汗八年设邢洺路总管府,自真定路析出邢、洺、磁、威四州,单独管辖;窝阔台汗十三年祁、完二州析出,正式归属顺天路。划属真定路的仅有窝阔台汗十年自河间路拨来的深州。这样,真定路所辖州数,就减少了八个,剩下五个左右。之所以引起这样的变化,除了恢复原有的府州县地界秩序外,还有两个因素值得注意:一是照顾蒙古投下封君的封户所在,如邢、洺、磁三州析出和邢洺路总管府之设立;二是照顾其他世侯的利益,如祁、完二州割隶张柔顺天路。

世祖至元初,元廷在"画境之制"的基础上进一步调整中原汉地路州的建置归属。由于此时汉地世侯已经被废黜,忽必烈此番调整遵循的原则主要是尽可能使投下封户所在单独或大部集中于同一路州。这次调整中,真定路的相应变化是:至元二年(1265)滑、浚二州割出,另立大名路总管府管辖;河间路的冀、蠡二州正式划归真定路。于是,真定路的辖区就变为领一录事司、九县、一府、五州的规模。

九县,即真定县、藁城县、栾城县、元氏县、获鹿县、平山县、灵寿县、阜平县、涉县。

与金真定府九属县相比,元真定路直属县是划出行唐县归保定路,增加一涉县,其他未变。涉县,原是真定路所属崇州,至元二年就近省入洺磁路之磁州,后复属真定路。涉县距真定路治有三四百里,地理上相隔广平、顺德二路。它又构成与路治空间隔离的一块"飞地"。

一府,即中山府。宋中山府一度赐名中山郡。金为中山府,原领安喜、新乐、无极、永平、庆都、曲阳、唐县七县。元初,立恒州元帅府,拨庆都、曲阳、唐等县隶属。元帅府废罢,一度回归中山府,后改隶保定路。故中山府属县由七县减为安喜、新乐、无极三县。

五州,即赵州、冀州、深州、晋州、蠡州。

赵州,中州。宋为庆源府。金改沃州。元仍为赵州。旧领平棘、临城、栾城、元氏、高邑、赞皇、宁晋、隆平、柏乡九县。成吉思汗十五年(1220)，割栾城、元氏二县隶真定。赵州遂领有平棘、临城、高邑、赞皇、宁晋、隆平、柏乡七县。

冀州，上州。宋为安武军。金为冀州。元初为河间路属州，后割隶真定路。领信都、南宫、枣强、武邑、新河五县。与金冀州领县比较，少一衡水县，增一新河县。后者是窝阔台汗四年增置。

深州，下州。唐为饶阳郡。宋金为深州。元初属河间路，窝阔台汗十年，拨隶真定路。原领饶阳、安平、武强、束鹿、静安五县。后割饶阳、安平、武强隶晋州，束鹿隶祁州，又拨冀州之衡水县来属。故深州仅领静安、衡水二县。

晋州，中州。金为祁州鼓城县。成吉思汗十年改晋州。窝阔台汗十年，立鼓城等处军民万户，且陆续以深州之饶阳、安平、武强三县来属，连同倚郭县鼓城，领有四县。

蠡州，下州。宋为永宁军。金改蠡州。元初属河间路，后改属真定路。至元十七年直隶中书省部。至元二十一年，仍属真定路①。

调整后的真定路境内，诸王勋贵的封户为数甚夥。最多的是阿里不哥位下八万户。此八万户起初是直接封授拖雷妻唆儿忽黑塔尼别吉的，故《元史》卷2《太宗纪》用蒙哥汗以降的尊号称之为"奉太后汤沐"。后来，上述封户由拖雷幼子阿里不哥所继承。此外，还有术赤大王晋州一万户、察合台大王深州一万户、拖雷庶子拨绰蠡州三千三百四十七户、鱼儿泊八剌千户一千户。其余塔出驸马等十二投下，多是百十户②。就封户比例而言，唆儿忽黑塔尼别吉-阿里不哥位下约占全路总户数十三万四千九百八十六户的百分之六十。而且，术赤、察合台、拨绰的封户，多系丙申岁(1236)后增封，或随晋、深、蠡三州拨属真定路的。似乎可以说，元初的史天泽真定路辖区是阿里不哥、旭烈兀、两答剌罕、字鲁带等封地并存，而经过上述两次调整后的真定路，则应称为以唆儿忽黑塔尼别吉—阿里不哥封地为主的投下食邑了。在这个意义上，窝阔台汗八年"画境之制"和世祖至元初调整真定路辖区州县时，所贯彻的丙申分封"诏以真定民户奉太后汤沐"的原则，十分鲜明。

元朝建立后，真定路又是燕南河北道肃政廉访司的治所。

据迺贤《河朔访古记》卷上记述，真定路极其繁华壮丽。其南门为阳和门，颇为完整牢固。城门上建有楼橹，充当真定路帑藏"巨盈库"。城楼下为双门而无门框的门扇，仅仅用于车马人流通过而已。南门左右两侧设置两个瓦市，

---

① 《金史》卷24《地理志上》、卷25《地理志中》；《元史》卷58《地理志一》。
② 《元史》卷95《食货志三·岁赐》。

优肆、倡门、酒垆、茶灶,应有尽有,"豪商大贾,并集于此"。真定路如此繁华壮丽,是因为蒙古与南宋当年共同攻灭金朝,按照事先约定,河南之地归南宋,其民户则由蒙古人"尽迁于北"。结果,汴梁郑州民户大批迁居真定。

二、顺德路

顺德(治所在今河北邢台市),下路。宋为信德府。金用唐名称邢州,为河北西路属州之一。元初,置元帅府。窝阔台汗八年,蒙廷封授字鲁带为首的"右壁万户"邢、洺等四州①。又设邢洺路总管府,单独管辖自真定路析出的邢、洺、磁、威四州。蒙哥汗二年(1252),另设洺磁路,管理洺、磁、威三州。邢州则应封君八答子、启昔里两答剌罕请求,由总领漠南军国重事的忽必烈设立安抚司治理。中统三年(1262)九月,邢州升为顺德府,立安抚司,统一管辖邢、洺、磁、威四州②。至元二年,洺磁重新自为一路,顺德府改为顺德路总管府。

因为是由原邢州一州之地所组建,顺德路未领府州,仅辖邢台、钜鹿、内丘、平乡、广宗、沙河、南和、唐山、任县九县。与金邢州八属县比较,顺德路新增一广宗县。此县始于蒙哥汗分洺水民户之半,置司武道镇进行管理。蒙哥汗五年又在武道镇设广宗县,隶属邢州。至元二年,一度省入平乡县,后复置。其他唐山、南和、任县三县,至元二年也发生过暂时省罢的情况③。

邢州本来是金河北西路的一个属州,金末元初,归真定万户史天泽统辖。窝阔台时期,特别是蒙哥朝,邢州之所以能与洺、磁、威三州从史天泽统辖的真定路析出,又和洺、磁、威三州分离而自立一路,主要是八答子、启昔里两答剌罕封户所在使然。据《元史》卷95《食货志三·岁赐》,八答子丙申岁获拨顺德路 14 087 户。而顺德路文宗朝总共有 30 501 户,八答子封户接近全路之半。另,蒙哥朝"分洺水民户之半",置司武道镇进行管理,后又特置广宗县,管辖这部分民户。其原因或许是丙申岁分封之际,"右壁万户"字鲁带、八答子、启昔里等曾经一并封受洺州洺水一带民户。蒙哥朝邢洺路分割为顺德路和洺磁路,洺水一带的封户就需要在字鲁带、八答子、启昔里等封君投下进行相应的划属分离了。

三、广平路

广平路(治所在今河北永年县东南),下路。金沿唐制,为洺州,隶属河北

---

① 《紫山集》卷16《杜泉神道碑》。
② 《元史》卷5《世祖纪二》。
③ 《金史》卷25《地理志中》;《元史》卷58《地理志一》。

西路。窝阔台汗八年,蒙廷封授字鲁带为首的"右壁万户"邢、洺等四州①。又设邢洺路总管府,管辖邢、洺、磁、威四州。蒙哥汗二年,以洺磁自为一路,管理洺、磁、威三州。至元十五年八月,升洺磁为广平府路②。

广平路领一录事司、五县、二州。

五县,即永年县、曲周县、肥乡县、鸡泽县、广平县。与金洺州属县相比,减少了成安等四县。

二州,即磁州、威州。

磁州,中州。宋为滏阳郡。金为磁州,亦隶属河北西路。成吉思汗十年升为滏源军节度使,隶属兵马都元帅史天倪的真定路(又称河北西路)。窝阔台汗八年,隶属邢洺路总管府。蒙哥汗二年,改隶洺磁路。金之磁州,仅领滏阳、武安、邯郸三县。至元二年,以真定路之涉县及洺州成安县并入滏阳县,武安县并入邯郸县,一度仅领滏阳、邯郸二县及录事司。后复置涉县,归属真定路。又恢复滏阳、武安、邯郸、成安四县及录事司。至元三年并录事司入滏阳县。至元十五年洺磁改为广平路,磁州仍然隶属之。其所领滏阳、武安、邯郸、成安四县,亦未变。

威州,中州。金始为威州,治井陉。窝阔台汗六年割隶邢洺路,以洺州洺水县来属。蒙哥汗二年,改隶洺磁路,徙州治于洺水县。这样,威州不仅领有了洺水、井陉二县,而且州治开始向东南移。而洺水、井陉二县地理上相距三百里,彼此又间隔真定、顺德二路。这在历代州区史都是绝无仅有的。

广平路自真定路割出而自成一路,同样和投下封户有密切关系。窝阔台汗八年分封中原五户丝食邑时,右手万户博儿术子字鲁带受封洺州洺水县17 333户。右手万户其他二投下勋臣忒木台驸马和斡阔烈阇里必则分别拨给磁州9 457户和洺州15 807户。此外,属于右手万户的忽都虎官人也封受广平等处4 000户。另一方面,博儿术曾孙木剌忽于皇庆元年(1312)四月受封广平王。博儿术、字鲁带、玉昔帖木儿后来均追封广平王③。无论是邢洺路、洺磁路以及广平路的设置,还是广平王爵的封授,都是由丙申分封右手万户字鲁带等封户于邢、洺发其端的。《牧庵集》卷27《鄢陵主簿毛府君阡表》云:"始,邢与洺钧(均)州。及升邢为顺德府。君(毛宪)则白侯:邢、洺,钧(均)功臣封邑。由邢尝开安抚司,故洺受其节度。今邢已府,而洺犹州。求诸地志,洺,实

---

① 《紫山集》卷16《杜泉神道碑》。
② 《元史》卷10《世祖纪七》。
③ 《元史》卷119《博儿术传》、卷95《食货志三·岁赐》。

古广平郡,领邢、洺、磁、威四州。洺独不能引为比耶？事闻,升广平府,各为路。"以上史实大体可以反映洺州与邢州因分封中原五户丝食邑,互相攀比,由州而府,又由府升路的历程。

第六节　彰德路、大名路、怀庆路与卫辉路沿革

一、彰德路

彰德路(治所在今河南安阳市),下路。唐宋为相州。金为彰德军节度使和彰德府,隶属河北西路。成吉思汗十五年(1220),东平严实籍彰德、大名等处二十万户归附蒙古。于是,彰德府一部分被置于东平行台严实统辖之下,另一部分仍隶属史氏真定路。窝阔台汗四年(1232),蒙廷设立彰德总帅府,管辖相、卫、辉三州。"画境之制"实施以后,彰德府自严实地盘内割出①。蒙哥汗二年(1252),卫、辉二州从彰德总帅府割出,以彰德为散府,复属真定路。至元二年(1265),设立彰德总管府,管辖怀、孟、卫、辉四州和本府安阳等五县,辖地前所未有地扩大。姚燧《谭公神道碑》载"至元二年……省怀孟、卫辉两总管入彰德"②,披露了这一动向。至元六年十二月,元廷分彰德、怀孟、卫辉为三路,各立总管府,彰德最终独立为一路③。

元代彰德路建置辖区的上述前后变动,是汉地世侯占领地盘、"画境之制"、蒙古诸王勋贵封户所在等三因素混合交织发生作用的结果。成吉思汗十五年,彰德府始隶东平及彰德总帅府之立,大致是世侯史氏和严实趁金室播迁汴京而实际占有相、卫、辉诸州使然。彰德府自严实地盘内割出和以散府复属真定路,主要是蒙廷依金朝路州划属旧制及丙申分封所做的调整。而至元六年彰德、怀孟、卫辉三路分立,则照顾诸王封君封户自成一路的政策导向更为突出。

尤其是彰德以安阳、汤阴、临彰三县和林州单为一路,应与旭烈兀大王彰德食邑有关。《秋涧集》卷60《韩府君墓表》说:"丙辰岁(1256),朝廷以相之五县封太弟为采邑。"《元史》卷95《食货志三·岁赐》则说,旭烈兀大王位,五户丝,丁巳年(1257),分拨彰德路25 056户。两段文字虽有封授时间上的一年

---

① 《元史》卷1《太祖纪一》;《元好问全集》卷26《东平行台严公神道碑》,山西人民出版社,1990年。
② 《牧庵集》卷24。
③ 《元史》卷58《地理志一》云,彰德、怀孟、卫辉三路分立,事在至元四年。《元史》卷6《世祖纪三》载于至元六年十二月。今从《世祖纪三》。

之差,但所述情节颇相合。"相之五县",即彰德路所辖安阳、汤阴、临津、林虑(后升林州)以及并入安阳的辅岩。而旭烈兀大王分拨彰德路 25 056 户,又占全路总户数(35 246 户)的七分之五强。足见,彰德路大抵是旭烈兀大王食邑户为主的建置。杜秉彝《高文忠庙记》又说:"丁巳,国朝大封同姓,亲王各奏举贤良俾治汤沐之邑。天子之母弟,奏先生(高文忠)为彰德路军民总管。"① 蒙哥汗七年(丁巳),彰德仅是散府,路总管府未立。《庙记》中的"彰德路"称谓,很可能是撰者后加的,但仍然说明,自丁巳分封,旭烈兀大王的彰德食邑实体业已形成,而且可以奏举投下官员。至元六年旭烈兀大王位下彰德食邑自为一路,亦是忽必烈尊宠始终与大汗保持亲密关系的伊利汗国亲王的具体措施。

彰德路领一录事司、三县、一州。彰德路城郭周长十九里。城内由录事司管理,城外仍属安阳县管理。路总管府治、录事司治及安阳县治,皆在城内②。

三县,即安阳县、汤阴县、临漳县。与金彰德府相比,减少了辅岩、林虑二属县。

一州,即林州。原本林虑县,蒙哥汗二年升为林州。至元二年复为县,又并入辅岩。不久复设林州。又割辅岩入安阳。此后,林州仍以下州隶属于彰德路③。

二、大名路

大名路(治所在今河北大名县东),上路。宋为北京大名路。金为大名府路。金末蒙古军南下,原大名路的一府、三州之地被世侯军阀严实和梁仲、王珍等所分割占领。成吉思汗十五年,东平严实籍彰德、大名等处三十万户归附蒙古。实际上,严实占据的仅是原大名路所属的冠氏等十七城,原大名府为中心的其他城邑则是大名路都元帅梁仲和同知大名府事王珍的地盘④。

窝阔台汗八年,大名府被分拨给皇子贵由为食邑。1246 年贵由汗即位后,任命唐兀人昔里钤部为大名路达鲁花赤,其子爱鲁后来世袭达鲁花赤之职。贵由幼子禾忽又因其大名路食邑,称为"大名王"。大名路军马管民次官王珍则相应地成为需要经常朝见贵由帝后的守土臣⑤。可见,蒙古国后期以大名府为中心的贵由位下食邑实体已经形成,尽管它与金朝大名府及大名府

---

① 《彰德府志》卷 24,乾隆五十二年(1787)本。
② 廼贤:《河朔访古记》卷中。
③ 《元史》卷 58《地理志一》。
④ 《元史》卷 152《王珍传》。
⑤ 《元史》卷 122《昔里钤部传》、卷 180《耶律希亮传》、卷 152《王珍传》。

路在辖区范围上有较大出入。

在随后的"画境之制"中,"大名长官欲以冠氏等十七城改隶大名",严实派本路奏差官王玉汝"辨正"抗拒,使之未能得逞①。

至元二年,元廷对大名路所辖州县作了较大幅度的调整。虽然冠氏等十七城没有全部归还大名路,但其所辖州县出少入多,辖区有所扩大。例如滑州和浚州自真定路割出,改属大名路。于是,大名路所辖州由一个增加到三个。终元一代,一直没有归还大名路的冠氏等十七城,大体是冠氏县、馆陶县、夏津县、朝城县、清平县、莘县、恩州、历亭县、武城县、临清县、濮州、鄄城县、范县、观城等。

至元二年后大名路领一录事司、五县、三州。

五县,即元城县、大名县、南乐县、魏县、清河县。比起金朝大名府十个属县,减少了冠氏等六县,增加一个清河县。清河县原系金大名府路恩州的属县,窝阔台汗七年划归大名府,成为后来大名路直属县。由于清河县与大名路治相距二百里,地理上又间隔冠州和濮州,清河县又构成了大名路辖区以外的一块"飞地"。

三州,即开州、滑州和浚州。

开州,上州。宋为开德府。金为开州,隶属于大名府路。领濮阳、东明、长垣、清丰四县。与金朝属县数目相同,但减少一观城县,增添一东明县。东明县原属曹州,窝阔台汗七年划归大名路,至元二年又改属开州。

滑州,中州。宋为武成军。金为滑州,隶属河北西路(真定府路)。入元,依然领白马、内黄二县,与金朝同。

浚州,下州。宋为通利军,又改平川军。金为浚州,隶属河北西路(真定府路)。无属县。如前述,滑州和浚州都是至元二年自真定路割出,改属大名路的。

至元二年调整后的大名路户数为 68 639 户。而贵由位下丙申岁分拨的大名府食邑民多至 68 593 户。此外又有迭哥官人丙申岁获拨大名清丰县 1 713 户,以及阿术鲁拔都、行丑儿、忽都、也速、霍木海等少量封户②。从封户比例看,即使不归还冠氏等十七城,大名路的民户似乎绝大多数都是贵由位下的食邑民。至元二年调整后的大名路,贵由位下食邑路的特有性质更为鲜明。直至元末,"大名王"的府邸及其部曲三千人,仍然留驻大名路③。

---

① 《元史》卷153《王玉汝传》。
② 《元史》卷95《食货志三·岁赐》。
③ 《至正集》卷60《安伯宁知府墓志铭》。

三、怀庆路

怀庆路(治所在今河南沁阳市),下路。宋为河内郡防御。金为南怀州,属河东南路。元初复为怀州。窝阔台汗四年改为行怀孟州事。蒙哥汗六年,皇弟忽必烈受封怀孟州为汤沐邑。翌年,置怀孟总管府。至元二年,以怀孟隶属彰德路。六年,怀孟重新自为一路。延祐六年(1319),因仁宗爱育黎拔力八答即位前与答己太后出居怀孟路,特改名怀庆路。领三县、一州,比金怀州少一山阳县。

三县,即河内县、修武县、武陟县。

孟州,下州。宋为济源郡节度使。金为孟州防御。因黄河水害,于故城北十五里筑新城,新城称上孟州,故城称下孟州。元初治下孟州,蒙哥汗八年复立上孟州,下领河阳、济源、王屋、温县四县。设司候司。至元三年,省王屋入济源,并司候司入河阳。这样,孟州属县就减为三个。

怀庆路境内的蒙古诸王勋臣食邑封户,主要是丁巳年分拨忽必烈怀孟11 273户,占怀庆路总户数34 993户的近三分之一。《元史》卷95《食货志三·岁赐》将此封户记在真金太子孙武宗海山位下,实际上是海山在大德八年(1304)受封怀宁王及瑞州路江南户钞的同时,继承了其曾祖父忽必烈的原有食邑封户。其他蒙古勋贵受封怀孟的还有察罕官人3 606户、折米思拔都儿100户、卜迭捏拔都儿88户。可以说,自蒙哥汗七年怀孟州脱离金朝原河东南路而独立为一路以及至元六年路的建置最终稳定,忽必烈丁巳年封户所在是其基本背景和原因。元廷尽可能依某位蒙古诸王勋贵中原食邑封户所在独立一路的政策,在怀庆路再次得到颇为有效的贯彻。

四、卫辉路

卫辉路(治所在今河南卫辉市),下路。宋为卫州。金为卫州、河平军,隶属河北西路。元初为史天泽真定路总管府下属十一州之一。窝阔台汗四年,蒙廷设立彰德总帅府,管辖相、卫、辉三州。蒙哥汗二年,卫、辉二州从彰德总帅府割出,与散府彰德一并隶属真定路。中统元年(1260)升格为卫辉路,设录事司。至元二年复隶属于彰德路总管府。至元六年重新独立为卫辉路。

卫辉路领一录事司、四县、二州。

四县,即汲县、新乡县、获嘉县、胙城县。原先卫州以胙城为治所,窝阔台汗移州治于汲县。

二州,即辉州和淇州。

辉州，下州。金为河平县，又改苏门县。又改辉州，置山阳县来属。至元三年省苏门县，废山阳入本州。

淇州，下州。宋、金为卫县鹿台乡。蒙哥汗五年，以大名、彰德、卫辉漏籍民户立为淇州。又设临淇为倚郭县。中统元年隶大名路宣抚司。至元二年改隶卫辉路。临淇县省入本州。

卫辉路总管府之设，也与诸王勋贵投下食邑有关。蒙哥汗朝，卫州五城一度是汉世侯史天泽的封邑，史天泽曾委任王昌龄治理。中统初，史天泽担任中书省右丞相，遂将五城封邑奏还朝廷①。所谓"卫州五城"，即汲县、新乡、获嘉、胙城、苏门（后升辉州）五县。王公孺《卫辉路庙学兴建记》说，"逮至元三祀，朝廷锡皇侄玉隆答失大土㠶五城为分土，立总管府，列河朔一路"②。如此看来，卫辉路的分置及确立，是由蒙哥幼子玉龙答失受封卫州五城所致。所封食邑户，据癸巳年（1293）"查过"，共计3 342户。至于淇州孛罗浑官人的1 100户封民，乃是另籍漏版户而来的③。它不会影响蒙哥后王玉龙答失等在卫辉路的地位及封户占有。卫辉路当是以蒙哥后王的食邑卫州五城为主而设置的。或许是这个缘故，武宗至大三年（1310）玉龙答失之子完泽还因卫州食邑受封卫王④。

第七节　东平等三路、七州沿革

一、东平路

东平路（治所在今山东东平县），下路。宋为东平郡。金为东平府，隶属山东西路。成吉思汗十五年（1220），东平地方武装头目严实，以彰德、大名、磁、洺、恩、博、浚、滑等州三十万户投降蒙古。当时，严实被委任为万户、东平行台，统辖五十四个州县。其地盘超出了金山东西路的范围，其中，彰德府、磁州、洺州、浚州、滑州等属金河北西路，大名府、恩州等属金大名府路。据元好问《东平行台严公神道碑》载，严实降蒙古之初，所辖区域是"有全魏，有十分齐之三，鲁之九"。此说法并不十分确切，严实不可能占据全部上述州县，与其他军阀难免有犬牙交错。

---

① 《秋涧集》卷48《中书左丞相忠武史公家传》；《元史》卷155《史天泽传》、卷6《世祖纪三》。
② 《卫辉府志》卷45。
③ 《元史》卷95《食货志三·岁赐》；《卫辉府志》卷45《淇州建周府君惠祠堂记》。
④ 《元史》卷108《诸王表》。

之后,严实的东平行台或东平路发生过两次较大变动。

第一次是窝阔台汗六年(1234)的"画境之制"。由于此次"画境",严实所占据的金河北西路和大名府路部分地盘中,大名、彰德部分州县被割出。齐鲁方面,则将德州、兖州、济州、单州等归属严实麾下①。这样,严实东平行台或东平路实际管辖的州县就变为东平府、博州、德州、兖州、济州、单州、曹州、濮州、泰安州、恩州及冠氏、高唐等县。其大多属于金山东西路,而濮州、恩州及冠氏等县则是金大名府路的属地。关于后者,当时曾发生激烈争执:"大名长官欲以冠氏等十七城改隶大名",严实派本路奏差官王玉汝"辨正"抗拒,结果,继续保持了东平行台对冠氏等十七城的占有②。足见"画境之制"给严实的东平行台带来的变化,主要表现在"沿金旧制画界"③,重点解决汉地军阀地盘犬牙交错而造成的州县建置混乱,大体恢复了原金朝山东西路的辖区范围。

第二次是围绕蒙古诸王勋贵封户所在而发生的东平路一分为十。它酝酿于蒙古国窝阔台汗和贵由汗二朝,完成于元世祖至元五年(1268)。

窝阔台汗八年丙申分封时,东平行台所属大部分百姓被封授为赤苦驸马、阿剌海公主、查剌温国王等十功臣的五户丝食邑户。虽然十功臣封民是另行编入户籍的,但东平地区的军政财刑诸权仍由汉世侯严实执掌。这难免会引发投下封君与汉世侯严实间的权益冲突。于是导致了十投下封君两次要求剖分东平地的事件。《元史》卷153《王玉汝传》说:"戊戌,以东平地分封诸勋贵,裂而为十,各私其入,与有司无相关。玉汝曰:'若是,则严公事业存者无几矣。'夜静,哭于楚材帐后……楚材恻然良久,使诣帝前陈诉……帝嘉玉汝忠款,且以其言为直,由是得不分……辛丑,实子忠济袭职……分封之家,以严氏总握其事,颇不自便。定宗即位,皆聚阙下,复欲剖分东平地。是时,众心危疑,将俯首听命,玉汝力排群言,事遂已。"王玉汝是严实的故吏,曾任东平行台奏差官、知事、左右司郎中等职。本传所述窝阔台汗十年及贵由汗初十投下封君两次企图"剖分东平地",乃王玉汝亲身经历,故大致属实。此处的"剖分",实际上是在丙申分民的基础上进一步分割东平路辖地,即十投下各以封户所在独立设置行政机构,各辖其民,"各私其入",改变严氏总揽当地诸权的状况。其结局,首次"剖分"未能得逞是毋庸置疑的,否则就不会有贵由汗初年的第二

---

① 《元好问全集》卷26《东平行台严公神道碑》。
② 《元史》卷153《王玉汝传》。
③ 《畿辅通志》卷107王磐撰:《张柔神道碑》;《元朝名臣事略》卷6《万户张忠武王》转引王鹗:《张柔墓志》。

次"剖分"。同样,第二次也不了了之,东平路所辖"州县如旧"。这两次应该是"剖分东平地"的酝酿或准备。

"剖分东平地"的真正实施是在元世祖至元五年。《元史》卷58《地理志一》载,至元五年,赫然统辖五十四城的东平路,一度降为散府。济、曹、濮、泰安、恩、冠、高唐等属州属县,也是至元五年前后改为直隶省部之州或路的。沈存中《德州修碑楼堂记》云:至元五年"朝命以天平军为十节度"[①]。"天平军"是金朝东平路的旧称。"十节度"相当于"十投下"、"十部"之意。这些均表明:世祖初严忠济兄弟相继罢黜之后,元廷终于正式将东平行台辖区依丙申年投下封户所在裂而为十了。

赤苦驸马位下濮州、阿剌海公主位下高唐州、果真公主位下冠州等九个路州割出后,东平路的地盘骤然缩小。至元五年降格为散府,下辖须城、东阿、阳谷、寿张、平阴、汶上六县。至元九年,才改为下路总管府。

缩小后的东平路内投下食邑也减少为查剌温国王(木华黎后裔)、茶合带郡王(带孙郡王后裔)、也苦千户、兀里羊哈歹千户、乞里歹拔都、拾得官人、伯纳官人、笑乃带先锋、塔思火儿赤等九家。查剌温国王投下为39 019户,占绝大多数。其次是茶合带郡王。另外七家又多是木华黎国王的旧部。据统计,九家封民合计52 143户[②]。《元史》卷7《世祖纪四》至元九年十二月丁亥条所云"以东平府民五万余户,复为东平路",实际上是在原东平路被剖分后,元廷特意把查剌温国王投下为首的上述九投下食邑民,自立一路。而后,新组建的东平路达鲁花赤也多是以木华黎弟带孙郡王后裔担任的[③]。

与"画境之制"的变动比较,至元五年东平路一分为十,更侧重于照顾投下各支系封户所在独立设路州。

二、东昌路

东昌路(治所在今山东聊城市),下路。宋为博平郡。金为博州,属山东西路。元初,为东平世侯严实占据,成为东平行台或东平路的属州。至元四年,"析东平之博州五城,别为一路",置博州路总管府。十三年改东昌路[④]。领一录事司、六县。

博州路设置之初,仅有聊城、堂邑、莘县、博平、茌平五属县。其中,莘县原

---

① 《济南金石志》卷4。
② 《元史》卷58《地理志一》、卷95《食货志三·岁赐》。
③ 《元史》卷119《木华黎传》。
④ 《元史》卷58《地理志一》、卷6《世祖纪三》至元四年五月丙辰。

本隶属金大名府,元初划属博州。改东昌路后,至元二十六年增设丘县。丘县原为曲周县一镇,至元二年并入博州属县堂邑。至元二十六年,山东宣慰司奏言:"丘县并入堂邑,差税词诉相去二百余里,往复非便。平恩有户二千七百,升县为宜。"朝廷批准其奏请,遂立丘县。这样,东昌路的属县增加到六个。未设立丘县以前,洺州曲周县平恩镇是距堂邑县二百余里的一块"飞地"。差税词诉,确实有许多不便。丘县增设后,仍然与东昌路相距二百余里,地域上间隔冠州和濮州。所不同的是,这块有二千七百户的"飞地",此时已升格为东昌路的属县了。

关于东昌路地盘里至,赵万里校辑《元一统志》卷1《中书省统山东西河北之地》保留了较为珍贵的记录:"东昌路,西北至上都一千八百里。西北至大都一千里。东至东平路东阿县界雍邱镇五十里。西至冠州界博宁镇七十五里。南至东平路阳谷县界王家寺二十里。北至德州清平县界高家寨八十里。东到泰安州三百五十里。西到冠州一百一十里。南到濮州二百八十里。北到德州二百六十里。东北到济南路二百三十里。西南到大名路一百八十里。东南到东平路一百八十里。西北到恩州一百八十里。"所载里至大部分是东昌路治到其他路(直隶州)治的距离里程,还有一些是到相邻路(直隶州)边界的里程。由此可以窥见东昌路的四至八到和政区范围。

至于东昌路与投下封君的关系,笔者仅见《元典章》卷9《吏部三·投下不得勾职官》所载东昌路达鲁花赤探马赤至元二十九年奉阔端后王令旨,擅离职守,前往永昌路运送军粮一事。此探马赤似为阔端后王委派的达鲁花赤。如此,东昌路应该是元廷专为阔端大王位下设置的一个食邑路。《元史》卷95《食货志三》说,阔端太子位丙申年(1236)分封五户丝食邑在东京路。中华书局校勘本依《元史》卷2《太宗纪》改"东京"二字为"东平",基本正确。然而,至元五年东平路一分为十,未见东昌路以外的路州属于阔端太子位五户丝食邑。既然《元史》卷2《太宗纪》明言皇子阔端为丙申东平受封者之首,至元五年东平路一分为十,不应当没有阔端太子位下食邑路州。鉴于此,《元史》卷95《食货志三》阔端太子位丙申年分拨食邑"东京路",估计是"东昌路"之讹,东昌路应该是皇子阔端的丙申年分封五户丝食邑所在。

另外,至元五年东平路析分为十后,缩小后的东平一度降为散府。弘吉剌部驸马食邑济宁也是晚至至元十六年才升为路的。唯有东昌路在至元五年东平路析分之时,迅速升为博州路。这与皇子阔端在东平路诸封君中最为高贵的身份及其与忽必烈政权的亲密关系,都是吻合的。这又是东昌路应为皇子阔端五户丝食邑所在的值得重视的背景。

三、济宁路

济宁路,下路。元代济宁路的治所长期在巨野县(今山东省巨野县),至正八年(1348)移治任城县(今山东省济宁市)。济宁路主要由金兖州、济州、单州之地组成。兖州、济州原属金山东西路。单州原属金南京路。上述三州能够合而成为一路,经历了一段比较曲折的过程。

成吉思汗率兵南下攻金时,严实和石珪都是较早归降的汉人武装头目。严实被授予东平路行军万户,石珪则被委以济、兖、单三州兵马都总管、山东诸路都元帅。蒙廷还特许石珪与严实分据东平,石珪和其子石天禄又重点经营济、兖、单三州。石天禄曾奉窝阔台诏书,"括户东平,军民赋税并依天禄已括籍册,严实不得科收"①。可见,迄窝阔台汗初期,济、兖、单三州是由石珪和其子石天禄统辖的,并不在东平行台的实际控制之下。

窝阔台汗八年左右实行"画境之制",严实所占据的金河北西路和大名府路地盘中,大名、彰德部分州县被割出。齐鲁方面,则将石珪、石天禄父子所辖济州、兖州、单州等归属严实麾下②。蒙廷在东平之地如此处理,主要是遵循金朝路州旧有划界。当然,严实与石天禄的地位势力毕竟存在差距。严实位居汉地七万户之一,石天禄仅仅是征行千户。况且,迄丙申岁,石珪、石天禄父子先后被俘杀或病死,把石天禄所辖济州、兖州、单州置于严实东平路之下,也是合乎常理的。

世祖至元五年,东平路被剖分为十,济、兖、单三州的归属和建制随之发生变化。先是至元六年济州的治所迁回巨野,八年升格为济宁府。至元十六年,正式设立济宁路总管府。

济宁独立为一路,同样是与投下封户所在有关。窝阔台汗八年,东平辖区内的三万户封赐弘吉剌部长按赤那颜与垮那颜。《元史》卷118《特薛禅传》又说,弘吉剌部长按赤(又作按陈)那颜等丙申岁的"分邑"即是济、兖、单三州及巨野、郓城、金乡、虞城、砀山、丰等十六县。蒙古国时期,弘吉剌部封君似乎没有在其食邑内设置统一的管理机构。蒙哥汗九年(1259),按陈驸马率军伐宋途经巨野,曾申言要将该地当作分邑的治所。其弟帖木儿路过济州时也说,要以济州为治郡之总。到至元六年,济州官员遵按陈驸马"遗训",请示斡罗陈驸马和囊加真公主,并奏报朝廷。越二年,经朝廷批准,升济州为济宁府。至元

---

① 《元史》卷193《石珪传》、卷152《石天禄传》。
② 《元好问全集》卷26《东平行台严公神道碑》。

十六年又升格为济宁路总管府,总辖以上三州、十六县①。这样,济宁路就名副其实地成为弘吉剌部长按赤那颜等的"分邑"路了。与汪古部驸马类似,"弘吉剌之分邑",也具有"得任其陪臣为达鲁花赤"等特权②。特薛禅之孙帖木儿、蛮子台兄弟,还在世祖、成宗朝先后依其"分邑"路名受封济宁郡王和济宁王。

济宁路领一录事司、七县、三州。

七县,即巨野、郓城、肥城、金乡、砀山、虞城、丰县。其中郓城、金乡二县在路治附近。肥城、砀山、虞城、丰县则离路治较远,多半原先是济州和单州的属县。而肥城原系东平府所属平阴县东南辛镇寨,至元十二年改为肥城县,隶属济宁路。

三州,即济州、兖州、单州。

济州,下州。宋、金即为济州,金治所迁任城,隶属山东西路。至元二年以户口数目不及千数,并入任城县。至元六年恢复济州建置,迁州治于巨野,割郓城之四乡来属,又以任城为属县。八年升济州为济宁府,先治任城,复还府治巨野。十二年,以地处江淮水陆冲要,复立济州,隶属于济宁府,同时废罢任城县。十五年,迁济宁府于济州,而以巨野行济州事。当年又以府治归巨野,济州为散州还治任城。二十三年恢复任城县。

济州管辖任城、鱼台、沛县三县。与金朝比较,原属县郓城、金乡划属济宁路,嘉祥归隶单州。所增加的是鱼台、沛县。鱼台原属单州,窝阔台汗七年拨属济州。至元二年,鱼台并入金乡,三年复故。沛县原属滕州,至元二年省入丰县,三年复置。八年,隶济宁府。十三年,拨隶济州。

兖州,下州。宋为袭庆府。金先为泰定军,后改兖州,隶属山东西路。元初隶济州。蒙哥汗二年拨隶东平路。至元五年,复属济州。十六年,隶济宁路总管府。领嵫阳、曲阜、泗水、宁阳四县,与金朝相同。其中,宁阳至元二年省入嵫阳,降为宁阳镇。大德元年(1297)二月,复为宁阳县③。

单州,下州。宋为单州。金升为防御州,隶属南京路。元初隶济州。蒙哥汗二年隶东平路。至元五年,复隶济州。十六年隶济宁路。领单父、嘉祥二县。与金朝比较,少鱼台、成武、砀山三县,增嘉祥县。嘉祥原属济州,后改隶单州④。

---

① 《元史》卷2《太宗纪》、卷95《食货志三·岁赐》。另《巨野县志》卷20《济宁路总管府记碑》(道光二十四年本)云,封赐按陈那颜的是济、兖、单三州、十四县。
② 《元史》卷118《特薛禅传》。
③ 《元史》卷19《成宗纪二》。
④ 《金史》卷25《地理志中》;《元史》卷58《地理志一》。

四、曹州

曹州(治所在今山东菏泽市),上州。唐为曹州。宋改兴仁府。金复为曹州,隶属山东西路。元初隶属严实控制的东平路总管府。至元二年,从东平路划出,直隶中书省部。曹州的直隶省部,同样是投下封户所在造成的。据《元史》卷95《食货志三·岁赐》,太宗丙申年,封赐和斜温两投下曹州一万户。王恽《曹州禹城县侧近州郡事状》也有曹州"本投下和斜、拜答汉"之称,还说曹州属县禹城亦有该投下若干民户。此二处的和斜温(和斜)两投下,即《元史》卷2《太宗纪》中"东平府内拨赐"的火斜、术思两兄弟。足见,曹州自东平路析出,直隶省部及其和相距七百余里的禹城县长期保持隶属关系,当是元廷照顾火斜、术思投下封君,为其专设食邑州所致。

曹州所领属县有济阴、成武、定陶、禹城、楚丘五个,比金朝增加两个。其中,成武县金朝隶单州,禹城县隶济南府,楚丘县隶归德府①。

关于曹州下属禹城县的情况,正如王恽所说:"切见曹州所辖禹城县去本州七百余里。其亲管并投下约四千余户。一岁之间,事为不少。如科拨催征、打算勾集及军马词讼申禀一切事理,人吏往还一千四百余里。其于难易,不较可知。若官得其人,政平讼理,民受其赐。苟非其人,恃赖上司,弯远不复闻知。凡有剖决,鲜不徇情直行。其或枉错,使无力小民卒不能上诉,有受屈而已。今照得本投下和斜、拜答汉止系千户功臣之家,不同诸王公主驸马等族人,合无将五户丝依例分付本投下,外据县司一切事理,就令侧近州府节制照管,官民似为两便……"② 从《元史》卷58《地理志一》禹城县终元一代仍隶属曹州等记载看,元廷似未采纳王恽取消"飞地"禹城县的建议。由于千户功臣和斜、拜答汉投下食邑设置直隶省部的曹州,造成原属济南府的禹城县划归七百余里以外的曹州。这种情况下,相距弯远,官民词讼申禀不便之类的弊端是非常严重的。

五、濮州

濮州(治所在今山东鄄城县旧城镇),上州。唐、宋为濮州。金濮州为刺史州,隶属大名府路。原领属县两个:鄄城、范县。蒙古国时期,濮州隶属于东平路。至元二年始,元廷割大名路的馆陶、朝城,恩州的临清,开州的观城及东

---

① 《金史》卷25《地理志中》;《元史》卷58《地理志一》。
② 《秋涧集》卷85《乌台笔补·曹州禹城县隶侧近州郡事状》。

平路范县五县来属。连同原属县鄄城,所辖达六县。其中,馆陶、临清二县与濮州治所间隔冠州,相距二百余里,同样构成一块较大的飞地。至元五年,濮州正式从东平路析出而直隶省部。以上变动表面上似乎与投下封邑无甚联系。然而,《元史》卷 95《食货志三》说:"郓国公主位,五户丝,丙申年,分拨濮州三万户。"郓国公主乃下嫁弘吉剌部长按陈之子赤苦的成吉思汗之女秃满伦。《元史》卷 2《太宗纪》所说"并于东平府户内拨赐有差"的十投下封君中也有赤苦驸马。大德十年,赤苦的曾孙脱帖木儿还因濮州旧称濮阳受封濮阳王①。由是观之,濮州自东平路析出,意味着元廷为赤苦驸马位下食邑单独置直隶省部之州。

六、高唐州

高唐州(治所在今山东高唐县),中州。唐、宋、金三朝,一直是高唐县。蒙古国初年,高唐也只是严实东平行台博州的一个属县。据《元史》卷 58《地理志一》,至元七年,元廷拨东平的夏津、武城二县与高唐县合立高唐州,从东平路析出,直隶中书省部。于是,高唐州领高唐、夏津、武城三县。其中,夏津县金朝属大名府,武城县属恩州,蒙古国时期隶属东平路。

关于高唐州独立的背景,阎复《重修庙学记》、《武德将军斡朵忽都政绩碑》说,"高唐……至元七年,始改邑为州,附以夏津、武城,凡三县。民物之繁,茧丝之富,遂为山东名郡","圣元开创之初,封建宗室,皇曾祖姑齐国大长公主驸马高唐武毅王有佐命之勋,裂高唐、夏津、武城三县为汤沐邑,迄今为皇甥驸马都尉赵王分地"②。阎碑中的齐国大长公主即下嫁汪古部的成吉思汗之女阿剌海。其受封事亦即《元史》卷 95《食货志三》所载赵国公主位"五户丝,丙申年,分拨高唐州二万户"。因为汪古部首领术安至大三年(1310)被封为赵王,故所尚公主亦有赵国公主之称。丙申年拨赐阿剌海公主的民户自然也为赵国公主所袭有。兼之,其两万食邑户数又与《元史》卷 58《地理志一》高唐州民户总数 19 104 户相差无几。所以,高唐州之立,是元廷为照顾汪古部领主便于管理自己的分地,而将隶属于原东平路若干州的三个县集中起来单独设置的③。另一方面,高唐州的达鲁花赤斡朵忽都、忽都纳等都是受汪古部领主派遣,后者还是汪古部贵族子孙。这进一步证明,汪古部驸马公主委派达鲁花赤

---

① 《元史》卷 58《地理志一》、卷 108《诸王表》。
② 《高唐州志》卷 3、卷 7,光绪三十三年(1907)本。
③ 参阅周清澍:《汪古部的领地及其统治制度》,《文史》第十四辑。

"承制监制封域"①，是付诸实施了。

七、泰安州

泰安州（治所在今山东泰安市），中州。唐初置东泰州，后废州改乾封县。宋为奉符县。金置泰安州，隶属山东西路。蒙古国初，泰安州亦为严实东平行台的属州。

据《元史》卷95《食货志三》和卷121《畏答儿传》云，太宗丙申年赐兀兀部功臣畏答儿之子忙哥泰安州二万户。此忙哥，即《元史》卷2《太宗纪》中的蒙古寒札。至元五年，泰安州自东平路析出，直隶省部，领奉符、长清、莱芜、新泰四县。

奇怪的是，《元史》卷58《地理志一》中的泰安州百姓总数仅有9 540户，不及蒙古寒札（忙哥）丙申年封户的一半。这又作何解释呢？关于这个问题，《元史》卷121《畏答儿传》又说，"岁丙申，忽都忽大料汉民，分城邑以封功臣。授忙哥泰安州民万户……帝曰：'……畏答儿封户（指漠北原封千户）虽少，战功则多，其增封为二万户。'"据此，笔者认为，丙申封授蒙古寒札的食邑户实际上是分两次进行的。忽都忽（即忽都虎）初封蒙古寒札的泰安州一万户直接依据乙未抄籍数，故恰好等于该州的实有民户数。而遵循太宗旨意增封的一万户，就不可能是泰安州民户了。它只能取诸其他州县。《食货志》和《畏答儿传》将初封数和增封数一并记在泰安州名下，自然会出现蒙古寒札封户与泰安州民数不符的情况。当然，这仅是一种推测。无论上述推测能否成立，泰安州自东平路析出，构成蒙古寒札投下食邑州，是毋庸置疑的。

八、德州

德州（治所在今山东德州市陵城区）。唐为德州。宋为平原郡军。金袭唐制为德州，隶属山东西路。蒙古国时隶严实东平行台。至元二年左右，元廷以大名府清平县、济南府齐河县来属，连同原属安德、平原、德平等县，从东平路割出，立直隶省部之州。

关于德州境内的投下封户，《元史》卷95《食货志三》和卷120《术赤台传》均说，兀鲁兀部勋臣术赤台受赐德州食邑民二万户。《元史》卷2《太宗纪》中受封东平十投下之一的锻真（又作端真），即术赤台之孙。而德州民户总数，又与术赤台食邑户相差无多。因此，德州自东平路析出而直隶省部，亦可视作元廷为术赤台、锻真投下食邑单独置直隶省部之州的一项措施。

---

① 《高唐州志》卷7《武德将军斡朵忽都政绩碑》。

元代德州领五县。其中,安德、平原、德平是金德州的旧有属县。而原属大名府的清平县和原属济南府的齐河县,是至元二年德州自东平路中独立时划属。齐河县当时似乎是直接从济南府划属的。清平很可能是"画境之制"时先划属东平行台,至元二年才划归德州的。

值得注意的是,清平县和齐河县同样在空间上分别远离德州治所。齐河县位于德州治所正南,相距一百五十余里,间隔河间路临邑县和曹州禹城县。清平县地在德州治所西南一百八十里处,间隔高唐州。此二县空间上也不相连,间隔一百余里,构成了隶属于德州的两块"飞地"。

九、恩州

恩州(治所在今山东武城县),中州。唐为贝州。宋先为清河郡,后改恩州。金仍为恩州,隶属大名府路。大约在蒙古国"画境之制"时,恩州原属县清河县被割隶大名府,武城县割隶高唐州,临清县割隶濮州。唯余历亭一县及司侯司,划属为严实东平行台的属州。至元二年,因其属县清河、武城先后割隶大名、高唐,故将剩下的历亭县及司侯司均省入州。至元七年,元廷正式将恩州从东平路割出,直隶省部①。

《元史》卷95《食货志三》和卷117《别里古台传》说,丙申年,太宗曾赐孛鲁古带(即别里古台)位下恩州、广宁二城11 603户。孛鲁古带之孙霍历极"以疾废",经世祖特许,常居恩州"统其藩人"。可见,恩州自东平路独立,也有照顾别里古台后王,以其食邑自为一州的用意。

十、冠州

冠州(治所在今山东冠县)。宋、金为冠氏县,隶属大名府。窝阔台汗六年,冠氏县划归严实东平路。至元六年升冠州,自东平路析出,直隶省部。

查《元史》卷95《食货志三》,未见冠州有投下封户。然,《元史》卷2《太宗纪》丙申年分封条有"……公主果真……并于东平府户内拨赐有差"。此处的"果真",即下嫁亦乞列思部长孛秃的成吉思汗之女昌国大长公主火臣。而《元史》卷118《孛秃传》又说,孛秃"从太师国王木华黎略地辽东、西,以功封冠、懿二州"。其中,懿州在辽阳行省,冠州即至元六年自东平路析出的冠州。笔者认为,《孛秃传》中的受封,似与《食货志三·昌国公主位》"五户丝,丙申年,分拨一万二千六百五十二户"是一回事。只是《食货志三》失载其封户所在地而已。如果这种看

---

① 《金史》卷25《地理志中》;《元史》卷58《地理志一》。

法得以成立,冠州直隶省部,也是果真公主位下食邑单独置州的具体表现。

第八节　山东东西道所属益都等三路、一州沿革

一、益都路

益都路(治所在今山东青州市),上路。唐为青州。宋为镇海军。金为益都府,隶属山东东路。

益都,元初是汉世侯李璮的地盘。辖区甚广,包括山东东部的宁海、登、莱、潍、密、莒、沂、胶、博兴诸州及原益都府等数十城。平定李璮之乱翌年,登、莱二州析出,归入淄川路。宁海州也独立为答里真后王的食邑州。这样,益都路的名称未变,疆域则仅保留潍、胶、密、莒、沂、博兴等州。境内的投下封民也只剩下铁木哥·斡赤斤及阿可儿、阔阔不花等少数几家了。《元史》卷95《食货志三·岁赐》说,铁木哥·斡赤斤位下丙申年(1236)封授 62 156 户。若将该位下平滦州封民一万余户除去,益都路的斡赤斤后王封民仍有 50 000 户左右,约占改置调整后的益都路全部民户(77 164 户)的大半。正因为如此,李璮之乱平定后,原斡赤斤大王的家臣撒吉思即兼任了新益都路的达鲁花赤①。在某种意义上,改置后的益都路也可视为斡赤斤大王位下的食邑路了。

益都路领一录事司、六县、八州。

六县,即益都、临淄、临朐、高苑、乐安、寿光。与金益都府七属县比较,少穆陵、博兴二县,增加高苑一县。高苑县旧属淄州,至元元年(1264)改隶益都路。

八州,即潍州、胶州、密州、莒州、沂州、滕州、峄州、博兴州。与金山东东路比较,减少滨、棣、海三州,而增胶、滕、峄、博兴四州。然而,后四州都是由原有属县(或属州)升格来的。足见,益都路辖区范围实际比金山东东路有所缩小。

潍州,下州。宋为北海军,后改潍州。金为刺史州,隶属山东东路。蒙古国前期沿袭金制,领北海、昌邑、昌乐三县及司侯司。蒙哥汗三年(1253)省司侯司入北海。至元三年省昌乐县入北海。此后,潍州属县就减为北海、昌邑二县。

胶州,下州。唐初为胶西县。金仍为胶西县,属密州。成吉思汗改县为胶州。所领胶西、即墨、高密三县中,胶西、高密来自密州原属县,即墨县则是成吉思汗二十二年(1227)自莱州划属胶州的。

密州,下州。宋为临海军。金复为密州,隶属山东东路。蒙古国前期仍为

---

① 《元史》卷58《地理志一》、卷134《撒吉思传》。

密州,而胶西、高密二属县划归胶州。蒙哥汗三年省司侯司入诸城县,开始隶属益都路。其属县由金之四县减少为诸城、安丘二县。

莒州,下州。唐宋为莒县。金复为莒州,隶属山东东路。蒙古国初期,因袭金制,仍为莒州,隶属益都路。所领莒县、沂水、日照、蒙阴四县,比起金朝增加一莒县。因莒县是蒙哥汗三年省司侯司入治所后形成的,故元莒州的属县范围实际上没有扩大。

沂州,下州。宋为琅邪郡,旋改沂州,隶属京东东路。金为沂州,隶山东东路。元沂州属益都路,领临沂、费县二县,与金朝相同。

滕州,下州。唐宋为滕县,属徐州。金改滕州,隶属兖州。元滕州改属益都路,领滕县、邹县二县,较金朝少一沛县。

峄州,下州。宋为沂州属县承县。金改兰陵县,又改置峄州。蒙古国时期,以峄州隶属益都路。至元二年省兰陵县入本州。

博兴州,下州。宋为博兴县,隶青州。金属益都府。元初升为州①。

二、济南路

济南路(治所在今山东济南市),上路。宋为济南府。金因之,仍为山东东路属下的散府。蒙古国时期是汉世侯万户张荣的辖地,设济南路总管府。原领济南府的淄、陵二州。

窝阔台朝"画境之制"对济南路影响不大。引起济南路所属州县辖区变化的,主要是元世祖至元二年依投下封户所在的调整。

至元二年,元廷割了速不花等四千户的食邑陵州和帖柳兀秃千户的临邑县②,入河间路。又割长清县入泰安州,割禹城县入曹州,割齐河县入德州,割淄州入淄州路。同时,"并滨、棣入济南",将哈赤温大王食邑滨、棣二州划归③。经过一番较大规模的割出划入,济南路虽保留了原来的名称,实际上却转而主要管辖滨、棣二州和历城、章丘、邹平、济阳四县及路治所在的录事司。境内诸王贵族的投下封户,也只剩哈赤温位下 55 200 户、岁哥都大王 5 000 户及合丹大王 200 户。而哈赤温位下食邑民又占全路民户总数(63 289 户)的大半。显而易见,至元二年改置后的济南路已成为以哈赤温位下封户为主的投下食邑行政建置。至元二十四年,哈赤温曾孙也只里受封的"济南王"爵,也是因改

---

① 《金史》卷 25《地理志中》;《元史》卷 58《地理志一》。
② 《元史》卷 95《食货志三·岁赐》。
③ 《元史》卷 58《地理志一》;《齐乘》卷 3;《松乡集》卷 3《故奉直大大赵公墓志铭》。

置后的食邑路名来的。经上述变动,《元史》卷2《太宗纪》按只带(哈赤温子)封邑"滨棣州",卷95《食货志三·岁赐》改称"济南路",就是情理中事了。

需要补充的是,至元二年济南路所属州县的调整变动,与李璮之乱后忽必烈罢黜汉世侯时济南路嗣侯张宏(张荣孙)失去原有地盘,转任真定路总管等,存在直接联系。史称,济南路所属陵州等处,是蒙哥朝张荣之子张邦杰嗣为万户和总管之际,朝廷因其"考课为天下最","乃割河间之将陵、临邑等六处,以旌治绩",不久将陵升格为陵州[1]。至元二年,张宏已调离济南路,此时元廷割陵州和临邑县入河间路,已经没有什么来自汉世侯各私其地的顾虑了。同时划属河间路的齐东、宁津、青城三县,估计也在前述"将陵、临邑等六处"之列。

调整后的济南路,领一录事司、四县、二州,州领七县。

四县,即历城、章丘、邹平、济阳。比起金济南府七属县,减少三县。其中,邹平县是至元二年从淄州割隶的。

二州,即棣州和滨州。

棣州,上州。唐宋为棣州。金袭旧制为棣州,隶属山东东路。蒙古国时期,滨棣自为独立的行政建置。中统三年(1262),改立滨棣路安抚司。至元二年,与滨州一起归属济南路。领厌次、商河、阳信、无棣四县。所增无棣县,宋金属沧州,蒙古国时期,无棣县被分割,半属沧州,半属棣州。

滨州,中州。金为滨州,隶山东东路。蒙古国时期滨州隶属于滨棣路。至元二年,省罢滨棣路,滨州改隶济南路。领渤海、利津、霑化三县。比金滨州减少一蒲台县。该县是中统五年割出而改属淄州的[2]。

元朝建立后,济南路还是山东东西道肃政廉访司的治所。

三、般阳府路

般阳府路(治所在今山东淄博市淄川区),下路。唐宋为淄州。金复为淄州,隶属于山东东路。元初仍为淄州,属济南路。中统五年升为淄州路,置总管府。至元二年改淄莱路。至元二十四年,又依汉代县名改为般阳路。

淄莱路或般阳路的自为一路,也属于依据投下封户所在割划合并而来的新路。元初,淄州是张荣济南路的地盘,莱州、登州则属于李璮益都路。据《元史》卷2《太宗纪》,丙申岁(1256)七月,"诏以……中原诸州民户分赐诸王贵戚斡耳朵……野苦,益都、济南二府户内拨赐"。野苦即哈撒儿子淄川王也苦。

---

[1] 《元文类》卷50《济南路大都督张公行状》。
[2] 《金史》卷25《地理志中》;《元史》卷58《地理志一》。

"益都、济南二府户",当具体指登、莱二州及淄州民户。另据《元史》卷 95《食货志三》,"太祖弟搠只哈撒儿大王子淄川王位:……五户丝,丙申年,分拨般阳路二万四千四百九十三户"。这个数字恰与《元史》卷 58《地理志一》中般阳路民户总数 21 530 户相近。因此,可以说中统五年元廷之所以以登州、莱州、淄州合而设置淄州路总管府①,很可能是因为上述三州的多数民户系丙申岁分拨哈撒儿长子野苦大王位下的"益都、济南二府户"。尽管登、莱二州与般阳路所在的淄川故地间隔有益都路的二百余里疆域,但元廷还是主要从划一投下食邑的行政建置出发,将它们合并起来了。换句话说,般阳路同样是元世祖朝中原投下封地置路州的产物。

般阳路领一录事司、四县、二州,州领八县。

在淄州新立为般阳路的过程中,同样有属州属县划出划入的情况。金之淄州仅领淄川、长山、邹平、高苑四县。窝阔台汗即位之前,以长山县驿台、田、索等镇增置新城县。长山县则一度归属济南路。中统四年,蒲台县自滨州割出改隶淄州。长山县也在中统五年还隶淄州路。至元二年,割邹平属济南路,割高苑属益都路。于是,般阳路的属县也演变为淄川、长山、新城、蒲台四县。

随着淄州路的新立,原先益都路所属的莱州、登州也划属淄莱路了。

莱州,中州。宋为防御州。金升定海军,隶属山东东路。元初属李璮益都路。中统五年,改属淄州路。原有掖县、莱阳、即墨、胶水、招远五属县。至元二年,即墨县被分割为二,归属掖县、胶水二县。这样,莱州的属县就减为掖县、莱阳、胶水、招远四县了。

登州,下州。宋为东牟郡。金为登州,隶属山东东路。元初亦属李璮益都路。中统五年,划属淄州路。至元二十四年,继续隶属易名后的般阳路。其属县与金代相同,依然是蓬莱、福山、黄县、栖霞四县②。

四、宁海州

宁海州(今山东烟台市),下州。北宋末,刘豫以登州之文登、牟平二县,立宁海军。金升为宁海州,隶属山东东路。蒙古国时期,宁海州隶属李璮益都路。至元九年,改而直隶中书省部。其属县仍然是文登、牟平二县③。

宁海州自立为直隶省部之州,同样是投下封户所在引发的。关于宁海

---

① 《元史》卷 5《世祖纪二》云:淄州路之立,时在中统四年八月辛亥。《齐乘》和《元史》卷 58《地理志一》云:时在中统五年。今从《地理志》与《齐乘》。
②③ 《金史》卷 25《地理志中》;《元史》卷 58《地理志一》。

的五户丝户分封,《元史》卷 2《太宗纪》失载。然而,《元史》卷 95《食货志三·岁赐》明言,丙申年窝阔台汗曾将宁海州一万户百姓封授太祖叔答里真位下。李璮乱平,益都、东平等路境内的诸王勋贵纷纷以投下食邑自立为路。至元九年八月己亥,答里真孙"阔阔出请以分地宁海、登、莱三州自为一路,与他王比,岁赋惟入宁海,无输益都。诏从之"①。可见,答里真后王也效仿其他宗王自以投下食邑立路州了。

然而,以上奏请的具体情节尚待详考。从字面上看,宁海、登、莱三州都经朝廷批准,由益都路割出,构成答里真位下的食邑路。其实不尽然。第一,《元史》卷 58《地理志一》仅说至元九年宁海州"直隶省部",登、莱二州则不在直隶省部之列。《齐乘》也云,至元九年由益都路割出的仅是"宁海州及牟平、文登二县"。这恰是宁海州"直隶省部"后的全部疆域。第二,《地理志一》还说,登、莱二州自中统五年即划入野苫大王食邑淄州路(后改淄莱路、般阳路)。《齐乘》则说,割登、莱二州入淄州路,事在至元二年。两处所记时间有别,但基本情节是一致的,都认为在至元九年以前登、莱二州早已划入另一个新设置的诸王食邑路了。由是可证,至元九年朝廷批准独立的只是答里真位下食邑宁海州。登、莱二州与宁海一并自立一路,很可能只是阔阔出大王未能全部兑现的奏请。

至于阔阔出如是奏请,恐怕也事出有因。我们看到,《元史》卷 95《食货志三》中答里真位下宁海州五户丝户达一万。而同书卷 58《地理志一》所载宁海州户口数仅 5 713 户。即使宁海州百姓全部为答里真食邑民,二者之间也有 4 000 余户的差额。这 4 000 余户很可能散居于与宁海州相邻的登、莱等州。例如,潍州境内即有答里真后王"宁海州人户"组成的千户②。这些人户或因数量比当地其他诸王食邑户少,而未被朝廷批准连同所在州县与宁海州并为一路。但从其"宁海州人户"的名称及"岁赋惟入宁海,无输益都"等情节看,他们在五户丝缴纳等方面似乎与答里真食邑宁海州保持着某种统辖与被统辖的关系。

第九节　河东山西道所属大同等三路沿革

一、大同路

大同路(治所在今山西大同市),上路。户数 45 945 户。唐为云州。辽为

---

① 《元史》卷 7《世祖纪四》。
② 《潍州志》卷 4《千户于公孝思之铭》。

西京大同府。金改西京路。据说，元初仍沿袭金朝西京旧制，设警巡院于此。至元二十五年（1288）改西京路为大同路。至元二十六年以后，大同路一直是河东山西道宣慰使司的治所。

大同路领一录事司、五县、八州。

五县，即大同、白登、宣宁、平地、怀仁。与金大同府直属七县相比，减少云中、怀安、天成三县，增加平地一县。平地县原名平地袅，至元二年省入丰州，至元三年置平地县。

八州，即弘州、浑源州、应州、朔州、武州、丰州、东胜州、云内州。

弘州，下州。辽为弘州。金仍旧，领襄阴、顺圣二县。至元年间，顺圣县划属宣德府。后来，所剩襄阴一县及司候司省入本州，弘州随之成了无属县的下州。

浑源州，下州。唐为应州下属浑源县。金贞祐二年（1214）升为州。至元四年，附郭浑源县及司候司省入本州，故浑源州亦无属县。

应州，下州。后唐为彰国军。金为应州。元仍为应州。金贞祐二年以前，应州领金城、山阴、浑源三县。此后，浑源自为一州，应州所领变为金城、山阴二县。至元二年山阴县一度并入金城。

朔州，下州。宋为朔宁府。金改朔州。元袭金制，仍为朔州，领鄯阳、马邑二县。

武州，下州。辽为武州。金大定前为宣威军，领宁边县。元仍为武州。至元二年割宁边州一半来属。四年，原领宁远县及录事司省入本州。

丰州，下州。辽曾名应天军。金为天德军和丰州，领富民县。元仍为丰州。至元四年原领富民县及司候司省入本州。

东胜州，下州。唐为胜州。金为武兴军和东胜州，领东胜县。元仍为东胜州。至元二年割宁边州一半来属。四年，原领东胜县及录事司省入本州。

云内州，下州。唐曾为云中都督府。金为云内州，领云川、柔服二县。元仍为云内州，先废云川县，设录事司。至元四年，原领柔服县及录事司省入本州。

大同路境内还有大德四年（1300）所设西京黄华岭屯田。六年，改立屯田万户府，管辖山阴、雁门、马邑、鄯阳、洪济、金城、宁武七屯。

与金西京路所属十五州、二府相比，元大同路减少净州、抚州、德兴府、昌州、宣德州、蔚州、宁边州等七州、一府，增加一浑源州。

在元代大同路所属州数量减少前后，原抚州和昌州合为兴和路，顺宁府（原宣德州）、保安州（原德兴府）、蔚州、桓州改隶上都路，净州也独立成为汪古部投下领地之路①。这些变动，显然是造成大同路所属州数量减少的直接原

---

① 以上据《金史》卷24《地理志上》；《元史》卷58《地理志一》。

因。由于以上七八个府州中统三年(1262)以后相继割出,大同路所属州数量肯定陡然减少。

二、太原路

太原路(治所在今山西太原市),上路。户数75 404户。唐为太原府。宋为太原府河东节度。金为太原府,兼河东北路兵马都总管府。元太祖成吉思汗十三年(1218)立太原路总管府。大德九年,因地震改名冀宁路。至元二十六年以后,太原路一直是河东山西道肃政廉访司的治所。

太原路领一录事司、十县、十四州,州领九县,与金河东北路所属一府、十二州比较,略有变化。

十县,即阳曲、文水、平晋、祁县、榆次、太谷、清源、寿阳、交城、徐沟。比金太原府十一属县,减少一盂县。

十四州,即汾州、石州、忻州、平定州、临州、保德州、崞州、管州、代州、台州、兴州、坚州、岚州、盂州。

汾州,中州。唐为汾州。金置汾阳军节度使,隶河东北路。元初立汾州元帅府。至元二年重新行州事,隶属太原路。其属县有四:西河、孝义、平遥、介休。后二县,元初直隶太原府,至元二年重新归属本州。元汾州属县比金汾州减少一灵石县。元初,割灵石县改隶平阳路之霍州,一度在汾州保留析置的小灵石县。至元二年,省小灵石县入介休。

石州,下州。唐始为石州。宋、金两代因之。金石州隶属河东北路,领离石、方山、孟门、温泉、临泉、宁乡六县。至元三年省温泉县入孝义,以临泉县改临州;旧司候司和方山、孟门二县俱省入离石。这样,石州属县就剩下离石、宁乡二县了。中统二年,离石县一度省入石州;宁乡县也在窝阔台汗和蒙哥汗时期两次改隶太原府,至元三年,才复归石州。可见,石州建置一直未改,但属县变化较大。

忻州,下州。唐始为忻州。金仍为忻州,隶属河东北路。元因之。领秀容、定襄二县,与金朝同。其中,秀容县至元二年省入忻州,四年复置。

平定州,下州。唐为广阳县。宋为平定军。金为平定州,隶河东北路。元仍为平定州。至元二年,原属县平定、乐平均省入本州。至元七年,复立乐平县为属邑。于是,平定州属县由金之平定、乐平二县减少为乐平一县。

临州,下州。唐置临泉县,隶石州。宋隶晋宁军。金为临泉县,隶石州。元太祖成吉思汗十四年(1219),置临州行兵马都元帅府。中统二年,降为临泉县,直隶太原路。三年,正式升为临州。

保德州,下州。宋为保德军。金改保德州,隶属河东北路。元初,仍为保德州,其倚郭县自蒙哥汗七年(1257)废罢。至元二年,隩州和芭州并入保德州。又设隩州巡检司。三年,苛岚州一度并入本州,翌年,又割隶管州。大德元年(1297)二月,改隩州巡检司为河曲县,隶属本州①。于是,保德州得以据有金保德州、隩州二州之地。

崞州,下州。金为崞县,隶属代州。成吉思汗十四年,升崞州。后来一直是太原路的属州之一。

管州,下州。宋为宪州。金改管州。成吉思汗十六年,以金苛岚州、宁化州和岚州属县楼烦并入管州。至元二十二年二月,"分岚、管为二州"②,苛岚划属岚州。管州仍据有原管州、宁化及楼烦之地。

管州所辖地最终确立于至元二十二年,又可得到如下佐证。《山右石刻丛编》卷27《管州知州玉律徒德政碑》云:"管州并所隶宁化、楼烦二郡,居民杰异,地道灵名。敬值阿只吉大王、诸王、驸马、王府官员屯军三载,骐骥盈郊,貔貅塞野。于至元二十五年内,幸蒙我公知州玉律徒……赴任抚按斯州。下车而三郡安宁,一政而诸军协畏……"

据此,察合台曾孙阿只吉当是至元二十二年南下移驻太原路食邑所隶管州(今山西省静乐县)的。起先,阿只吉总河西军马抵御叛王笃哇等失律,元世祖忽必烈命令丞相伯颜代他总领河西兵③。阿只吉携亲族、驸马、王府及所属军队屯驻管州,可能与卸任解兵柄有些关系。而后,直到阿只吉去世的二十余年间,阿只吉及其部众一直留驻于管州一带。这一史实至少可以说明或印证两点:第一,自至元二十二年管州即成为察合台曾孙阿只吉大王及其部众的集中留驻地;第二,管州统辖原宁化州及楼烦县的固定化和苛岚划出归属岚州,的确是在知州玉律徒到任前三年的至元二十二年。元代太原路内管州、岚州辖地的相对稳定,或许和阿只吉大王留驻不无联系。

代州,下州。宋为代州。金为代州震武军,领雁门、崞县、五台、广武、繁畤五县。元太祖成吉思汗十四年以后,崞县、五台、繁畤相继自立为州,不相统摄。代州所辖仅存雁门一县。中统四年,雁门县及录事司并入本州,代州遂成为无属县之下州。

台州,下州。唐为五台县。金前期仍为代州属县五台。贞祐四年改为台

---

① 《元史》卷19《成宗纪二》。
② 《元史》卷13《世祖纪十》。
③ 《元史》卷127《伯颜传》。

州,直隶河东北路。元沿袭为台州,隶属太原路。

兴州,下州。唐为岚州属县合河。金前期仍为岚州属县合河,后改兴州。元仍为兴州,隶属太原路。

坚州,下州。唐为繁畤县。金仍为代州属县繁畤。元初升为坚州,隶属太原路。

岚州,下州。唐、宋为岚州。金升镇西节度,辖宜芳、合河、楼烦三县。元初废宜芳县。至元二年,先省苛岚、宁化、管州、楼烦入岚州。至元三年,又省岚州、宁化、楼烦之地入管州。至元五年,以岚州为自古名郡,恢复其至元二年的建置,十年再次废罢。直到至元二十二年确定岚州仍为散州,下辖苛岚巡检司等。

孟州,下州。原本太原府下属盂县。金后期升为孟州。元仍为孟州,隶属太原路①。

与《金史》卷26《地理志一》所载的河东北路比较,元太原路所辖散州,减少了晋州、葭州、隩州、苛岚州、宁化州等五州,增加了临州、崞州、台州、兴州、坚州、孟州等六州。其中多数是在本路境内的升降离合,只有葭州是划属陕西行省延安路的。所以,有元一代,太原路的建置状况变化并不大,基本维持了金河东北路的规模。

我们注意到,太原路之所以能基本维持金河东北路的规模,同样与投下封户所在有关系。自太宗丙申分封,窝阔台汗明确赐予察合台大王太原之地,太原路即成为察合台(又作茶合带)位下的汤沐邑。察合台大王封户在太原路计有四万余户,大约占太原路民户的百分之六十二②。因此,太原路因系察合台后王投下食邑所在,其名称虽有所变化,但始终基本维持着金河东北路的辖地范围,成为全国少见的大路。

三、平阳路

平阳路(治所在今山西临汾市),上路。户数120 630户。唐为晋州。宋为平阳府,建雄军节度。金为平阳府,兼河东南路总管府。元初为平阳路,大德九年(1305),因地震改名晋宁路。领一录事司、六县、一府、九州,府领六县,州领四十县。

六县,即临汾、襄陵、洪洞、浮山、汾西、岳阳。与金平阳府直属十县比较,

---

① 以上除注明外,据《金史》卷26《地理志下》;《元史》卷58《地理志一》;《元一统志》卷1《中书省统山东西河北之地》;《永乐大典》卷5200引《太原志》。关于繁畤县升为坚州的时间,《元史》卷58《地理志一》记作金代。《元一统志》卷1载入元以后。今从《元一统志》。
② 《元史》卷58《地理志一》、卷95《食货志三·岁赐》。

减少赵城、霍邑、和川、冀氏四县。其中,以霍邑、赵城为主体组建为霍州,冀氏、和川、岳阳三县则合并为一县,名岳阳。

一府,即河中府。唐为蒲州,又改河中府及河东郡。宋为护国军。金复为河中府。蒙哥汗即位前夕,设立河解万户府,领河中府和解州。河中府统辖录事司及河东、临晋、虞乡、猗氏、万泉、河津、荣河七县。至元三年,省虞乡入临晋,省万泉入猗氏,并录事司入河东。又废罢万户府,而河中府仍领解州。至元八年,割解州直隶平阳路,河中府只领五县。至元十五年,复置万泉县。这样,河中府属县就成了河东、万泉、猗氏、荣河、临晋、河津六县。

九州,即绛州、潞州、泽州、解州、霍州、隰州、沁州、辽州、吉州。

绛州,中州。唐初为绛郡,又改绛州。宋为绛州,防御州。金改晋安府。元初为绛州行元帅府,河中府和解州诸县曾经隶属其下。后来,元帅府废罢。绛州仍为隶属于平阳路的属州。下辖正平、太平、曲沃、翼城、稷山、绛县、垣曲六县。比金绛州少一平水县。

潞州,下州。唐为潞州,一度改上党郡。宋改隆德军。金复为潞州。元初为隆德府,行都元帅府事。窝阔台汗三年(1231),复为潞州,隶属平阳路。至元三年,涉县割属真定路,录事司并入上党县。于是,潞州属县就成了上党、壶关、长子、潞城、屯留、襄垣、黎城六县。

泽州,下州。唐为泽州,一度改高平郡。宋为河东路之泽州。金仍为泽州,隶属河东南路。元初,泽州置司候司及领晋城、高平、阳城、沁水、端氏、陵川六县。至元三年,省司候司、陵川县入晋城,省端氏县入沁水。后又恢复陵川县。于是,泽州属县就成了五个。

据《庄靖集》卷8《泽州图记》载,窝阔台汗乙未年(1235)遣使清查登记诸路户口时泽州"共得九百七十三户"。其中,司候司六十八户,晋城县二百五十五户,高平县二百九十户,陵州六十五户,阳城县一百四十八户,端氏县一百一十七户,沁水县三十户。壬寅年(1242)"续括漏籍"等户,与原先户口相加,共计一千八百一十三户。足见,金元鼎革之际战乱带来的泽州户口减少,是非常明显的。

解州,下州。唐为蒲州之解县。宋为庆成军防御州。金升宝昌军。元为解州,领解县、安邑、闻喜、夏县、平陆、芮城六县。

霍州,下州。唐初为霍山郡,后废州而以县隶晋州。金朝多数时间为平阳府属县霍邑,贞祐年间升为霍州。元仍为霍州,领霍邑、赵城、灵石三县。

隰州,下州。唐宋为隰州。金仍为隰州,隶属河东南路。元为隰州,隶属平阳路。领隰川、大宁、石楼、永和、蒲县五县。

沁州,下州。唐为沁州,一度改阳城郡。宋置威胜军。金复为沁州,隶属河东南路。元仍为沁州,领铜鞮、沁源、武乡三县,较金朝少一绵上县。

辽州,下州。唐初置辽州,又改箕州和仪州。金复为辽州,隶属河东南路。元仍为辽州,隶属平阳路。领辽山、榆社、和顺三县。《元一统志》卷1《中书省山东西河北之地》记载了辽州的四至八到:"北至上都一千九百里。北至大都一千二百里。西南至本路六百里。东至磁州武安县管头村一百四十里。南至沁州铜鞮县墨蹬村四十五里。西至太原路榆次县倾城村一百四十里。北至平定州乐平县界一百五十里。东到磁州三百四十里。东南到彰德路四百里。南到潞州三百里。西南到沁州二百里。西到汾州三百五十里。西北到太原路三百里。北到平定州二百四十里。东北到顺德路三百里。"这段记载比较珍贵,颇有参考价值。

另外,丙申分封后,辽山、和顺二县曾发生察合台、术赤二投下守臣劫掠人口,互相"斗击"的情况。经辽山人马显向行断事官"灭薛二辈""往诉其状"藉以奏准恢复了辽山、和顺二县与术赤投下的隶属关系①。这又是辽州因地域上和太原路交界所引起的投下归属纠纷。

吉州,下州。唐初为西汾州,又改南汾州和慈州。宋置吉乡军。金改耿州,又改吉州。元初仍为吉州,领司候司和吉乡、乡宁二县。后司候司和吉乡县省罢,唯领乡宁一县②。

与金河东南路比较,元代平阳路的变化主要是减少了怀州和孟州。所增加的霍州,实际是沿袭金末的建置。怀州和孟州划出后自为一路,是因为蒙哥汗对忽必烈的食邑补充分封。而平阳路大部分所属州县维持原状,则是因为术赤大王丙申封户所在。换句话说,元代平阳路的行政区域基本稳定,仅有怀州和孟州划出的局部变化,同样离不开投下分封制度的影响。

需要补充说明的是,蒙古国时期,平阳路因封授术赤大王,发生过"一道细分","一道州郡至分为五七十头项,有得一城或数村者,各差官临督"的情形。吉州和潞城、襄陵二县,就分拨给某嗣王。该嗣王还委派八何赤和李某治事于襄陵③。吉州和潞城、襄陵三处,虽然都在平阳路地界,但又分属吉州、潞州和平阳路总管府三个单位。此时一并治事于襄陵,应是投下分支对平阳路原有州县秩序的某种冲击或制约。直到至元二十五年四月朝廷命令"省平阳投下总管府入平阳路"④,上述投下官府制约平阳路所属行政建置的旧貌,才逐步得到改变。

---

① 《至正集》卷55《故进义副尉元氏县主簿马君墓碣铭》。
② 《金史》卷26《地理志下》;《元史》卷58《地理志一》。
③ 《陵川集》卷32《河东罪言》;《乾隆平阳府志》卷36《重修襄陵庙学碑》。
④ 《元史》卷15《世祖纪十二》。

第二章　岭北行省的建置及其所辖行政机构

漠北地区是蒙元皇室的"祖宗根本之地",这里分布着众多直属元廷的蒙古千户。随着漠北政局的变动和蒙元中央集权的不断发展,自忽必烈朝开始,蒙古统治者就不断采取措施加强对漠北的统治,并逐渐将在汉地设置的行政机构移置到漠北,岭北行省就是在此背景下设置的。有关元代的岭北行省,陈得芝先生已经作过深入的研究①。这里,在吸收陈得芝先生研究成果的基础上,以《元史·地理志》为主线,对元代岭北行省的建置及其所辖行政机构作一简要的介绍。

岭北行省原名为和林行省。和林城的修建肇始于窝阔台汗七年(1235)。和林城在今蒙古国后杭爱省额尔浑河上游右岸厄尔德尼召北哈尔和林。《元史》卷2《太宗纪》载:"七年(1235)乙未春,城和林,作万安宫。"至于一些史料中出现的元太祖铁木真(成吉思汗)十五年(1220)"定都和林"的记载②,陈得芝先生经过考证认为"所谓'定都和林'指的是成吉思汗在和林地区建立了一个新的斡耳朵(但不是首府),并作为他出征时留后妻子们的驻地"③。

据《元史》卷58《地理志一》,蒙元"初立元昌路,后改转运和林使司,前后五朝都焉。太宗乙未年,城和林,作万安宫。丁酉,治伽坚茶寒殿,在和林北七十余里。戊戌,营图苏胡迎驾殿,去和林城三十余里"。元昌路的具体设立时间已不可考,至于转运和林使司的设置时间,陈得芝先生认为应在至元九年(1272)。从《元史》卷4《世祖纪四》的记载来看,转运和林使司即和林转运司的设置确实应该在至元九年。该年五月"戊午朔,立和林转运司,以小云失别为使,兼提举交钞使"④。

---

① 陈得芝:《元岭北行省建置考》(上)、(中)、(下),南京大学《元史及北方民族史研究集刊》第9、11、12期,1985年,1987年,1989年。
② 《元史》卷58《地理志一》、卷91《百官志七》;《至正集》卷45《敕赐兴元阁碑》。
③ 陈得芝:《元岭北行省建置考》(上),《元史及北方民族史研究集刊》第9期。
④ 《元史》卷7《世祖纪四》。

下一个问题是和林宣慰司都元帅府的设置时间。《元史》卷58《地理志一》载："世祖中统元年(1260),迁都大兴,和林置宣慰司都元帅府。后分都元帅府于金山之南,和林止设宣慰司。至元二十六年,诸王叛兵侵轶和林,宣慰使怯伯等乘隙叛去。二十七年,立和林等处都元帅府。"陈得芝先生认为"根据《地理志》和许有壬《敕赐和林兴元阁碑》,宣慰司的设置晚于转运司,则应在至元九年以后"。所言甚是。《至正集》卷45《敕赐兴元阁碑》载："且和林自元昌路为转运司为宣慰司又为岭北行中书省。"陈得芝先生根据刘哈剌八都鲁"以功授和林等处宣慰副使,赐与甚厚"①的记载,认为和林宣慰司的设置应该在至元十八年或至元十九年②。据《元史》卷58《地理志一》,和林宣慰司是从和林宣慰司都元帅府分离而来的。所以刘哈剌八都鲁任和林宣慰副使的时间,似乎不是和林宣慰司都元帅府首次设置的时间,而更像是由和林宣慰司都元帅府改为和林宣慰司的时间。

到元世祖至元二十六年六月"诸王叛兵侵轶和林,宣慰使怯伯等乘隙叛去"③。为镇戍和林的需要,至元二十七年元朝又在和林重新设置了和林等处都元帅府。元成宗大德二年(1298)五月"置和林宣慰司都元帅府,以忽剌出、耶律希周、纳邻合剌并为宣慰使都元帅,佩虎符"④。正如陈得芝先生指出的那样,元世祖时所置和林宣慰司名义上是统辖漠北全境的地方政府,实际上"和林宣慰司所掌者大抵只是驿站、仓库、系官工局及部分屯田等事,主要负责对诸王、诸军的钱谷供应工作"⑤。由于和林宣慰司长时间兼为都元帅府,故其也应有一定的统兵镇戍权。漠北一带诸王林立,加上元世祖、元成宗朝宗王那木罕、甘麻剌、铁穆耳、海山等统兵出镇漠北,位高权重,和林宣慰司在行使职权方面一定会受到多方的限制。但由于当时和林宣慰司毕竟是直接隶属于中书省的机构,所以和林宣慰司在负责服务诸王的同时,似也能以皇帝臣仆的身份对漠北地区拥有一定的节制权。元成宗大德七年,和林宣慰使都元帅由中书省左丞出任后,和林宣慰司都元帅府节制一方的职能更为明显。大德七年五月"立和林宣慰司都元帅府,以忽剌出遥授中书省左丞,为宣慰使都元帅"⑥。对于漠北宗王,元世祖至元二十六年,元廷也派枢密院重臣加以统领

---

① 《元史》卷169《刘哈剌八都鲁传》。
② 陈得芝:《元岭北行省建置考》(中),《元史及北方民族史研究集刊》第11期。
③ 《元史》卷58《地理志一》、卷15《世祖纪十二》。
④ 《元史》卷19《成宗纪二》。
⑤ 陈得芝:《元岭北行省建置考》(下),《元史及北方民族史研究集刊》第12期。
⑥ 《元史》卷21《成宗纪四》。

节制。《元史》卷127《伯颜传》载:"(至元)二十六年,进金紫光禄大夫、知枢密院事,出镇和林,和林置知院,自伯颜始。"看来元廷为限制漠北诸王的势力、加强中央集权,自元世祖朝开始已逐步加强了对漠北的政治军事控制。

元成宗大德十一年七月"癸酉,罢和林宣慰司,置行中书省及称海等处宣慰司都元帅府、和林总管府"①。《元史》卷58《地理志一》载:"大德十一年,立和林等处行中书省,以淇阳王月赤察儿为右丞相,太傅答剌罕为左丞相,罢和林宣慰司都元帅府,置和林总管府。"至此,元朝在漠北地区也设立了行省统治机构。"至大二年(1309),改行中书省为行尚书省。四年,罢尚书省,复为行中书省。皇庆元年(1312),改岭北等处行中书省,改和林路总管府为和宁路总管府。"②当然,由于漠北地区特殊的政治背景和生产生活方式,与其他行省相比,和林行省(岭北行省)在漠北的统治方式仍具有很大的特殊性③。岭北行省辖下"和宁路所管大概只限于原先作为大蒙古国之中心、直属于大汗的和林地区,即包括和林城以及四季行宫所分布的地域。这个地域大概没有划分给诸王为分地,入元以后,仍保留为朝廷直接管辖的区域,设官治理"④。

元成宗大德十一年元朝在设置和林行省的同时还设置了称海宣慰司都元帅府。称海宣慰司都元帅府是元朝在称海地区屯田镇戍的基础上设置的。至治三年(1323)二月,"罢称海宣慰司及万户府,改立屯田总管府"⑤。有关元代称海地区的屯田情况,《元史》卷100《兵志三》有较为详细的记载:"成宗元贞元年(1295),摘六卫汉军一千名,赴称海屯田。大德三年,以五条河汉军悉并入称海。仁宗延祐三年(1316),罢称海屯田,复立屯于五条河。六年,分拣蒙古军五千人,复屯田称海。七年,命依世祖旧制,称海、五条河俱设屯田,发军一千人于五条河立屯。英宗时,立屯田万户府,为户四千六百四十八,为田六千四百余顷。"

在和林宣慰司基础上建立起来的岭北行省是元朝控制漠北政局、加强中央集权的统治机构。岭北行省不同于其他行省的一个重要特点是政区机构的设置极为简单。元代的岭北行省仅辖一路,没有属州属县,这说明元朝统治者为了维护蒙古草原贵族的利益,不愿打破蒙古草原原有的千户制组织机构。这也从一个侧面反映了元代政治体制的二元性。

---

① 《元史》卷22《武宗纪一》。
② 《元史》卷58《地理志一》。
③④ 陈得芝:《元岭北行省建置考》(下),《元史及北方民族史研究集刊》第12期。
⑤ 《元史》卷28《英宗纪二》。

第三章　辽阳行省所辖路府州

第一节　辽阳行省建置沿革概况

元代东北疆域大体上是对金朝东北辖境的继承和扩展。蒙古国时期蒙廷在保留和调整金朝东北地方统治机构的同时,设立北京等路都元帅府负责东北地区的镇戍、征伐,同时兼理部分民政事务。元世祖忽必烈即位后,实行兵民分治,北京等路都元帅府成为单纯的军事机构,忽必烈起用宣抚司、宣慰司、行省作为中央派驻东北的监临和控制机构。世祖朝前期东北地区宣慰司(宣抚司)与北京行省迭兴迭废,这既是元廷对地方统治模式探索的结果,也与东北政局的发展密切相关。另一方面,元廷在考虑东北统治机构建置时既要兼顾东北诸王贵族的利益又要对他们进行必要的监督和控制,这也是元世祖在最初建立东北统治秩序时所要面临的主要矛盾。元世祖朝中后期辽阳行省的设立既是在行省逐渐成为地方最高统治机构的大背景下完成的,又与以斡赤斤家族乃颜为首的东道诸王发动的叛乱有着直接的联系①。

《元史》卷59《地理志二》及卷91《百官志七》均载辽阳行省始治辽阳路。元仁宗皇庆二年(1313)十月癸未以辽阳路之懿州隶辽阳行省②。大约自此以后,辽阳行省的省治应该移至懿州③。《元史》卷169《王伯胜传》载:"仁宗立,正百官品秩,降授资德大夫,寻复升荣禄大夫,拜辽阳等处行中书省平章政事。辽阳省治懿州,州敝陋,民不知学。"④至正十九年(1359)"群盗出开平东屯辽阳。冬,诏也先忽都以知枢密院事兼太子詹事率师往讨。……至则遣将拔懿

---

① 《元史》卷14《世祖纪十一》。
② 《元史》卷24《仁宗纪一》。
③ 《金华黄先生文集》卷24《江浙行中书省平章政事赠太傅安庆武襄王神道碑》载:元世祖朝"辽阳行省治懿州,驿道自北京至上都颇回远"。笔者认为,该则史料中称元世祖朝辽阳行省的治所为懿州当有误。
④ 《元史》卷169《王伯胜传》。

州省治,盗逾辽河东奔"①。《龙飞御天歌》卷4(第二十三章)自注称:"元设辽阳等路,建行中书省于懿州,总统诸路,并统高丽。"元人文集中也有此方面的记载,元仁宗朝后期"(吴)秉彝始起家为河间路兴济县主簿,累迁懿州知州,懿附治辽阳省,刬割梗阻,秉彝居七年,名籍甚,拜监察御史"②。

因此,蒙元在东北的统治中心大体经历了从北京(大宁)路到东京(辽阳)路再到懿州的变化。笔者认为这反映了蒙元东北统治政策的调整。从蒙古国时期到元世祖朝中前期,蒙元朝廷一直把北京作为控驭东北和拱卫京师的中心。元廷将在东北的统治中心东移至东京(辽阳)路始于平定东道诸王的叛乱,至元二十一年(1284)北京宣慰使亦力撒合就向忽必烈建言需要防备东道诸王乃颜的叛乱③。为加强对东北政局的控制,至元二十三年二月元廷设立东京行省,三月徙东京行省于咸平府④。此次元廷一反过去在北京置省的惯例,而置省于更靠近乃颜封地的东京、咸平更说明了东京行省的设立与防备与乃颜之乱密切相关。元廷在平定乃颜之乱后,设立辽阳行省,治所长期在辽阳路(即原来的东京路)。看来,行省治所的东移是元廷在特殊的政治背景下加强对东北控制的体现。那么,到元仁宗朝辽阳行省的治所为什么又迁到辽西的懿州呢?笔者认为,一是此时东北地区的政局相对稳定,将辽阳行省的治所迁回到辽西是安抚东道诸王的政策体现。另一方面,漠南辽西一带是蒙古著名的五投下的封地,五投下"列镇北方",是"藩屏"京师的重要力量。长期以来,五投下就是北京行省、辽阳行省内的一支重要的政治势力,是担任行省的主要官员。为有效地发挥利用五投下控驭东北的职能,元廷将辽阳行省的治所迁回辽西也在情理之中。至于元廷将辽阳行省的治所迁到懿州而不是大宁路的原因,笔者认为,一是懿州是蒙古五投下亦乞列思部的封地⑤,一是大宁路已经是元廷在东北设置的另一主要机构山北辽东道肃政廉访司的治所⑥。

据《元史·地理志》和《元史·百官志》,辽阳行省辖七路、一府,即辽阳路、广宁府路、大宁路、东宁路、沈阳路、开元路、合兰府水达达路(应为水达达路)和咸平府。不过其中的东宁路(东宁府)在元世祖至元二十七年即被废罢⑦。

---

① 《元史》卷140《太平附也先忽都传》。
② 《至正集》卷46《敕赐赠中奉大夫河南江北等处行中书省参知政事护军追封渤海郡公吴公神道碑铭》。
③ 《元史》卷120《亦力撒合传》。
④ 《元史》卷14《世祖纪十一》。
⑤ 《元史》卷118《孛秃传》。
⑥ 《元史》卷86《百官志二》。
⑦ 《高丽史》卷30《忠烈王世家三》忠烈王十六年三月。

而咸平府在大部分时间里应归开元路管辖。据《元史》卷 59《地理志二》,至元二十三年开元路"领咸平府,后割咸平为散府,俱隶辽东道宣慰司"。《满洲金石志》至元五年二月北镇御香碑中有如下记载:"前开元路咸平府儒学正柏德宗懋篆额。"[①]该则史料说明元成宗大德七年(1303)辽东道宣慰司废罢后咸平府应归开元路管辖[②]。另外,元朝还设立了一些隶属辽阳行省的屯田总管府、万户府[③]。

辽阳行省的政区建置有以下几个方面值得注意。

第一,辽阳行省路府州县基本上是在金朝建置的基础上建立起来的。且较之于金朝,属县的数量大幅减少。辽阳行省辖属县十,而金朝上京路、咸平路、东京路、北京路四路所辖属县七十五。这又与元代东北地区人口的减少密切相关。以人口较为集中的大宁路、辽阳路为例,蒙哥汗二年(1252)北京路的户数只约相当于金代的 18.93%,而整个东京路的户数仅约相当于金代辽阳府人口的 9.13%[④]。

第二,州县制与万户制并存。在东北地区尤其是偏远的渔猎部族聚居地,元朝因地制宜设立了若干军民万户府进行统治。例如,水达达路曾辖五个军民万户府;开元路建立后,也曾辖有开元、南京万户府[⑤]。

第三,在东北边疆地区设置了征东招讨司、管兀(吾)者吉烈迷万户府、吾者野人乞列迷等处诸军万户府等机构[⑥]后,元朝对东北边疆地区的统治大为加强。

第四,一些路府的建置与蒙元及高丽的关系密切相关。例如,沈阳路的设置源于蒙元对降附高丽民的安置,双城总管府的设立是蒙丽战争的产物,东宁路(府)的设置则始于高丽政局的变动和蒙元对高丽政局的干预。

第五,路州不再兼领军事。金代诸路兼领军事,路下各州分为节度州、防御州和刺史州,诸节度州置军,各有军号。蒙古国时期,蒙古一开始曾因袭金制,路及节度州兼领军事,不过此时的诸州节度使只不过是一种军功的封号。成吉思汗十二年(1217)蒙古赐金朝降将王珣"金虎符,加金紫光禄大夫、兵马都元帅,镇辽东便宜行事,兼义、川等州节度使"。王珣死后,其子王荣祖"袭荣

[①] 罗福颐校录:《满洲金石志》卷 4《御香碑》,《历代石刻史料汇编》,北京图书馆出版社,2000 年。
[②] 《元史》卷 24《成宗纪四》大德七年七月"罢辽东宣慰司"条。
[③] 《元史》卷 100《兵志三》。
[④] 《元史》卷 59《地理志二》;《金史》卷 24《地理志上》。至于元代东北户口锐减的原因,可参见邱树森、王颋:《元代户口问题刍议》,《元史论丛》第二辑,中华书局,1983 年。
[⑤] 《元史》卷 59《地理志二》。
[⑥] 《国朝文类》卷 41《经世大典序录·招捕》;《元史》卷 44《顺帝纪七》。

禄大夫、崇义军节度使、义州管内观察使"①。原金朝兴州节度使赵守玉在归降蒙古后,继续担任兴州节度使②。义州人李守贤"金大安初,守贤暨兄庭植,弟守正、守忠,从兄伯通、伯温,归款于太师、国王木华黎,入朝太祖于行在所,即命庭植为龙虎卫上将军、右副元帅、崇义军节度使,守贤授锦州临海军节度观察使,弟守忠为都元帅,守河东"③。在蒙金战争之初,金朝人塔塔儿台率军民归降成吉思汗,受命"导太师国王南伐,累官龙虎卫上将军、易州崇宁军节度使,行川州元帅府事",其子禔"初袭父官,充北京路总管,佩金虎符"④。元世祖即位后,实行兵民分治,路州不再兼领军事,于是省去金代各州所置军号,各州也不再有节度州、防御州和刺史州的区分。

第二节 辽阳路与广宁路

一、辽阳路

《元史》卷59《地理志二》载:辽阳路(治今辽宁辽阳市老城),"金置辽阳府,领辽阳、鹤野二县;后复改为东京,宜丰、澄、复、盖、沈、贵德州,广宁府,来远军并属焉。元初废贵德、澄、复州,来远军,以广宁府、婆娑府、懿州、盖州作四路,直隶省。至元六年(1269),置东京总管府,降广宁为散府隶之。十五年,割广宁仍自行路事,直隶省。十七年,又以婆娑府、懿州、盖州来属。二十四年,始立行省。二十五年,改东京为辽阳路,后废婆娑府为巡检司"。根据该则史料,我们不难看出,在辽阳行省设立以前,东北的路级行政单位直隶中书省管辖,迭兴迭废的北京等道宣慰司与北京行省作为元廷派往地方的监临统治机构还没有成为地方一级行政区划。

上述记载,还有以下几点需要说明。第一,东京路、广宁府路、盖州路设于蒙古国时期,而婆娑府路和懿州路的设置时间则在元世祖朝前期。蒙古国时期,蒙古在东北设有北京等七路兵马都元帅府,这里的七路是指北京、东京、广宁、盖州、平州、泰州、开元府,但并不包括懿州路和婆娑府路⑤。从现有的史料记载来看,有关懿州路的史料记载最早出现在中统四年(1263)二月,"是月,帝以太宗旧制,设官分职,军民之事,各有所司。后多故之际,不暇分别。命阿

---

① 《元史》卷149《王珣附王荣祖传》。
②⑤ 《元史》卷147《史天祥传》、卷120《吾也而传》。
③ 《元史》卷150《李守贤传》。
④ 《滋溪文稿》卷14《故处士赠秘书监秘书郎乌君墓志铭》。

海充都元帅,专于北京、东京、平滦、懿州、盖州路管领见管军人,凡民间之事毋得预焉"①。有关婆娑府路的史料记载则出现在至元三年二月,是月"立东京、广宁、懿州、开元、恤品、合懒、婆娑等路宣抚司"②。第二,至元六年为降广宁府路为散府隶东京路的时间,而非置东京路总管府的时间。从上引史料可以看出,蒙古国时期和元世祖朝初年均有东京路之设。第三,懿州、盖州和婆娑府隶属东京路的时间当为至元六年而非至元十七年。《元史》卷6《世祖纪三》载:至元六年十二月"以懿州、广宁等府隶东京"③。《元史》卷59《地理志二》在辽阳路盖州、懿州条后都载有"至元六年并为东京之郡"之语。婆娑府改属东京路的时间虽没有直接的史料记载,但《元史》卷7《世祖纪四》至元七年闰十一月提到婆娑府时没有称其为婆娑府路④,故笔者认为改属的时间也应在至元六年。从现有的史料来看,至元六年以后,未见有称婆娑府、盖州和懿州为路的记载。日本学者箭内亘认为到至元十七年元朝才将婆娑路改为婆娑府,其主要的依据是《元史》卷59《地理志二》中"(至元)十七年,又以婆娑府、懿州、盖州来属(东京路)"的记载⑤。从以上的论述来看,《元史·地理志》的此条记载有误,这样一来,箭内亘的观点也就值得商榷了。

自金代开始,东京路一带就为控制高丽的要地。《金史》卷24《地理志上》东京路辽阳府条载:"太宗天会十年(1132),改南京路平州军帅司为东南路都统司之时,尝治于此,以镇高丽。"⑥元代东京路也是"当高丽、倭奴用兵之冲"⑦。正因为如此,元世祖朝曾在东京路设置过东京行省和征东元帅府以分别应对高丽政局变动和征伐日本的需要⑧。辽阳行省设置后,东京路成为辽阳行省的治所。至元二十五年元朝改东京路为辽阳路⑨。

辽阳路领县一、州二,即辽阳县、盖州、懿州。与金代东京路相比,元代辽阳路的州县建置十分简单,所辖区域有所缩小⑩。另外东京路(辽阳路)在元代还曾长期辖有婆娑府。辽阳路境内似乎存在名为辽阳万户府的理民机构。

---

① 《元史》卷98《兵志一》。
②③ 《元史》卷6《世祖纪三》。
④ 《元史》卷7《世祖纪四》。
⑤ 箭内亘:《元代的满洲疆域》,《满洲历史地理》第2卷,日本东京丸善株式会社,1940年再版,第296页。
⑥ 《金史》卷24《地理志上》。
⑦ 《牧庵集》卷28《中奉大夫荆湖北道宣慰使赵公墓志铭》。
⑧ 《元史》卷6《世祖纪三》、卷10《世祖纪七》。
⑨ 《元史》卷59《地理志二》、卷15《世祖纪十二》。
⑩ 《金史》卷24《地理志上》;《元史》卷59《地理志二》。

延祐七年(1320)六月元廷罢辽阳万户府①。

辽阳县,下县,倚郭。金朝时辽阳县与鹤野、宜丰、石城同为东京路辽阳府属县。元初,宜丰、石城县皆废。至元六年鹤野县并入辽阳县。又据《大明清类天文分野之书》,至元六年省盖州属县秀岩县以及原金朝澄州、复州之地入辽阳县②。这样一来,元代辽阳县的辖地极为辽阔。不过,到元世祖朝中后期,元朝立直属辽阳行省的金复州屯田万户府③,原金朝金州、复州一带则从辽阳县割出。

盖州,下州。金朝为东京路属州,领汤池、建安、秀岩、熊岳四县。元初为盖州路,至元六年并为东京支郡,并熊岳、汤池二县入建安县,省秀岩入辽阳县。至元八年,又并建安县入本州④。元朝中期盖州似曾再次领有属县,"元贞元年(1295)六月,利州龙山县、盖州明山县螟"⑤。延祐五年在盖州设有隶属于中政院海西辽东哈思罕等处鹰房诸色人匠怯怜口万户府的盖州等处怯怜口千户所⑥。《元一统志》载:"盖州,地最要冲,称为繁富。"⑦元世祖朝东道诸王乃颜之乱爆发后,东北缺粮,至元二十六年元廷令高丽"措办粮十万石前来接济",于是盖州一带成为高丽从海路漕运粮食至辽东的转运地。当时高丽"以船四百八十三艘,运船人一千三百十四名转米六万四千石于盖州"。这次从高丽漕运粮食至盖州的行动并不顺利。结果"漕船坏者四十四,遭风而失者九,米沉没者五千三百五石,粮尽窃食者九百八石四斗,人溺死者一百十九,病死者四,逃者六十七,不知所之者八十六"⑧。

懿州,下州。金朝为北京路属州,元"初为懿州路。至元六年为东京支郡,所领豪州及同昌、灵山二县省入顺安县,入本州"⑨。按《金史》卷24《地理志上》,懿州领顺安、灵山二县,金代后期同昌县是义州属县而非懿州属县。豪州之设见于辽代⑩,金代史料中未见有设豪州的记载,所以《元史》卷59《地理志二》所记豪州当是金末元初在辽代豪州旧址的基础上新置。元代豪、懿州常同

---

① 《元史》卷27《英宗纪一》。
② 《大明清类天文分野之书》卷24《辽东都指挥司》,续修四库全书影印明刻本。
③ 《元史》卷100《兵志三·屯田》。
④ 《金史》卷24《地理志上》;《元史》卷59《地理志二》;《大明清类天文分野之书》卷24《辽东都指挥司》。
⑤ 《元史》卷50《五行志一》。
⑥ 《元史》卷88《百官志四》。
⑦ 《元一统志》卷2《辽阳等处行中书省》。
⑧ 《高丽史》卷30《忠烈王世家三》忠烈王十五年二月、三月、五月、十月。
⑨ 《元史》卷59《地理志二》。
⑩ 《辽史》卷37《地理志一》、卷15《圣宗纪六》、卷29《天祚皇帝纪三》、卷91《耶律唐古传》。

时出现在一些史料中,说明两州的地理位置十分接近,而这正与《辽史》卷 37《地理志一》的记载一致①。元世祖中统三年四月"乙巳,以北京、广宁、豪、懿州军兴劳弊,免今岁税赋"②。不过到元世祖朝中后期,元朝又曾在一段时间内重新设置了豪州,而设置的缘由当是应对东道诸王之乱的需要。至元二十四年东道诸王乃颜之乱爆发后,六月"壬申,发诸卫军万人、蒙古军千人戍豪、懿州。诸王失都儿所部铁哥率其党取咸平府,渡辽,欲劫取豪、懿州,守臣以乏军求援,敕以北京戍军千人赴之"。同年七月癸丑"移北京道按察司置豪州,免东京等处军民徭赋"。至元三十年正月庚辰"立豪、懿州七驿"③。而后,豪州具体的废罢时间不明,考虑到元成宗朝没有关于豪州的史料记载,所以豪州的废罢似应在成宗朝。

元仁宗皇庆二年(1313)1月癸未以辽阳路之懿州隶辽阳行省④。大约至此以后,辽阳行省的省治移至懿州。至正二年(1342)正月"升懿州为路,以大宁路所辖兴中、义州属懿州"⑤。据《钦定热河志》卷 62《建置沿革八》载:"今朝阳县三座塔南六十里道旁,有元至正四年重修石木桥碑,亦称懿州路兴中州。"这便验证了上述《元史》卷 40《顺帝纪三》记载的可靠性。另外,《元史》卷 118《孛秃传》载:"孛秃,亦乞列思氏……从太师国王木华黎略地辽东、西,以功封冠、懿二州。"其中,冠州是亦乞列思部投下五户丝食邑,原属严实所辖东平路,至元六年升直隶省部之州。而懿州一带应该是亦乞列思部的草原领地所在。

婆娑府,金朝为婆娑府路,所辖皆猛安户。世祖初年仍以婆娑府为路,后降为婆娑府隶东京路。至元六年由于高丽国内政局的变动,高丽人"李延龄、崔垣、玄元烈等以府州县镇六十城来归。八年,改西京为东宁府。十三年,升东宁路总管府,设录事司,割静州、义州、麟州、威远镇隶婆娑府"⑥。不过根据《元史》卷 7《世祖纪》,义州隶属婆娑府应在至元七年闰十一月。这样至元七年以后,婆娑府的辖区就扩展到鸭绿江以东原高丽国的部分地区。元朝割义、静、麟三州隶婆娑府的情况在《高丽史》中也有体现。至元十五年,高丽忠烈王入元时,"次义州,时西北诸州皆附东宁府,惟义、静、麟三州不附,吏民相率而

---

① 《辽史》卷 37《地理志一》载:"懿州……在显州东北二百里,因建州城,西北至上京八百里。壕(豪)州……在显州东北二百二十里,西北至上京七百二十里。"
② 《元史》卷 5《世祖纪三》。
③ 《元史》卷 14《世祖纪十一》、卷 17《世祖纪十四》。
④ 《元史》卷 24《仁宗纪一》。
⑤ 《元史》卷 40《顺帝纪三》。
⑥ 《元史》卷 59《地理志二》。

迎,供亿胜于他州"①。至元二十七年忽必烈下诏罢东宁府,归还高丽西北诸城②。此时婆娑府所领原高丽的义、静、麟三州以及威远镇应同时改隶高丽国管辖。元英宗至治二年(1322)二月壬戌,高丽国"知密直司事林仲沇如元贺册后,行至婆娑府,达鲁花赤不给驿马,不得入而还"③。由于《元史》卷59《地理志二》有"后废婆娑府为巡检司"的记载,所以笔者认为迟至英宗朝元朝又复置了婆娑府。元末高丽人李穑所撰《牧隐集》中也多处提到婆娑府④。元朝在婆娑府之地设有驿站。至正十六年六月高丽人"印珰引兵渡鸭绿江,攻婆娑府等三站,破之"⑤。婆娑府城旧址位于今辽宁省丹东市东北二十里的九连城⑥。历史上这里长期是朝鲜进入中国的要地,该地"北面靠山,前临安邑大路,东瞰朝鲜,西顾贡道,久为中外扼要之区"⑦。高丽人李穑在《牧隐集》中称该地为"驰驱中原第一程"⑧。

二、广宁路

广宁路(治今辽宁北镇市)。金为广宁府,置镇宁军节度使,曾领广宁、望平、闾阳、钟秀四县,隶北京路⑨。蒙金交战之初,金朝的北边千户契丹人耶律留哥率众起事归附蒙古,蒙古以耶律留哥为广宁行帅府事。成吉思汗十一年(1216)耶律留哥招抚懿州、广宁一带的契丹人徙居临潢府。正如《元史》卷59《地理志二》所载,"旧立广宁行帅府事,后以地远,迁治临潢,立总管府"。在耶律留哥死后,窝阔台汗二年(1230)命耶律留哥之子薛阇收其父遗民,移镇广宁府,行广宁路都元帅府事。八年薛阇卒,其后裔收国奴、古乃相继袭爵,行广宁府路总管军民万户府事⑩。对于蒙古在广宁路的建置,《大明清类天文分野之书》的记载较为详细:"辛丑岁(1241)更为行军民总管府,辛亥(1251)改为军民万户府,中统元年复改万户府为总管府。"⑪至元六年,朝廷以户口单寡降广宁

---

① 《高丽史》卷28《忠烈王世家一》忠烈王四年四月己卯。
② 《高丽史》卷30《忠烈王世家三》忠烈王十六年三月。
③ 《高丽史》卷35《忠肃王世家二》忠肃王九年二月壬戌。
④ 《牧隐集》卷3《婆娑府》、卷4《闻贼在婆娑府》,《韩国文集中的蒙元史料》,广西师范大学出版社,2005年。
⑤ 《高丽史》卷39《恭愍王世家二》恭愍王五年六月癸丑。
⑥ 谭其骧主编:《〈中国历史地图集〉释文汇编·东北卷》,中央民族学院出版社,1988年,第178页。
⑦ 《安东县志》卷1《地理·古迹》。
⑧ 《牧隐集》卷3《婆娑府》。
⑨ 《金史》卷24《地理志上》。
⑩ 《元史》卷149《耶律留哥传》。
⑪ 《大明清类天文分野之书》卷24《辽东都指挥司》。

路为东京路总管府属郡,古乃去职。至元十五年复分为路,行总管府事①。广宁路治所在今辽宁省北镇市(原北镇县)内,明朝设广宁卫于此。蒙古国时期,广宁路归北京等七路兵马都元帅府统辖。元世祖朝广宁路先是直隶中书省管辖②,辽阳行省设置后,则隶属于辽阳行省。至元三年二月元廷在广宁路似乎设有宣抚司,迟至至元六年十二月,广宁宣抚司被废罢,因为此时广宁路降为广宁府,隶属东京路管辖③。元代广宁路境内有军民一体的广宁万户府之设,延祐五年二月丁酉,元廷敕:"广宁、开元等万户府军入侍卫,有兄弟子侄五人者,三人留,四人、三人者,二人留,著为籍。"④

广宁路一带还是成吉思汗之弟别里古台家族的食邑封地。成吉思汗赐别里古台"蒙古百姓三千户,及广宁路、恩州二城户一万一千六百三,以为分地;又以斡难、怯鲁连之地建营以居"⑤。窝阔台汗八年秋以中原诸州民户分赐诸王、贵戚、斡鲁朵,封别里古台于广宁府⑥。中统三年正月忽必烈封别里古台的后裔爪都为广宁王,并赐驼钮金镀银印⑦。其后,别里古台家族一直承袭广宁王之封。至顺元年(1330)秋七月辛亥,封诸王按浑察为广宁王,授以金印。同年十一月丙午"恩州诸王按灰,坐击伤巡检张恭,杖六十七,谪还广宁王所部充军役"⑧。这里的诸王按浑察、按灰当同为别里古台家族的成员。元顺帝时期别里古台家族的浑都帖木儿、帖木儿不花相继承袭广宁王⑨。

至于广宁路之地理形势,明人有过这样的描述:"广宁,古幽州地。迨元置广宁路,其地广袤,守以重关,峙以叠嶂,缭以大海。昔时汉胡杂处,人性犷悍,冠赏异制,习俗尚武,争以射猎为生,诗书礼乐之教蔑然不闻也。"⑩而对风俗的记载,《元一统志》的描述似乎更为可信:"人性淳实,务农桑,粗习文礼。"⑪元朝也曾在广宁路设有儒学以行教化,《辽东志》卷 2《建置》载:"广宁卫学,金辽以前莫考。元置广宁府路儒学,旧址在广宁右卫西北,元季毁于兵。"元代广宁城亦有龙城之称。《雪楼集》卷 28《送洪子兰奉使归高丽》中有"龙城(辽东

---

① 《元史》卷 149《耶律留哥传》、卷 59《地理志二》。
② 《元史》卷 59《地理志二》。
③ 《元史》卷 6《世祖纪三》。
④ 《元史》卷 26《仁宗纪三》。
⑤ 《元史》卷 117《别里古台传》。
⑥ 《元史》卷 2《太宗纪》。
⑦ 《元史》卷 117《别里古台传》、卷 5《世祖纪二》。
⑧ 《元史》卷 34《文宗纪三》。
⑨ 《元史》卷 43《顺帝纪六》。
⑩ 《辽东志》卷 2《建置·广宁建学碑记》。
⑪ 《元一统志》卷 2《辽阳等处行中书省》。

广宁府)日近归装暖,玉署花寒别梦新"之句。

广宁路境内的医巫闾山自隋代开始就有北镇之封。元代岳镇海渎代祀,自中统二年始。至元三年夏四月,定岁祀岳镇海渎之制,"十月北岳、镇、海渎,土王日祀恒山于曲阳县界,医巫闾于辽阳广宁路界,立冬日遥祭北海于登州界,济渎于济源县","(元)成宗大德二年(1298)二月,加封东镇沂山为元德东安王,南镇会稽山为昭德顺应王,西镇吴山为成德永靖王,北镇医巫闾山为贞德广宁王,中镇霍山为崇德应灵王,敕有司岁时与岳渎同祀"①。元代医巫闾山峰峦奇秀,寺院众多,成了一些文人、僧侣理想的隐居修行之所。"幽州之山镇曰医巫闾山,之下曰凌江,江之西曰古义州。俗厚而淳,民以而让。晋慕容氏之东营也。浙省幕长王公辅卿,世居其山之阳。土肥而多稼,水香而便渔,百卉鲜妍,松杉乔茂,飞泉玉驶,高瀑练悬,双峰挺拔于寺颠,孤峤独高于望海。梵刹布其遐迩,宝林界其南北,岩壑之美莫可殚论。……登望海之崖,游双峰之寺,迹其山之广也,盖辽人构寺者三百六十,履其山之长也,则宝林界其里者二百。此医巫闾之大概而耕隐之所志也。"②《满洲金石志》卷4《大元国大宁路义州重修大奉国寺碑》载:"夫佛法之入中国,历魏晋齐梁,代代张皇。其教降而至于辽,割据东北,都临潢,最为事佛。辽江之西,有山曰医巫闾,广袤数百里,凡峰开地衍,林茂泉清,无不建立精舍,以极工巧。去巫闾一驿许,有郡曰宜州,古之东营,今之义州也。"

按《元史》卷59《地理志二》,广宁路辖有闾阳、望平二县③。《大明清类天文分野之书》卷24《辽东都指挥司》载:广宁路辖有闾阳县、望平县、广宁旧千户所、钟秀旧千户所、凌川旧千户所、辽镇旧千户所,而这些旧千户所的具体废罢时间不明。元代广宁路所辖区域和属县与金代广宁府大致相同,只是在原金朝行政建置的基础上增设了若干千户所。与辽阳行省所辖其他各路相比,广宁路的辖区范围显得十分狭小,但为什么元朝还要单独设一路呢? 这可能与元世祖忽必烈对投下封地行政建置的调整有关。那就是"以较重要的诸王勋贵分地为单位……尽可能使拥有较多封户的诸王贵族独占一路一州,或在该路州占主导地位……"④。而广宁路恰为广宁王的封地所在。

---

① 《元史》卷76《祭祀志五》。
② 《存复斋续集·闾山耕隐图序》。
③ 据《元史》卷59《地理志二》,广宁府辖有肇州,有误。肇州一带为蒙古东道诸王斡赤斤家族首领乃颜的封地。乃颜并非《元史》卷107《宗室世系表》所载为别里古台之孙,这已为一些学者所纠正。参见箭内亘:《元代的满洲疆域》,《满洲历史地理》第2卷,第331页。
④ 李治安:《元代分封制度研究》,第93页。

闾阳县，下县。金朝为广宁府属县。蒙古乃马真后元年(1242)改闾阳县为闾阳千户所，至元六年改千户所为县，十五年又以县为行千户所事①。后复为闾阳县②。闾阳县境内有临海乡和闾阳关③。

望平县，金朝为广宁府属县。元至元六年省钟秀入望平县，至元十五年割出钟秀，置望平军民千户所，后复为县④。

广宁旧千户所，金朝为广宁府所属广宁县。蒙古乃马真后元年改广宁县为千户所。蒙哥汗元年(1251)隶广宁路。至元六年并本所入闾阳县，十五年复析置广宁千户所⑤。《元史》卷149《耶律留哥传》载耶律留哥之子"薛阇弟善哥……后伐宋，拔光州、枣阳，由千户迁广宁尹。至元元年卒，年五十二。子天佑，袭广宁千户，改广宁县尹"。可见在蒙古国时期和元世祖朝初年，确有广宁千户所之设。不过从天佑"袭广宁千户，改广宁县尹"这则史料来看，广宁千户所似曾在一段时间内又改为广宁县。《辽东志》和《大元混一方舆胜览》均记元代广宁路领有广宁县⑥。

钟秀旧千户所⑦，金朝为广宁府所属钟秀县。蒙古乃马真后元年省钟秀县入闾阳，蒙哥汗元年复置千户所隶广宁路。至元六年省入望平县，十五年复析置钟秀千户所⑧。《钦定盛京通志》卷101《古迹二》载："钟秀故县……《明（一）统志》：钟秀城在广宁卫西南五里。……旧志⑨：钟秀城在广宁城西南三里。……按《明一统志》谓元省钟秀（入）闾阳，与《元史》省入望平之文互异，以道里揆之，望平远而闾阳近，似闾阳为是。第志（即《明一统志》）说无确据，且此城去广宁仅三五里，既非倚郭，不当如此逼近。疑金（钟）秀本在广宁之东，故元时并入望平，此城乃后人传讹，非故县也。"笔者认为，《钦定盛京通志》对《明一统志》所载钟秀故城方位的怀疑虽有一定的道理，但由于没有其他的佐证资料，故也只能作为一种推测罢了。从后来的考古发掘来看，故广宁城（今辽宁省北镇市）西南五里的北镇庙确为钟秀城的遗址⑩。

---

① ⑤ ⑧ 《大明清类天文分野之书》卷24《辽东都指挥司》。
② 《元史》卷59《地理志二》。
③ 《明史》卷41《地理志二》。
④ 《元史》卷59《地理志二》；《大明清类天文分野之书》卷24《辽东都指挥司》。
⑥ 《辽东志》卷1《地理志》载："广宁卫：……金改为广宁府，领广宁、望平、闾阳、钟秀四县，置镇宁军节度使。元改为路，属县三：广宁、望平、闾阳。元末也速、纳哈出往来互略其地。"另据《大元混一方舆胜览》卷上《辽阳等处行中书省》，四川大学出版社，2003年，第149页。
⑦ 按《明史》卷41《地理志二》，元置千户所于钟秀城。
⑨ 这里的旧志疑是指清康熙年间所修《广宁县志》而言。《广宁县志》卷2《建置志》载："钟秀县城，城西南三里，周围二里二十步。"
⑩ 谭其骧主编：《〈中国历史地图集〉释文汇编·东北卷》，第179页。

另据《大明清类天文分野之书》，钟秀县既曾并入过间阳县，也曾并入过望平县，看来《明一统志》所载"元省钟秀（入）间阳"也是有史料依据的，《钦定盛京通志》的说法并不准确。

凌川旧千户所，蒙哥汗元年始置千户所，取凌川为名，至元六年并入间阳县，十五年复析置千户所①。

辽镇旧千户所，蒙古乃马真后元年置辽镇千户所，蒙哥汗元年隶广宁路。至元五年省入广宁（千户所），十五年复立辽镇千户所，仍隶广宁路②。

第三节 大宁路、东宁府、沈阳路

一、大宁路

大宁路（治今内蒙古宁城县大名城），上路。辽为中京大定府，金为北京路。《元史》卷59《地理志二》载：大宁路"元初为北京路总管府，领兴中府及义、瑞、兴、高、锦、利、惠、川、建、和十州。中统三年（1262），割兴州及松山县属上都路③。至元五年（1268），并和州入利州为永和乡。七年，兴中府降为州，仍隶北京，改北京为大宁。二十五年④，改为武平路，后复为大宁⑤"。其中至元七年"改北京为大宁"之语，当有误。因为从现有的史料看，元世祖至元七年到二十五年未见有大宁路之称，却屡见北京路之称。另外，直到至元十四年左右，元朝仍沿用金制在北京路之下设有大定府⑥，迟至至元十八年则改称大定州⑦，后废。

---

① ② 《大明清类天文分野之书》卷24《辽东都指挥司》。
③ 兴州、松山县，金代属北京路。按《元史》卷5《世祖纪二》，上都路建于中统四年五月，故此处"上都路"当为"开平府"之误。另《元史》卷5《世祖纪二》也有中统三年十二月"割北京兴州隶开平府"的记载。
④ 《元一统志》卷2《辽阳等处行中书省》的记载为至元二十四年。由于《元史》卷15《世祖纪十二》明确记载至元二十五年二月改北京路为武平路，故笔者认为《元史·地理志》的记载更为可信。
⑤ 《元史》卷59《地理志二》没有记载武平路改为大宁路的具体时间，《元一统志》的记载为至元二十九年九月。另由于《元史》卷17《世祖纪十四》中至元二十九年正月有武平路之称，而到同年六月已有大宁路之称，故武平路改为大宁路的时间约在至元二十九年。《元史》卷17《世祖纪十四》中至元三十年十二月又出现了武平路之称，概有误。
⑥ 《秋涧先生大全集》卷57《大元故昭勇大将军北京路总管兼本路诸军奥鲁总管王公神道碑铭》载："（至元）十四年迁北京路总管兼大定府尹，以疾不赴。"另据《大明清类天文分野之书》卷24《辽东都指挥司》。《高丽史》卷26《元宗世家二》载元宗九年（1268）三月"蒙古遣北京路总管兼大定府尹于也孙脱、礼部郎中孟甲等来"。
⑦ 《元史》卷11《世祖纪八》载：至元十八年三月"以辽阳、懿、盖、北京大定诸州旱，免今年租税之半"。《元史》卷50《五行志一》载：至元十八年二月"广宁、北京大定州旱"。

大宁路(北京路)特殊的地理位置,正如蒙金交战之初,汉人万户史天倪献策蒙古左于万户木华黎所言,"金弃幽燕,迁都于汴,已失策矣。辽水东西诸郡,金之腹心也。我若得大宁(北京)以扼其喉襟,则金虽有辽阳,终不能保矣"①。《元一统志》卷 2《辽阳等处行中书省》也讲大宁路"临闾之西,海阳之北,地实要冲"。其实,大宁一带自辽、金以来长期是燕京进入东北的要地。《辽史》卷 39《地理志三》中引用宋人王曾《上契丹事》的记载,详细介绍了从燕京经古北口至中京大定府(元代为大宁路)的驿路,道路十分崎岖险峻,看来这条古道在辽代已经至关重要了。另以元代所设驿站为例,从大都至辽阳行省,"是东行经今蓟县分为两道,一出喜峰口,一出冷口而会于大宁路治所的北京城",从北京出发再进入东北各地②。大宁路还是大都和上都的北方门户,大宁与大都和上都的距离相当,都是九百里③。据《陵川集》,"燕都东控辽碣,西连三晋。背负关岭,瞰临河朔,南面以涖天下。和林置一司分镇御根本,北京、丰靖各置一司分以为二辅,京兆、南京各置一司分以为藩屏。夫燕云,王者之都,一日缓急便可得万众。虽有不虞,不敢越关岭逾诸司而出也。形势既定,根本既固,则太平可期"④。看来,元代的大宁路(北京路),自蒙古国时期开始就在控驭东北和拱卫京师方面发挥着重要的作用。

正是因为大宁路这种特殊的地理位置,蒙古国时期以北京为基地设立的北京等路都元帅府是负责东北地区镇戍和征伐的主要机构。元世祖朝前期,北京宣慰司(宣抚司)与北京行省则是元朝在东北设置的主要监临统治机构。至元二十四年辽阳行省设立后,成为控御东北的主要机构,从此大宁路长期归辽阳行省管辖。《元史》卷 26《仁宗纪三》载:延祐五年(1318)十月己丑"以大宁路隶辽阳省"。从该则史料来看,大宁路似乎曾在一段时间内从辽阳行省划出。大宁路还是元朝在东北的监察机构——山北辽东道提刑按察司(后改为肃政廉访司)的置司地⑤。

大宁路西南至大都九百里,西北至上都九百里,东至懿州界驿安站六百里,西至上都路界鸡岭一百五十里,南至平滦路界双峰岭三百五十里,北至上都路界青杨岭二百里,东到懿州七百里,西到兴州三百五十里,南到迁安县四百二十里,北到松州二百二十里,东南到抚宁县七百里,东北到古庆州九百里,

---

① 《元史》卷 147《史天倪传》。
② 郭毅生:《元代辽阳行省驿道考略(上)》,《北方论丛》1980 年第 2 期。
③ 《元一统志》卷 2《辽阳等处行中书省》。
④ 《陵川集》卷 32《便宜新政》。
⑤ 《元史》卷 86《百官志二》。

西南到遵化县六百三十里①。

元代大宁路的行政建置与金代相比,主要特点是所属各州省去了军名和属县。例如,在金代,利州为刺史州,领阜俗、龙山二县;义州领弘政、开义、同昌三县,军名为崇义军节度使;瑞州领瑞安、海阳、海滨三县,军名为归德军节度使;锦州领永乐、安昌、神水三县,军名为临海军节度使;建州领永霸县,军名为保靖军刺史②。元代省去金代各州所置军名,主要因为元代的军制不同于金代。元代大宁路所属各州没有属县的主要原因当是由于元初大宁路一带户口的锐减。在元世祖朝前期,针对一些地方户口减少的现象,元世祖屡次下诏省并路州县。元初北京路的辖区大体上相当于金代的大定府、兴中府及义、瑞、兴、锦、利、建等州之地。据蒙古壬子年(1252)的统计数字,北京路领户46 006、口 448 193,而同一区域金代的户数约为 242 988 户③。元初的户数只约相当于金代的 18.93%。

大宁路领一司(大宁路录事司)、七县(大宁、龙山、富庶、和众、金源、惠和、武平)、九州(义州、兴中州、瑞州、高州、锦州、利州、惠州、川州、建州)。元至正二年(1342)正月,升懿州为路,以大宁路所辖兴中州、义州属懿州路④。

大宁县,下县,倚郭。金代为北京路大定府倚郭县。元因之,至元二十九年改大定县为大宁县⑤。大宁县兼有原金朝北京路大定府大定、长兴二县之地⑥。不过,大宁县在《元史·地理志》中则被称为大定县。笔者认为当以大宁县为是,这既与其他史料记载相一致⑦,而且倚郭县与路同名也是十分常见的现象。大宁县西南至大都九百里,西北至上都九百里,东至金源县界岔道站九十里,西到兴州界鸡岭一百五十里,南至和众县界车家岭五十里,北至高州界细河一百五十里,东到金源县二百里,西到兴州三百五十里,南到和众县九十里,北到高州二百二十里,东南到富庶县一百五十里,东北到惠和县一百五十里,西南到惠州二百二十里,西北到松州二百二十里。

龙山县,下县。金代为北京路利州的属县。元"初属大定府。至元四年属

---

① 《元一统志》卷 2《辽阳等处行中书省》。
② 《金史》卷 24《地理志上》。
③ 《元史》卷 59《地理志二》;《金史》卷 24《地理志上》。
④ 《元史》卷 40《顺帝纪三》。《钦定热河志》卷 62《建置沿革八》载:"今朝阳县三座塔南六十里道旁,有元至正四年重修石木桥碑,亦称懿州路兴中州。"
⑤ 《元一统志》卷 2《辽阳等处行中书省》;《大明清类天文分野之书》卷 24《辽东都指挥司》;《大元混一方舆胜览》卷上《辽阳等处行中书省》。
⑥ 《元史》卷 59《地理志二》载:大定县"中统二年省长兴入焉"。
⑦ 《元典章新集至治条例大全·职制·作阙官告叙委官保勘》中亦有"大宁路大宁县达鲁花赤"的记载。

利州,后复来属"①。这里的"后复来属"当是指复属大定府,而复属的时间当为至元四年。《大明清类天文分野之书》卷 24《辽东都指挥司》载:"元割(龙山县)属大定府。至元四年还属利州,其年复以来属。"而到元成宗初年,龙山县似又成了利州的属县②,后改由大宁路直辖。看来至元四年以后,随着大定府(大定州)的废罢,龙山县的归属又有一个变化的过程。龙山县西南至大都九百里,西北至上都一千一百二十里,西北至大宁路二百四十里,东至利州界石匣口五十里,西至惠州界大岭一百零五里,南至抚宁县界冷口三百里,北至利州界白道子岭四十里,东到锦州四百里,西到惠州二百二十里,南到抚宁县三百五十里,北到利州八十里,东南到瑞州二百八十里,东北到建州二百里,西南到迁安县三百五十里,西北到和众县一百四十里。

富庶县,卜县。金代为北京路大定府属县。至元三年富庶县省并入兴中州,后复置。富庶县西南至大都一千一百里,西北至上都一千里,东至建州界弓子岭十五里,西至大宁路界乾涧庙儿岭一百三十里,南至利州界南港岭五十里,北至金源县界滑河堠子岭六十里,东到建州七十里,西到本路一百五十里,南到利州七十里,北到惠和县一百八十里,东南到锦州三百五十里,东北到金源县一百二十里,西南到和众县一百二十里,西北到本路一百五十里。富庶县辖北韩里③。

和众县,下县。金代为北京路大定府属县。和众县西南至大都九百里,西北至上都九百里,西北至本路九十里,东至利州界水峪岭三十里,西至惠州界鹁鸽岭一百里,南至惠州界燕王城岭六十里,北至大宁县界车家岭四十里,东到利州九十里,西到兴州三百五十里,南到惠州一百六十里,北到本路九十里,东南到龙山县一百四十里,东北到富庶县一百二十里,西南到惠州一百六十里。

金源县,下县。金代为北京路大定府属县。金源县西南至大都一千一百里,西北至上都九百里,东至兴中州界青山岭二十里,西至大宁县界岔道站一百十里,南至建州界隆兴寺四十里,北至武平县界偏道子岭七十里,东到兴中州一百里,西到本路二百里,南到建州九十里,北到武平县一百五十里,东南到锦州二百七十里,东北到高州一百五十里,西南到富庶县一百二十里,西北到惠和县九十里。

---

① 《元史》卷 59《地理志二》。
② 《元史》卷 50《五行志一》载:"元贞元年六月,利州龙山县、盖州明山县螟。"
③ 《吴文正集》卷 35《元怀远大将军行都漕运使崔公墓表》。

惠和县，下县。原为辽惠州属县，金代废惠州存惠和县，属北京路大定府。元之惠和县因辽、金之旧。惠和县西南至大都一千五十里，西北至上都八百里，东至武平县界黄柏岭七十里，西至大宁县界涂河六十里，南至富庶县界赵花谷六十里，北至高州界荆家寨五十里，东到武平县一百五十里，西到本路一百五十里，南到富庶县一百八十里，北到高州九十里，东南到金源县九十里，东北到武平县一百五十里，西南到本路一百五十里，西北到松州二百五十里。

武平县，下县。金代为北京路大定府属县。武平县西南至大都一千二百里，西北至上都一千里，东至川州界栏子岭七十里，西至惠和县界盘道岭八十里，南至兴中州界匣口五十里，北至蒙古行营界郭松寨二十里，东到川州一百五十里，西到惠和县一百五十里，南到兴中州一百八十里，北到临潢府一千三百里，东南到义州三百里，东北到懿州四百里，西南到金源县一百五十里，西北到高州一百五十里①。

义州，下州。金代为北京路属州，领弘政、开义、同昌三县。元代省属县。元至正二年正月，升懿州为路，义州改属懿州路。义州西至兴中州界蛤蜊山九十里，到兴中州一百八十里，西北到川州一百八十里②。

兴中州，下州。金代为北京路兴中府。《元一统志》卷2《辽阳等处行中书省》载："兴中州，金兴中府，领兴中县及洪宁县，元因之。至元二年县皆省，降府为兴中州，寻复为兴中府，七年复降为州，隶大宁路。又有永德县亦金兴中府所属，元省入兴中州。金省象雷、闾山二县，惟存兴中、营邱。寻又更营邱为洪宁县。"象雷、闾山二县乃辽兴中府辖下的象雷县、闾山县。而据《金史》卷24《地理志上》兴中府领兴中、永德、兴城、宜民四县，看来洪宁县在金代并未长期存在。兴城、宜民二县，辽代分别属严州、川州，在金代地位和归属屡有变动。至正二年正月兴中州改隶懿州路。兴中州领孝行乡。兴中州西南至大都一千二百里，西北至上都一千二百里，西北至大宁路三百里，东至义州界喀喇山九十里，西至金源县界青山岭八十里，南至瑞州界油雾岭一百六十里，北至武平县界匣口一百三十里，东到义州一百八十里，西到金源县一百里，南到瑞州三百里，北到武平县一百八十里。东南到锦州一百八十里，东北到川州一百八十里，西南到建州八十里，西北到惠和县一百八十里③。

---

① 以上除注明外，均据《元史》卷59《地理志二》、《金史》卷24《地理志上》、《元一统志》卷2《辽阳等处行中书省》。
②③ 《元一统志》卷2《辽阳等处行中书省》。

瑞州,下州。金代为北京路属州,领瑞安、海阳、海滨三县。元因之,至元六年属县并省①。元代在瑞州之地设有隶属辽阳行省的大宁路海阳等处打捕屯田总管府,后更为打捕屯田所②。瑞州北至利州界栲栳山一百五十里,到利州三百五十里,西北到龙山县二百八十里③。瑞州故城位于今天辽宁省葫芦岛市绥中县城西南二十七公里的前卫镇,镇内的绥中斜塔,故称瑞州斜塔,有怪塔之称。元朝瑞州境内辖有迁民镇,为军事重地④,在迁民镇设有隶属于隆镇卫亲军都指挥使司的迁民镇千户所,于"大宁路东口置司"⑤。元泰定帝死后,泰定帝后王与元武宗之子分别在上都和大都即位,于是爆发了两都之战。元朝在东北的主要军事力量支持在上都即位的泰定帝后王。为抵御来自东北的军队,天历元年(1328)八月丁酉大都方面"发中卫兵守迁民镇",庚子"发宗仁卫兵增守迁民镇",庚戌"发平滦民垦迁民镇,以御辽东兵",同年九月壬戌"上都诸王也先帖木儿、平章秃满迭儿,自辽东以兵入迁民镇,诸王八剌马、也先帖木儿以所部兵入管州,杀掠吏民"⑥,不过随后大都方面很快扭转了战局,夺取了上都。

高州,下州。金代为北京路大定府所属三韩县。《金史》卷24《地理志上》北京路大定府三韩县载:"辽伐高丽,迁马韩、辰韩、弁韩三国民为县,置高州。太祖天辅七年(1123)以高州置节度使,皇统三年(1143)废为县,承安三年(1198)复升为高州,置刺史,为全州支郡,分武平、松山、静封三县隶焉。泰和四年(1204)废。"⑦不过,从元代的史料看,金朝后期复有高州之设⑧。《元一统志》卷2《辽阳等处行中书省》载:"元甲戌岁(1214)升高州为兴胜府。丙子岁(1216)仍改高州。隶(大宁路)[北京路]。"⑨另据《元一统志》同卷,高州西南至大都一千一百二十里,西至上都七百里,东至武平县界夹头部落八十里,西至松州界阴凉河七十里,南至大宁县界细河九十里,北至蒙古行营界扢叉河九十里,东到武平县一百五十里,西到松州一百五十里,南到本路二百二十里,

---

① 《大明清类天文分野之书》卷24《辽东都指挥司》;《金史》卷24《地理志上》。
② 《元史》卷100《兵志三》。
③ 《元一统志》卷2《辽阳等处行中书省》。
④ 顾祖禹:《读史方舆纪要》卷37《山东八·辽东都指挥使司》,中华书局点校本,2005年,第1732页。另《燕石集》卷15《刘廷让传》中亦有"戊辰之变(即天历之变)九月六日东兵夺瑞州迁民镇"之语。
⑤ 《元史》卷86《百官志二》。
⑥ 《元史》卷32《文宗纪一》。
⑦ 《金史》卷24《地理志上》。
⑧ 《元史》卷1《太祖纪》太祖九年十月、卷119《木华黎传》。
⑨ 又见《大明清类天文分野之书》卷24《辽东都指挥司》。

北到古庆州七百里,东南到惠和县九十里,东北到临潢府七百里,西南到本路二百二十里,西北到应昌府七百里。

锦州,下州。金代为北京路属州,领永乐、安昌、神水三县。元省属县。"至元三年,以锦州省入义州,寻复置。属大宁路"①。金朝皇统三年金废辽严州为兴城县隶锦州,后复隶兴中府。元代兴城县旧地当复归锦州所辖。据《金史》卷24《地理志上》,兴城县境有桃花岛,而元代桃花岛当在锦州辖下。《中庵集》卷4《汤泉诗》载:"锦州之治西南百六十里海边,有废城如块,今谓之桃花岛,吏民数十家,巡检司在焉。"《元典章新集至治条例·刑部·扈巡检不即拿贼》中亦有"锦州桃花岛巡检"的记载。大约在元世祖中统年间,蒙古札剌亦儿部的牧地迁至辽西一带②。到元朝中后期辽西仍是札剌亦儿部的牧地所在。《危太朴续集》卷5《故管领随路蒙古汉人军民都总管府判官彭君墓志铭》载:"(彭承初)天历间,携其子鉴游京师,受知札剌尔国王(朵儿只)。……王还镇辽西,欲与之偕,君以母老固辞。……后至元间,王为辽阳行省丞相,数欲致君,终不可强。"③贾敬颜先生根据明清史料的记载,发现元代札剌亦儿部一贵族的墓地在辽西锦州④,从而验证了上引史料记载的可信性。

利州,下州。金代为北京路属州,领阜俗、龙山二县。《元一统志》卷2《辽阳等处行中书省》载:"至元二年降州为利成县,并省二县,五月复为州。四年二月复领二县,七月割龙山县隶大定府,阜俗县并入本州。隶大宁路。"至元五年并和州入利州为永和乡。随着大定府(大定州)的废罢,龙山县一度又成为利州的属县,后直属大宁路。《元史》卷50《五行志一》载:"元贞元年(1295)六月,利州龙山县、盖州明山县螟。"利州西南至大都一千里,西北至上都一千里,东至锦州界梨园岭二百三十里,西至和众县界文山岭六十里,南至龙山县界白道子岭四十里,北至富庶县界庞家庄三十五里,东到锦州三百五十里,西到和

---

① 《大明清类天文分野之书》卷24《辽东都指挥司》。
② 《金华黄先生文集》卷25《朝列大夫金通政院事赠荣禄大夫河南江北等处行中书省平章政事柱国追封鲁国公札剌尔公神道碑》载,木华黎玄孙硕德在世祖前期奉召,从幕营地入朝宿卫,碑传谓"自辽西召入宿卫"。
③ 一些史料中也有札剌亦儿部国王朵儿只之国"辽东"的记载,例如:《道园学古录》卷2《送国王朵而只之辽东》;《金台集》卷2《行路难》载:"至正己丑(1349)夏右相朵而只公拜国王,就国辽东。"笔者认为这里的"辽东"或为"辽西"之误,或此处"辽东"是东北地区的泛指,在元代文献中也常有称"辽西"一些地方为"辽东"的记载。例如,《雪楼集》卷28《送洪子兰奉使高丽》中称"辽东广宁府";《道园遗稿》卷2《送吕教授还临川》中称"辽东之山医巫闾"。另外在《元史》中"辽东"有时也作东北地区的泛称,例如,中统三年撒吉思出任北京宣慰使后"锄奸抑强,辽东以宁"(参见《元史》卷134《撒吉思传》)。
④ 贾敬颜:《五投下的遗民——兼说"塔不囊"一词》,《民族研究》1985年第2期。

众县九十里,南到龙山县八十里,北到富庶县七十里,东南到瑞州三百里,东北到建州一百二十里,西南到惠州二百二十里,西北到本路一百六十里①。

惠州,下州。元代的惠州为辽泽州地。《钦定热河志》卷66载:"拜神山,汉名神山,在平泉州属喀喇沁右旗南一百五十里,《辽史·地理志》中京泽州有神山。《元一统志》神山在惠州西南十三里。按元惠州即辽泽州,在今平泉南境,与方位相合,当即古神山也。"金朝章宗承安二年升辽泽州神山县为惠州,升孩儿馆为滦阳县,以隶之。泰和四年,罢惠州及滦阳县②。元代复置惠州,领神山县,后废神山县为神山站,在故滦阳县境内设滦阳站。而元废神山县为神山站的时间应迟于至元十年。因为至元十年高丽人李承修前往元大都时曾路过神山县③。《元一统志》卷2《辽阳等处行中书省》大宁路古迹条载:"惠州有废神山县,元罢为神山站。……惠州有废滦阳县,元亦为站,设巡检司。"至正二十二年(1362)九月权置山北廉访司于惠州④。《元一统志》中大宁路下辖之惠州实为辽代惠州之误,原注为金天辅五年罢州,而金太祖天辅五年所罢之州,只能是辽代的惠州。惠州西南至大都六百六十里,西北至上都八百五十里,东至利州界长岭二百十里,西至兴州界赤岭六十里,南至丰闰县界崖儿口三百十里,北至和众县界燕王城岭一百十里,东到利州二百六十里,西到兴州二百二十里,南到丰闰县三百五十里,北到和众县一百六十里,东南到龙山县二百二十里,东北到本路二百二十里,西南到遵化县三百里,西北到松州四百五十里⑤。

川州,下州。金代为北京路兴中府宜民县。宜民县在金代曾为川州,在金朝初年领宜民、同昌县二县,大定六年(1166)降川州为宜民县,隶懿州。承安二年复置川州,泰和四年罢川州为宜民县属兴中府⑥。元代复置川州,"至元二年省入懿州,寻复置川州,仍隶大宁路"⑦。川州西南至大都一千四百里,西北至上都一千里,西北至大宁路五百里,东至懿州界颉东山七十里,西至武平县界栏子岭八十里,南至兴中州界独山一百四十里,北至蒙古行营界虾蟆山一百里,东到懿州二百二十里,西到武平县一百五十里,南到兴中州一百八十里,北到临潢府一千五十里,东南到义州一百八十里,东北到咸平府六百二十里,

---

① ⑤ 《元一统志》卷2《辽阳等处行中书省》。
② 《金史》卷24《地理志上》。
③ 〔高丽〕李承修:《动安居士集》卷4《宾王录》,《韩国文集中的蒙元史料》,广西师范大学出版社,2005年。
④ 《元史》卷46《顺帝纪九》、卷92《百官志八》。
⑥ 《金史》卷24《地理志上》。
⑦ 《大明清类天文分野之书》卷24《辽东都指挥司》。

西南到金源县三百里,西北到高州三百里,南至兴中州一百八十里①。《钦定热河志》卷 60 载:"按《方舆纪要》,川州有东西二城,东川州,辽所置,西南至义州卫一百五十里。西川州,金所置,南至义州卫九十里。盖辽与金各自有川州。《武经总要》,川州西南至霸州(即兴中城)七十里,此乃辽之川州也。《元一统志》川州南至兴中州一百八十里,此乃金之川州也。"②同书卷 62 载:"今据元至正五年川州重修东岳庙碑,则元川州故城当即今朝阳县属三座塔北一百六十八里之黑城子也。"川州故城在今辽宁省北票市东北八十里黑城子镇。

建州,下州。据《金史》卷 24《地理志上》,建州金代为北京路属州,领永霸县。元代废永霸县。另据《元一统志》金代建州之下"置建平县,元初因之,后省建平入州"。按《大元混一方舆胜览》,金代建州确领建平、永霸二县③。建州领开泰乡。建州西南至大都一千一百七十里,西北至上都一千七十里,东至兴中州界田家岭四十里,西至富庶县界两家店五十五里,南至瑞州界油雾岭一百二十里,北至金源县界隆兴寺五十里,东到兴中州八十里,西到富庶县七十里,南到瑞州五百里,北到金源县九十里,东南到锦州二百六十里,东北到武平县二百五十里,西南到利州一百二十里,西北到本路二百二十里④。

二、东宁府

元代东宁府的设置始于高丽政局的变动和元廷对藩属国——高丽的干涉。至元六年高丽权臣林衍发动政变,废高丽元宗,立高丽安庆公王淐为王。只是在元廷的干涉下,林衍才被迫还政元宗。在这期间,高丽西北面兵马使营记官崔坦、韩慎,三和县人前校尉李延龄,定远都护郎将桂文庇,延州人玄孝哲等以诛林衍为名发动叛乱。随后,崔坦等以高丽西北府、州、县、镇六十城归降蒙古⑤。至元七年初元世祖忽必烈"赐崔坦、李延龄金牌,玄孝哲、韩慎银牌有差。诏令内属,改号东宁府,画慈悲岭(位于今朝鲜黄海北道凤山郡东)为界"⑥,"以(崔)坦等为总管"⑦。慈悲岭时为高丽西京平壤和西海道的界山。正如高丽人李穑《牧隐集》中所言,"西海平壤交界,有山大而峻。行者甚苦之,

---

① 《元一统志》卷 2《辽阳等处行中书省》。
② 另据《钦定热河志》卷 60,辽之川州治咸康县,金之川州治宜民县。
③ 《大元混一方舆胜览》卷上《辽阳等处行中书省》。
④ 《元一统志》卷 2《辽阳等处行中书省》。
⑤ 《高丽史》卷 26《元宗世家二》元宗十年十月;《元史》卷 59《地理志二》。
⑥ 《高丽史》卷 26《元宗世家二》元宗十一年二月丁丑;《元史》卷 7《世祖纪四》至元七年正月。按《元史》卷 59《地理志二》,东宁府设置为至元八年,概有误。
⑦ 《高丽史》卷 130《崔坦传》。

故曰慈悲岭。岭之北属之平壤,其南属之西海"①。慈悲岭又名岊岭。《牧隐集》载:"岊岭崔嵬直上天,行人流汗似喷泉。又从罗汉堂前过,飞锡神通直几钱"。至元十三年,元朝升东宁府为东宁路总管府,设录事司,割静州、义州、麟州、威远镇隶婆娑府②。不过在《高丽史》中未见有升东宁府为东宁路的记载,而在忠烈王二年(1276)八月和忠烈王四年二月条又两次出现"东宁府"之称③。看来东宁路存在的时间并不长。后来随着元丽宗藩关系的不断发展,至元二十七年三月忽必烈下诏"罢东宁府,悉归(高丽)西北诸城"④,割属婆娑府的静州、义州、麟州、威远镇也应同时归还了高丽。元世祖朝在高丽西北部所设东宁府存在了约二十年的时间。

东宁府应归元朝在东北的主要统治机构管辖,例如在辽东宣慰司设置后,东宁府即曾隶属于辽东宣慰司。至元二十二年东宁府官员"(崔)坦、(韩)慎、(玄)孝哲等执(桂)文庇管下人,诬以此辈与(高丽)宰相廉承益谋杀我等,遣人告辽东宣慰使按察府。宣慰使遣东京安抚总管来鞠之。明年(高丽)王遣(廉)承益及金周鼎、赵仁规、柳庇等偕来使往东宁府辨之。(崔)坦等服其诬。(忠烈王)十六年帝罢东宁府,悉归(高丽)西北诸城。王拜(韩)慎、(桂)文庇为大将军,玄元烈为大仆尹,罗公彦、李翰为将军"⑤。该则史料在说明辽东宣慰司负责处理东宁府事务的同时,也反映出携高丽领土归附元朝的崔坦、韩慎、玄孝哲、桂文庇等人一直担任东宁府的主要官员。这又涉及元朝对东宁府的统辖方式问题。元朝对东宁府实行了以高丽人治高丽人的政策,同时派达鲁花赤进行监临统治。至元二十一年四月高丽王"次(东宁府)中和县。元捉鹰使郎哥歹、东宁府达鲁花赤等来献鹰马"⑥。

东宁府设治于高丽西京(今朝鲜平壤市),"蒙古以西京为东宁府,置官吏"⑦。《元史》卷59《地理志二》载:东宁路(府)"领司一,余城堙废,不设司存,今姑存旧名。录事司。土山县。中和县。铁化镇。都护府,自唐之季,地入高丽,置府、州、县、镇六十余城,此为都护府,虽仍唐旧名,而无都护府之实。至元六年,李延龄等以其地来归,后城治废毁,仅存其名,属东宁路。定远府。郭州。抚州。黄州,领安岳、三和、龙冈、咸从、江西五县,长命一镇。灵州。慈

---

① 《牧隐集·慈悲岭罗汉堂记》。
② 《元史》卷59《地理志二》。按《元史》卷8《世祖纪五》,东宁路设置的时间为至元十二年十二月。
③ 《高丽史》卷28《忠烈王世家一》忠烈王二年八月、四年二月。
④ 《高丽史》卷130《崔坦传》、卷30《忠烈王世家三》忠烈王十六年三月。
⑤ 《高丽史》卷130《崔坦传》。
⑥ 《高丽史》卷29《忠烈王世家二》忠烈王十年四月戊戌。
⑦ 《高丽史》卷58《地理志三》北界条。

州。嘉州。顺州。殷州。宿州。德州,领江东、永清、通海、顺化四县,宁远、柔远、安戎三镇。昌州。铁州,领定戎一镇。泰州。价州。朔州。宣州,领宁朔、席岛二镇。成州,领树德一镇。熙州。孟州,领三登一县,椒岛、椴岛、宁德三镇。延州,领阳岩一镇。云州"。

根据上述《元史·地理志》的记载,东宁府境内共有府、州、县、镇四十九城。另据《大明清类天文分野之书》卷24《辽东都指挥司》,东宁府所辖各城还应补上凤州、渭州、龙州、博州、遂安县、谷州、安义镇等城。这样,再加上改隶婆娑府的静州、义州、麟州、威远镇,最初东宁府辖下府、州、县、镇中有名可考者共六十城①。所以《元史》、《高丽史》中称崔坦等以高丽西北六十城归附蒙古是有根据的。方东仁先生认为六十城仅是高丽西北面州镇的概称②,看来不够准确。这六十城中包括"西京五十四城、西海六城"③。此外,在东宁府辖下后来还设有大兴府。1274年(高丽元宗十五年,元至元十一年)十月高丽王会公主于肃州,"西京大兴府录事杨寿等请从王以行,崔坦要而夺之"④。

前已述及,至元二十七年元朝罢东宁府。不过到元朝末年,《高丽史》中又出现了有关东宁府(路)的记载。1364年(高丽恭愍王十三年,元至正二十四年)正月"己丑东宁路万户朴伯也大入寇(高丽)延州,崔莹击却之"。1369年(高丽恭愍王十八年,明洪武二年)十一月高丽遣元帅将击东宁府,以绝北元。1370年(高丽恭愍王十九年,明洪武三年)正月高丽派大将李成桂入侵辽东,东宁府同知李吾鲁帖木儿归降,高丽夺保亏罗山城、婴城之地,辽东"诸城望风皆降,得户凡万余,以所获牛二千余头、马数百余匹悉还其主。北人大悦,归者如市。东至皇城,北至东宁府,西至于海,南至鸭绿,为之一空"⑤。一些学者认为至元二十七年元朝在归还高丽西北诸城的同时,并没有废罢东宁府,而是将东宁府内迁了⑥。而元代中国史料中没有至元二十七年以后元朝仍置东宁

---

① 据日本学者箭内亘考证,东宁府辖六十一城,同时他详细考察了这六十一城的治所。参见箭内亘:《元代的满洲疆域》,《满洲历史地理》第2卷,第310~359页。笔者认为这六十一城中殷栗县不应归东宁府管辖。《高丽史》卷28《忠烈王世家一》载忠烈王四年七月高丽王上书元中书省曰:"西海道殷栗县不曾投拜崔坦。坦等妄称投拜,争一十七户,已受省旨复属本国。"
② 方东仁:《东宁府置废小考》,《关东史学》第二辑,关东大学史学会,1984年。
③ 《高丽史》卷26《元宗世家二》元宗十年十二月辛卯。
④ 《高丽史》卷28《忠烈王世家一》元宗十五年十月丁卯。
⑤ 《高丽史》卷40《恭愍王世家三》恭愍王十三正月己丑、卷41《恭愍王世家四》恭愍王十八年十一月辛未、卷42《恭愍王世家五》恭愍王十九年正月。
⑥ 张博泉、苏金源、董玉瑛:《东北历代疆域史》,吉林人民出版社,1981年,第235页;王颋:《元代行政地理研究》第四篇《沿革辽阳》,复旦大学博士论文,1989年;刁书仁、卜照晶:《论元末明初中国与高丽、朝鲜的边界之争》,《北华大学学报》(社会科学版)2001年第1期。

府的记载,直至元末,《高丽史》中才再次出现东宁府之称。另外《元史·地理志》中东宁路(府)所辖各城都位于高丽的西北部,此处的东宁路(府)仅是指元世祖朝在高丽西北部立废的行政机构。所以笔者认为至元二十七年元朝的确废罢了东宁府,直到元末,东北政局陷入混乱之中,元朝才重置东宁府。至于元末东宁府的置司地,史料中没有直接的记载。有学者认为东宁府置司辽阳路,所依据的史料大概是明代东宁卫置司辽阳城①。但《高丽史》中已明确将东宁府与辽阳路区分开来②,看来这种说法值得商榷。也有学者认为东宁府置司于今浑江流域与鸭绿江中游一带③,暂从此说。

三、沈阳路

如前所述,元代东北地区政区建置的一个重要特点就是一些政区的建置与蒙元和高丽的关系密切相关。元代沈阳路的建置就源于蒙古与高丽的战争及蒙古对降附高丽民的安置。窝阔台汗三年(1231)蒙古发动了征服高丽的战争,五年高丽西京郎将洪福源召集高丽北界之众归降蒙古④。据《元史》卷59《地理志二》沈阳路条,蒙古授洪福源"高丽军民万户,徙降民散居辽阳、沈州,初创城郭,置司存,侨治辽阳故城(今辽宁省辽阳市老城)。中统二年,改为安抚高丽军民总管府。及高丽举国内附,四年,又以质子綧为安抚高丽军民总管,分领二千余户,理沈州(今辽宁省沈阳市沈阳老城)。元贞二年,并两司为沈阳等路安抚高丽军民总管府,仍治辽阳故城,辖总管五、千户二十四、百户二十五"。

下面笔者拟以上引《元史·地理志》中有关沈阳路的记载为主线,在前人研究的基础上对元代沈阳路的建置沿革及相关问题进行探讨⑤。

1. 沈阳路的前身——安抚高丽总管府与沈州高丽总管府

为加强对降附高丽民的管辖,在中统二年蒙古所立安抚高丽军民总管府之外,至元三年还有沈州高丽总管府之设。安抚高丽军民总管府又有安抚高

---

① 箭内亘:《元代的满洲疆域》,《满洲历史地理》第2卷,第367~369页;张博泉、苏金源、董玉瑛:《东北历代疆域史》,第235页。
② 《高丽史》卷42《恭愍王世家五》恭愍王十九年十二月丁巳、卷43《恭愍王世家六》恭愍王二十一年三月庚戌。
③ 刁书仁、卜照晶:《论元末明初中国与高丽、朝鲜的边界之争》,《北华大学学报》(社会科学版),2001年第1期。日本学者池内宏认为元末东宁府置司于辉发河流域的山城子附近,参见池内宏:《关于高丽恭愍王对东宁府的征伐》,《满鲜史研究》中世第三册,吉川弘文馆,1979年,第209~216页。
④ 《元史》卷154《洪福源传》;《高丽史》卷130《洪福源传》。
⑤ 谭其骧主编:《中国历史地图集》释文汇编·东北卷》曾对元代沈阳路的建置作过探讨,但还存在一些必须纠正与补充的重要问题。

丽总管府之称。《永乐大典》卷 19418 引《经世大典》和《大元混一方舆胜览》卷上《(镇)[征]东行中书省》都载有安抚高丽总管府和沈州高丽总管府这两个主管辽沈一带高丽人事务的机构。元贞二年并为沈阳等路安抚高丽军民总管府（即沈阳路）的"两司"即应为安抚高丽总管府和沈州高丽总管府。《元史》卷 6《世祖纪三》载：至元三年二月癸酉"立沈州以处高丽降民"①，这里的"立沈州"当是指设立沈州高丽总管府。而元世祖起用金代的沈州旧城则始于中统四年命王綧"分领二千余户，理沈州"之时。沈州高丽总管府的治所位于沈州自不待言，安抚高丽总管府的治所是否一直侨治辽阳城呢？从《元史·地理志》的记载可以看出，安抚高丽军民总管府设置之初侨治辽阳故城。《永乐大典》卷 19422 引《经世大典》载辽阳等处行中书省所辖站赤中，安抚高丽总管府所辖二站为在城站、彰义站，而沈州高丽总管府所辖二站则为本州站、崖头站。看来，安抚高丽总管府与沈州高丽总管府的治所不应是一地。据此，笔者认为在沈阳路设置之前安抚高丽总管府一直侨治辽阳城。

中统四年王綧担任安抚高丽军民总管分理沈州后，王綧和洪福源之子洪茶丘均担任安抚高丽军民总管一职，直至至元三年王綧改任沈州高丽总管。中统二年忽必烈任命洪茶丘"可就带原降虎符，袭父职，管领归附高丽军民总管"②。中统四年以后，王綧家族和洪茶丘分领处于辽阳、沈州一带的高丽军民③。至元六年东京行省设置后，元廷立即"遣断事官别同瓦驰驿于王綧、洪茶丘所管实科差户内签军至东京，付枢密院，得三千三百人"④。《元史》卷 6《世祖纪三》载至元六年十一月丁未"签王綧、洪茶丘军三千人往定高丽"。洪茶丘担任安抚高丽军民总管的情况在《高丽史》中也有记载。至元七年，洪茶丘随负责东京行省的国王头辇哥统军进入高丽后，七月辛亥"头辇哥遣总管洪茶丘巡视全罗、庆尚、东界三道"⑤。至元十一年三月元朝又"命凤州经略使忻都、(安抚)高丽军民总管洪茶丘，以千料舟、拔都鲁轻疾舟、汲水小舟各三百，共九百艘，载士卒一万五千，期以七月征日本"⑥。有学者认为中统四年以后，"王綧取代洪茶丘高丽总管位置，并把'安抚高丽军民总管府'的治所由侨治辽阳故城迁到沈州"⑦。通过以上的分析，笔者认为这种说法是不准确的。

---

① 又可参见《元史》卷 208《高丽传》。
② 《元史》卷 154《洪福源传》。
③ 《元史》卷 154《洪福源传》、卷 166《王綧传》。
④⑥ 《元史》卷 208《高丽传》。
⑤ 《高丽史》卷 26《元宗世家一》元宗十一年七月。
⑦ 谭其骧主编：《〈中国历史地图集〉释文汇编·东北卷》，第 195 页。

2. 元代沈阳路的治所和统辖方式

笔者认为元代沈阳路的治所应该一直在沈州。根据《辽东志》卷2《建置》以及在今沈阳市出土的《沈阳路城隍庙记》，沈阳路的治所的确应为沈州①。但由于《元史》卷59《地理志二》载，沈阳路"侨治辽阳故城"，所以有学者认为沈阳路的治所是先在辽阳城后来迁至沈州。至于迁到沈州的时间则"当在成宗大德三年复立'镇（征）东行中书省'之时，至晚不超过英宗至治元年(1321)"②。这种说法的主要依据如下：根据《元史》卷59《地理志二》和《大元混一方舆胜览》，沈阳路及其前身安抚高丽总管府、沈州高丽总管府曾一度归征东行省管辖。同时《元史》卷91《百官志七》载征东等处行中书省"至治元年复置（征东行省），以高丽王兼领丞相，得自奏选属官，治沈阳，统有二府、一司、五道"③。笔者认为该则史料提到的复置征东行省"治沈阳（路）"似还不能充分地说明沈阳路的治所位于沈州，毕竟征东行省"治沈阳路"与沈阳路"治沈州"是两个不同的概念。笔者认为元贞二年沈阳路设置之初，沈阳路的治所似乎就位于沈州，而不是"侨治辽阳故城"，《元史·地理志》的记载值得商榷。请看下面《高丽史》的记载：在沈阳路设置的同年，元贞二年十月戊午"王（高丽王）次沈州，总管朴仁才、知事朴纯亮不出迎，王怒锁其颈"④。按《元史》卷91《百官志七》，此一时期，总管和知事并称，应该是路级官员的名称。而元代在散府、上州设立知事是在大德四年以后⑤。

从沈阳路辖"总管五、千户二十四、百户二十五"可以看出沈阳路的主要统治结构，即路—（高丽军民）总管—千户—百户。这里的总管为高丽军民总管，它与元世祖朝设置的安抚高丽总管和沈州高丽总管不一致。因为从《元史》卷59《地理志二》来看，元贞二年这两个机构已合并为沈阳路。有学者认为沈阳路所辖五个总管中包括安抚高丽总管和沈州高丽总管，其他三个总管待考⑥。笔者认为这种说法值得商榷，因为这种说法不仅与《元史·地理志》的记载不一致，而且与前述《经世大典》和《大元混一方舆胜览》所载相互抵牾。

沈阳路辖一州即沈州，金代为东京路属州。《元史》中有很多有关沈州的记载。另据《高丽史》，大德二年十月"乙亥沈州达鲁花赤阇里大遣人献马一

---

① 谭其骧主编：《〈中国历史地图集〉释文汇编·东北卷》，第195页。
② 同上书，第195～196页。
③ 按《元史》卷63《地理志六》，这里的"二府、一司、五道"是指沈阳等路高丽军民总管府、耽罗军民总管府、征东招讨司以及庆尚州道、东界交州道、全罗州道、忠清州道、西海道。
④ 《高丽史》卷31《忠烈王世家四》忠烈王二十二年十月戊午。
⑤ 《元典章》卷9《吏部三·首领官·上中州添设首领官》。
⑥ 谭其骧主编：《〈中国历史地图集〉释文汇编·东北卷》，第196页。

四、羊三十头,贺(高丽王)复位"①。《大元混一方舆胜览》卷上《(镇)[征]东行中书省》载安抚高丽总管府辖十四州:新城州、辽城州、哥勿州、建安州、南苏州、木底州、盖牟州、代那州、仓岩州、磨米州、积利州、黎山州、延津州、安市州。这十四州后被柯劭忞转记到《新元史·地理志》辽阳行省沈阳路之下,但正如一些学者所指出的那样,这十四州"州名与《唐书·地理志》所载唐安东都护府所辖十四州雷同,疑其非实"②。

另外,元代沈阳路还曾是沈王的封地所在。1307年六月被削去王位而在元廷宿卫的高丽忠宣王因有拥立元武宗即位的"定策功"被封为沈阳王③,随后高丽忠宣王复高丽王位。至大三年(1310)四月元廷改沈阳王为沈王④。延祐三年(1316)三月高丽忠宣王将沈王之位传给了他的侄子王暠⑤。沈王对沈阳路是否拥有实际的统辖权,目前学术界还没有定论⑥。从至大三年元武宗曾"命沈阳路官吏毋得隔越沈阳奏请,违者理非"⑦这则史料来看,笔者认为当时身兼沈阳王之位的高丽忠宣王王璋确在一段时间内对沈阳路行使过一定程度的统辖权。但除去这则史料外并未见沈王对沈阳路行使过统辖权的其他记载,这就不难看出沈王对沈阳路行使的统辖权是十分短暂和有限的。沈王在大部分时间里仅是一种荣誉头衔⑧。

3. 总管高丽女真汉军万户府与沈阳等路安抚司

在元代沈阳路一带,还有总管高丽女真汉军万户府和沈阳等路安抚司之设,这两个机构在元代长期存在。元世祖朝东道诸王之乱后,元朝为加强在东北地区的军事镇戍,于至元二十九年二月设立了总管高丽女真汉军万户府⑨。元贞二年沈阳路设置以后,总管高丽女真汉军万户府依然存在。总管高丽女

---

① 《高丽史》卷31《忠烈王世家四》忠烈王二十四年十月乙亥。
② 谭其骧主编:《〈中国历史地图集〉释文汇编·东北卷》,第196页。
③ 《元史》卷22《武宗纪一》;《高丽史》卷33《忠宣王世家》前言。
④ 《元史》卷23《武宗纪二》载:"至大三年四月,赐高丽国王王璋功臣号,改封沈王。"《牧庵集》卷3《高丽沈王诗序》载:"后以宗王封大国者惟一字,遂与同之,又原降制惟曰沈王。"
⑤ 《高丽史》卷34《忠肃王世家一》忠肃王三年三月。
⑥ 可参阅〔韩〕金惠苑:《高丽后期沈阳王的政治、经济的基础》,《国史馆论丛》第49辑,1993年;〔韩〕李昇汉:《高丽忠宣王的沈阳王被封和在元的政治活动》,《全南史学》第2辑,全南史学会编,1988年12月;蒋非非、王小甫等著:《中韩关系史:古代卷》,社会科学文献出版社,1998年,第259页。
⑦ 《高丽史》卷33《忠宣王世家一》忠宣王二年五月。
⑧ 〔韩〕李昇汉:《高丽忠宣王的沈阳王被封和在元的政治活动》,《全南史学》第2辑,全南史学会编,1988年;〔韩〕金庚来:《对沈阳王的考察》,《诚信史学》第6辑,1988年;〔韩〕金塘泽:《高丽忠肃王时代的沈王拥立运动》,《历史学研究》第12辑,全南大学校史学会编,1993年6月;〔韩〕金惠苑:《忠肃王八年的沈王拥立运动及其性质》,《梨大史苑》第31辑,梨花史学会编,1998年12月。
⑨ 《元史》卷17《世祖纪十四》、卷166《王綧传》。

真汉军万户府的设治地点应该在沈州。大德元年二月癸卯元朝"以阇里台所隶新附高丽女直汉军居沈州"①。今沈阳市出土的沈阳路《城隍庙记》中也载有总管高丽女真汉军万户府的主要官员②。元仁宗皇庆元年(1312)枢密院议:"各处都府并总管高丽女直汉军万户府及临清万户府秩三品。"③在元泰定帝死后,总管高丽女真汉军万户府因支持上都方面的泰定帝后王而遭到了元文宗的惩罚。《元史》卷33《文宗纪二》载天历二年(1329)正月"以辽阳省蒙古、高丽、肇州三万户将校从逆,举兵犯京畿,拘其符印制敕"。

为加强对总管高丽女真汉军万户府的控制,到元文宗朝总管高丽女真汉军万户府应由元廷中央高官兼领。佩虎符、领虎贲亲军都指挥使的马札儿台在泰定朝以后"三迁皆仍太府卿,佩元降虎符,领高丽女直汉军万户府达鲁花赤。拜御史大夫,仍领高丽女直汉军,兼右卫阿速亲军都指挥使司达鲁花赤,提调承徽寺"④。元统二年(1334)四月壬申元廷"命(金紫光禄大夫、太平王)唐其势为总管高丽女直汉军万户府达鲁花赤,与马札儿台并为御史大夫"⑤。从总管高丽女真汉军万户府达鲁花赤由身居从一品的御史大夫兼任来看,总管高丽女真汉军万户府应由元廷中央官员兼领,而非直接隶属于辽阳行省。

迟至至元十一年元廷还设有沈阳安抚司。至元十一年三月洪福源之子洪茶丘任"昭勇大将军、安抚使、高丽军民总管如故"⑥。其中"安抚使"又有"沈阳安抚使"之称⑦。沈阳安抚使实际上是设在安抚高丽总管府和沈州高丽总管府之上的机构,安抚使常兼任高丽军民总管一职,这样,在沈阳路设置以前,沈阳安抚使兼高丽军民总管就是总管辽沈一带高丽人的主要官员。沈阳路设置以后,沈阳安抚使后又被称为沈阳等路安抚使,并长期存在。元英宗"至治间,授(郭氏)沈阳路安抚使司高丽军民总管府儒学教授,历两考升将仕佐郎永丰县主簿"⑧。元文宗即位后为加强对沈阳路的控制,至顺二年(1331)二月辛亥元廷以中书平章政事亦列赤兼沈阳等路安抚使⑨。由于沈阳路仅辖沈州一州,加上沈阳路《城隍庙记》中载有沈阳等路安抚司的主要官员,故笔者认为沈

---

① 《元史》卷19《成宗纪二》。
② 罗福颐校录:《满洲金石志》卷5《城隍庙记》。
③ 《元史》卷83《选举志三·铨法下条》。
④ 《元史》卷138《马札儿台传》。
⑤ 《元史》卷38《顺帝纪一》。
⑥ 《元史》卷154《洪福源传》。
⑦ 《元史》卷166《王綧传》。
⑧ 《麟原前集》卷3《德庆路郭推官行状》。
⑨ 《元史》卷35《文宗纪四》。

阳等路安抚司的治所也应在沈州。

元朝末年，沈阳路一带的行政军事建置又可从至正十二年（1352）沈阳路《城隍庙记》碑阴所刻沈阳路一带官吏的配置情况得到有力说明。现将沈阳路《城隍庙记》碑阴所刻沈阳路一带主要官员的官职节录如下：沈阳等路高丽军民总管府判官，同知沈阳等路高丽军民总管府事，总管高丽女真汉军都万户府都万户兼管沈阳等路安抚使高丽军民总管，沈阳等路安抚使高丽军民总管，沈阳等路军民总管府知事，沈阳等路安抚使高丽军民总管府达鲁花赤，沈阳等路高丽军民总管府镇抚，总管高丽女真汉军都万户府达鲁花赤，总管高丽女真汉军都万户府镇抚[①]。从此记载可以看出，元朝末年设治沈阳路的主要行政军事机构为沈阳等路高丽军民总管府（即沈阳路）、总管高丽女真汉军都万户府、沈阳等路安抚司高丽军民总管府。在沈阳等路高丽军民总管府和总管高丽女真汉军都万户府之下均有镇抚的设置。

综上所述，元代沈阳路的治所应该一直在沈州。沈阳路的前身为治所在辽阳城的安抚高丽总管府和治所在沈州的沈州高丽总管府。从元世祖朝开始，元朝在沈州还设有总管高丽女真汉军（都）万户府和沈阳安抚司（后又称为沈阳等路安抚司）高丽军民总管府，并一直存在到元末。沈阳路的统治结构为路—高丽军民总管—千户—百户，这又体现了元代地方统治结构的灵活性。沈阳路一带行政军事机构的设置和统辖方式与元代东北政局的发展密切相关。沈阳路还曾是沈王的封地所在，不过沈王在大部分时间里仅是一种荣誉头衔。

第四节 开元路与水达达路

一、开元路

开元路始设于蒙古国时期。《大明清类天文分野之书》卷24《辽东都指挥司》开元路条载："元癸巳年（1233），师至开元，东土悉平，于建州故城北石墩寨设官行路事，辖女直等户。"这里在石墩寨"设官行路事"的机构应该就是开元路。元太宗十三年（1241）蒙古将领吾也而"充北京、东京、广宁、盖州、平州、泰

[①] 罗福颐校录：《满洲金石志》卷5《城隍庙记》。

州、开元府七路征行兵马都元帅,佩虎符"①。在元世祖朝,开元路的建置依然存在,并有开元宣抚司、开元宣慰司之设②。在开元路之外,至元四年元朝还在辽黄龙府故地设有辽东路。至元二十三年,辽东路改为开元路。开元路的路治也由石墩寨迁至黄龙府故地。之后,开元路"领咸平府,后割咸平为散府,俱隶辽东道宣慰司"③。大德七年(1303)辽东道宣慰司废罢后④,开元路直接隶属辽阳行省管辖。

后来,水达达路从开元路析出。与水达达路相似,由于地处偏远,开元路管辖着若干以女真水达达等渔猎部族为主体的军民一体的万户府、千户所。不过,现有史料中对开元路辖下诸万户府、千户所的记载十分稀少。见于记载的主要是窝阔台汗七年(1235)蒙古在辽黄龙府故地设有开元、南京万户府⑤。开元万户府在元代长期存在。元仁宗延祐五年(1318)二月丁酉元廷敕:"广宁、开元等万户府军入侍卫,有兄弟子侄五人者,三人留,四人三人者,二人留,著为籍。"⑥水达达路从开元路析出以后,开元路的辖区也有一些变化,如《元史》卷34《文宗纪三》至顺元年(1330)二月、五月两见"开元路胡里改万户府"的记载,说明这时原属水达达路的胡里改、斡朵怜万户府又改属开元路管辖⑦。元世祖朝开元路辖下似领有宁远县。至元二十七年二月"开元路宁远等县饥,民、站户逃徙,发钞二千锭赈之"⑧。另据《元一统志》卷2《辽阳等处行中书省》,元代东北地区确有宁远县之设,"上京故城。上京(明一统志上京作开元,辽东志同)西南曰宁远县。又西南曰南京"。到元朝后期,开元路辖七县,即咸平、新兴、庆云、铜山、清安、崇安、归仁⑨。由于元朝降咸平府为咸平县的时间是元顺帝至正二年(1342)⑩,故上引《辽东志》的记载起码是至正二年以后的情况。元代在开元路境内还曾设有直属辽阳行省的肇州屯田万户府和蒲峪路屯田万户府⑪。

---

① 《元史》卷120《吾也而传》。
② 《元史》卷4《世祖纪一》中统二年八月、卷5《世祖纪二》中统四年四月、卷10《世祖纪七》至元十五年七月。
③ 《元史》卷59《地理志二》。
④ 《元史》卷21《成宗纪四》。
⑤ 《大明清类天文分野之书》卷24《辽东都指挥司》。
⑥ 《元史》卷26《仁宗纪三》。
⑦ 详见谭其骧:《元代的水达达路和开元路》,《长水集》(下),人民出版社,1987年,第312~313页。
⑧ 《元史》卷16《世祖纪十三》。又,《元史》卷50《五行志一》载:"(至元)二十七年二月,开元路宁远县饥。"
⑨ 《辽东志》卷1《地理志》。
⑩ 《元史》卷40《顺帝纪三》。
⑪ 《元史》卷100《兵志三》。

开元路境内还曾辖有建州城(位于今吉林省吉林市附近①),后废。元世祖东道诸王乃颜之乱爆发后,女真水达达官民与乃颜相勾结,于是辽东道宣慰司塔出"遂弃妻子,与麾下十二骑直抵建州。距咸平千五百里,与乃颜党太撒拔都儿等合战,两中流矢"②。至元二十五年六月元廷"复立咸平至建州四驿",同年十一月庚寅乃颜余党"床哥里合引兵犯建州,杀三百余人,咸平大震"③。至元二十八年辽东宣慰使塔出复领军讨乃颜余党哈丹于女真之地,"还攻建州"④。以上几条史料中的建州均应指开元路境内的建州。

下面对开元路辖下咸平府、合兰府、双城总管府作一简要的列举和分析⑤。

咸平府,金代为咸平路所属咸平府,领平郭、铜山、新兴、庆云、清安、荣安、归仁、玉山八县⑥。元朝起用金代的咸平府始于元世祖朝。《元史》卷11《世祖纪八》载:至元十七年五月"真定、咸平、忻州、涟、海、邳、宿诸州郡蝗"。至元十八年左右元朝在咸平设置了辽东道宣慰司。《元史》卷133《塔出传》载:"塔出以勋臣子,至元十七年授昭勇大将军、东京路总管府达鲁花赤。十八年,召见,赐钞六十锭,旌其廉勤。升昭毅大将军、开元等路宣慰使,改辽东宣慰使。"值得注意的是,辽东宣慰司因其置司地在咸平,所以又被称为咸平宣慰司⑦。咸平府设立后,先归开元路管辖,至元二十三年以后,"割咸平为散府,俱隶辽东道宣慰司"。大德七年七月辽东道宣慰司被废罢,之后,咸平府仍归开元路管辖⑧。元顺帝至正二年正月,元朝降咸平府为咸平县,开元路移治咸平⑨。

合兰府,金代为曷懒路。蒙古国时期和元世祖朝均曾设置过合兰路(曷懒路、合懒路),"癸卯年(1243),合懒路岁办课白布二千匹,恤品路布一千匹"。至元三年二月"立东京、广宁、懿州、开元、恤品、合懒、婆娑府等路宣抚司"⑩。

---

① 箭内亘:《元代的满洲疆域》,《满洲历史地理》第2卷,第424~425页;赵鸣岐:《东夏国都城上京开元考》,《社会科学战线》1985年第3期。又据谭其骧主编:《〈中国历史地图集〉释文汇编·东北卷》,建州故城旧址为今吉林省永吉县北锦州碰子古城。
②④ 《元史》卷133《塔出传》。
③ 《元史》卷15《世祖纪十二》。
⑤ 开元路境内一些其他机构的建置情况,可参阅谭其骧主编:《〈中国历史地图集〉释文汇编·东北卷》,第197~204页。
⑥ 《金史》卷24《地理志上》。
⑦ 王颋:《圣王肇业——韩日中交涉史考》,学林出版社,1998年,第178页。
⑧ 《元史》卷21《成宗纪四》;罗福颐校录:《满洲金石志》卷4《御香碑》(后至元五年二月)。
⑨ 《元史》卷40《顺帝纪三》;金毓黻:《东北通史》卷6《元代与东北之关系》,东北大学东北史地经济研究室,1941年9月。
⑩ 《元史》卷94《食货志二》、卷6《世祖纪三》。

后废合兰路(合懒路)为合兰府(合懒府)。据《元史》卷 59《地理志二》,辽阳行省辖下有"合兰府水达达路"之设。不过,合兰府与水达达路是两个不同的机构,"盖当时载笔者皆中原人,于边疆地理懵然无知,偶以合兰府三字羼杂于水达达路之上,致铸此误"①。合兰府即朝鲜史料记载中的咸州,位于今天朝鲜咸镜南道咸兴市附近。《高丽史》卷 58《地理志三》载:"咸州大都督府,久为女真所据,睿宗二年(1107)命元帅尹瓘等率兵击逐。三年置州,为大都督府,号镇东军。……四年,撤其城,以其地还女真。后又没于元,称哈兰府。恭愍王五年收复旧疆,为知咸州事……"《新增东国舆地胜览》卷 48 咸兴府条载:"元置哈兰府(即合兰府),其古治在今府南五里。"

双城总管府(治今朝鲜咸镜南道金野郡),始设于蒙古与高丽战争时期。据《高丽史》,1258 年"蒙古散吉大王、普只官人等领兵来屯古和州之地。龙津县人赵晖、定州人卓青以和州迤北附蒙古。蒙古置双城总管府于和州,以晖为总管,青为千户"②。直至 1356 年,高丽才以武力攻取了双城总管府之地③。

元代在开元路境内还曾设有肇州屯田万户府和浦峪路屯田万户府。元代的肇州为元世祖新置,至元二十九年元世祖谕河东山西道宣慰使刘哈剌八都鲁曰:"自此而北,乃颜故地曰阿八剌忽者,产鱼,吾今立城,而以兀速、憨哈纳思、乞里吉思三部人居之,名其城曰肇州。汝往为宣慰使……"④至元三十一年七月癸亥,元朝"罢肇州宣慰司,并入辽东道"⑤。元贞元年(1295)七月壬午"立肇州屯田万户府,以辽阳行省左丞阿散领其事"⑥。

浦峪路屯田万户府,元世祖至元二十九年十月以蛮军三百户、女真一百九十户于咸平府屯种。至元三十年,忽必烈命咸平府万户和鲁古领其事,仍于茶剌罕、剌怜等处立屯。三十一年,罢万户府屯田。成宗大德二年,元朝拨蛮军三百户属肇州蒙古万户府,仅存女直一百九十户,依旧立屯,为田四百顷⑦。

二、水达达路

据《元史》卷 59《地理志二》,在辽阳行省之下辖有"合兰府水达达等路"。然考之于其他文献,均未见有关此路的记载,不过却有水达达路的记载。由于

---

① 谭其骧:《元代的水达达路和开元路》,《长水集》(下),第 310 页。
② 《高丽史》卷 24《高宗世家三》高宗四十五年十二月。
③ 《高丽史》卷 39《恭愍王世家二》恭愍王五年七月、卷 58《地理志》东界。
④ 《元史》卷 169《刘哈剌八都鲁传》。
⑤⑥ 《元史》卷 18《成宗纪一》。
⑦ 《元史》卷 100《兵志三》。

《元史》中多次提到水达达路,《永乐大典》卷 19422 引《经世大典》中也提到了女真水达达路,因此元代应确实存在水达达路。有学者认为"合兰府水达达路(或水达达路),作为一个地方行政机构并不存在"[①],看来此种观点是不符合史料记载的。目前一些学者已经对元代的水达达路进行过较为深入的研究[②],下面笔者在现有研究成果的基础上,对元代水达达路的建置沿革作一简要的归纳和总结。

据谭其骧先生考证,水达达路在至元二十二年(1285)稍前从开元路析出,至顺元年(1330)以后,开元、水达达路的路界在胡里改万户府与桃温万户府之间。其实从现有的资料来看,水达达路建置的时间不应是谭其骧先生所说的至元二十二年稍前,而应是元仁宗皇庆元年(1312)稍前[③]。有关元代水达达路的记载最早出现在皇庆元年六月[④],在此之前则只有"水达达等处"、"水达达地面"、"水达达田地"等称呼。谭其骧先生认为水达达路设置于至元二十二年稍前的主要理由是:《永乐大典》卷 19422 引《经世大典》中水达达路与辽东路并存,而辽东路存在于至元二十三年以前[⑤]。但用此种推测之结论来否定众多的史料,恐怕难以令人信服。笔者认为《永乐大典》卷 19422 引《经世大典》所载辽阳等处行中书省所辖站赤的情况很可能是不同时期统计资料的汇编,以"辽东路"与"水达达路"并存来判断水达达路设立于至元二十三年以前是不可取的[⑥]。因为在前述《经世大典》所载辽阳行省站赤中,"水达达路"同样与"辽阳路"并存,而元朝改东京路为辽阳路则是在至元二十五年。另外《永乐大典》卷 19423 引《经世大典》载至元二十九年十月忽必烈批准在辽阳行省水达达田地立站。这里也只提到水达达田地,而没有称其为水达达路。日本学者箭内亘认为水达达路应该是至顺元年以前从开元路析出,其主要依据是

---

① 董万崙:《元代合兰府水达达研究》,《北方文物》1990 年第 2 期;贾敬颜:《东北古地理古民族丛考》,《黑龙江文物丛刊》1983 年第 2 期。
② 谭其骧:《元代的水达达路和开元路》,《长水集》(下);王绵厚:《张成墓碑与元代水达达路》,《社会科学辑刊》1981 年第 3 期;杨保隆:《浅谈元代的女真人》,《民族研究》1984 年第 3 期;杨茂盛:《关于水达达的分布与族属问题》,《东北地方研究》1989 年第 2 期;箭内亘:《元代的满洲疆域》,《满洲历史地理》第 2 卷。
③ 景爱:《关于开元路若干问题的探讨》,《学习与探索》1979 年第 3 期;王绵厚:《张成墓碑与元代的水达达路》,《社会科学辑刊》1981 年第 3 期;王绵厚:《〈大元混一方舆胜览〉辽阳行省地理疏证》,《黑龙江文物丛刊》1984 年第 4 期;杨保隆:《浅谈元代的女真人》,《民族研究》1984 年第 3 期。
④ 《元史》卷 50《五行志一》。
⑤ 谭其骧:《元代的水达达路和开元路》,《长水集》(下)。
⑥ 也有学者认为此处"辽东路"为"开元路"之误。参见谭其骧主编:《〈中国历史地图集〉释文汇编·东北卷》,第 198 页。

《元史》中至顺元年九月出现了"辽阳行省水达达路"的记载①。笔者认为既然皇庆元年已经出现了"水达达路"之称,说明此时已经有水达达路之设,"辽阳行省水达达路"的记载只是更加明确了水达达路的归属。

不过怀疑水达达路存在的观点似乎也有其合理之处,那就是根据相关记载,水达达路的辖区在开元路之内。开元路的辖境,据《元一统志》,"南镇长白之山,东浸鲸川之海,三京故国,五国故城",境内有长白山、混同江②。而据《元史·地理志》,水达达路的辖境则是"分领混同江南北之地"③。这样看来,分领混同江南北之地的水达达路应在开元路辖区之内,其单独成一路便不可能。其实《元一统志》与《元史·地理志》的记载之所以会出现矛盾,主要是由于二者成书的年代不同,前者成书于水达达路从开元路析出之前,而后者则是明代所修④。

水达达路所辖主要是以女真水达达、兀者(吾者)、吉烈迷、骨嵬等部族为主体的万户府。据《元史》卷59《地理志二》,水达达路"土地旷远,人民散居。元初设军民万户府五,抚镇北边。一曰桃温,距上都四千里。一曰胡里改,距上都四千二百里、大都三千八百里。一曰斡朵怜。一曰脱斡怜。一曰孛苦江。各有司存,分领混同江南北之地。其居民皆水达达女直之人,各仍旧俗,无市井城郭,逐水草为居,以射猎为业。故设官牧民,随俗而治,有合兰府、水达达等路,以相统摄焉"。其他一些史料中也有关于女真水达达万户府的记载。元世祖朝札剌亦儿部后裔硕德受命招谕斡拙、吉烈灭等部族,"女真旧土有水达旦(水达达)万户府,兵民乏食。廷议赈以衣粮,有司废格不下,群诉于前。亟令追所侵匿以给之,人赖以全者甚众。……斡拙、吉烈灭僻居海岛,不知礼义而镇守之者抚御乖方,因以致寇。乃檄诸万户列壁近地,据其要冲……"⑤皇庆元年三月"省女直水达达万户府冗员"⑥。延祐元年(1314)七月"今辽阳行省来言:开元路官以王雪儿等驿程遥远,拟于水达达万户内拨一十五户更代王雪儿等,共当站驿"⑦。元武宗朝都水监卿曷剌佩金虎符,兼直东水达达女真万户府达鲁花赤,延祐元

---

① 箭内亘:《元代的满洲疆域》,《满洲历史地理》第2卷,第403~404页。
② 《元一统志》卷2《辽阳等处行中书省》。"鲸川之海"是指黑龙江口外的鄂霍茨克海;"三京故国"是指三个王朝的都城,即高句丽王都丸都城(今吉林省集安市)、渤海上京龙泉府(今黑龙江省宁安市)、金上京会宁府(今黑龙江省哈尔滨市阿城区);"五国旧城",即辽代五国部的旧地,五国头城在今黑龙江省依兰县。参见景爱:《关于开元路若干问题的探讨》,《学习与探索》1979年第3期。
③ 《元史》卷59《地理志二》。
④ 景爱:《关于开元路若干问题的探讨》,《学习与探索》1979年第3期。
⑤ 《金华黄先生文集》卷25《札剌尔公神道碑》,《四部丛刊》初编本。
⑥ 《元史》卷24《仁宗纪一》。
⑦ 《永乐大典》卷19421引《经世大典》(站赤六)。

年任辽阳等处行中书省左丞,仍监其军①。

在东北边疆地区,元朝也设有若干万户府进行统治。至元二十四年"东真骨嵬国万户帖木儿领蛮军一千人罢戍还元,来谒公主"②。大德元年以前还有"管兀者吉烈迷万户府"之设③。《元史》卷44《顺帝纪》载至正十五年八月"立吾者野人乞列迷等处诸军万户府于哈儿分之地(今位于黑龙江下游阿纽依河流入黑龙江处)"④。《辽东志》卷9《外志》载:"奴儿干都司,先名远三万户府,前代无考,元为东征元帅府。"看来,元朝在东北边疆地区的万户府建置到明初仍继续沿用。

在水达达路辖下的东北边疆地区,元朝还曾设有征东招讨司。征东招讨司的设立应该不晚于至元十年。至元十年九月"征东招讨使塔匣剌请征骨嵬部,不允"⑤。至元二十二年元朝改征东招讨使为征东宣慰使、都元帅。至元二十二年十月"诏征东招讨使塔塔儿带、杨兀鲁带以万人征骨嵬,因授杨兀鲁带三珠虎符,为征东宣慰使都元帅"⑥。而同年被元廷授予征东宣慰使、都元帅的还有另一元朝将领来阿八赤。至元二十一年"辽左不宁,复降(来阿八赤)虎符,授征东招讨使。阿八赤(来阿八赤)招徕降附,期以自新,远近帖然。二十二年授征东宣慰使都元帅。皇子镇南王征交趾,授湖广等处行中书省右丞"⑦。征东宣慰司都元帅府设治于奴儿干之地⑧。奴儿干位于黑龙江下游与阿姆贡河汇合口右岸的特林地方。

至元二十四年东道诸王乃颜发动叛乱,由于女真水达达官民与乃颜通谋,征东宣慰司都元帅府所属屯田军被迫转战南撤。《管军上百户张成墓碑》载:"(至元)二十二年十二月敕授君(张成)敦武校尉管军上百户,诏赐白金五十两,钞二千五百缗,币帛二。命统所部军携妻孥辎重随千户岳公隶宣慰使都元帅阿八赤,往水达达地面屯田镇守。明年三月至黑龙江之东北极边屯营焉。(至元)二十三年(此处三为四字之讹)五月诸王乃颜叛,(张成)从千户岳公领军属以南,且战且行。七月二日至古州,敌障其前不能进,议夜攻敌营,失其

---

① 《元史》卷135《曷剌传》。
② 《高丽史》卷30《忠烈王世家三》忠烈王十三年九月庚子。
③ 《国朝文类》卷41《经世大典序录·招捕》。
④ 对水达达路所辖一些万户府、千户所具体位置的研究,可参阅谭其骧主编:《〈中国历史地图集〉释文汇编·东北卷》,第204～208页。
⑤ 《元史》卷8《世祖纪五》。
⑥ 《元史》卷13《世祖纪十》。
⑦ 《元史》卷129《来阿八赤传》。
⑧ 《辽东志》卷9《外志》。

路,黎明迎敌,力战敌,败之。如是遇敌相战,踰四月至高丽双城,十月回至辽阳,又起镇咸平府。"①

乃颜之乱后,元廷重建东北的行政军事建置,在奴儿干地区又恢复了征东招讨司的建置。至元二十九年三月"枢密院臣言:'出征女直纳里哥,议于合思罕三千新附军内选拔千人。'诏先调五百人,行中书省具舟给粮,仍设征东招讨司"②。在之后的较长时间里征东招讨司仍然存在。"大德二年正月招讨司上言,吉烈迷人百户盖分、不忽里等先逃往内豁瞳,与叛人结连投顺(鬼骨)[骨鬼]作耗,奉旨招之。"③元英宗至治三年正月"征东末吉地兀者户,以貂鼠、水獭、海狗皮来献,诏存恤三岁";同年十二月"征东夷民奉兽皮来附"④。通过以上记载,我们大体可以看出征东招讨司逐渐从军事征伐机构转变为军民兼理的治民机构。直至元末征东招讨司仍然存在。元顺帝至正年间曾流放宦官高龙卜于"征东"⑤。征东招讨司先归开元路管辖,后应隶属于水达达路,因为征东招讨司的治所奴儿干在水达达路的辖境之内。《元史》卷59《地理志二》水达达路条载:"有俊禽曰海东青,由海外飞来,至奴儿干,土人罗之,以为土贡。"值得注意的是,当元朝"增置"征东行省即派高官参与征东行省的治理时,征东招讨司名义上则归征东行省管辖⑥。

三、附录:元代开元路建置新考

开元路是元代辽阳行省东北部的行政区划。开元路的设置是元代东北统治的重要内容,且对后世东北地区的行政建置产生了很大的影响。目前中外学者已对元代开元路的许多问题进行过深入的研究⑦,但由于史料记载匮乏,或相互抵牾,学者们对一些问题仍存争议。鉴于此,笔者拟在吸收以往学者研究成果的基础上,对有关元代开元路建置的若干问题进行新的考证,以期推进

---

① 罗福颐校录:《满洲金石志》卷5《管军上百户张成墓碑》。
② 《元史》卷17《世祖纪十四》。
③ 《国朝文类》卷41《经世大典序录·招捕》。
④ 《元史》卷28《英宗纪二》、卷29《泰定纪一》。
⑤ 《元史》卷185《李稷传》。
⑥ 《元史》卷63《地理志六》。
⑦ 就笔者所见,主要的研究成果有:谭其骧:《元代的水达达路和开元路》,《长水集》(下);李学智:《元代设于辽东行省之开元路》,《大陆杂志》第18卷第2、3、4期;景爱:《关于开元路若干问题的探讨》,《学习与探索》1979年第3期;王颋:《夏主经营》《圣王肇业——韩日中交涉史考》;张博泉:《开元城史地考略》,《史学集刊》1983年第3期;箭内亘:《元代满洲之疆域》,《满洲历史地理》第2卷;池内宏:《元代地名开元的沿革》,《东洋学报》第12卷第2号;箭内亘:《元代地名开元之沿革》,《东洋学报》第13卷第1号;和田清:《关于元代的开元路》,《东洋学报》第17卷第3号;和田清:《再论元代的开元路》,《史学杂志》第44卷第9号。

此问题的研究。

元代开元路之设,《元史·地理志》与《大明清类天文分野之书》均有记载,据金毓黻先生考证,二书悉出于《大元一统志》①,故二书之记载应是我们研究元代开元路建置沿革的重要依据。《元史》卷59《地理志二》载:"金末,其将蒲鲜万奴据辽东。元初癸巳岁(窝阔台汗五年),出师伐之,生(禽)[擒]万奴,师至开元、恤品,东土悉平。开元之名,始见于此。乙未岁(窝阔台汗七年),立开元、南京二万户府,治黄龙府。至元四年,更辽东路总管府。二十三年,改为开元路,领咸平府,后割咸平为散府,俱隶辽东道宣慰司。"②《大明清类天文分野之书》载:"元癸巳年,师至开元,东土悉平,于建州故城北石墩寨设官行路事,辖女直等户。乙未年设开元、南京二万户府,治黄龙府。至元二十三年,改开元路,属辽东道宣慰司。本朝属女直千户所。"③两书的记载虽都过于简略,但以下三点内容还是较为明确的:一是窝阔台汗五年(1233)蒙古推翻蒲鲜万奴政权后在石墩寨有路的建置;二是窝阔台汗七年蒙古立开元、南京二万户府,治所在黄龙府故地(今吉林省农安县);三是辽东路总管府设于至元四年(1267)。

有了上述三点认识之后,下面将就开元路建置的其他问题作一粗略考察。

1. 窝阔台汗五年蒙古在石墩寨所设路的名称

翻检相关史料,该路的名称不外乎有三种可能,即开元路、辽东路和上京路。其中辽东路设于至元四年,此路显然不能是辽东路。有学者认为是上京路,窝阔台汗七年徙治黄龙府故地④,但上京路何以得名,却令人费解。上京路之称见于《秋涧先生大全集》:中统二年(1261)五月初三日"上京路总管忙占都喜见诸相于都堂",注曰"识所谓海鱼九尾者"⑤。《元史》中并无上京路之称,而存有关上京的记载,不过《元史》中的上京是指元朝的上都开平,上都路的设置则迟至至元五年(1268)。在东北地区,上京之名如若不是沿袭前代,元朝是断然不会新立上京路的,可就现有的记载来看,元朝并没有沿用金朝上京路的建置⑥。故笔者认为,其中有两种可能:一是上京路之称为开平府之误;一是迟至中统二年元朝在辽上京黄龙府故地又有上京路总管府之设。

---

① 金毓黻:《东北文献零拾》卷1《典籍上》,1942年石印本。
② 《元史》卷59《地理志二》。
③ 《大明清类天文分野之书》卷24《辽东都指挥司》开元路条。
④ 王颋:《圣王肇业——韩日中交涉史考》,第178页。
⑤ 《秋涧先生大全集》卷81《中堂事记》。
⑥ 《元一统志》卷2《辽阳等处行中书省》开元路条。

2. 开元、南京万户府与开元路的关系

按《元史》,中统二年贾文备"升开元府路、女真水达达等处宣抚使,佩金虎符",是年十一月"罢十路宣抚司,止存开元路"①。根据上引史料并结合《元史·地理志》,有学者认为在东北地区,元初曾沿用东夏的开元路,旋即代之以开元、南京万户府,中统二年以前在二万户府的基础上重置开元路②。此种观点有以下两点需要纠正:第一,元代并没有沿用东夏的开元路,而是在建州故城北石墩寨设官行路事③;第二,蒙古在设立开元、南京万户府的同时并没有废罢开元路,开元路在蒙古国时期仍长期存在,这在中国和朝鲜的史籍中均有体现。《元史》卷120《吾也而传》载:蒙古窝阔台汗十三年蒙将吾也而任"北京、东京、广宁、盖州、平州、泰州、开元府七路征行兵马都元帅,佩虎符"④。《朝鲜李朝实录》载:"元也窟人王兵侵诸郡,(朝鲜)穆祖保头陀山城以避乱。……于是高丽以穆祖为宜州兵马使,镇高原以御元兵。时双城以北(双城即永兴)属开元路。元散吉大王来屯双城,谋取铁岭以北,再遣人请穆祖降元。"⑤据《高丽史》,蒙古也窟大王、散吉大王征伐高丽的时间分别是高丽高宗四十年(1253)八月和四十五年十二月⑥。

3. 如何理解《元史》卷59《地理志二》中"至元二十三年,改开元路,属辽东宣慰司"的记载

参照《大明清类天文分野之书》,这里"改开元路"只能是由辽东路"改为开元路",因此至元二十三年以后辽东路就不复存在了⑦。对此,《辽东志》亦有记载:"金末,其将蒲鲜万奴据辽东,元伐之,得其地至开元,开元之名始此。立开元、南京二万户府,治黄龙府,后更辽东路总管府,又改开元路,领县七:咸平、新兴、庆云、铜山、清安、崇安、归仁。"⑧而至元二十三年由辽东路改为开元路的同时,开元路的路治也由石墩寨移至辽上京黄龙府故地。之后开元路"领

---

① 《元史》卷165《贾文备传》、卷4《世祖纪一》。
② 景爱:《关于开元路若干问题的探讨》,《学习与探索》1979年第3期。
③ 《大明清类天文分野之书》卷24《辽东都指挥司》开元路条。
④ 《元史》卷120《吾也而传》。
⑤ 《李朝实录》卷1《太祖康献大王实录·总书》。
⑥ 《高丽史》卷24《高宗世家》高宗四十年八月、四十五年十二月。
⑦ 《高丽史》卷30《忠烈王世家》载高丽忠烈王十二年(元世祖至元二十三年)七月癸酉"辽东府(路)总管六十奉诏归女真,王出迎于西郊",高丽忠烈王十三年(元世祖至元二十四年)三月乙巳"元遣刑部侍郎六十来办东宁府事"。辽东路总管六十官职的变动从另一个侧面也说明了这个问题。《元史》卷50《五行志一》载:元贞二年十二月"辽东、开元二路旱"。笔者认为此处出现的有关"辽东路"的记载当有误。
⑧ 《辽东志》卷1《地理志》,《辽海丛书》本。

咸平府,后割咸平为散府,俱隶辽东道宣慰司"①。辽东宣慰司因其置司地在咸平,所以也被称为咸平府宣慰司②。看来开元路自窝阔台汗五年设置以后直至至元二十三年,其治所一直在石墩寨。

《元史》卷59《地理志二》中有关开元路之记载,其完整的意义应解释为:金末,其将蒲鲜万奴据辽东。元初癸巳岁(窝阔台汗五年),出师伐之,生擒万奴,师至开元、恤品,东土悉平。于建州故城北石墩寨设置开元路,辖女真等户。乙未岁(窝阔台汗七年),在辽代上京黄龙府故地立开元、南京万户府,迟至中统二年又在此地设有上京路,至元四年上京路更为辽东路。至元二十三年,改辽东路为开元路,开元路的路治也由石墩寨移治辽东路的治所即黄龙府故地。治所在黄龙府故地的开元路先领咸平府,后割咸平为散府,俱隶辽东道宣慰司,辽东道宣慰司的治所在咸平(位于今辽宁省开原市老城街道)。

早期一些日本学者也曾对元代开元路的建置进行过研究,但正如李学智先生指出的,由于他们没有利用较《元史·地理志》的记载更为详细的《大明清类天文分野之书》,故他们的一些推论也就难以令人信服。李学智先生通过论证,认为前述《元史》卷59《地理志二》的记载应作如下理解:"癸巳岁,出师伐万奴,师至开元,东土悉平,开元之名始见于此。于建州之石墩寨设立开元府路,管理女真、水达达等人民之事务。乙未年,复于辽代旧黄龙府处,另设立开元、南京二管军万户府,管理军户事务。至元四年,并开元府路与开元、南京二万户府,为辽东路总管府,领咸平府,并移治所于咸平。至元二十三年,又改辽东路总管府为开元路,仍寄治于咸平府。后又割咸平为散府,俱隶辽东道宣慰司。而开元路之治所并未迁移也。"③李学智先生正确地看到了蒙古最初设立的开元、南京万户府与开元路并存之事实,不过至元四年开元路并没有与开元、南京万户府合并为辽东路总管府,因为至元四年以后开元路与辽东路是并存的④,而辽东路总管府前身最早应为开元、南京万户府,开元万户府在元代也长期存在。元仁宗延祐五年(1318)二月丁酉元廷敕:"广宁、开元等万户府

---

① 《元史》卷59《地理志二》。《永乐大典》卷19418引《经世大典·站赤三》至元二十五年正月有"辽东道宣慰司下开元路"的记载。
② 王颋:《圣王肇业——韩日中交涉史考》,第178页。
③ 李学智:《元代设于辽东行省之开元路》,《大陆杂志》第18卷第4期。
④ 《元史》卷6《世祖纪三》载至元四年十二月"立辽东路水驿七"。卷7《世祖纪四》载至元七年七月"以辽东、开元等路总管府兼本路转运司事",至元八年七月"以国王头辇哥行尚书省于北京、辽东等路",至元九年七月"拘括开元、东京等路诸漏籍户"。卷十一《世祖纪八》载至元十七年十月"遣使括开元等路军三千征日本",同年十二月"辽东路所益兵以妻子易马,敕以合输赋税赎还之"。

军入侍卫,有兄弟子侄五人者,三人留,四人三人者,二人留,著为籍。"①至于至元四年以后开元路曾移治咸平之事更是没有确实可信之史料。事实上,直至元成宗大德三年(1299)开元、咸平仍是两个不同的地方。《元史》卷20《成宗纪三》载大德三年四月"辽东开元、咸平蒙古、女直等人乏食,以粮二万二百石、布三千九百匹赈之"。至于开元路的治所移治到咸平府的时间,据金毓黻先生考证,应在元顺帝至正二年(1342)②,是年元廷"降咸平府为县"③,而据前引《辽东志》卷1《地理志》,咸平县为开元路的首个附属县。

4. 元初开元路路治石墩寨的大体位置

由于蒙古在擒东夏国蒲鲜万奴后,便废弃东夏的开元城,因此元初的开元路治所石墩寨并不是东夏的开元城。文献中有关石墩寨位置的记载见于《大明清类天文分野之书》卷24《辽东都指挥司》开元路条:"元癸巳年,师至开元,东土悉平,于建州故城北石墩寨设官行路事,辖女直等户。"看来,建州故城的位置是确定石墩寨大体位置的关键。有学者认为这里的建州应是指渤海国的建州故城④,笔者不同意这种说法。根据金毓黻先生考证《大明清类天文分野之书》是源自《大元一统志》,因此我们可以根据《大元一统志》中建州故城的方位来推断《大明清类天文分野之书》中建州故城的方位。《大元一统志》开元路条中三次提到建州故城,其中在列为古迹的开元诸古城下两次提到建州故城⑤,皆指金朝上京会宁府以南的建州(位于今吉林省吉林市附近⑥),而没有提到渤海国的建州。可见在元代开元路境内城址犹存的前朝故城中只有金朝的建州,渤海国的建州城可能因年代久远早已荡然无存了。《大元一统志》在说明开元境内混同江流向时又一次提到了建州:"混同江俗称宋瓦江,发源长白山,北流经渤海建州西五十里,会诸水东北流经故上京,下达五国头城北,又东北注于海。"这里的建州虽被误称为渤海国的建州,但根据其位置来看,显然是金代的建州,而非渤海国的建州,因为渤海国的建州位于绥芬河流域而非松花江流域。

---

① 《元史》卷26《仁宗纪三》。
② 金毓黻:《东北通史》卷6《元代与东北之关系》,国立东北大学东北史地经济研究室,1941年9月。
③ 《元史》卷40《顺帝纪三》。
④ 张博泉:《开元城史地考略》,《史学集刊》1983年第3期;李健才:《关于东夏几个问题的探讨》,《民族研究》1985年第3期。
⑤ 《元一统志》卷2《辽阳等处行中书省》。
⑥ 箭内亘:《元代的满洲疆域》,《满洲历史地理》第2卷,第424~425页;赵鸣岐:《东夏国都城上京开元考》,《社会科学战线》1985年第3期。又据谭其骧主编:《〈中国历史地图集〉释文汇编·东北卷》,建州故城旧址为今吉林省永吉县北锦州硷子古城。

《满洲金石志》后至元五年(1339)二月北镇御香碑中有如下记载:"开元路五投下总管府儒学正汪之嗛书丹,前开元路咸平府儒学正栢德宗懋篆额。"[①]该则史料在说明元成宗大德七年(1303)辽东道宣慰司废罢后咸平府归开元路管辖的同时[②],也说明了元朝中后期开元路辖下有五投下总管府之设。这里的五投下总管府显然不是元世祖中统三年所立五投下探马赤军总管府[③],因为其不应该在开元路的管辖之下。开元路五投下总管府的设置,既说明蒙古五投下在开元路境内拥有大量的领民封地,还说明元朝中后期元廷对五投下领民封地的控制已经纳入制度化的轨道。

综上所述,元代开元路的路治初在建州故城(今吉林省吉林市附近)北石墩寨,元世祖至元二十三年,元朝改辽东路为开元路,开元路的路治也由石墩寨移至原辽东路的治所即辽上京黄龙府的故地。治所在黄龙府故地的开元路先领咸平府,后割咸平为散府,俱隶辽东道宣慰司。大德七年辽东道宣慰司废罢后,咸平府归开元路管辖。元顺帝至正二年开元路的路治由黄龙府故地迁至咸平。

四、附录:元代的双城总管府

双城总管府是蒙哥汗八年(1258)蒙古在高丽东北部地区设立的统治机构,直至1356年(元顺帝至正十五年)高丽才以武力攻取双城总管府之地。双城总管府的设立不仅改变了元朝与高丽的东部边界,而且对元丽政治关系产生了深远的影响。就笔者所见,目前国内还没有学者对此问题进行过专门的研究[④]。鉴于此,笔者拟对双城总管府的设立、蒙元在双城总管府的统治、双城总管府的设立对元丽政治关系的影响等问题进行考察。

1. 双城总管府的设立

辽金时代,辽金与高丽的东部边界基本上是以高丽定州(今朝鲜咸镜南道定平郡)为界[⑤]。自窝阔台汗三年(1231)起蒙古发动了征服高丽的战争,不过由于高丽凭借复杂地理条件进行的顽强抵抗,蒙古长期难以迫使高丽彻底就范。

---

① 罗福颐校录:《满洲金石志》卷4《御香碑》。
② 《元史》卷24《成宗纪四》载大德七年七月"罢辽东宣慰司"。
③ 《元史》卷89《百官志五》载:"中统三年,(以)世祖[以]五投下探马赤立总管府,秩四品,设总管一员。"
④ 韩国学者方东仁先生对此问题作了开拓性的探讨。但由于研究方法和角度的不同,此问题仍有继续研究的空间。参见〔韩〕方东仁:《双城总管府考》,《关东史学》第1辑,关东大学史学会编,1982年9月。
⑤ 杨昭全、孙玉梅:《中朝边界史》,吉林文史出版社,1993年,第109~119页。

这种情况下,招降并分化高丽的抵抗势力就成为蒙古控制高丽的重要策略。1258年"蒙古散吉大王、普只官人等领兵来屯(高丽)古和州之地。(高丽)龙津县人赵晖、定州人卓青以和州迤北附蒙古。蒙古置双城总管府于和州(今朝鲜咸镜南道金野郡),以晖为总管,青为千户"①。正如韩国学者方东仁所说,这里的"古和州"与"和州"并非一地,"和州"应为"古和州"的移治之地②。

至于蒙古改高丽和州为双城的原因,1388年(明洪武二十一年)高丽在给明朝的上表中解释道:"元初戊午年间(1258)蒙古散吉大王、普只官人等领兵收附女真之时,有本国定州叛民卓青、龙津县人赵晖以和州迤北之地迎降。闻知金朝辽东咸州路附近沈州有双城县,因本国咸州近处和州有旧筑小城二座,矇聋奏请遂将和州冒称双城。"③而这一奏请,估计与不少辽东双城民户曾跟随蒲鲜万奴迁居此地有关。金朝贞祐三年(1215)辽东宣抚使蒲鲜万奴起事自立,建立东夏政权。为避开蒙古和金朝军队的进攻,蒲鲜万奴率领大量辽东民户徙居合懒路、恤品路一带。蒙古窝阔台汗五年派军擒蒲鲜万奴于辽东,推翻了蒲鲜万奴割据政权。

双城总管府设立后,蒙古进而南侵高丽铁岭以北之地。《朝鲜李朝实录》载:"既元也窟大王兵侵诸郡,(朝鲜)穆祖保头陀山城以避乱。……于是高丽以穆祖为宜州兵马使,镇高原以御元兵。时双城以北(双城即永兴)属于开元路。元散吉大王来屯双城,谋取铁岭以北,再遣人请穆祖降元。"④随着蒙丽战争的进展,高丽铁岭以北之地皆归双城总管府管辖。高丽铁岭位于今朝鲜咸镜南道的南端,是咸镜南道与江原道边境上的山岭名。下面是几条有关铁岭的史料记载:"铁岭之山距(高丽)王京仅三百里"⑤;"铁岭在府(安边都护府)南八十三里,高丽置关门,号铁关"⑥;1291年(元至元二十八年)正月"哈丹逾铁岭阑,入交州道,攻陷杨根城"⑦。高丽人李毂《稼亭集》卷4《东游记》载:"铁岭,国东之要害。所谓一夫当关,万夫莫开者也。"⑧

这样,双城总管府就成为元代东北地区较为特殊的统治机构。至元十七年七月元中书省"札付卄元等路宣慰使行下双城照勘呈省"⑨。据《经世大典》

---

① 《高丽史》卷24《高宗世家三》高宗四十五年十二月、卷130《赵晖传》。
② 方东仁:《双城总管府考》,《关东史学》第1辑,关东大学史学会编,1982年9月。
③⑤ 《高丽史》卷137《辛禑传五》。
④ 《朝鲜李朝实录》卷1《太祖康献大王实录·总书》,日本学习院东洋文化研究所刊行,1954年。
⑥ 《新增东国舆地胜览》卷49《咸镜道安边都护府》。
⑦ 《高丽史》卷30《忠烈王世家三》忠烈王十七年正月。
⑧ 李毂:《稼亭集》卷4《东游记》,《韩国文集中的蒙元史料》,广西师范大学出版社,2005年。
⑨ 《高丽史》卷29《忠烈王世家二》。

记载,至元二十七年十一月初三日"辽阳行省咨：开元路达鲁花赤八儿秃满申：……合无于高丽国王并合懒、双城等民户内,斟酌拨户于双城、西京"①。这里开元路官员将双城、合懒(合兰)民户与高丽国王民户区别开来正说明了双城总管府、合兰府之地为元廷所辖,而非隶属于高丽。

双城总管府所辖各城虽没有明确的记载,但《高丽史》记载了1356年(元至正十六年)高丽攻取双城总管府各城的名称：和、登、定、长、预、高、文、宜州及宣德、元兴、宁仁、耀德、静边等镇②。《高丽史》卷111《赵暾传》称"双城之地十二城"。从地理位置上讲,登州(今朝鲜江原道安边郡)、高州(今朝鲜咸镜南道高原郡)、文州(今朝鲜江原道文川市)、宜州(今朝鲜江原道文川市一带)等都在和州(双城)以南、铁岭以北。因此元代双城总管府的辖区当大体包括定州以南、铁岭以北之地。韩国学者方东仁认为双城总管府共辖十五州之地③,其所依据的史料如下："(高丽)高宗四十五年(1258),蒙古兵大至,高、和、定、长、宜、文等十五州人入保猪岛,东北面兵马使慎执平以猪岛城大人少,守之甚难,遂以十五州人徙竹岛。……(赵)晖与定州人卓青及登、文诸城人合谋引蒙古兵乘虚杀执平。……以和州迤北附于蒙古,蒙古置双城总管府于和州。"④但是蒙丽战争期间,高丽东北面"十五州人入保猪岛"之"十五州"与双城总管府所辖各州不应该等同。

双城总管府主要管辖归附蒙古的高丽东北部地区,而在双城总管府以北女真人所居之地,则有元朝设置的另一机构——合兰府来管辖。合兰府即朝鲜史料记载中的咸州,金代为曷懒路,府治位于今天朝鲜咸镜南道咸兴市附近。《新增东国舆地胜览》卷48"咸兴府"条称元代合兰府隶属于双城(今朝鲜咸镜南道金野郡)。不过从前面的论述可知,双城总管府所辖各城中并没有合兰府或咸州,看来《新增东国舆地胜览》的记载是值得商榷的。

正如《高丽史》所讲,从1258年(蒙古蒙哥汗八年)到1356年(元至正十六年),蒙元控制双城总管府共九十九年⑤。但以下两则史料颇令人费解。《元史》卷129《来阿八赤传》载："(来阿八赤)子寄僧,为水达达屯田总管府达鲁花赤,乃颜叛,战于高丽双城。"《管军上百户张成墓碑》载：至元二十四年东道诸王乃颜叛乱后,管军上百户张成"从千户岳公领军属以南,且战且行。七月二

---

① 《永乐大典》卷19423引《经世大典》双城等处立站条。
② 《高丽史》卷39《恭愍王世家二》恭愍王五年七月、卷58《地理志三》。
③ 方东仁：《双城总管府考》,《关东史学》第1辑,关东大学史学会编,1982年9月。
④ 《高丽史》卷130《赵晖传》;《高丽史节要》卷17高宗四十五年十一月。
⑤ 《高丽史》卷58《地理志三》。

日至古州,敌障其前不能进。……逾四月,至高丽双城,十月回至辽阳……"①
两则史料均有"高丽双城"的记载。双城之地既然一直是归元朝管辖,那么为
什么会出现"高丽双城"的记载呢?笔者认为一个重要的原因是双城为高丽
人的居地,而双城以北则主要是女真人的居地。至元二十九年八月"高丽、女
直界首双城告饥,敕高丽王于海运内以粟赈之"②,这里的"高丽"、"女直"应是
分别指高丽人居地和女真人居地。以元代东北高丽人的聚居地沈州为例,《元
史》中就有"高丽沈州"的记载③。

2. 元帝国在双城总管府的统治

有关1356年高丽攻取双城总管府的情况,《高丽史》有如下记载:"(高丽)
东北面兵马使柳仁雨陷双城,总管赵小生、千户卓都卿遁走,收复和、登、定、
长、预、高、文、宜州及宣德、元兴、宁仁、耀德、静边等镇。"④赵小生、卓都卿应
分别是原双城总管赵晖、千户卓青的后裔⑤。双城总管府当是由高丽人赵晖、
卓青家族世袭管领,蒙元则派达鲁花赤进行监临控制⑥。

《高丽史》卷58《地理志三》载:"登州……高宗时定平以南诸城被蒙兵侵
扰,移寓江陵道襄州,再移杆城,几四十年。忠烈王二十四年(元大德二年)各
还本城,别号朔方。"谭其骧先生根据"各还本城"的记载,认为到1298年双城
府治以南诸州为高丽收复⑦。韩国学者方东仁先生认为"各还本城"之意乃是
指1298年双城以南诸州变成了高丽的军事控制区域⑧。笔者认为,到1298
年,高丽并没有收复双城以南诸州,因为元末高丽是以武力攻取这些地区
的⑨。而"各还本城"与高丽将双城以南诸州变成高丽的军事控制区域也没有
直接的联系。

对于"各还本城"之义,我们可以从下面这条史料得到启发:"和州……高
宗时没于蒙古为双城总管府,州因合于登州犹称防御使,后并于通州。忠烈王
时复旧。恭愍王五年出师收复为和州牧。"⑩其实,"各还本城"和这里的和州

---

① 罗福颐校录:《满洲金石志》卷5《管军上百户张成墓碑》。
② 《元史》卷17《世祖纪十四》。
③ 《元史》卷59《地理志二》、卷9《世祖纪六》、卷50《五行志一》。
④ 《高丽史》卷39《恭愍王世家二》恭愍王五年七月。
⑤ 《高丽史》卷130《赵晖传》、卷111《赵暾传》。
⑥ 方东仁:《双城总管府考》,《关东史学》第1辑,关东大学史学会编,1982年9月;《高丽史》卷30《忠烈王世家三》忠烈王十四年六月"双城达鲁花赤来"。
⑦ 谭其骧:《元代的水达达路和开元路》,《长水集》(下),第314页。
⑧ 方东仁:《双城总管府考》,《关东史学》第1辑,关东大学史学会编,1982年9月。
⑨ 《高丽史》卷39《恭愍王世家二》恭愍王五年七月、卷58《地理志三》。
⑩ 《高丽史》卷58《地理志三》。

"复旧"一样,都是指侨置他处的统治机构重返本城之义。而元代和州(即双城)归双城总管府管辖却是毋庸置疑的。笔者认为"各还本城"指的是高丽开始部分地参与包括双城在内的双城总管府的治理。这种统治方式的产生也有着深刻的背景。1283 年(元至元二十年)四月"(高丽)东界杆城人宋蕃告于元曰:'高丽东西界,归于朝廷,其田尚为国人所有,计其亩可得四万石,请充东征军粮。'中书省遣人征之。(高丽)王问宰枢曰:'朝廷以蕃之言使我益发军粮四万石,奈何?'对曰:'前者庚赒请赋二十万石,家抽户敛,仅得四分之一,故遣赵仁规请减其数。若增四万,何以办之,宜更遣人告以情实。'"①可见,在"各还本城"以前,包括双城总管府在内的高丽东西界虽划归元朝统治,但高丽仍然控制着其部分土地的所有权。在军事方面,高丽也是不断加强对双城总管府的势力渗透,而忠烈王二十四年(1298)并非高丽对双城总管府军事控制的转折点。1314 年(元延祐元年)正月高丽"王以江陵道存抚使置司溟州,去塞甚远。教移登州,以镇北方"②,"文州……(高丽)成宗八年(989)为文州防御使,后合于宜州,忠穆王元年(1345)复析置"。这里的登州、文州都是双城总管府所辖之地③。

韩国学者方东仁先生认为,1298 年高丽"各还本城"的契机是蒙古东道诸王乃颜之乱的爆发,为联合打击乃颜及其余党哈丹的势力,元丽之间出现了相互依存的关系④。笔者认为这种看法并不是很准确。乃颜之乱爆发后,高丽忠烈王向元廷提出了让高丽军队屯驻双城的要求⑤,而元廷只令高丽军队屯驻在元丽的东部边界铁岭⑥。后来由于哈丹东侵,高丽和元朝的军队才先后进驻双城⑦。不过高丽和元朝的军队显然没有抵挡住哈丹军队的进攻,哈丹的军队先是攻占双城,随即南下"逾铁岭阑,入交州道,攻陷杨根城"⑧。看来,高丽在双城的军事存在只是暂时的。而面对哈丹的东侵,高丽更是过于依赖元朝的军事援助。1290 年(元至元二十七年)八月,高丽"遣大将军柳庇如元乞师,且奏避兵江华"⑨。1291 年二月"(高丽)世子令将军吴仁永奏帝曰:'哈

---

① 《高丽史》卷 29《忠烈王世家二》忠烈王九年四月。
② 《高丽史》卷 34《忠肃王世家一》忠肃王元年正月甲寅。
③ 《高丽史》卷 58《地理志三》。
④ 方东仁:《双城总管府考》,《关东史学》第 1 辑,关东大学史学会编,1982 年 9 月。
⑤ 《高丽史》卷 30《忠烈王世家三》忠烈王十四年二月。
⑥ 《高丽史》卷 30《忠烈王世家三》忠烈王十四年五月。
⑦ 《高丽史》卷 30《忠烈王世家三》忠烈王十六年正月、二月、三月。
⑧ 《高丽史》卷 30《忠烈王世家三》忠烈王十七年正月。
⑨ 《高丽史》卷 30《忠烈王世家三》忠烈王十六年八月。

丹陷北界诸城。'帝曰:'尔国唐太宗亲征尚不克,又于我朝,初未归附,我朝征之亦未易捷。今此小寇何畏之甚耶。'仁永奏云:'古今盛衰不同尔。'帝谕以夜战"①。在大批元军增援高丽后,元丽联军才重创哈丹的军队。正如高丽大臣李榖所言,乃颜余党哈丹进入高丽后,"贼如蹈无人之境,一国汹汹,人被其害,登山城、入海岛以避其锋。至乞师天朝,然后乃能歼之"②。看来,此次元丽军队的联合作战并没有使得元朝与高丽间的相互依存关系增加,相反此次战争更体现了高丽对元朝的依赖,高丽借此向双城总管府进行势力渗透的目标也没有达到。其实,高丽在忠烈王时代对双城总管府进行势力渗透的大背景是元丽宗藩关系的日益密切。身为元朝驸马的高丽忠烈王奉行亲元政策,而高丽国王在元帝国中的地位也大为提高。

需要指出的是,高丽虽部分地参与了对双城总管府的治理,并在军事方面对其进行势力渗透。但在元朝的强权政治下,双城总管府仍是开元路的辖地。在1356年(元至正十六年)高丽进攻双城总管府的前夕,双城总管赵小生对在高丽任职的叔父赵暾讲道:"叔父仕高丽为累朝所宠,待今日叔父南向高丽,则双城之地十二城谁肯从我。乃与都卿选腹心骁健者三十人卫暾,实拘之也。"③从该则史料中我们大体可以看出,双城总管府一直名义上统辖着其所属的十二城之地。高丽在恭愍王即位后,鉴于元朝势力的衰落,便加强了对双城总管府的势力渗透,并做好了军事攻取的准备。这也从另一个侧面说明高丽并没有完全控制双城总管府之地。

1355年(元至正十五年)"是岁,我(朝鲜)桓祖以双城等处千户来见。(高丽)王曰:'乃祖乃父,身虽在外,乃心王室。我祖考实宠嘉之。今卿无忝祖考,予将玉汝于成矣。'双城地颇沃饶,东南民无恒产者多归焉。国家闻于中书省,奉圣旨差官来,辽阳省亦差官来,王遣行省郎中李寿山往会区别新旧籍民,谓之三省照勘户计。其后扶绥失宜,稍稍流徙。王命桓祖主之民,由是得安其业"④。1356年三月双城千户(朝鲜)桓祖来朝见高丽恭愍王,"(高丽)王迎谓曰:'扶绥顽民,不亦劳乎。'时奇氏族倚后势暴横。人有密告奇辙潜通双城叛民,结为党援谋逆。王谕桓祖曰:'卿宜归镇吾民,脱有变,当如我命。'"⑤由于高丽长期对双城总管府进行势力渗透,所以当元末高丽军队进攻双城总管

---

① 《高丽史》卷30《忠烈王世家三》忠烈王十七年二月。
② 李榖:《稼亭集》卷4《东游记》。
③ 《高丽史》卷111《赵暾传》。
④ 《高丽史》卷38《恭愍王世家一》恭愍王四年十二月。
⑤ 《高丽史》卷39《恭愍王世家二》恭愍王五年三月。

府时,除双城外,高丽军队并没有遇到太多的抵抗。1356 年"七月(高丽)遣枢密院副使柳仁雨攻破双城,于是按地图,收复和、登、定、长、预、高、文、宜州及宣德、元兴、宁仁、耀德、静边等镇诸城。前此朔方道以都连浦为界,筑长城置定州、宣德、元兴三关门,没于元凡九十九年,至是始复之,以寿春君李寿山为都巡问使,定疆域,复号东北面"①。

3. 双城总管府的设立对元丽政治关系的影响

与双城总管府相似,1270 年(至元七年)设立的东宁府同样是元朝在高丽旧土上设置的统治机构。只是随着元朝与高丽宗藩关系的不断发展,在高丽请求下,元朝将东宁府之地又归还给了高丽。而在双城总管府的问题上,元丽长期未就双城总管府的归属进行过交涉。只是到了元末,高丽才以武力攻取双城总管府之地。究其原因,笔者认为主要是二者设立的时间不同。双城总管府设立于蒙丽战争期间,而这期间蒙古对高丽侵掠的既得利益在蒙古统治者看来是合理的,也是应该受到保护的。以高丽"推刷"逃入元朝境内的高丽民为例,元朝只同意"推刷"1259 年(蒙哥汗九年)高丽归附蒙古以后逃入元朝境内的高丽民。1270 年东宁府的设立却源于高丽归附蒙古以后高丽国内政局的变动。1259 年高丽归附蒙古后,刚刚即位的忽必烈为了安抚高丽,曾承诺在高丽奉行内属国义务的前提下,维护高丽领土和主权的相对完整②。

正如韩国学者方东仁先生所讲,在双城总管府设立的初期,双城总管府官员的地位较高,其在与高丽的政争中也占有优势。至元八年双城总管府派人胁迫高丽襄州民户徙居双城,于是高丽上诉到元廷。结果赵晖对前来处理此事的蒙古官员只必哥讲:"我奏襄州人实自纳款上朝,非我驱迫其民,帝即以诏授我,使勿问。"只必哥于是不问此事③。其实,双城总管赵晖之所以能更得到元廷的信赖,主要是因为此时元世祖忽必烈对高丽自归附以来反复无常的推诿态度十分不满,元丽关系的发展并不顺利④。

1269 年(元至元六年)高丽权臣林衍发动政变,废高丽元宗,立高丽安庆公王淐为王。只是在元廷的干涉下,林衍才被迫还政元宗。不过元廷却趁此加强了对高丽的控制,于是派军进驻高丽,并在高丽置监临官达鲁花赤。靠元廷扶植即位的高丽元宗为了巩固王位,开始奉行加强与元朝的政治联系的亲元政策。尤其是1274 年身为元朝驸马的高丽忠烈王即位后,元丽之间的政治联系日

---

① 《高丽史》卷 58《地理志三》。
② 《元史》卷 208《高丽传》。
③ 《高丽史》卷 130《赵晖传》。
④ 《高丽史》卷 26《元宗世家二》元宗九年二月。

益密切,高丽在元帝国中的政治地位大为提高。此种背景下,双城总管府在元丽政治关系中的地位大为降低。高丽则趁机向双城总管府进行势力渗透。

但正如前文所讲,直至元末,开元路辖下的双城总管府并没有并入高丽的辖区。虽然高丽不断对双城总管府进行势力渗透,但元朝一直对双城总管府有着名义上的管辖权。高丽与双城总管府之间为争夺民户的纠纷也屡见于《高丽史》:1284年(元至元二十一年)正月"咸平宣慰使奉中书户部牒来推刷本国人口逃入双城者,(高丽)王亦尝遣魏文恺、金位良推刷甚详。双城人赂以马,位良不受而还,王闻而嘉之,赐马二匹"①;1286年七月"(高丽)齐安公淑等还自元,帝诏推刷双城流民"②;1296年(元元贞二年)七月"元遣帖木儿推刷双城人物"③;1331年(元至顺二年)三月"(高丽)以五道人民流入双城、女真、辽阳、沈阳等处表请刷还"④;1347年(元至正七年)正月"(高丽)以同知密直司事全允臧为交州道都巡问使,令检括双城人口"⑤。

元朝末年高丽恭愍王即位后,元朝内部爆发了大规模的农民起义,于是高丽准备趁机摆脱元朝的控制,重新调整元丽关系。派军攻取元朝控制的双城总管府之地就成了高丽的首要军事目标。不过此时的元朝早已无暇东顾,只好对高丽采取纵容安抚的政策。1356年(元至正十六年)七月高丽派军收复了双城总管府之地,而面对高丽方面的一系列的反元举动,元朝却讲:"事既以往,况能悔罪陈情,兹示宽容,特释尔咎。自今伊始,小心敬慎,率顺彝章,抚我黎庶,固我东圉,勿替朕命……"⑥于是高丽又提出了进一步的领土要求。1356年十月高丽遣政堂文学李仁复如元上表略曰:"双城、三撒元是小邦之境。……比来逆臣奇辙、庐颐、权谦交结酋长,招集逋逃,及其谋逆,约为声援。辙等既死,支党多奔于彼,故令搜索。彼反用兵助逆势,不获已以致行师。其总管赵小生、千户卓都卿,今在逃窜。窃恐构衅生事。恭惟朝廷薄海内外莫非王土。尺寸不毛之地,岂计彼此哉。伏乞归我旧疆,双城、三撒(即英州)以北,许立关防,女真人等于泥城等处山谷之间,越境来居,扰百姓,掠牛马,导本国犯罪之人逃闪莫追,即与双城三撒无异。乞立禁约,毋得擅入似前侵害。"⑦1358年八月高丽上表曰:"照得双城、三撒(今朝鲜咸镜南道北青郡)等处,元

---

① 《高丽史》卷29《忠烈王世家二》忠烈王十年正月。
② 《高丽史》卷30《忠烈王世家三》忠烈王十二年七月。
③ 《高丽史》卷31《忠烈王世家四》忠烈王二十二年七月。
④ 《高丽史》卷36《忠惠王世家》忠惠王元年三月。
⑤ 《高丽史》卷37《忠穆王世家》忠穆王三年正月。
⑥⑦ 《高丽史》卷39《恭愍王世家二》恭愍王五年十月。

是本国地面,北至伊板(今朝鲜摩天岭)为界。……若于伊板隘口设置关防,以谨出入,庶无后患……"①至正二十二年十二月高丽又"以寿春君李寿山为东北面都巡问使,定女真疆域"②。至正二十三年元朝遣同知枢密院事崔帖木儿为丞相率军进攻高丽,结果大败而归③。

洪武二十一年(1388)三月明朝置铁岭卫指挥使司于奉集县④,奉集县即今辽宁沈阳市苏家屯区陈相街道奉集故城。据王颋先生研究,明朝设置铁岭卫的地点被高丽误认为是在高丽的铁岭⑤。在高丽看来,如果明朝在高丽铁岭建卫,就意味着高丽要再次丧失铁岭以北原双城总管府之地。这时以高丽辛禑王为代表的一些高丽强硬势力准备派军进攻辽东。同年四月,高丽复元朝衣冠,发兵六万,号称十万,进攻辽东。不过高丽王进攻辽东的军事行动招致了高丽国内许多人的反对。奉命出征辽东的高丽将领李成桂实行兵变,迫使辛禑王退位,李成桂开始控制高丽政局。1392年(明洪武二十五年)李成桂自立为王,建立朝鲜王朝,高丽王朝至此灭亡。

综上所述,双城总管府是蒙哥汗八年(1258)蒙古在高丽东北部地区设立的统治机构,其一直存在到元末。双城总管府主要由归降蒙古的高丽人赵晖、卓青家族世袭管领,元朝则派达鲁花赤进行监临控制。随着元丽宗藩关系的深入发展,自1298年(元大德二年),高丽开始部分地参与对双城总管府的管辖。另外,高丽在军事方面也不断对双城总管府进行势力渗透。直到1356年(元至正十六年),高丽才以武力攻取双城总管府之地。

---

① 《高丽史》卷39《恭愍王世家二》恭愍王六年八月。
② 《高丽史》卷40《恭愍王世家四》恭愍王十一年十二月。
③ 《元史》卷114《奇完者忽都传》;《高丽史》卷40《恭愍王世家三》恭愍王十二年十二月、十三年正月。
④ 《明太祖实录》卷189洪武二十一年三月辛丑,台北中研院历史语言研究所校印本。
⑤ 王颋:《威化岛回军事件新考》,《中外关系史地研究》,南方出版社,2003年,第274~277页。

第四章　河南行省所辖路府州

第一节　河南行省建置沿革概况

河南行省可以卜溯到至元五年(1268)用兵襄阳之际所立的河南行省。《元史》卷6《世祖纪三》云：至元五年十月"立河南等路行中书省，以参知政事阿里行中书省事"。起初，河南行省的主要任务是"经理"唐、邓、蔡、息、徐、邳等州的"屯田"，其官员只有参知政事阿里和佥省姚枢二人①。此处的阿里，疑即牙剌瓦赤之子，又作阿里伯或阿里别。翌年，元军增调军队，加强对襄阳的围攻，且以史天泽、忽剌出并为河南行省平章政事，"往经画之"。根据"廷议"，阿里升任右丞，另增设马亨为佥省。阿里等人的职司也在原先屯田的基础上增添了"调发军饷"②。可见，河南行省起初的"经理屯田"，多在宋蒙边界，是为用兵襄阳做准备的。一旦围攻襄阳的军事行动展开，基于屯田的"调发军饷"和"经画"军事就接踵而来。不过，即使是襄阳会战犹酣之际，河南行省掌管屯田，仍没有中断。至元九年七月，河南行省官员即就唐、邓、蔡等州屯田民欲"守故屯"，不愿遣散还家及依旧输粮事，上奏朝廷③。至元七年，史天泽等归朝，枢密副使合丹代为平章政事"领河南行省"④。后又增阿里海牙为参政，崔斌为佥省⑤。直到至元十一年统率东、西两路平宋大军的荆湖、淮西二行省设立，河南行省才被撤销。

概言之，至元五年到十一年的河南行省，主要服务于用兵襄阳为中心的军事目标，属于临时执行军事征伐任务的行省，不在地方最高官府的正规行省之列。

---

① 《元史》卷91《百官志七》；《元文类》卷60《中书左丞姚文献公神道碑》。
② 《元史》卷6《世祖纪三》至元六年九月辛未、卷163《马亨传》；《元朝名臣事略》卷7《丞相史忠武王》。
③ 《元史》卷7《世祖纪四》。
④ 《元文类》卷67《河东廉访使程公神道碑》。
⑤ 《元史》卷128《阿里海牙传》、卷173《崔斌传》。

至元二十八年，继陕西、甘肃、辽阳、四川、云南、湖广、江浙、江西八行省固定为地方最高官府后，元廷正式设置了河南江北行省。

关于元廷增设河南江北行省的缘由，《元史》卷91《百官志七》云："至元二十八年，以河南江北系要冲之地，又新入版图，宜于汴梁立省以控治之，遂署其地，统有河南十二路、七府。"许有壬《河南省检校官持平堂记》又说："河南省南控江淮，西掎崤函，东掖海岱，以辅承京师，中土大方面也。"①概括地说，增设河南行省的缘由，主要就是"要冲之地"和"新入版图"两条。所谓"要冲之地"，不外是其"南控江淮，西掎崤函"，"辅承京师"及"中土大方面"的重要地理位置。"新入版图"，又指黄河以南和长江以北均是灭金平宋的新征服区域，刚刚进入元帝国版图。"河南省治治汴梁，领路十有二，府若州四十有六，县百八十三。"②就所辖路府州县数而言，河南行省在元十一行省中并不算很多。河南行省的特别重要之处在于，辖区大，从西向东，将黄河中下游和长江中下游之间的广阔区域全部囊括在内，其中包含了徐州、扬州、安庆、襄阳、江陵（古荆州）等许多兵家必争之地。它北扼黄河，南控长江，兼有中原腹地和长江门户，使黄河、长江两大天险据于己手。因此，地理上的战略意义十分重要。换言之，加强对"濒河而南，大江以北"的治理，借以控制江南及川陕诸省，是增设河南行省的基本政治目的。

元代行省同时又是大军区，尤其是至元十五年平定江南的蒙古诸万户军团奉命"收聚"屯戍河南河北以后，河南行省遂成为河南淮西蒙古军都万户府所属军马的驻屯地③。这样一来，增设河南行省的军事意义，又和其政治目的糅合交融在一起了。

河南行省的设置，又是和江淮行省易名及江北地区改属等调整变动同步进行的。大约在河南行省设立一周后，朝廷下令将"江北州郡割隶河南江北行中书省"。江淮行省因失去了两淮之地，旧名已不副实，遂易名为江浙行省④。当然，江北州郡并非朝廷的一纸命令就能立即割隶改属的。如淮西蕲州路、黄州路是推迟到至元三十年六月才正式割隶河南江北行省的⑤。由于江北州郡的割隶，河南行省的确切称谓应该是河南江北行省，河南行省只是它的简称。

---

① 《至正集》卷43；另，《元史》卷59《地理志二》载与前引《百官志七》略同。
② 《吴文正公集》卷15《送李吉夫赴河南行省理问序》；《元史》卷59《地理志二》所载府州县数与此稍有出入。
③ 《元史》卷99《兵志二·镇戍》。
④ 《元史》卷16《世祖纪十三》至元二十八年十二月。
⑤ 《元史》卷17《世祖纪十四》。

第二节 汴梁等三路、三府沿革

一、汴梁路

汴梁路(治所在今河南开封市),原名南京路。上路。户数 30 018 户(壬子年即 1252 年数)。"汴梁,为六代都会,四方辏集,城池盘礴,衢陌交通人物号称繁夥,精英萃集。"①唐为汴州。宋为东京。金为南京。元初为南京路,领归德府、延州、许州、裕州、唐州、陈州、亳州、邓州、汝州、颍州、徐州、邳州、嵩州、宿州、申州、郑州、钧州、睢州、蔡州、息州、卢氏行襄樊等一府、二十州。至元八年(1271),归德府升格为散府,割亳州、徐州、邳州、宿州隶属之。又升申州为南阳府(散府),割裕州、唐州、汝州、邓州、嵩州、卢氏行襄樊等六州隶属之。至元九年,延州废罢,原领延津、阳武二县改属南京路。南京路所统减少为蔡州、息州、郑州、钧州、许州、陈州、睢州、颍州八州。元初沿用金南京旧制置警巡院,至元十四年改为录事司。至元二十五年二月,改南京路为汴梁路。至元二十八年,设河南江北行省,治于汴梁路。三十年,升蔡州为汝宁府,直隶行省,割息、颍二州隶属之。至此,汴梁路辖区大体稳定下来,即包括一录事司,开封、祥符等十七县,郑、许、陈、钧、睢等五州。州领二十一县。

开封县,宋为赤县。金为开封府东倚郭。元为下县,倚郭。

祥符县,宋为赤县。金为开封府西倚郭。元为下县,倚郭。

中牟县,宋为畿县。金为开封府属县。元为下县。

原武县,金为延州属县,又改隶郑州。元初割隶南京路。后复立延州,一度划属。至元九年,废罢延州,重新隶属南京路。下县。

鄢陵县,宋为畿县。金为开封府属县。元为中县。

荥泽县,金及元初为郑州属县。至元二年,划属南京路。下县。

封丘县,宋为畿县。金为开封府属县。元为中县。金大定年间,县城被黄河水湮没,迁建新城。元初,新城又被河水毁坏。于是,在旧城遗址上稍加修葺后回迁为治所。

扶沟县,宋为畿县。金为开封府属县。元为下县。

阳武县,宋为畿县。金为开封府属县。元初隶延州,至元九年,延州废罢,改属南京路。下县。

---

① 《秋涧集》卷 40《汴梁路城隍庙记》。

杞县，宋为雍丘县，畿县。金正隆中改名杞县，开封府属县。元初，黄河决口，侵杞县城北，河水一分为三。城北新河道北岸修筑新城为新治所。又修旧城，号称南杞县。中县。

延津县，宋为畿县。金先为开封府属县，贞祐中升为延州。至元九年八月，改延州为延津县，与阳武同隶南京路①。下县。

兰阳县，金属曹州东明县。时东明县避黄河患，徙治河北岸。后于故县地分置兰阳县。元初划属南京路。下县。

通许县，宋为咸平县，畿县。金大定中改名通许县，为开封府属县。元为下县。

尉氏县，宋为畿县。金为开封府属县。元为下县。文宗时，尉氏县曾经被赏赐给"天历之变"的功臣之一伯颜为食邑②。

太康县，宋为畿县。金或名泰康，为开封府属县。元为下县。

洧川县，宋属尉氏县。金兴定中以尉氏县宋楼镇升，为开封府属县。元为下县。

陈留县，宋为畿县。金为开封府属县。元为下县③。

郑州，下州。唐初为郑州，后改荥阳郡。宋为奉宁军。金仍为郑州，隶南京路。元初领管城、荥阳、汜水、河阴、原武、新郑、密、荥泽八县，又有司候司管在城事。后割新郑、密二县属钧州，原武、荥泽二县直属南京路，司候司并入管城。于是，郑州领管城、荥阳、汜水、河阴四县。辖地范围演化为：北至大都一千五百七十里，北至上都二千三百七十里。东至汴梁路一百四十里，东至中牟县界三十里，南至新郑县界三十里，西至巩县界一百二十五里，北至荥泽县界四十五里。东到中牟县七十里，西到巩县一百五十里，南到许州一百一十五里，北到荥泽县六十里。东北到原武县七十里，西南到钧州一百八十里，西北到怀孟路二百二十里，东南到洧川县一百四十里。

管城县，隋初置。金为郑州倚郭县，曾易名故市。元初复立郑州，仍为管城县。倚郭。下县。有圃田乡、富户乡、怀忠乡、管乡四乡。其辖地范围和里至是：东至中牟县留村界三十里，西至荥阳县京水河二十里，南至新郑县郭店界六十里，北至荥泽县汴河四十五里。东到中牟县七十里，西到荥阳县七十里，南到新郑县一百一十五里，北到荥泽县六十里。东南到洧川县一百四十

---

① 《元史》卷7《世祖纪四》。
② 《元史》卷35《文宗纪四》至顺二年四月己未。
③ 《宋史》卷85《地理志一》；《金史》卷25《地理志中》；《元史》卷59《地理志二》。

里,东北到原武县七十里,西南到密县一百八十里,西北到河阴县六十里。

荥阳县,唐为武泰县,又改荥阳县。宋金沿袭,属郑州。元为下县。有高阳乡、敦义乡、孝义乡、尊贤乡、荥邑乡五乡。其辖地范围和里至是:北至大都一千五百里,北至上都二千三百里。西南至本州七十里,东至管城县郭村界四十五里,西至汜水县夏侯保界五里,南至新郑县界三十里,北至河阴县张村界二十五里。东到管城县七十里,西到汜水县三十五里,南到钧州密县七十里,北到河阴县六十里。东南到新郑县一百三十里,西北到怀孟路温县九十里,东北到荥泽县七十里,西南到河南府路登封县一百五十里。

汜水县,隋始置。唐一度改名广武。后时废时立。金仍为汜水县,隶属郑州。元为下县。有制岩乡、龙泉乡二乡。其辖地范围和里至是:北至大都一千五百三十五里,北至上都二千三百三十五里。东至本州一百五里,东至荥阳县鸿沟界三十里,西至巩县界三十里,南至登封县界鹿儿寨二十里,北至怀孟路温县界一十里。东到荥阳县三十里,西到巩县四十五里,南到登封县一百二十里,北到温县二十五里。东南到密县一百一十里,西南到旧芝田县一百二十里,东北到河阴县六十五里,西北到怀孟路一百里。

河阴县,唐为河阴县。宋因之,属孟州。金改属郑州。元为下县。有广武乡、鸿沟乡二乡。北至大都一千五百里,北至上都二千三百里。东南至本州七十里,东至荥泽县山庄村界一十里,西至汜水县树何村界三十三里,南至荥阳县张村界三十里,北至怀孟路武陟县黄河五里。东到荥泽县二十五里,西到温县八十里,南到荥阳县六十里,北到武陟县三十里。东南到郑州七十里,西南到汜水县六十里,东北到获嘉县一百里,西北到修武县五十里[1]。

据《元史》卷95《食货志三》等,郑州是窝阔台六子合丹受封的五户丝食邑,至元三年分拨户数失载,延祐六年(1319)实有2 356户[2]。

许州,下州。唐为许州,一度改荥阳郡。宋升颍昌府。金改昌武军。元初,复为许州。领长社、长葛、郾城、襄城、临颍五县。

长社县,宋为次赤县。金为昌武军倚郭县。元为下县。

长葛县,宋为次畿县。金为昌武军属县。元为下县。

郾城县,宋为次畿县。金为昌武军属县。元为下县。

襄城县,宋为紧县,隶汝州。金泰和中改属许州。元为下县。

临颍县,宋为次畿县。金为昌武军属县。元为下县。

---

[1] 以上据《元一统志》卷3《河南江北等处行中书省》。
[2] 《元史》卷6《世祖纪三》至元二年闰五月丁卯、卷95《食货志三》。

陈州，下州。唐为陈州，一度改淮阳郡。宋改淮宁府。金复为陈州。元仍为陈州。旧领宛丘、南顿、项城、商水、西华、清水六县。至元二年，废南顿、项城、清水三县，以南顿、项城地入商水。后复置南顿、项城二县①。这样，所领县就变成宛丘、西华、商水、南顿、项城五个。

宛丘县，宋为紧县。金为陈州属县。元沿袭。

西华县，宋为中县。金为陈州属县。元沿袭。

商水县，宋为中县。金为陈州属县。元沿袭。

南顿县，宋为中县。金为陈州属县。至元二年并入商水县，后复置。

项城县，宋为上县。金为陈州属县。至元二年并入商水县，至大十一年(1308)闰十一月复置。

钧州，下州。唐、宋为阳翟县。金为颍顺州，又改钧州。元沿袭。原领阳翟、新郑二县。至元二年密县自郑州划属，从此，领阳翟、新郑、密三县。

阳翟县，金为钧州倚郭县。元为下县。

新郑县，金为钧州属县。元初隶郑州，后还属钧州。下县。

密县，金为郑州属县。至元二年划属钧州。下县。

钧州还是窝阔台七子灭里受封的五户丝食邑，至元三年分拨钧州1 584户②。

睢州，下州。宋为拱州和保庆军。金改睢州。元沿袭。领襄邑、考城、仪封、柘城四县。

襄邑县，宋为畿县。金为睢州属县。元为下县。倚郭。

考城县，金为睢州属县。元为下县。

仪封县，金于曹州东明置仪封县。元改隶睢州。下县。

柘城县，宋为畿县。金为睢州属县。元为下县③。

史书记载，睢州是窝阔台三子阔出受封的五户丝食邑，至元三年分拨睢州5 214户④。

与金南京路三府、十九州的规模比较，由于不复是京师所在和元廷众建路州的政策，元汴梁路的境土范围大为缩小。归德、河南二府和单州、寿州、陕

---

① 《元史》卷22《武宗纪一》至大十一年闰十一月丁未。另，《元史》中陈州清水县仅见于卷58《地理志二》，而《宋史》卷85《地理志一》、《金史》卷25《地理志中》皆不载。然而，《金史》卷86《李献可传》和卷90《高德基传》、《高衎传》云：金大定前后，李献可、高德基、高衎曾任清水县令和主簿。可证金元之际陈州确有过属县清水。

②④ 《元史》卷6《世祖纪三》至元二年闰五月丁卯、卷95《食货志三》。

③ 《宋史》卷85《地理志一》；《金史》卷25《地理志中》；《元史》卷59《地理志二》；《元一统志》卷3《河南江北等处行中书省》。

州、邓州、唐州、裕州、嵩州、汝州、亳州、蔡州、息州、颍州、宿州、泗州等十四州相继割出。人口也大幅度减少。

二、河南府路

河南府路（治所在今河南洛阳市），户数9 502户（壬子年数）。唐初为洛州，后改河南府，又改东京。宋为西京、河南府。金为中京金昌府。元初为河南府，以周之王城为治所。旧领洛阳、宜阳、永宁、登封、巩、偃师、孟津、新安、渑池九县，后割渑池隶陕州。管领一录事司，洛阳、宜阳、永宁、登封、巩、偃师、孟津、新安八县，陕州一州。州领四县。

洛阳县，宋为赤县。金为金昌府倚郭县。元为河南府路属县。

宜阳县，汉始置宜阳县。唐改为福昌县。宋省入寿安县。金复改为宜阳县，隶金昌府。元仍为宜阳县。下县。

永宁县，宋为畿县。金改隶嵩州。元改属河南府路，下县。

登封县，宋为畿县。金为金昌府属县。元为河南府路属县。下县。中岳嵩山在县境。

巩县，宋为畿县。金为金昌府属县。元为河南府路属县。下县。

孟津县，唐置河清县。宋为河清县，畿县，属河南府，开宝元年（968）徙治白波镇。金初徙治孟津渡，始改为孟津县，为金昌府属县。元仍为孟津县，属河南府路。下县①。

偃师县，宋为畿县。金为金昌府属县。元为河南府路属县。下县。

新安县，宋为畿县。金为金昌府属县。元为河南府路属县。

陕州，下州。唐为陕州或陕郡。宋为陕州大都督府，又改保平军。金为陕州。元为河南府路属州。辖陕县、灵宝、阌乡、渑池四县。

陕县，下县。

灵宝县，下县。至元三年，省并入陕县。至元八年废虢州为虢略，隶属陕州。又合并虢略、朱阳二县而复立灵宝县，以虢略为巡检司。

阌乡县，下县。至元二年，省湖城县，其地并入阌乡县。

渑池县，下县。金一度升格为韶州。至元八年废韶州，复立渑池县②。

与金中京金昌府比较，元河南府路属县数量大体相近，另增加陕州及四县

---

① 以上据《明一统志》卷29《河南府》；《河南通志》卷3。
② 以上据《宋史》卷85《地理志一》、卷87《地理志三》；《金史》卷25《地理志中》；《元史》卷59《地理志二》；《元一统志》卷3《河南江北等处行中书省》。

归其统辖,辖区略有扩大。户口数量则大幅度减少。

河南府路还是拖雷庶子末哥位下的五户丝食邑。据《元史》卷 95《食货志三》载,"丁巳年(1257),分拨河南府五千五百五十二户。延祐六年,实有八百九户"。

三、南阳府

南阳府(治所在今河南南阳市)。南阳之闻名遐迩,始于汉代南阳郡。唐初置宛州,南阳为其四属县之一。后宛州废,南阳县改属邓州。宋仍为南阳县,隶属邓州。金升为申州。元至元八年二月,申州升格为南阳府,割唐、邓、裕、嵩、汝五州隶属。至元二十五年,南阳府一度改属汴梁路,后直隶河南行省。领南阳、镇平二县,邓、唐、裕、嵩、汝五州。州领十一县。

南阳县,宋为中下县,属邓州。金先属邓州,后改申州。元为南阳府倚郭县,下县。

镇平县,唐宋为穰县北乡地。金置阳管镇。元初置镇平县,属南阳府[①]。下县。

邓州,下州。唐初为邓州,一度改南阳郡。宋金仍为邓州。宋属京西南路,望州。金属南京开封府。原领穰县、南阳、内乡、淅川、顺阳五县。元初,以淅川、顺阳二县省入内乡。旧设录事司也于至元二年并入穰县。此后,辖穰、内乡、新野三县。

穰县,宋属邓州,上县。金为邓州倚郭县。元为下县,倚郭。

内乡县,宋属邓州,中下县。金为邓州属县。元为下县。至元二年前后,淅川、顺阳二县划属。

新野县,隋为新野县,属邓州。唐省入穰县。五代宋金俱为新野镇。元复置新野县,下县[②]。

唐州,下州。唐初为显州,后改唐州。宋仍为唐州,上州,属京西南路。金仍为唐州,又分立裕州。元初复为唐州。至元三年,以民力不及,所辖湖阳、比阳、桐柏三县废罢。仅领泌阳一县。

泌阳县,宋属唐州,中下县。金为唐州倚郭县。元仍为唐州倚郭县。

嵩州,下州。唐为陆浑、伊阙二县。宋升为顺州。金改嵩州,先领伊阳、永宁、福昌、长水四县,后领伊阳、福昌二县。元仍为嵩州。元初以福昌隶河南

---

① 《河南通志》卷 3。
② 《明一统志》卷 30。

府。至元三年,伊阳省入本州。改而领卢氏一县。

卢氏县,至元二年,隶南京路。八年,改属南阳府。十一年,划属本州。

至顺二年(1331),嵩州还被文宗赏赐给"天历之变"的功臣伯颜,作为汴梁路尉氏县以外的另一块食邑①。

汝州,下州。唐初为伊州,又改汝州。宋为汝州,属京西北路。金汝州领梁县、郏城、鲁山、宝丰四县,属南京开封府。元仍为汝州。至元三年,郏城、宝丰二县省入梁县。大德八年(1304)正月,复置郏县。此后,领梁县、鲁山、郏县三县。

梁县,宋为中县,属汝州。金为汝州属县。元为下县。

鲁山县,宋为中县,属汝州。金为汝州属县。元为下县。

郏县,宋为中县,属许州。金为汝州属县,名郏城。元仍为郏县,下县。

在元王朝行将覆灭的至正二十七年(1367)十月,元顺帝曾赐予地主武装将领扩廓帖木儿(王保保)汝州为食邑②。然而,当时扩廓帖木儿是被削夺兵权、罢黜官职的。又兼朱元璋北伐军队不久攻入山东,所以,上述汝州食邑封赐,应当没有什么实质意义。

裕州,下州。本为唐州所属方城县。唐初置北澧州,后废为县,隶属唐州。金泰和二年(1202)升格为裕州,以方城为倚郭县,割许州之舞阳、汝州之叶县隶属。蒙哥汗三年(1253),即叶县行随州事,又置昆阳县为其属邑。至元三年,罢行随州事,并昆阳、舞阳二县入叶县。大德八年正月,复置舞阳县③。此后,裕州领方城、叶县、舞阳三县,隶属于南阳府。裕州的四至八到如下:北至上都二千九百四十里,北至大都二千一百四十里。西南至南阳府一百三十里。东至遂平县龙堂一百八十里,西至南阳县乌龟河五十里,南至唐州泌阳县涉河镇七十里,北至襄城县界一百五十五里。东到遂平县二百七十里,西到南阳县九十里,南到唐州一百六十里,北到鲁山县一百三十里。东北到襄城县一百八十里,西南到南阳府一百三十里,东南到比阳废县一百八十里,西北到汝州二百二十里。

方城县,宋属唐州,下县。金泰和二年设裕州,以方城为倚郭县。元仍为裕州倚郭县。下县。境内有慈孝乡、宝德乡、凤台乡、孝义乡等。其四至八到如下:北至上都二千九百四十里,北至大都二千一百四十里。西南至南阳府

---

① 《元史》卷35《文宗纪四》至顺二年十一月丁酉。
② 《元史》卷47《顺帝纪十》。
③ 《元史》卷21《成宗纪四》。

一百三十里。东至叶县界沟五十五里,南至泌阳县涉河镇七十里,西至南阳县界乌龟河五十里,北至鲁山县界庄家村七十里。东到遂平县二百七十里,西到南阳县九十里,南到唐州一百六十里,北到鲁山县一百三十里。东北到叶县一百三十里,西南到南阳府一百三十里,东南到比阳县一百八十里,西北到汝州二百二十里。

叶县,宋属汝州,上县。金泰和二年设裕州,割来隶属。元仍属裕州,下县。境内有淇河堡、北武堡、昆阳堡、孟奉堡、河山堡等。其四至八到是:北至上都二千八百二十里,北至大都二千二十里。南至南阳府二百四十里。东至郾城县界徐庄八十里,西至鲁山县界黄家庄三十里,南至方城县界砚瓦坡六十五里,北至襄城县界南淇河三十五里。东到郾城县一百四十里,西到鲁山县一百里,南到泌阳县二百七十里,北到襄城县六十里。东北到临颍县一百三十里,西南到裕州一百二十里,东南到西平县一百五十里,西北到汝州宝丰废县九十里。

舞阳县,宋属许州,次畿县。金属裕州。元初为裕州属县,至元三年废罢,大德八年正月复置。下县①。

南阳府是元朝廷在原金南京路辖区内划出申、唐、邓、裕、嵩、汝六州,另行组建的一个散府。大体上是把至元八年左右邻近襄樊前线的几个州都囊括其中了。作为河南行省西部辖区较大的一个散府,尽管户口数因战乱锐减,但其军事政治地位并不比其他路总管府逊色。

关于南阳府的户口数,《元史》卷59《地理志二》载,"户六百九十二,口四千八百九十三",还特别标明为"壬子年数"。南阳府户数之所以仅六百九十二户,有其原因。第一,蒙哥汗壬子年(1252),尚名申州,其辖地不包括唐、邓、裕、嵩、汝五州;第二,当时金朝灭亡不久,申州地处蒙古国与南宋军事对峙的前线,战乱频仍,户口自然会锐减。总之,六百九十二户只反映蒙哥汗壬子年前后申州的户口数。而后,随着战乱平息,户口数肯定会增加。尤其是至元八年唐、邓、裕、嵩、汝五州划属南阳府,其户数远在六百九十二之上。遗憾的是,壬子年以后的南阳府户口统计数尚未见诸史册,只能留待日后详考。

南阳府还有数量可观的屯田户。

早在至元二年忽必烈就命令蒙古军将领阿术和阿剌罕抽调所属万户汉军于黄河南北屯田。至元六年,为保证攻襄樊的军粮供应,又签发南京、河南、归

---

① 以上据《宋史》卷85《地理志一》;《金史》卷25《地理志中》;《元史》卷59《地理志二》;《元一统志》卷3《河南江北等处行中书省》。

德诸路编民二万余户,于唐、邓、申、裕等州立屯田。八年,散还签发编民。另签取南阳府当地"诸色户计"屯田,设营田使司管领。后改立南阳屯田总管府。正如胡祗遹所云:"朝廷经略江淮,谋定南服,集兵襄楚,南阳迫近汉沔,北当诸路冲要,供给运送,百冗纷来,急于星火,修战舰,积屯田,马刍粟、人廪食,程限办集,若是者首尾三周岁。"①至元十九年十二月,屯田总管府废罢,其屯田事宜改由南阳府管理。所辖民屯户有6 041户,田地10 662顷7亩②。此处的民屯户数,相当于蒙哥汗壬子年前后申州的户口数的近九倍。这又可以充当元代南阳府实际户数远在"六百九十二"之上的有力佐证。

四、汝宁府

汝宁府(治所在今河南汝南县),至顺户部钱粮户数为7 075户。唐为蔡州。宋为蔡州和淮康军节度使,领汝阳等十县。金仍为蔡州,领汝阳等六县。元初,上蔡、西平、确山、遂平、平舆为其属县。至元七年,省遂平、平舆而复立汝阳县。蔡州长期是汴梁路的属州。至元三十年,刚建立不久的河南江北行省平章伯颜奏言:"蔡州去汴梁地远,凡事稽误,宜升散府。"朝廷予以批准。于是,升为汝宁府,直隶河南行省,又将息州、颍州、信阳、光州四州划属。大德八年正月重新设遂平县③。于是,汝宁府领汝阳、上蔡、西平、确山、遂平五县,颍州、息州、光州、信阳四州。州领十县。

汝阳县,宋属蔡州,上县。金仍为蔡州属县。元初废,后因蔡州治所在,复置,下县。

上蔡县,宋属蔡州,上县。金仍为蔡州属县。元为下县。

西平县,宋属蔡州,中县。金仍为蔡州属县。元为下县。

确山县,宋属蔡州,中县。金仍为蔡州属县。元为下县。

遂平县,宋属蔡州,中县。金仍为蔡州属县。元为下县,元初省入汝阴,后复置。

颍州,下州。唐初为信州,后改为汝阴郡,又改颍州。宋升顺昌府。金复为颍州,属南京路,辖汝阴、颍上、太和、沈丘四县。至元二年,省并四属县及录事司入本州。后复立太和、沈丘、颍上三县。至元三十年后,本州划属汝宁府。

息州,下州。唐初为息州,后为新息县,隶蔡州。宋因袭。金复置息州,辖

---

① 《紫山大全集》卷11《赵侯昴斋记》。
② 《元史》卷100《兵志三》、卷12《世祖纪九》。
③ 《元史》卷21《成宗纪四》。

新息、新蔡、真阳、褒信四县。《元史》卷59《地理志二》云,中统三年(1262),李璮叛乱发生,息州一度废罢。四年复置。卷5《世祖纪二》载:"中统三年十二月乙丑,复立息州城以安其民。"当谓息州废而复立之事。《地理志二》又云,至元三年,四属县并入本州。卷6《世祖纪三》则说:"至元三年秋七月丙申,罢息州安抚司","至元四年秋七月戊戌,罢息州安抚岳林,以其民隶南京路。"按,元代之安抚司大抵与直隶省部之州和散府地位相近。所以,简化其州县层级,似乎和罢息州安抚司意义一致,都是降低或取消了息州直隶省部的地位。息州安抚司废罢以后的相当长的时间内,由于其类似直隶省部之州的地位不复存在,息州降为南京路的属州,"其民"也只能"隶南京路"了。直到至元三十年后息州划属汝宁府,才重新管辖新蔡、真阳二县。

新蔡县,宋属蔡州,中县。金先为蔡州属县,后改属息州。元为下县。

真阳县,宋属蔡州,中县。金先为蔡州属县,后改属息州。元为下县。

光州,下州。唐为光州,一度改弋阳郡。宋升光山军,属淮南西路。至元十二年归附后,光州隶属蕲黄宣慰司。二十三年八月,黄州、蕲州划属湖广行省,光州改属隶淮西宣慰司①。三十年,隶属汝宁府。领定城、固始、光山三县,与南宋相同。

定城县,宋为上县。入元仍属光州。

固始县,宋为望县。宋末兵乱,治所迁徙不定,至元十二年,恢复旧治。下县。

光山县,宋为中下县。宋末兵乱地荒,至元十二年复立旧治。下县。

信阳州,下州。唐初为申州,又改义阳郡。宋先后为义阳军和信阳军。金朝灭亡,宋、蒙直接军事对峙,兵乱地荒四十余年。至元十四年,改立信阳府。十五年,改为信阳州。二十年,因属县罗山地处驿站要冲,徙州治于该县治所,而移县治于西南,号罗山新县。本州至元七年户数为3 414户,比宋崇宁年间减少大半。领罗山、信阳二县。

罗山县,宋为中下县。元为信阳州倚郭县。

信阳县,宋为中下县。元为信阳州属县②。

与金蔡州比较,元汝宁府的变动有三:一是州升为府和易名汝宁府,二是直属县六减为五,三是息州、颍州、信阳、光州四州划属。地盘虽然扩大,由于

---

① 《元史》卷59《地理志二》说:至元"二十三年,同蕲、黄等州,直隶行省"。所言比较含混,今从《世祖纪十一》。
② 以上据《宋史》卷85《地理志一》、卷88《地理志四》;《金史》卷25《地理志中》;《元史》卷59《地理志二》;《元一统志》卷3《河南江苏等处行省》。

战乱,户口数却相当于金蔡州的七分之一。

另外,元初曾设立息州总管府,管领归附民 6 300 余户。后来又会同寿、颍归附民改置汴梁等路管民总管府,一并隶属于徽政院位下①。此息州总管府管领的归附民 6 300 余户,应该是汝宁府及息州所辖民户以外的投下户,不在汝宁府户口数内。

五、归德府

归德府(治所在今河南商丘市南),至顺年间钱粮户数为 23 317 户。唐为宋州,又为睢阳郡。宋为应天府,归德军节度。金为归德府。金灭亡后,南宋收复。归德归附蒙元王朝和复立为府,与张子良在当地的经略活动分不开。窝阔台汗十年(1238),范阳人张子良率泗州西城军民十万余降蒙古。归德一带和亳州酂县,也相继归降。窝阔台汗任命张子良为京东行尚书省兼都总帅,管辖所在民户,不久废罢。蒙哥汗二年(1252),蒙哥汗开始在当地设立归德府及州、县机构,抚定新归附的民户,张子良改任归德府总管。元初近十年间,归德府所辖民户大多是张子良在战乱中招集抚定的,与张子良维持着私人隶属关系。直到至元七年张子良调任大名路总管,"元管户"才正式改属州县有司②。归德府原领宋城、宁陵、下邑、虞城、谷熟、砀山等六县,至元二年,将位于枯黄河以北的虞城、砀山二县,割属济宁府。又省并谷熟入睢阳,省并酂县入永州,降永州为永城县。这样,归德府的属县就减少为睢阳、永城、下邑、宁陵四个。至元八年,划宿州、亳州、徐州、邳州隶属归德府。史称:"归德为郡,南控江淮,北临大河,沃壤方数千里。"③河南行省建立后,归德府一直是直隶行省的散府。领睢阳、永城、下邑、宁陵四县,徐、宿、邳、亳四州。州领八县。

睢阳县,宋曰宋城,赤县。金曰睢阳。元为下县,倚郭。

永城县,下县。

下邑县,宋为畿县。金为归德府属县。元为下县。

宁陵县,宋为畿县。金为归德府属县。元为下县。

徐州,下州。唐为徐州,又改彭城郡和武宁军。宋因袭,属京东西路。金属山东西路。金灭亡后,南宋收复。至元二年,因户口数较少,例降下州。原辖彭城、萧县、永固三县及录事司,此时永固并入萧县,彭城和录事司并入本

---

① 《元史》卷 89《百官志五》。
② 《元史》卷 152《张子良传》。
③ 《滋溪文稿》卷 2《归德府新修谯门记》。

州。省并的结果是，徐州所领仅有一萧县。

萧县，宋为望县。元为下县。至元二年一度并入徐州，十二年复立。

"徐之为郡，控扼南北，被山带河以为固，其人悍勇尚力，盖自古用武之地也。汉晋皆号重镇。"元末农民战争中，徐州的军事政治地位凸显出来，曾经升格为路。

顺帝至正八年（1348）六月，沂莒一带爆发农民起义，"横行曹、濮、滑、浚、相、卫诸郡"。至正七年冬季，朝廷派遣工部尚书偰哲笃和同佥枢密院事蔡受益前往视察。鉴于"盗贼"出没的"徐宿滕峄之境，徐宿则隶归德，滕峄隶益都，远者相去六七百里，近者一二百里，每闻盗发，必请命于大府，大府又请命于朝廷，然后出号令，调士卒，盗已劫卤而去"的情形，偰哲笃和蔡受益奏请升徐州为路。顺帝予以批准，又把"地皆与徐相错"的滕、峄、邳、宿四州划拨徐州管辖。六日后，任命同知浙东道宣慰司事卜颜秃为达鲁花赤，海道府副万户雷好义为总管。按照偰哲笃和蔡受益的建议，徐州路增置彭城县，管辖"负郭之民"，"迁滕之滕县于薛城，裂滕之西南四乡治之，东北六乡，滕自治之"。又调扬州一万户及阿速军五百屯戍徐州。其公文行移也可以直达中书省六部，"爵秩之崇，任使之重，省宪临制之近，官属承奉之勤，可谓盛矣"。然而，时至至正十三年四月，元廷又下令："降徐州路为武安州，以所辖县属归德府，其滕州、峄州仍属益都路。"①徐州路仅仅维持了不足五年。徐州路之所以在至正十三年四月重新降为归德府之属州，主要是因为徐州一带的芝麻李红巾军已经被脱脱率军镇压下去，徐州的军事政治地位随而降低。至于更名"武安州"，则是为了给脱脱纪功著绩②。

宿州，中州。唐为宿州。宋升保静军，属淮南东路。金为宿州，置防御使。金灭亡后，南宋收复。至元八年划属归德府。原领临涣、蕲县、灵壁、符离四县及司候司，至元二年四县、一司并入本州。四年，灵壁县一度划属泗州，十七年回归宿州。领灵壁一县。

灵壁县，宋始置。金仍为宿州属县。元为下县。

关于元代宿州的风俗形势，元人云："宿州喜学问，从教化，虽兵革之余，犹有是心。"③

邳州，下州。唐初为邳州，后废罢，其地改属泗州，又属徐州。宋置淮阳

---

① 《滋溪文稿》卷3《新升徐州路记》；《元史》卷43《顺帝纪六》。
② 《元史》卷138《脱脱传》。
③ 《元一统志》卷3《河南江北等处行中书省》。

军。金复为邳州。金灭亡后,南宋收复。元初以民户数少,三属县并入本州。至元八年划属归德府。十二年复置睢宁、宿迁两县,隶属淮安路。十五年还归本州。领下邳、宿迁、睢宁三县。

下邳县,宋属淮阳军,望县。金为邳州属县。元为本州治所,下县。

宿迁县,宋属淮阳军,中县。金为邳州属县。元为下县。

睢宁县,金兴定二年(1218)以宿迁县之古城置,隶属泗州。元为下县。

与前朝类似,元邳州同样屡遭烽烟战乱。元人周权诗可为证:"百战残城古下邳,白门楼下草凄凄。古来多少英雄恨,落月城头乌夜啼。"①

亳州,下州。唐初为亳州,一度改谯郡。宋仍为亳州,又升集庆军,属淮南东路。金为亳州,隶南京路。金灭亡后,南宋收复。元初领谯、鄢、鹿邑、城父、卫真、谷熟六县。后以民户数少,省并城父入谯县,卫真入鹿邑,谷熟入睢阳,鄢县入永城。而睢阳、永城又割隶归德府。后重新设立城父。结果,本州领谯县、鹿邑、城父三县。

谯县,宋隶亳州,望县。金为亳州倚郭县。元为下县。

鹿邑县,宋隶亳州,紧县。金为亳州属县。元为下县。

城父县,宋隶亳州,望县。金为亳州属县。元为下县②。

另,在蒙宋战争中,汉世侯张柔所属万户长期驻戍亳州一带,后来此万户一直被称为亳州万户③。

与管辖六县的金归德府比较,元归德府虽然名称依旧,但地盘扩大至管领四县、四州,州又领八县。由于长期战乱,其户口则比金归德府减少一半以上。

六、襄阳路

襄阳路(治所在今湖北襄阳市襄阳城),至顺年间钱粮户数为5 090户。唐初为襄州,后改襄阳郡。宋为襄阳府,属京西路。至元十年,元军攻克樊城,襄阳守将吕文焕降。元廷废罢宋京西安抚司,设立河南等路行中书省,改襄阳府为散府。不久,行省废罢。后来,又暂时设立荆湖行枢密院和荆湖行省。至元十一年,改襄阳府为路总管府。十九年,均州、房州和光化、枣阳二县割属本路。领一录事司,襄阳、南漳、宜城、谷城、光化、枣阳六县,均州、房州二州。州领四县。

襄阳县,宋属襄阳府,紧县。元为襄阳路倚郭县,下县。

---

① 《此山诗集》卷10《邳州》。
② 以上据《宋史》卷85《地理志一》、卷88《地理志四》;《金史》卷25《地理志中》;《元史》卷59《地理志二》;《元一统志》卷3《河南江北等处行中书省》。
③ 《元朝名臣事略》卷6《万户张忠武王》、《元帅张献武王》。

南漳县，宋属襄阳府，中下县。元为下县。

宜城县，宋属襄阳府，中下县。元为下县。

谷城县，宋属襄阳府，紧县。元为下县。

光化县，宋立光化军。至元十四年，元军设官置县，隶属南阳府。十九年割属本路。

枣阳县，地处宋、蒙军事对峙前线。蒙哥汗六年(1256)蒙古军开始修筑枣阳城堡，还屯驻重兵于枣阳，由此形成了枣阳汉军万户①。至元十四年，枣阳县隶属南阳府。十九年割属本路。

均州，下州。唐初为均州，又为武当郡。宋为均州，后升武当军，属京西南路。至元十二年，江陵归附，一度割隶湖北道宣慰司。十九年，回归襄阳路。领武当、郧县二县。

武当县，宋属均州，上县。元初，兵乱迁治无常，至元十四年恢复设置。下县。

郧县，宋名郧乡县，属均州，上县。元初，兵乱迁治无常，至元十四年恢复设置。下县。

房州，下州。唐初为迁州，后为房州，又改房陵郡。宋仍为房州，又置保康军。至元十二年，知州黄思贤纳土。十九年割属襄阳路。房州的四至八到为：东北至上都三千九百五十里，东北至大都三千一百五十里。东北至本路五百里。东至南漳县界山二百二十里，南至均州房陵乡山界二百四十里，西至金州尹店江界二百九十里，北至均州界山一百八十里。东到南漳县四百一十里，南到归州四百五十里，西到金州五百七十里，北到均州二百七十里。东南到峡州夷陵县四百二十里，东北到谷城县二百六十里，西南到归州兴山县三百五十里，西北到金州白土关三百三十里。领房陵、竹山二县。

房陵县，唐初为光迁县，又改房陵县。宋仍为房陵县，上县。元还县于旧治，下县。下辖修文乡、宜阳乡、夏半乡、房陵乡、礼仪乡五乡。其四至八到为：东北至上都三千九百五十里，东北至大都三千一百五十里。东北至本路五百里。东至南漳县界山二百二十里，南至均州房陵乡山界二百四十里，西至竹山县倒驴坡八十里，北至均州界山一百八十里。东到南漳县四百一十里，南到归州四百五十里，西到金州五百七十里，北到均州二百七十里。东南到峡州夷陵县四百二十里，东北到谷城县二百六十里，西南到归州兴山县三百五十里，西北到金州白土关三百三十里。

---

① 《元史》卷148《董俊传》、卷99《兵志二·镇戍》。

竹山县,宋属房州,下县。元为下县。有宝丰镇。其四至八到为：东北至上都四千六十里,东北至大都三千二百六十里。东北至本路六百二十里。东至本州一百二十里,东至房陵县倒驴坡界五十里,南至归州界山六百里,西至金州尹店江界二百二十里,北至均州界山八十里。东到房陵县一百二十里,南到归州五百六十里,西到金州四百五十里,北到均州郧县二百八十里。东南到峡州夷陵县六百三十里,东北到谷城县六百六十里,西南到归州兴山县四百八十里,西北到金州白土关二百一十里①。

关于襄阳路地理形势和军事上的重要性,元人虞集云："襄在荆豫之交,水陆之会,自古形胜之国也。"全国统一后,元廷依然长期在襄阳路屯戍两个万户的兵马②。

与宋襄阳府比较,元之襄阳路不仅由府升路,地盘辖区也从管领六县扩大至二州、十县(包括州领县)。其户口则不及以前的十分之一。

第三节　淮西五路沿革

一、蕲州路

蕲州路(治所在今湖北蕲春县蕲州镇),下路。至元二十七年(1290)户数为39 190户。唐为蕲州,一度改蕲春郡。宋仍为蕲州,防御州,隶淮南西路。至元十二年归附,立淮西宣抚司。十四年改路总管府,设录事司。二十三年直隶湖广行省。二十九年正月,蕲州路与淮西其他四路一并划属河南行省。至正十二年(1352)闰三月,以上五路又改隶新成立的淮南江北等处行中书省③。

领一录事司,及蕲春、蕲水、广济、黄梅、罗田五县。

蕲春县,宋为蕲州属县,望县。元为蕲州路倚郭县,中县。

蕲水县,宋为蕲州属县,望县。元为中县。

广济县,宋为蕲州属县,望县。元为中县。窝阔台汗九年(1237)蒙古军略地蕲黄,本县治迁徙长江中洲。归附后恢复旧治。

黄梅县,宋为蕲州属县,上县。元为中县。窝阔台汗九年蒙古军略地蕲

---

① 以上据《宋史》卷85《地理志一》、卷88《地理志四》;《金史》卷25《地理志中》;《元史》卷59《地理志二》;《元一统志》卷3《河南江北等处行中书省》。
② 《道园学古录》卷37《襄阳路南平楼记》。
③ 《元史》卷14《世祖纪十一》至元二十三年八月丙申、卷17《世祖纪十四》至元二十九年正月丙午、卷42《顺帝纪五》至正十二年闰三月乙酉。

黄，本县同样治迁徙长江中洲。归附后恢复旧治。

罗田县，宋为蕲州属县。元为下县。宋末因战乱废罢，归附后恢复①。

与宋蕲州比较，元蕲州路管辖范围仍然是蕲春等六县，变动的是州升路及录事司设置。户口则减少近三分之二。

二、黄州路

黄州路（治所在今湖北黄冈市黄州区），下路。至元二十七年户数为 14 878 户。唐为黄州，一度改齐安郡。宋仍为黄州，团练军州，隶淮南西路。至元十二年归附。十四年，立路总管府。同年十月，另设宣慰司于黄州②。十八年定为黄蕲州宣慰司治所。二十一年二月黄蕲州宣慰司并入淮西道。二十三年宣慰司废罢，黄州路直隶湖广行省。二十九年正月，划属河南行省③。另，至元三十年十一月德安府一度改隶黄州路④。领一录事司，黄冈、黄陂、麻城三县。

黄冈县，宋属黄州，望县。元为黄州路治所，中县。

黄陂县，宋属黄州，上县。元为下县。窝阔台汗九年蒙古军略地蕲黄，本县侨治鄂州青山矶。入元，恢复旧治所。

麻城县，宋属黄州，中县。元为下县。窝阔台汗九年蒙古军略地蕲黄，本县侨治什子山。入元，恢复旧治所⑤。

与宋黄州比较，元黄州路依旧管辖黄冈等三县，变化的是州升路及录事司设置。户口则减少近六分之五。

三、庐州路

庐州路（治所在今安徽合肥市），上路。至元二十七年户数为 31 746 户。唐改庐江郡，复为庐州。宋仍为庐州，置淮南西路。至元十三年，设淮西总管府。十四年，立庐州路总管府，隶属淮西道。二十八年正月，降无为、和州二路及六安军为州，一并隶属庐州路。又降巢州为巢县，隶属无为州⑥。领一录事

---

① 以上据《宋史》卷88《地理志四》；《元史》卷59《地理志二》；《元一统志》卷3《河南江北等处行中书省》。
② 《元史》卷9《世祖纪六》。
③ 《元史》卷13《世祖纪十》至元二十一年二月丁未、卷14《世祖纪十一》至元二十三年八月丙申、卷17《世祖纪十四》至元二十九年正月丙午。
④ 《元史》卷17《世祖纪十四》至元三十年十一月壬子朔。
⑤ 以上据《宋史》卷88《地理志四》；《元史》卷59《地理志二》；《元一统志》卷3《河南江北等处行中书省》。
⑥ 《元史》卷16《世祖纪十三》至元二十八年春正月辛酉。

司,合肥、梁县、舒城三县,和州、无为、六安三州。州领八县。在淮西道宣慰司设立期间,庐州路是其治所。庐州路还一直是淮西江北道肃政廉访司的治所。

合肥县,宋隶庐州,上县。元为庐州路倚郭县,上县。

梁县,宋隶庐州,中县。元仍为中县。

舒城县,宋隶庐州,下县。元为中县。

和州,中州。唐为历阳郡,后仍为和州。宋为和州,防御州,隶淮南西路。至元十三年,置镇守万户府。十四年,改立安抚司。十五年,升和州路。二十八年,降为州,隶属庐州路。原设录事司,随之入本州自治。领历阳、含山、乌江三县。

历阳县,宋为紧县。元为和州倚郭县,上县。

含山县,宋为中县。元仍为中县。

乌江县,宋为中县。元仍为中县。

无为州,中州。唐隶光州。宋始以庐州巢县城口镇置无为军。至元十四年,升为路。二十八年降为州,隶属庐州路。又降巢州为巢县,隶属本州。领无为、庐江、巢县三县。

无为县,宋为望县。元为无为州倚郭县,上县。

庐江县,宋为望县。元为中县。

巢县,宋为望县。元为下县。

六安州,下州。唐以霍山县置霍州,后州废,仍为霍山县。宋改六安军。至元十二年归附。二十八年降为县,隶属庐州路,后升为州。领六安、英山二县。

六安县,宋为中县。元仍为中县。

英山县,原本蕲州罗田县东乡地。宋咸淳以后立为英山县,属六安军。元仍属六安州,中县①。

与宋庐州比较,元庐州路管辖的地盘范围扩大许多,即由合肥等三县扩张到三州、十一县(包括州领县),还有州升路及录事司的设置。户口则减少三分之二。

此外,元末燕铁木儿弟撒敦曾受封庐州路为食邑②。

四、安丰路

安丰路(治所在今安徽寿县),下路。至元二十七年户数为17 992户。唐

---

① 以上据《宋史》卷88《地理志四》;《元史》卷59《地理志二》;《元一统志》卷3《河南江北等处行中书省》;《明一统志》卷14。

② 《元史》卷38《顺帝纪一》至顺四年冬十月乙酉。

初为寿州，后改寿春郡。宋为寿春府，又以安丰县为安丰军，后迁安丰军于寿春府。至元十四年，改安丰路总管府。十五年，定为散府，领寿春、安丰、霍丘三县。二十八年，重新升格为路。降临濠府为濠州，与下蔡、蒙城二县一并隶属安丰路。大德元年(1297)二月，设录事司①。领一录事司，寿春、安丰、霍丘、下蔡、蒙城五县，一濠州。州领三县。

寿春县，宋为寿春府倚郭县，紧县。元为安丰路倚郭县，中县。

安丰县，宋为望县。元为下县。至元二十一年，根据江淮行省的建议，元廷批准在安丰县芍陂设立屯田万户府，屯户14 800余。

霍丘县，宋为望县。元为下县。

下蔡县，宋为紧县。元为下县。

蒙城县，宋属亳州，望县。至元二十八年划属安丰路。下县。

濠州，下州。唐为濠州，一度改钟离郡。宋仍为濠州，团练州。初隶淮南路，后隶淮南西路。该州阻淮带山，与寿春俱为淮南险郡。至元十三年归附，设濠州安抚司。十五年，定为临濠府。二十八年，复为濠州，降怀远军为怀远县，改属濠州。领钟离、定远、怀远三县。

钟离县，宋为望县。元为濠州倚郭县，下县。

定远县，宋为望县。元为下县。

怀远县，宋为怀远军，领荆山一县。至元二十八年，降军为县，改隶濠州。荆山县省并②。

关于元代安丰路的地理风俗，元人马祖常云："安丰，全楚东境，州来之郊。其土广衍，其物阜大，其民质实，力穑而勤。宋失国，南播江表，尝恃其人以扼兵冲，故百年间人俗犷悍。"③由于长期充任南宋政权"扼兵冲"的要地，宋元之际的安丰政治军事地位比较重要。安丰路一带的风俗也随而变得"犷悍"起来。

与宋安丰军(寿春府)比较，元之安丰路不仅由军改路和增设录事司，地盘辖区也从管领四县扩大至一州、八县(包括州领县)。其户口则不及七分之一。

此外，元末安丰路还被封授给权相脱脱为食邑④。

---

① 《元史》卷19《成宗纪二》大德元年二月庚申。
② 以上据《宋史》卷88《地理志四》；《元史》卷59《地理志二》、卷16《世祖纪十三》至元二十八年春正月辛酉；《元一统志》卷3《河南江北等处行中书省》。
③ 《石田集》卷10《安丰路孔子庙碑》。
④ 《元史》卷138《脱脱传》；《伊滨集》卷13《封郑王诏》。

五、安庆路

安庆路(治所在今安徽安庆市),下路。至元二十七年户数为35 106户。唐为东安州,曾改舒州和同安郡。宋为安庆府。至元十三年立安抚司。十四年,改安庆路总管府,属蕲黄宣慰司。二十三年八月,蕲黄宣慰司废罢,改属淮西宣慰司。后淮西宣慰司亦罢,直隶河南行省。该路还设有安庆汉军下万户府①。领一录事司,怀宁、宿松、望江、太湖、桐城、潜山六县。

怀宁县,宋为上县,元为中县。

宿松县,宋为上县,元为中县。

望江县,宋为上县,元为下县。

太湖县,宋为上县,元为中县。

桐城县,宋为上县,元为中县。

潜山县。至治三年(1323)新立②。

与宋安庆府比较,元安庆路管辖范围大体依旧,变动的是府升路及录事司设置,还增设一潜山县。户口则减少三分之二以上。

第四节 淮东道所属二路、一府沿革

一、扬州路

扬州路(治所在今江苏扬州市),上路。至元二十七年(1290)户数为249 466户。唐初为南兖州,又改邗州和广陵郡,后复为扬州。宋为淮南东路所在。至元十三年,建大都督府,又置江淮等处行中书省。十四年,改立扬州路总管府。十五年十一月,江淮等处行中书省迁往杭州,置淮东道宣慰司,扬州路受其管辖。十九年因江淮行省迁回扬州,罢淮东宣慰司,以扬州路总管府直隶行省。二十一年,江淮行省再迁杭州,复立淮东宣慰司,统辖扬州、淮安二路。扬州路管领高邮府及真、滁、通、泰、崇明五州。二十三年,江淮行省第二次迁回扬州,淮东宣慰司随而废罢。扬州路所属依旧。二十八年,设立河南江北等处行中书省,移治汴梁路。又重新置淮东宣慰司,割出高邮府为散府,直隶宣慰司。于是,扬州路管领一录事司,江都、泰兴二县,真、滁、通、泰、崇明五

---

① 《元史》卷14《世祖纪十一》、卷99《兵志二·镇戍》。
② 以上据《宋史》卷88《地理志四》;《元史》卷59《地理志二》;《元一统志》卷3《河南江北等处行中书省》。

州。州领九县。扬州路还是江北淮东道肃政廉访司的治所。

江都县,宋属扬州,紧县。元为扬州路倚郭县,上县。

泰兴县,宋属扬州,中县。元为上县。

真州,中州。五代以前属扬州。宋以迎銮镇置建安军,又升为真州。至元十三年,先置真州安抚司。十四年,改立真州路总管府。二十一年复为州,隶属扬州路。领扬子、六合二县。

扬子县,宋为中县。元为真州倚郭县,上县。至元二十年,录事司并入本县。

六合县,宋为望县。元为下县。

滁州,下州。唐初析扬州地置滁州,又改永阳郡,又复为滁州。宋仍为滁州。至元十五年,改滁州路总管府。二十年复为州,隶属扬州路。领清流、来安、全椒三县。

清流县,宋为望县。元为中县。至元十四年,录事司并入本县。

来安县,宋为望县。元为下县。

全椒县,宋为紧县。元为中县。

泰州,上州。唐曾于海陵县置吴州。南唐改泰州。宋仍为泰州。至元十四年,立泰州路总管府。二十一年改为州,隶属扬州路。领海陵、如皋二县。

海陵县,宋为望县。元为泰州倚郭县,上县。

如皋县,宋为中下县。元为上县。

通州,中州。唐属扬州。南唐于海陵县东境置静海镇。后周改通州。宋改静海郡。元至元十五年,改通州路总管府。二十一年复为州,隶属扬州路。领静海、海门二县。

静海县,宋为望县。元为通州倚郭县,上县。

海门县,宋为望县。元为中县。

崇明州,下州。原本是通州海滨之沙洲,宋代渐渐有人居住。又置盐场。至元十四年升为崇明州①。

与宋扬州比较,元扬州路管辖的地盘范围扩大许多,即由江都等三县扩张到五州、十一县(包括州领县),还有州升路及录事司的设置。户数也增加十九万余户。诚然,元扬州路地盘的扩大,与宋淮南东路的原有设置也有一定关系。

---

① 以上据《宋史》卷88《地理志四》;《元史》卷59《地理志二》;《元一统志》卷3《河南江北等处行中书省》。

二、淮安路

淮安路(治所在今江苏淮安市),上路。至元二十七年户数为 91 022 户。唐为楚州,一度改临淮郡。宋为楚州。至元十三年行淮东安抚司。十四年,改立总管府。领山阳、盐城、淮安、淮阴、新城、清河、桃园七县,设置录事司。二十年升为淮安府路,省并淮安、新城、淮阴三县入山阳,兼领临淮府、海宁州、泗州和安东州。而盱眙、天长、临淮、虹、五河、赣榆、朐山、沭阳八县各归所属。二十七年,废罢临淮府,盱眙、天长二县划属泗州。于是,本路领一录事司,山阳、盐城、桃园、清河四县,海宁、泗州、安东三州。州领八县。

山阳县,宋为望县。至元十二年,安东州先行归附,以本县马罗军寨作山阳县。二十年,省淮安、新城二县入本县。上县。

盐城县,宋为上县。元仍为上县。

桃园县,下县。

清河县,原为泗州清河口,宋立清河军。至元十五年,改清河县。下县。

海宁州,下州。唐为海州。宋仍为海州,隶淮南东路。南宋若干年间,归属金朝山东路。元至元十五年升格为海州路总管府。又改海宁府。不久,降为海宁州,二十九年六月,正式隶属淮安路①。初期设置的录事司,也在二十年与东海县一起并入朐山县。领朐山、沭阳、赣榆三县。

朐山县,宋为紧县。元为中县。

沭阳县,宋为中县。元为下县。

赣榆县,宋为怀仁县,中县。金大定七年(1167),更名赣榆。元仍名赣榆。下县②。

泗州,下州。唐改临淮郡,复为泗州。宋仍为泗州,隶淮南东路。南宋初入金,后复归南宋。至元十三年,降为下州。十七年,改隶淮安路。入元之初,领临淮、淮平、虹县、灵壁、睢宁五县。至元十六年,割睢宁属邳州。十七年,割灵壁属宿州,以五河县来属。二十一年,并淮平入临淮。二十七年,废临淮府,以盱眙、天长二县来属。于是,本州领临淮、虹县、五河、盱眙、天长五县。

临淮县,宋隶泗州,上县。元为下县。

虹县,南宋隶泗州,中县。元为下县。

五河县,宋隶淮安军,入元之初属临淮府,至元十七年来属。下县。

---

① 《元史》卷 17《世祖纪十四》。
② 《金史》卷 25《地理志中》。

盱眙县,南宋为招信军。至元十三年,行招信军安抚司事,领盱眙、天长、招信、五河四县。十四年,置招信路总管府。十五年,改临淮府。十七年,以五河改属泗州。二十年,并招信县入盱眙。二十七年,废临淮府为盱眙县。

天长县,南宋隶招信军,望县。入元之初属招信路和临淮府。二十七年,改属泗州。中县。

安东州,下州。宋先为涟水军,多次废为县,后改安东州。元至元二十年左右,隶淮安府路。二十九年六月正式隶属淮安路①。

与宋楚州比较,元淮安路管辖的地盘范围扩大颇多,即由山阳等四县扩张到三州、十二县(包括州领县),还有州升路及录事司的设置。户数也增加一万余户。

此外,元末海宁州和淮安路先后被封授给武宁王彻彻笃、权相脱脱为食邑②。

三、高邮府

高邮府(治所在今江苏高邮市),至顺年间钱粮户为 50 098 户。唐为县。宋升为高邮军。元至元十四年,升为高邮路总管府。领录事司和高邮、兴化二县。二十年,降安宜府为宝应县,改属本府。后又改高邮路为府,隶属扬州路,其录事司亦省并。当地吏民普遍不满高邮府隶属扬州路的状况,大德年间,委派怯薛宿卫出身的高邮府判官李拱辰乘驿上奏,得到朝廷批准,高邮府以散府直隶淮东宣慰司③。领高邮、兴化、宝应三县。

高邮县,宋为望县。元为上县。

兴化县,宋为紧县。元为中县。

宝应县,南宋末为宝应军。至元十六年,改为安宜府。二十年,废安宜府为宝应县,改属高邮府。上县④。

与宋高邮军比较,元高邮府略有变化,主要表现是军改散府和宝应县划属。户数则增加近三万户。

另外,元顺帝初,高邮府曾被封赏权臣伯颜为食邑⑤。

---

① 以上据《宋史》卷 88《地理志四》;《元史》卷 59《地理志二》、卷 17《世祖纪十四》;《元一统志》卷 3《河南江北等处行中书省》。
② 《元史》卷 35《文宗纪四》至顺二年春正月己亥、卷 42《顺帝纪五》至正十一年十一月。
③ 《文献集》卷 8 下《奉议大夫御史台都事李公墓志铭》。
④ 以上据《宋史》卷 88《地理志四》;《元史》卷 59《地理志二》;《元一统志》卷 3《河南江北等处行中书省》。
⑤ 《元史》卷 38《顺帝纪一》至顺四年冬十月乙酉。

第五节　荆湖北道所属二路、三府、一州沿革

一、中兴路

中兴路（治所在今湖北荆州市），上路。至元二十七年（1290）户数为170 682户。唐为荆州，后改江陵府。宋仍为江陵府，改荆南府，隶属荆湖北路。元至元十三年，改江陵路总管府。至元十二年夏至十四年春，廉希宪以右丞行省江陵期间，江陵路曾经是荆湖行省的治所。天历二年（1329），因文宗潜邸临幸，改为中兴。领一录事司，江陵、公安、石首、松滋、枝江、潜江、监利七县。

江陵县，宋为次赤县。元为上县。

公安县，宋为次畿县。元为中县。

石首县，宋为次畿县。元为中县。

松滋县，宋为次畿县。元为中县。

枝江县，宋为次畿县。元为下县。

潜江县，宋为次畿县。元为中县。

监利县，宋为次畿县。元为中县①。

与宋江陵府比较，元中兴路的辖区地盘没有变化，仍然是江陵等七县。稍有变动的是府改路及增设录事司。户数增加近九万户。

二、峡州路

峡州路（今湖北宜昌市西），下路。至元二十七年户数为37 291户。唐为峡州，一度改夷陵郡。宋仍为峡州，隶荆湖北路。后徙治所于长江南岸。至元十三年归附。十七年升为峡州路，迁回江北旧治所②。峡州路的四至八到是：东北至上都四千里，东北至大都三千一百里。东至江陵路松滋县界一百四十里，西至施州建始县界四百九十里，南至澧州石门县界二百五十里，北至襄阳路南漳县界三百七十里。东到江陵府二百七十里，西到施州六百三十里，南到澧州石门县二百五十里，北到襄阳府五百里。东南到澧州三百五十里，东北到荆门州三百五十里，西南到归州三百九十里，西北到襄阳府五百里。领夷陵、

---

① 以上据《宋史》卷88《地理志四》；《元史》卷59《地理志二》；《元一统志》卷3《河南江北等处行中书省》。

② 《元史》卷11《世祖纪八》至元十七年十二月丙申。

宜都、长阳、远安四县。

夷陵县,宋为中县,南宋末随州迁徙无定治。入元后,迁回江北旧治所,仍为中县。境内有长寿乡、安福北乡、仙寿乡、清风乡、东乡、西乡、西上乡、西下乡、境上东乡、境上西乡、境下乡、仙寿南乡、安福乡、江西上乡、长宁上乡、长宁下乡等十六乡。其四至八到是:东北至上都四千里,东北至大都三千一百里。东至荆门州当阳县界九十里,西至长阳县界九十五里,南至宜都县界四十里,北至远安县界一百五十里。东到荆门州一百九十里,西到长阳县九十五里,南到宜都县六十里,北到远安县一百五十里。东南到宜都县六十里,东北到远安县八十里,西南到长阳县四十五里,西北到归州一百一十里。

宜都县,宋为中县。元为下县。境内有长安乡、荆山乡、永和乡、南乡、北乡等五乡。其四至八到是:东北至上都三千九百一十里,东北至大都三千一十里。东北至本路九十里。东至江陵路松滋县界三十里,西至长阳县界八十里,南至江陵路枝江县界三十里,北至夷陵县界六十里。东到松滋县九十五里,西到长阳县八十里,南到枝江县三十里,北到夷陵县六十里。东南到松滋县五十里,东北到荆门州五百里,西南到长阳县一百里,西北到夷陵县一百里。

长阳县,宋为中县。元为下县。境内有仁凤乡、灵鹫乡、下鱼乡、上飞鱼乡、下飞鱼乡、长流乡、天芷上乡、天芷下乡、东团乡、西团乡、安宁乡、崇教乡、汉流乡、安德、就溪乡等十五乡。其四至八到是:东北至上都三千九百里,东北至大都三千一百九十里。东北至本路九十里。东至宜都县界一十里,西至施州建始县界一百九十五里,南至澧州石门县界一百五十里,北至夷陵县界五十里。东到宜都县二十里,西到建始县一百九十五里,南到澧州石门县一百五十里,北到夷陵县五十里。东南到宜都县七十里,东北到夷陵县六十里,西南到澧州慈利县一百七十里,西北到归州秭归县一百五十里。

远安县,宋为中县。元为下县。境内有上管乡、下管乡、东岸乡、丰泉乡、化俗乡、甘泉乡、蛮王乡等七乡。其四至八到是:东北至上都三千七百六十里,东北至大都三千一百六十里。西到本路二百四十里。东至襄阳府宜城县界六十里,西至夷陵县界四十里,南至荆门州当阳县界六十里,北至襄阳府南漳县界四十五里。东到宜城县六十里,西到夷陵县四十里,南到当阳县四十五里,北到南漳县四十五里。东南到当阳县二十四里,东北到南漳县六十里,西南到夷陵县八十里,西北到南漳县八十里[①]。

与宋峡州比较,元峡州路的辖区地盘没有变化,仍然是夷陵等四县。稍有

---

① 以上据《宋史》卷88《地理志四》;《元史》卷59《地理志二》;《元一统志》卷3《河南江北等处行中书省》。

变动的是州改路及增设录事司。户数则减少三千余户。

三、安陆府

安陆府(治所在今湖北钟祥市),至元二十七年户数为 14 665 户。唐为郢州,一度改富水郡。宋仍为郢州,隶京西南路。元至元十三年归附。十六年十二月,升为安陆府①。领长寿、京山二县。

长寿县,宋为上县。元为中县。

京山县,宋为下县。元为中县。南宋末因兵乱移治汉水之滨。至元十二年归附后,还旧治所②。

与宋郢州比较,元安陆府的辖区地盘没有变化,仍然是长寿、京山二县。唯一变动的是郢州改安陆府。户数则减少三分之二。

元末安陆府还被封赐给并王晃火帖木儿为食邑③。

四、沔阳府

沔阳府(治所在今湖北仙桃市沔城回族镇),至元二十七年户数为 17 766 户。唐为复州,一度改竟陵郡。宋仍为复州,端平二年(1235),移治于沔阳镇。元至元十二年归附,改复州路。十六年十二月,又改沔阳府④。领玉沙、景陵二县。

玉沙县,宋为下县。元为沔阳府倚郭县。中县。

景陵县,宋为紧县。元为中县。南宋末因兵乱迁徙无定所,入元后,还旧治⑤。

与宋复州比较,元沔阳府的辖区地盘没有变化,仍然是玉沙、景陵二县。唯一变动的是复州改沔阳府。

五、荆门州

荆门州(治所在今湖北荆门市),下州。至元二十七年户数为29 471户。唐为县。宋升荆门军,端平年间移治当阳县。元至元十三年归附,十四年升为

---

① 《元史》卷59《地理志二》云:至元十五年"升为安陆府"。卷10《世祖纪七》则说:至元十六年十二月丁酉"升沔阳、安陆各为府"。今从《世祖纪七》。
② 《宋史》卷85《地理志一》;《元史》卷59《地理志二》;《元一统志》卷3《河南江北等处行中书省》。
③ 《元史》卷36《文宗纪五》至顺三年三月庚辰。
④ 《元史》卷59《地理志二》云:至元十五年"升为沔阳府"。卷10《世祖纪七》则说:至元十六年十二月丁酉"升沔阳、安陆各为府"。今从《世祖纪七》。
⑤ 《宋史》卷88《地理志四》;《元史》卷59《地理志二》;《元一统志》卷3《河南江北等处行中书省》。

府。十五年迁府治于古城,降格为州。领长林、当阳二县。

长林县,宋为次畿县。元为上县。

当阳县,宋为次畿县。元为中县①。

与宋荆门军比较,元荆门州的辖区地盘没有变化,仍然是长林、当阳二县。唯一变动的是军改州。

六、德安府

德安府(治所在今湖北安陆市),至元二十七年户数为 10 923 户。唐为安州,一度改安陆郡。宋为德安府,咸淳年间徙治汉阳。元至元十三年归附,还旧治,隶属湖北道宣慰司。十八年,罢宣慰司,直隶湖广行省,为散府。二十九年正月,割隶河南行省。三十年十一月,一度隶属黄州路②。后直属荆湖北道宣慰司。领安陆、孝感、应城、云梦四县和随州。州领二县。

安陆县,宋为中县。元为下县。

孝感县,宋为中县。元为下县。

应城县,宋为中县。元为中县。

云梦县,宋为中县。元为下县。

随州,下州。唐为随州,一度改汉东郡。宋仍为随州,升崇信军节度,隶京西南路。后因兵乱迁徙无常。元至元十二年归附。十三年,即以黄仙洞为州治所。隶属德安府。领随县、应山二县。

随县,宋为上县。元为下县。

应山县,宋属德安府,中下县。元为下县③。

与宋德安府比较,元德安府的辖区地盘略有扩大,即在安陆等四县的基础上又囊括随州及其二县。

---

① 以上据《宋史》卷 88《地理志四》;《元史》卷 59《地理志二》;《元一统志》卷 3《河南江北等处行中书省》。
② 《元史》卷 17《世祖纪十四》。
③ 以上据《宋史》卷 85《地理志一》、卷 88《地理志四》;《元史》卷 59《地理志二》;《元一统志》卷 3《河南江北等处行中书省》。

第五章 陕西行省所辖路府州

第一节 陕西行省建置沿革概况

关于陕西行省的建立与沿革,《元史》卷91《百官志七》载:"陕西等处行中书省,中统元年(1260),以商挺领秦蜀五路四川行省事。三年,改立陕西四川行中书省。治京兆。至元三年(1266),移治利州。十七年,复还京兆。十八年,分省四川,寻改立四川宣慰司。二十年,立京兆宣慰司取代京兆行省。二十一年,仍合为陕西四川行省。二十三年,四川立行枢密院。本省所辖之地,惟陕西四路五府。"许有壬《陕西行中书省题名记》(以下简称《题名记》)说:"我元天造,立宣抚司以养以治。中统三年,始立陕西四川行中书省。至元二十三年,朝议分省四川,咨答转滞,改陕西行省,而四川自为省矣。中更王相府、宣慰司者一,尚书省者二,寻复其旧,此其大较也。"①

《百官志七》和《题名记》所云只是大概情况,其与《元史·本纪》等记载基本相符,但也互有出入。该行省建立与沿革的具体过程及相关问题,尚需要详细考订和阐述。

提起陕西行省的前身和源头,有必要附带说及蒙古蒙哥汗时期阿蓝答儿"理算钱谷"于"陕西行尚书省"。《元史》卷159《赵良弼传》载:"阿蓝答儿当国,惮世祖英武,谗于宪宗,遂以阿蓝答儿为陕西省左丞相,刘太平参知政事,钩校京兆钱谷。"《元朝名臣事略》卷7《平章廉文正王》所载略同。《元史》卷3《宪宗纪》虽未明言阿蓝答儿的职务,然所云"遣阿蓝答儿、脱因、囊加台等诣陕西等处理算钱谷","遣参知政事刘太平括兴元户口",恰与《赵良弼传》相合。如此看来,阿蓝答儿以和林副留守出任"陕西行尚书省"长官是确凿无疑的。前田直典认为此行尚书省与燕京行尚书省具有同等规格,多桑也赞同《赵良弼传》说。所言有一定道理,阿蓝答儿、刘太平二人毕竟都是受派遣到漠南执行

---

① 《至正集》卷42《陕西行中书省题名记》。

大汗旨意的蒙廷大臣。只是阿蓝答儿等并无断事官之称，格鲁塞又称之为"将军"①。其职司又重在钩考，带有临时性，这显然有别于燕京行尚书省或燕京等处三断事官。严格地说，《元史·赵良弼传》、前田直典和多桑所云陕西行尚书省，仅仅是燕京行尚书省的类同物，并非准确意义上的陕西行省的前身和源头。

陕西行省正式设立于元世祖中统元年八月，它的直接前身无疑是八春、廉希宪、商挺为首的陕西四川等路宣抚司。《题名记》将陕西行省正式设立时间误作中统三年，估计是采用《元史·地理志》的说法，没有把秦蜀行中书省与陕西四川行中书省视为一体。这段时间，陕西与四川合为一省，治所也有变化，况且陕西四川行中书省之称呼，中统二年八月已出现于《元史》卷2《世祖纪一》。在此前后，还有陕蜀行省、陕西行省和陕西五路西蜀四川行省等名称②。笔者拙见，秦蜀行中书省与中统三年"改立"的陕西四川行中书省以及陕蜀行省、陕西行省、陕西五路西蜀四川行省等，似乎是名异而实同，它们反映了当时陕西与四川合为一省及其名称不十分确定的实际情况。另，《元史》卷91《百官志七》言"中统元年，以商挺领秦蜀五路四川行省"，不十分准确。"秦蜀五路"说有误，谭其骧先生早有批评③。商挺仅为今行省事，显然失载了位居商挺之上的右丞廉希宪。相对而言，《元史》卷4《世祖纪一》所载中统元年八月"己酉，立秦蜀行中书省，以京兆等路宣抚使廉希宪为中书右丞，行省事"，比较可靠。故笔者采用此说。

陕西行省中统元年正式设立后，可分为与四川合为一省和至元二十三年单独设省两大阶段。第一阶段，前后变化稍大。后一阶段基本稳定，无甚变化，毋庸赘言。而陕西、四川合为一省的第一阶段，具体状况又可归纳为以下五个方面。

其一，迄至元十八年陕西与四川大抵合为一省，但至元元年八月陕西四川行中书省已经较早进入半固定行省的行列。与临时处理军政的行省不同的是，它有了较为稳定的统辖区，而且位于中书省直辖以外，设置时间比较长，统

---

① 《元朝行省の成立過程》，《史學雜誌》56编6号，1945年。《多桑蒙古史》则径直云"蒙哥遂召忽必烈还，命哈剌和林副长官阿蓝答儿代之，行省事于京兆"。参见冯承钧译本，上册，上海书店出版社，2001年，第269页。格鲁塞则比较谨慎地说："蒙哥……于1257年取消了忽必烈在河南和关中的封地，召他回来，并且命令将军阿蓝答儿往关中审查他的行政机构"。参见冯承钧译：《蒙古帝国史》，商务印书馆，1989年，第251页。
② 《元史》卷4《世祖纪一》中统二年八月甲寅、十二月壬寅，卷5《世祖纪二》中统三年六月壬寅，卷6《世祖纪三》至元六年九月辛未。
③ 谭其骧：《元陕西四川行省沿革考》，《禹贡》3卷6号，1935年。

辖节制权限明确。从至元元年起，赛典赤首次以平章政事担任陕西行省长官十年，元廷特意命令"陕西五路四川行院大小官属并听节制"①。前田直典认为，此时的陕西四川行省与蒙古国时期的燕京等处三断事官类似，可归属于"统治外地的行省"。元人李庭径称之为"陕西大行台"②。《元史》卷5《世祖纪二》至元元年八月乙巳条载：元廷还专门颁布了"陕西四川、西夏中兴、北京三处行中书条格"。此时，陕西行省防御西北叛王的使命也比较突出。史称，赛典赤"视事未几，遂有西北之警，中外恂惧，扰扰不安"。赛典赤"博参谋佐，选将练兵，授以方略，曾不逾月，而千里帖然"③。不过，陕西四川行省时而分为二，时而合为一，时而改置行枢密院或安西王相府，其官员仍带中书省宰执衔。在这个意义上，至元二十三年以前的陕西四川行省仍然带有部分临时性的印痕，只能算是半固定的行省。

其二，与安西王相府的交替存废。至元九年，忽必烈封嫡次子忙哥剌为安西王，出镇关中，设置王相府，其辖地和职权范围大致是"犍河之位，秦固内地。教令之加，于陇于凉，于蜀于羌……其大如军旅之振治，爵赏之予夺，威刑之宽猛，承制行之。自余商贾之征，山泽之产，盐铁之利，不入王府，悉邸自用"④。而且，在安西王忙哥剌受封六月后，陕西四川行省就被废罢⑤。王相府取代该行省而获得"承制"治军、命官、司法、征税等广泛权力。直到至元十七年亦即安西王忙哥剌死后第二年，陕西四川行省才重新恢复。原安西王相李德辉立即改任行省左丞⑥。在至元二十三年以前的二十七年间，陕西四川行省竟然因安西王相府的替代而被废罢近八年，接近这段时期的三分之一。《题名记》所载"中更王相府、宣慰司者一……寻复其旧"的前半，说的就是这桩事。成宗初虽然再次设立安西王相府，但根据成宗"赋税军站，皆朝廷所司，今姑从汝请，置王相府，惟行王傅事"的谕旨，其权力已经今非昔比，故此后的安西王相府就不再影响陕西行省的设置与权限了。

其三，与四川行枢密院的并存。因为攻略南宋的需要，元廷自中统四年开始设置四川行枢密院，治成都。至元十年，又在重庆增设东川行枢密院。十三年，合并为四川行枢密院。旋再设东川行枢密院。十六年，东、西川行枢密院

---

① 《元史》卷125《赛典赤·赡思丁传》。
② 《寓庵集》卷5《创建灞石桥记》。
③ 《寓庵集》卷5《廉泉记》。
④ 《牧庵集》卷10《延釐寺碑》。
⑤ 《元史》卷8《世祖纪五》至元十年四月辛丑。
⑥ 《元史》卷11《世祖纪八》至元十七年六月丁丑、七月己酉，卷91《百官志七》。同书卷163《李德辉传》云："置行中书省，以德辉为安西行省左丞。"此安西行省，当是陕西四川行省的别称。

废罢。至元二十一年,重新设立四川行枢密院①。也就是说,在中统元年至至元十年和至元十七年至二十三年之间,陕西四川行省与四川行枢密院是同时并存的。元廷还注意协调处于并存状态的陕西四川行省与四川行枢密院的关系。例如,至元初赛典赤·赡思丁担任陕西四川行省平章三年,军民户口和赋税增加,忽必烈降诏"赏银五千两,仍命陕西五路四川行院大小官属并听节制",还一度改四川行枢密院为行中书省,以原行省、行院官赛典赤和也速带儿共同负责②。

其四,治所变动与重在供应军需。同样是为着对南宋用兵,这段时期的陕西四川行省治所迁徙不定。中统年间,治所在京兆路。至元二年闰五月,移于兴元(今陕西汉中市)。三年,又南徙利州(今四川广元市)。五年,一度自利州迁还京兆,又以"陕西统军司兼领军民钱谷"。八年二月再徙兴元。十七年川蜀战事结束后,治所迁回京兆路③。沿袭中统年间四川行枢密院有专官负责军饷供应的先例,陕西四川行省的职司一度偏重于供应军需。如赛典赤·赡思丁曾奉命分镇四川,偕万户郑鼎水陆并进,佯攻嘉定,不久遵朝廷旨意"行省事于兴元,专给粮饷"④。

其五,前揭《题名记》还云:"中更王相府、宣慰司者一,尚书省者二。寻复其旧,此其大较也。"所谓"中更……宣慰司者一",是指至元二十年一度设置陕西汉中宣慰司,旋恢复行省⑤。提起改立"尚书省者二",人们很容易联想到阿合马、桑哥先后立尚书省而派生的陕西行尚书省。然而,武宗至大二年(1309)还有第三次"改行尚书省"⑥。所以,此处的改立"尚书省者二",应该限于至元二十三年以前。具体情况,一是指至元七年三月元廷依据阿合马的建议,一度改陕西五路西蜀四川行中书省为行尚书省,二是指至元八年九月"罢陕西五路西蜀四川行尚书省,以也速带儿行四川尚书省事于兴元,京兆等路直隶尚书

---

① 《元史》卷13《世祖纪十二》至元二十一年春正月庚午、卷86《百官志二》。
② 《元史》卷125《赛典赤·赡思丁传》、卷6《世祖纪三》至元三年十二月辛酉。
③ 《元史》卷6《世祖纪三》至元二年闰五月癸亥,至元五年七月丙子、壬子;卷7《世祖纪四》至元八年二月己亥;卷91《百官志七》。
④ 《元史》卷125《赛典赤·赡思丁传》。
⑤ 《元史》卷12《世祖纪九》至元二十年三月己未条载:"罢京兆行省。"同年十一月乙丑条载:"罢开成路屯田总管府入开成路,隶京兆宣慰司。"是证至元二十年后确实一度废罢陕西行省而改京兆宣慰司,后者又名陕西汉中道宣慰司。《勤斋集》卷3《元故承直郎甘州总管府判官李侯墓志铭》载:"陕西行省平章额森公宣慰陕西汉中,因又辟署。逮改行省事,独见留конечно。至元三十年,调承事郎同知郧州事。"《元史》卷60《地理志三》云:"(至元)二十一年,又以泾邠二州隶陕西汉中道宣慰司。"亦可为佐证。
⑥ 《元史》卷91《百官志七》。

省"①。前一次更改,只是名称改变,无实质意义。后一次改尚书省,则是牵涉陕西四川行省一分为二,四川部分自为四川行尚书省,陕西直隶朝廷尚书省。这应该是中统元年建立陕西四川行省后首次较大变更。然而,此次变更仅维持四月余,至元九年正月,不仅重新恢复行中书省的名称,而且"京兆复立行省"②。揆以"复立"二字及《题名记》"寻复其旧",人们或可以把《元史》卷7《世祖纪四》"京兆复立行省"句,理解为"复立"陕西四川行省。但是,卷8《世祖纪五》说至元十年四月辛丑载"罢四川行省",又增立东川、西川两行枢密院③,是证至元九年正月大抵是在四川行省之外另立陕西行省,直到一并被安西王相府所替代。此后多数时间,安西王相府又是与东川、西川行枢密院并存的。

另,《元史》卷91《百官志七》有"至元十八年以陕西行中书分省四川"的说法。揆以《元史》卷11《世祖纪八》至元十八年十二月辛亥"命西川行省④给万家奴所部兵仗"和卷12《世祖纪九》至元十九年九月壬申"命四川行省就遣亦奚不薛军前往招抚"蛮洞向世雄兄弟等,此说可以成立。《元史》卷12《世祖纪九》至元二十年三月己未载"罢京兆行省"。是证前揭《百官志七》说之实,至元二十年的确发生过一段陕西四川行省的短暂废罢。至元二十二年"西川行省"、"陕西行省"或"陕西四川行省"等不断见于史书⑤。正如谭其骧先生所论,至元二十二年陕西四川行省曾重新恢复其建置⑥。

还需要强调的是,至元二十三年以后虽然陕西和四川各自为行省的体制大体确定下来,但大德三年(1299)至七年间仍然再次发生二省合一的变动。这一点,《百官志七》和《题名记》漏记了。兹略作补述。

《元史》卷20《成宗纪三》大德三年二月丁巳条载:"罢四川、福建等处行中书省……置四川、福建宣慰司都元帅府及陕西汉中道肃政廉访司。"大德七年六月己丑条又载:"罢四川宣慰司,立四川行中书省。"是证至元二十三年以后仍然有大德三年至七年间四年零四个月四川省并入陕西行省的情况。元人萧𣂏云:元贞初担任四川省平章政事的赵弼,即因为"大德三年省革",而改任"平章政事议陕西行中书省事"。大德五年五月初五,赵弼"薨于安西顺义里私

---

① 《元史》卷7《世祖纪四》至元七年三月庚子、至元八年九月丙寅,卷91《百官志七》。
② 《元史》卷7《世祖纪四》至元九年春正月庚辰。
③ 《元史》卷8《世祖纪五》至元十年四月辛丑。
④ 《元史》中"四川行省"与"西川行省"互称。
⑤ 《元史》卷13《世祖纪十》至元二十二年二月丙午条云:"以荆湖行省所隶八番罗甸隶西川行省。"七月壬午条载:"陕西四川行中书省左丞汪惟正入见。"卷155《汪世显·汪惟正附传》则说,至元二十二年汪惟正"改授陕西行中书省左丞"。
⑥ 谭其骧:《元陕西四川行省沿革考》,《禹贡》3卷6号,1935年。

第之正寝"①。安西(路)是至元十六年到皇庆元年(1312)京兆路的官方称谓,说明赵弼在大德三年到五年已因四川省并入陕西行省引起的职务变动而在京兆路录事司顺义里置买"私第"长期居住。后者又是大德三年四川省暂时并入陕西行省的有说服力的一个佐证。

据《元史》卷60《地理志三》,陕西行省辖"路四,府五,州二十七,属州十二,属县八十八"。

第二节 奉元、延安、兴元三路沿革

一、奉元路

奉元路(治今陕西西安市),上路。蒙哥汗二年(1252)户数为33 935户。唐初为雍州,后改京兆府。宋为永兴军节度和京兆府。金为京兆府路。元中统三年(1262),设立陕西四川行省,治京兆。中统四年左右,史书中已经出现京兆路记载②。至元四年(1265)到七年前后,省并云阳县入泾阳,栎阳县入临潼,终南县入盩厔③。至元十六年十二月因皇子忙哥剌封安西王,改京兆路为安西路。皇庆元年(1312)二月,嗣安西王阿难答角逐皇位失败而被杀,改安西路为奉元路④。奉元路还是陕西等处行中书省和陕西诸道行御史台的治所。领一录事司,咸宁、长安、咸阳、兴平、临潼、蓝田、泾阳、高陵、鄠县、盩厔、郿县十一县,同州、华州、耀州、乾州、商州五州。州领十五县。

咸宁县,金属京兆府,倚郭。元为下县。

长安县,金属京兆府,倚郭。元为下县。

咸阳县,金属京兆府。元为下县。

兴平县,金属京兆府。元为下县。

临潼县,金属京兆府。元为下县。屯田1 020余顷。

蓝田县,金属京兆府。元为下县。

泾阳县,金属京兆府。元为下县。至元二年曾并入高陵县,三年复立。屯田1 020余顷。

高陵县,金属京兆府。元为下县。

---

① 《勤斋集》卷2《元故荣禄大夫平章政事议陕西等行中书省事赵公墓志铭》。
② 《元史》卷5《世祖纪二》中统四年八月癸亥。
③ 《元史》卷6《世祖纪三》至元四年十二月己卯、卷7《世祖纪四》至元七年四月己丑。
④ 《元史》卷10《世祖纪七》至元十六年十二月丁酉、卷24《仁宗纪一》皇庆元年二月辛未。

鄠县，金属京兆府。元为下县。

盩厔县，金属凤翔府。元为下县。

郿县，金属凤翔府。元初升郿州，增置柿林县。至元元年，降郿州为郿县，下县。废柿林县。

同州，下州。唐为同州，一度改冯翊郡。宋为定国军。金为同州，属中州，隶京兆府路。元仍为同州。领朝邑、郃阳、白水、澄城、韩城五县。

朝邑县，宋、金属同州。元为下县。

郃阳县，宋、金属同州。元为下县。

白水县，宋、金属同州。元为下县。

澄城县，宋、金属同州。元为下县。

韩城县，宋属同州。金末改祯州。至元元年废祯州，二年再立。六年又废，只设韩城县。下县。

华州，下州。唐为华州，又改华阴郡。宋前后改镇国军和镇潼军。金为华州，属中州，又改金安军。隶京兆府路。元复为华州。领华阴、蒲城、渭南三县。

华阴县，宋、金属华州。元为下县。

蒲城县，宋、金属华州。元为下县。

渭南县，宋、金属华州。元为下县。屯田1 222顷。

耀州，下州。唐初为宜州，后为华原县，又改耀州。宋为耀州，又改感义军和感德军。金为耀州，上州，隶京兆府路。至元元年，并华原县入本州，又并美原县入富平。领三原、富平、同官三县。

三原县，宋、金属耀州。元为下县。

富平县，宋为望县。因宋、金曾在富平激战，破坏严重，故金省富平入美原县①。至元元年复立，又并美原县入富平。下县。

同官县，宋、金属耀州。元为下县。

乾州，下州。唐为京兆府奉天县，后因高宗乾陵所在，升乾州。宋为醴州。金复为乾州，隶京兆府路。至元元年，并奉天县入本州。五年，复立奉天县，又并好畤入奉天县，后改奉天为醴泉。又割邠州之永寿县来属。领醴泉、武功、永寿三县。

醴泉县，金及元初为奉天县。后改醴泉。下县。

武功县，金属乾州，大定年间改名武亭。元恢复旧名，下县。

---

① 《陕西通志》卷5《建置四》。

永寿县,金属邠州。元划属乾州,一度并入奉天县①。至元十五年,徙县治于麻亭。下县。

商州,下州。唐为商州,一度改上洛郡。宋、金亦为商州。金为下州,隶京兆府路。入元仍为商州,领一洛南县。

洛南县,宋、金属商州。元为下县②。

与金京兆府路比较,元奉元路的辖区范围稍有缩小,属州由六减为五,直接和间接管辖的县也由三十六个减少到二十六个。户口则减少八分之七。

二、延安路

延安路(治今陕西延安市),下路。蒙哥汗二年(1252)户数为6 539户。唐为延州,一度改延安郡。宋为延安府。金为鄜延路。元改延安路。领肤施、甘泉、宜川、延长、延川、安定、安塞、保安八县,鄜州、绥德州、葭州三州。州领八县。本路屯田480余顷。

肤施县,金为延安府倚郭县。元为下县。

甘泉县,至元二年,临真县曾并入甘泉。

宜川县,金为延安府属县。元为下县。至元六年,丹州和本府原设司候司也并入宜川县。

延长县,金为延安府属县。元为下县。

延川县,金为延安府属县。元为下县。

安定县,原本宋旧堡。蒙哥汗二年升为安定县。下县。至元元年析置丹头县。四年并丹头入本县。

安塞县,原本金旧堡。蒙哥汗二年升为安塞县。下县。

保安县,宋为保安军。金为保安州。至元六年降为保安县。下县。

鄜州,下州。唐为鄜州,一度改洛交郡。宋为鄜州,保大军节度。金沿袭,隶鄜延路。元仍为鄜州。旧领洛交、洛川、鄜城、直罗四县。至元四年并鄜城入洛川,又并洛交、直罗入本州。六年,废罢坊州,割其原辖中部、宜君二县来属。鄜州的四至八到是:东北至上都三千一百八十里,东北至大都二千三百八十里。东北至延安路一百八十里。东至宜川县一百里,西至庆阳府邠州界一百三十里,南至耀州同官县界三百里,北至甘泉县界四十五里。东到宜川县一百八十

---

① 《元史》卷6《世祖纪三》至元五年十二月戊寅。
② 以上除注明外,据《宋史》卷87《地理志三》;《金史》卷26《地理志下》;《元史》卷60《地理志二》;《元一统志》卷4《陕西等处行中书省》。

里,南到中部县一百四十里,西到庆阳府宁州五百里,北到甘泉县九十五里。西北到安塞县并管敷政县一百七十里,东南到安西路澄城县二百五十里,西南到庆阳府鄜州五百里,东北到甘泉县省并临真县二百里。本州领洛川、中部、宜君三县。

洛川县,唐、宋、金皆属鄜州。至元四年并鄜城入本县。下县。境内有开府村、安善村、安公村、东王村、太平村、进汉村、百谷村、王和村、石堡村、青龙村、安粟村、石泉村、得亨村等十三村。其四至八到是:东北至上都三千二百四十里,东北至大都二千四百四十里。西北至鄜州六十里。东至宜川县七十五里,西至中部县界八十里,南至澄城县界一百六十里,北至本州界二十八里。东到韩城县二百五十里,南到白水县二百五十里,西到宁州四百里,北到甘泉县一百五十里。东北到宜川县一百八十里,东南到同州三百七十里,西南到中部县一百二十里,西北到本州六十里。

中部县,唐、宋、金皆属坊州。至元二年以县隶属延安路。六年废罢坊州,并入中部县。本县改属鄜州。下县。境内有独战村、立石村、唐和村、龙坊村、太平村等。其四至八到是:东北至上都三千三百二十里,东北至大都二千五百二十里。北至鄜州一百四十里。东至洛川县界五十里,西至宁州界一百五十里,南至宜君县界一十五里,北至本州界五十五里。东到洛川县并管鄜城一百二十里,西到宁州三百二十里,南到宜君县一百四十里,北到本州一百四十里。东北到洛川县一百二十里,东南到白水县一百四十里,西南到三水县二百五十五里,西北到省并直罗县一百四十里。

宜君县,唐、宋、金皆属坊州。元初并入坊州。中统元年复置,隶属延安路。至元六年并入中部县。十四年复置。二十二年改属鄜州。下县。境内有孟晃村、道台村、姚典村、集贤村、雷成村、云阳村、嘉会村等。其四至八到是:东北至上都三千三百九十里,东北至大都二千五百九十里。北至鄜州二百一十里。东至洛川县界一百里,南至同官县界三十里,西至宁州界二百里,北至中部县界七十里。东到洛川县并管鄜城一百五十里,南到同官县九十里,西到三水县二百五十里,北到中部县七十里。东北到洛川县二百里,东南到白水县一百三十里,西南到宁州三百里,西北到本州自罗废城一百八十里。

绥德州,下州。唐为绥州,一度改上郡。宋为绥德军。金为绥德州,并将所属堡砦升为八县。隶鄜延路。元初,并嗣武入米脂,绥平入怀宁。至元四年,并定戎入米脂,怀宁入青涧,又并义合、绥德入本州。于是,领青涧、米脂二县。

青涧县,宋为清涧城。金大定年间升为县。元为下县。

米脂县,宋为米脂砦。金末升县。元为下县。

葭州,下州。唐为银州。宋为晋宁军。金改葭州,隶鄜延路。领吴堡、弥川、通秦、葭芦、太和、建宁六县。至元六年,并弥川、通秦、葭芦入本州,又并太和入神木,建宁入府谷,划神木、府谷二县隶本州。其四至八到是:东北至上都二千四百三十里,东北至大都一千六百二十里。南至本路五百八十里。东至太原路界黄河五里,西至绥德州米脂县界六十里,南至绥德州界一百四十里,北至大同路丰州界四百六十里。东到太原路临州一百二十里,西到米脂县一百二十里,南到绥德州并管义合废县界一百四十里,北到大同路丰州六百二十里。东北到太原路兴州一百八十里,东南到太原路石州孟门县一百五十里,西南到绥德州一百八十里,西北到定西州九十里。领神木、吴堡、府谷三县。

神木县,元初在古麟州神木寨创建云州,隶属延安路。至元六年废云州为神木县。又并太和入神木。改属葭州。境内有碾谷村、麻宁村、深井村、九支村、盘西村、平西村、赤烽村、长建村、黑牛村、番七村、番胡村、杀麻村、上村等。其四至八到是:东至上都二千二百二十里,东至大都一千四百三十里。南至延安路七百七十里。东至太原路保德州黄河界一百里,西至曳只剌八界五十里,南至葭州界一百八十里,北至古廊州界三十里。东到保德州二百里,西到定西州一百八十里,南到葭州一百九十里,北到旧麟州四十里。东北到府谷县一百里,西南到绥德州并管嗣武废县二百里,东南到太原路兴州一百三十里,西北到西夏一百一十里。

吴堡县,原为石州定胡县寨地,北宋防御西夏,筑成堡寨。金升为县,属葭州。至元元年废罢。二年复置。下县。境内有太平村、丰化村、久安村等。其四至八到是:东北至上都二千六百六十里,东北至大都一千七百六十五里。北至葭州一百八十里。西至延安路四百七十里。东至太原路石州孟门县黄河界一里,西至绥德州界二十里,南至石州孟门县黄河界五里,北至本州界七十里。东到太原路石州孟门县一百二十里,西到绥德州一百三十五里,南到平阳路石楼县一百五十里,北到本州一百八十里。东北到临州一百八十里,西南到青涧县二百七十五里,东南到石州宁乡县一百里,西北到米脂县一百八十里。

府谷县,后唐为府州。宋因袭,又有府谷县。元初,复置州,隶属延安路。至元六年废州,以县隶属延安路。二十二年改属葭州。下县。境内有邓曹村、胡晶村、待保村、小没村、马真村、合河村、盘东村、平东村、太平村、永兴村、葛浮村、冯家会村等。其四至八到是:东至上都二千四百九十七里,东至大都一千五百里。南至本州四百九十里。东至太原路保德州黄河三里,西至神木县界一百五十里,南至太原路保德州界五里,北至大同路丰州界六十里。东到大同路武州二百里,西到神木县二百里,南到保德州五里,北到东胜州五百里。东南到太原路五百里,西南到葭州四百九十里,东北到大同路丰州一百三十里,西北到神木县二百里①。

与金鄜延路比较,元延安路的辖区范围有所缩小,属州由五减为三,直接和间接管辖的县依旧是十八个。户口则由二十万锐减至六千五百余。

延安路还是延安公主术赤女火雷位下的五户丝食邑,丙申年(1236)封授延安府9 796户。另外,阿昔伦公主至元六年又受赐葭州等处种田户300户②。

三、兴元路

兴元路(治今陕西汉中市)。至元二十七年户数为2 149户。下路。唐为梁州,又改汉中郡和兴元府。宋仍为兴元府,领南郑、西县、褒城、廉水、城固五县,后废罢廉水入南郑县。隶属利州路。元立兴元路总管府。元初,割出西县改隶沔州,又以洋州西乡县来属。至元五年前后,又以凤州、金州、洋州三州划属③。兴元路"地临汉水,境枕秦川",是"秦头楚尾一大都会"。元人描述说:"夫汉中,道褒斜之险,阻巴蜀之隘,接秦陇之雄,豁然在一川中,实西南之要冲也。"④它历来是秦蜀一带的兵家必争之地。至元二年和八年,兴元路还两次成为陕西四川行省的治所。中书省平章赛典赤·赡思丁至元八年曾奉旨"行省事于兴元,转给军粮"⑤。元末顺帝至正十五年(1355)兴元路又曾设立兴元等处宣慰使司都元帅府⑥。领南郑、城固、褒城、西乡四县,凤州、洋州、金州三州。

南郑县,宋为次赤县,隶属兴元府。元为下县。

城固县,宋为次畿县,隶属兴元府。元为下县。

褒城县,宋为次畿县,隶属兴元府。元为下县。

西乡县,宋为上县,隶属洋州。元为下县。

凤州,唐为凤州,又改河池郡。宋为凤州,团练州。先隶秦凤路,南宋属利州路。元至元五年以在郭梁泉县并入本州。这样,凤州就从宋领梁泉、两当、河池三县,变为无属县之下州。关于凤州地理位置的重要,元人蒲道源说:"凤之为州,隶兴元路,民庶鲜少,地非夷旷,然为入蜀之咽喉。"⑦

洋州,唐初为洋川郡,又为洋州。宋复为洋州,武康军节度。领兴道、西

---

① 以上据《宋史》卷87《地理志三》;《金史》卷26《地理志下》;《元史》卷60《地理志二》;《元一统志》卷4《陕西等处行中书省》。
② 《元史》卷95《食货志三·岁赐》。
③ 《元史》卷6《世祖纪三》至元五年十二月戊寅。
④ 《元一统志》卷4《陕西等处行中书省》;《西岩集》卷15《镇南楼记》。
⑤ 《元史》卷6《世祖纪三》至元二年闰五月癸亥,卷7《世祖纪四》至元八年二月己亥、五月乙丑。
⑥ 《元史》卷44《顺帝纪七》至正十五年十一月。
⑦ 《闲居丛稿》卷14《凤州新修三皇庙记》。

乡、真符三县。元至元二年,省兴道、真符二县入本州。又割西乡县直属兴元路。于是,洋州也变为无属县之下州。

金州,下州。唐改西城郡为金州。宋仍为金州,昭化军节度,领西城、汉阴、洵阳、石泉、平利、上津六县。旧隶京西南路,南宋初,因本路唯金州未没于金国,改隶利州路。又升金房开达四州路。元金州原属六县地荒人稀,不复设立。由于进攻南宋的军事需要,金州又曾设有招讨司和万户府。至元六年,立金州招讨司。十一年改金州招讨司为万户府①。金州的四至八到是:东北至上都五千三百里,东北至大都四千三百里。西北至兴元路六百里。东至均州一千一百里,西至洋州四百八十里,南至大宁州四百五十里,北至乾祐废县六百五十里。东到均州郧县界五百里,西到洋州饶凤岭二百五十里,南到大宁州四百五十里,北到乾祐废县六百五十里。东北到商州二百五十里,西南到兴元路西乡县二百五十里,东南到房州竹山县二百八十里,西北到盩厔县太白山洢油关四百里②。

与宋兴元府比较,元兴元路的辖区范围有所扩大,属县数基本不变,凤州、洋州、金州三州划属。户口则由六万余户减少至二千多户。

第三节 凤翔等一府、四州沿革

一、凤翔府

凤翔府(治今陕西凤翔县)。蒙哥汗二年(1252)户数为2 081户。唐为扶风郡,又为凤翔府。宋为凤翔府,凤翔军节度,隶秦凤路。金仍为凤翔府,又设凤翔路总管府。元初,割金凤翔路原领平凉府、秦州、陇州、德顺州和西宁州、镇原州等隶巩昌路。废罢恒州,以所属盩厔县隶京兆路。又立凤翔路总管府。至元九年(1272)降为散府。领凤翔、扶风、岐山、宝鸡、麟游五县。比金凤翔府少四县。

凤翔县,金为凤翔府倚郭县。元为下县。有屯田90余顷。

扶风县,金为凤翔府属县。元为下县。

岐山县,金为凤翔府属县。元为下县。

宝鸡县,金为凤翔府属县。元为下县。

麟游县,金为凤翔府属县。元为下县③。

---

① 《元史》卷6《世祖纪三》至元六年八月己卯、卷8《世祖纪五》至元十一年三月癸巳。
② 以上除注明外,据《宋史》卷89《地理志五》;《元史》卷60《地理志三》;《元一统志》卷4《陕西等处行中书省》。
③ 以上据《金史》卷26《地理志下》;《元史》卷60《地理志三》;《元一统志》卷4《陕西等处行中书省》。

成宗朝开始,尤其是仁宗延祐二年(1315)六月以后,凤翔府还固定为陕西汉中道肃政廉访司的治所①。

此外,凤翔府还有屯田军的设置。该屯田军创建于中统二年(1261)十月。按照元世祖忽必烈的两道诏令,主要签取当地"种田户",隶属"平阳兵籍",基本任务为"毋令出征,务耕屯,以给军饷"。至元元年八月,凤翔府屯田军奉命"迁戍兴元"②。

与金凤翔府比较,元凤翔府的辖区范围有所缩小,属县由九个减至五个。户口数也由六万余户减少至两千多户。与金凤翔路比较,辖区缩小更为突出。具体表现是:元初,割原领平凉府、秦州、陇州、德顺州和西宁州、镇原州等隶巩昌路,凤翔路原建制已经不复存在。

二、邠州

邠州(治今陕西彬县),下州。唐为豳州,又以字形类"幽",改为邠州。宋、金仍为邠州。金朝隶属庆原路。入元,直隶陕西行省。领新平、淳化二县。

新平县,金为邠州倚郭县。元为下县。

淳化县,金为邠州属县。元为下县。至元七年,三水县并入本县③。

与金邠州比较,元邠州的属县由五个减至两个。即使除去三水县并入淳化县的因素,其辖区范围也有所缩小。然而,其由路辖州变为直隶陕西行省之州,意味着行政地位似有所上升。

三、泾州

泾州(治今甘肃泾川县西北古城),下州。唐为泾州,一度改安定郡。宋改彰化军。金仍为泾州,领保定、长武、灵台、良原四县。隶属庆原路。元初隶属都元帅府,又设总管府统辖邠州。至元二十一年十二月,改隶巩昌都总帅府④。一度隶属平凉府,最终直隶陕西行省。领泾川、灵台二县。

泾川县,金为保定县,大定中改名泾川。元为泾州治所,下县。原长武县并入本县。

灵台县,金为泾州属县。元仍为泾州属县。至元七年并入泾川县。十一年复立,又以良原并入本县。下县⑤。

---

① 《元史》卷25《仁宗纪二》。
② 《元史》卷4《世祖纪一》、卷5《世祖纪二》。
③⑤ 以上据《金史》卷26《地理志下》;《元史》卷60《地理志三》;《元一统志》卷4《陕西等处行中书省》。
④ 《元史》卷13《世祖纪十》。

与金泾州比较,元泾州的属县由四个减至两个。因为减少的长武、良原二县是分别并入泾川县和灵台县的,故其辖区范围没有缩小。然而,元泾州由路辖州变为直隶陕西行省之州,意味着行政地位有所上升。

四、开成州

开成州(治今宁夏固原市原州区开城镇),下州。唐为原州。宋为镇戎军。金升镇戎州。元初仍为原州。其地理形势是"左控五原,右带兰、会,黄流在其北,崆峒阻其南"。至元十年,皇子忙哥剌封安西王,分镇秦、蜀,于原州立开成府,模仿上都,以为夏宫。又升开成路,号为上路。英宗至治三年(1323)二月,降为开成州①。领开成一县和广安一州。

开成县,为开成州治所。

广安州。原为镇戎地,金升为县,隶属镇戎州。至元十年,安西王忙哥剌镇秦、蜀,设置开成路。改为广安县,募民屯种。不久,户口繁夥。十五年升为广安州。起初隶属开成路屯田总管府,后隶属开成州②。

另外,大德十年(1306)八月,开成路一带发生大地震,官民庐舍倒塌殆尽,压死故秦王妃也里完等五千余人③。

五、庄浪州

庄浪州(治今甘肃庄浪县西北),下州。元初,设立庄浪路,隶属甘肃行省。至元二十六年五月,以庄浪路距离甘肃行省较远,改属陕西行省。成宗大德八年二月,降为庄浪州。仁宗延祐六年六月,又改境内的庄浪巡检司为庄浪县。巡检司则迁至北下渡。本州还曾经设置唐古千户所④。

第四节 巩昌等处总帅府所属四府、十五州沿革

一、关于巩昌等处总帅府

巩昌等处总帅府,蒙哥汗二年(1252)户数为 45 135 户。其前身是金末巩

---

① 《元史》卷 28《英宗纪二》。
② 《金史》卷 26《地理志下》;《元史》卷 60《地理志三》、卷 10《世祖纪七》至元十五年十二月戊申;《元一统志》卷 4《陕西等处行中书省》。
③ 《元史》卷 21《成宗纪四》。
④ 《元史》卷 60《地理志三》、卷 15《世祖纪十二》、卷 21《成宗纪四》、卷 24《仁宗纪一》、卷 26《仁宗纪三》。

昌等处便宜总帅府。当时,完颜仲德行省于巩昌,自任便宜总帅。不久,完颜仲德率兵东进勤王,汪世显接任便宜总帅,继续守卫巩昌。窝阔台汗七年(1235)汪世显向屯兵城下的皇子阔端主动投降,保留了便宜总帅的旧职。十年,汪世显随同皇子阔端南征川蜀,军功卓著。班师归来,皇子阔端承制委任他为便宜总帅,佩虎符,全权裁决秦、巩二十余城的军政事务。这应该是元代巩昌等处总帅府设置的开始。总帅府所辖起初有"二十四城",后来增加到巩昌、平凉、临洮、庆阳、隆庆五府,秦、陇、会、环、金、德顺、徽、金洋、安西、河、洮、岷、利、巴、沔、龙、大安、褒、泾、邠、宁、定西、镇原、阶、成、西和、兰二十七州。不过,若干州县又陆续割出它属。至元五年(1268),割安西州属脱思麻路总管府。六年,以河州属吐蕃宣慰司都元帅府。七年,洮州并入安西州。八年,割岷州属脱思麻路。十三年,立巩昌路总管府。十四年,该总管府重新行便宜总帅府事。其年,又割隆庆府和利、巴、大安、褒、沔、龙等州属广元路。二十一年,又割泾、邠二州属陕西汉中道。这样,便宜总帅府所统辖就剩下巩昌、平凉、临洮、庆阳四府和秦、陇、宁、定西、镇原、阶、成、西和、兰、会、环、金、德顺、徽、金洋等十五州。继汪世显之后,袭任便宜总帅的有次子汪德臣、第四子汪良臣,德臣长子汪惟正、三子汪惟和、汪直臣子汪惟孝等。至元二十五年十一月,权相桑哥还以巩昌便宜都总帅府"统五十余城,兵民事繁"为由,奏请忽必烈批准改之为宣慰使司,仍兼便宜都总帅府,任命其弟答麻剌答思及汪惟和为宣慰使。这等于正式明确了巩昌便宜都总帅府类似宣慰使司的级别和地位。尽管桑哥被杀后不久,元朝廷又恢复便宜都总帅府旧制,直到成宗年间,总帅府令史选取仍享受宣慰使司官府的待遇[①]。这意味着巩昌便宜都总帅府类似宣慰使司的级别和地位并没有因为宣慰使司撤销而改变。

便宜都总帅府创建之初,军事机构的性质就十分突出。其统帅的军队数量成千上万。至元二十六年二月巩昌便宜都总帅汪惟和奉命率领所部北征的兵士就达万人。与蒙古军、汉军类似,便宜都总帅府在兼本路诸军奥鲁总管的同时,还设置军前便宜都总帅府,负责指挥前线出征的总帅府兵马。如江惟贤、汪惟孝等担任军前便宜都总帅,巩昌路达鲁花赤别速帖木儿调任巩昌平凉等处二十四处军前便宜都总帅府达鲁花赤[②]。

关于巩昌等处便宜总帅府统辖的地盘范围,尽管"二十四城"说最盛,但依

---

① 以上据《元史》卷15《世祖纪十二》至元二十五年十一月甲辰、卷16《世祖纪十三》至元二十八年五月甲辰、卷82《选举志二》。
② 《元史》卷15《世祖纪十二》至元二十六年二月甲戌、卷12《世祖纪九》至元十九年七月丁丑。

然有"五十余城"、"五府二十七州"、"四府十五州"等不同说法。便宜总帅府统辖的地盘范围究竟是多少城,"二十四城"说是否可靠,确实需要认真考订一番。

先看"五十余城"说。此说出自前揭至元二十五年十一月,权相桑哥"以巩昌便宜都总帅府统五十余城,兵民事繁",奏准改为宣慰使司,仍兼便宜都总帅府条,而且仅见于此条,也没有列举"五十余城"的具体名目。似乎可以当作孤证异说来处理。不过,由于此说没有列举巩昌以外的任何州府名,"五十余城"说似乎可以包括州府以外属县。因为加上州府各自管辖的三十来个属县,恰恰等于"五十余城"。所以,"五十余城"也不是无根据之说。

其次看"五府二十七州"说。此说出自《元史》卷60《地理志三》。该志云:"元初改巩昌路便宜都总帅府,统巩昌、平凉、临洮、庆阳、隆庆五府,及秦、陇、会、环、金、德顺、徽、金洋、安西、河、洮、岷、利、巴、沔、龙、大安、褒、泾、邠、宁、定西、镇原、阶、成、西和、兰二十七州,又于成州行金洋州事。至元五年,割安西州属脱思麻路总管府。"此说与"五十余城"说不同,列举最为具体详细,而且都是州府一级的。我们注意到,《地理志三》此段记载,前有"元初改巩昌路便宜都总帅府",后缀"至元五年,割安西州属脱思麻路总管府"。又鉴于汪总帅是元初崛起的关陇地区最大的世侯军阀,元朝建立前后其势力和地盘估计是逐步上升发展的。可以认为,"五府二十七州"是迄至元五年以前汪总帅势力和地盘巅峰之际的统辖州府数,而不是投降蒙古时候的统辖州府数。

再次看"四府十五州"说。此说亦出自《元史》卷60《地理志三》。该志云:"二十一年,又以泾、邠二州隶陕西汉中道宣慰司,而帅府所统者,巩昌、平凉、临洮、庆阳,府凡四;秦、陇、宁、定西、镇原、阶、成、西和、兰、会、环、金、德顺、徽、金洋,州凡十有五。"按,元代陕西汉中道未设宣慰司,这里的"宣慰司"三字,或衍或误。但泾、邠二州至元二十一年以前曾经归属巩昌等处便宜总帅府,此后才划属陕西汉中道是确凿无疑的。至元二十一年以前与泾、邠二州同样被割隶他路的还有安西州、河州、洮州、岷州、隆庆府、利州、巴州、大安州、褒州、沔州、龙州等。由是观之,"四府十五州"是至元二十一年上述十三州府割属他路后巩昌等处便宜总帅府的统辖州府数。

最后看"二十四城"说。此说的相关史料最为丰富,流传和影响也最盛、最广。但是又有一些不确定性,有必要重新考订。

现将相关有代表性的史料胪列如下。

《牧庵集》卷21《巩昌路同知总管府事李公神道碑》载:"……天兵已残陕西。完颜仲德行省于巩,招集熙河、庆阳二十四城散亡将卒数万,移巩治,依险壁石门山。……甲午正月,金亡。明年十月,其府犹称天兴。义武集将佐曰:'主今亡矣,谁与为忠,人以群盗遇。余率军民万家为口十万来降。'皇子奎腾义其后服,曰:'为臣能然,何忍罪戮?'仍官以便宜都总帅,凡其前所节度二十四城,还受节度。"

《元史》卷12《世祖纪九》至元十九年七月丁丑条载:"以巩昌路达鲁花赤别速帖木儿为巩昌平凉等处二十四处军前便宜都总帅府达鲁花赤。"

同卷至元二十年十一月丁巳条载:"诸王只必帖木儿请分地二十四城自设管课官。不从。又请立拘榷课税所,其长从都省所定,次则王府差设。从之。"

《元史》卷14《世祖纪十一》至元二十三年正月癸未条载:"罢巩昌二十四城拘榷所,以其事入有司。"

《元史》卷19《成宗纪二》大德二年五月己酉条载:"诏总帅汪惟正所辖二十四城有安西王诸王等并朵思麻来寓者,与编户均当赋役。"

《櫵庵集》卷2《送吕元彬序》载:"巩昌为雍之巨藩,控州二十有四。"

上述六条相关的史料,四条来自元史本纪,两条来自元人文集。所述史事又涉及窝阔台六年(1234)到成宗大德二年(1298)的六十余年。六条史料不仅完全一致地说明巩昌等处便宜总帅府统辖二十四城(州级),还披露此二十四城同时又是阔端后王位下的分地。从至元二十年十一月忽必烈同意"都省"和"王府"共同设置拘榷课税所长次官员的情节看,后者也为元朝廷所认可。显而易见,"二十四城"说是得到多种史料印证并获得官方肯定的说法。其确定性似乎不成问题。

遗憾的是,上述六条相关史料关于二十四城具体包括哪些州府的描述,都不明晰,远不及"五十余城"、"五府二十七州"、"四府十五州"三说。

笔者拙见,"二十四城"究竟包括哪些州府,迄今的确没有见到正面和明确的史料记载。王颋教授认为,"二十四城"是巩昌总帅府窝阔台汗十年所辖州数,包括巩昌、临洮、洮、河、兰、金、会、定西、秦、陇、德顺、平凉、镇戎、原、环、庆阳、宁、迭、阶、西和、岷、金洋、成、南凤①。然而,还需要钩沉索隐,考其梗概。

《元朝名臣事略》卷6《总帅江义武王》云:"盖乙未冬十月四日也。(汪世显)旦诣行帐,宠之以章服,职仍故。即日南征,鸠士马,截嘉陵,蹴大安","癸卯春,公且疾,忽被召,即戒首途。既见,锡虎符,擢便宜总帅,手札付秦、巩、定西、金、兰、洮、会、环、陇、庆阳、平凉、德顺、镇戎、原、阶、成、岷、迭、西和等二十余州,事无巨细,惟公裁决"。

---

① 王颋:《乔木延年——汪氏家族与巩昌都总帅府》,《龙庭崇汗》,南方出版社,2002年,第96页。

从这段史料,可以窥见三点:

第一,癸卯岁(1243)距汪世显投降阔端的乙未岁(1235)仅八年,时间间隔较近。此年(1243),汪世显因南征川蜀军功,被阔端大王承制任命为便宜总帅,佩虎符。紧随其后的辖地记载,时间最早,且与总帅委任属同一件事情的两项内容。尤其是以皇子阔端"手札"形式给付汪世显,权威性和真实性颇强。

第二,这段史料记载的"手札付""二十余州",虽未尽数列举,但不仅数量上与"二十四城"最为接近,其列举的秦、巩、定西、金、兰、洮、会、环、陇、庆阳、平凉、德顺、镇戎、原、阶、成、岷、迭、西和等州,除迭州外,都在至元五年以前"五府二十七州"和至元二十一年以后"四府十五州"中逐一留有记录。所以,此段"手札付""二十余州"的真实性毋庸置疑,也是最接近"二十四城"原始形态的记载。其本身不难说明"二十四城"说是基本可靠的。

第三,以上"手札付秦、巩、定西、金、兰、洮、会、环、陇、庆阳、平凉、德顺、镇戎、原、阶、成、岷、迭、西和等",共计十九州。若以此十九州算作"二十四城"内的已知部分,尚有五州有待考订。前揭《巩昌路同知总管府事李公神道碑》所载"……完颜仲德行省于巩,招集熙河、庆阳二十四城散亡将卒数万,移巩治,依险壁石门山"等句,表明金末巩昌总帅府招集的"二十四城散亡将卒数万",主要来自金熙河路和庆阳(原)路。由此可以反推:"手札付"十九州失载而又为"五府二十七州"和"四府十五州"增记的金熙河路和庆阳(原)路部分属州,最有可能是其余五州。查《金史》卷26《地理志下》和《元史》卷60《地理志三》,符合上述两个条件的主要是泾州、邠州、宁州、临洮、河州。此五州加上"手札付"十九州,恰恰是"二十四城"。

需要补充说明的是,迭州未见于《金史》卷26《地理志下》和《元史》卷60《地理志三》。然而,《甘肃通志》卷5《洮州卫》载:"石门山,在卫西南六十里,两峰壁立,中辟一门。山南,即古迭州之地。"同卷《巩昌府》又载,石门山在陇西县西南八十里和宁远县东北五十里处,"四围皆峡,中有一门,险峻可以避兵"。这座位于巩昌和洮州交界的石门山,正是金末完颜仲德及汪世显据险而守之地。此山之南,"即古迭州之地"。尽管《金史》卷26《地理志下》和《元史》卷60《地理志三》不载,"古迭州"在金末巩昌总帅府地盘之内,是不成问题的。所以,"二十四城"理应将迭州包括在内。

二、巩昌府

巩昌府(治今甘肃陇西县),散府。唐初置渭州,后为陇西郡。宋置巩州和通远军。金为巩州,属临洮路。元初设置巩昌总帅府后,巩昌府一直是其治所。至元十三年,改立巩昌路总管府。二十六年四月,桑哥为首的尚书省以"巩昌便宜都总帅府已升宣慰使司"为由,奏请改变总帅府或宣慰使司兼领的旧制,在巩昌"别立散府,调官分治",并获得忽必烈批准①。于是,巩昌又成为总帅府直辖的散府。领一录事司,陇西、宁远、伏羌、通渭、鄣县五县。与金巩州比,少定西、通西、安西三县,增宁远、伏羌、鄣县三县。

陇西县,宋、金皆为巩州属县。元为下县。

宁远县,宋初置宁远寨,崇宁三年(1104)升为县,属巩州。金废为寨。元至元中复置宁远县。下县②。

伏羌县,金为寨。至元十三年,升为伏羌县。下县。

通渭县,金为巩州属县。元为下县。

鄣县,宋为盐川寨。金为镇。至元十七年十二月,置鄣县。下县③。

至元十一年到二十年,巩昌府还是陕西陇右提刑按察司治所④。

三、平凉府

平凉府(治今甘肃平凉市),散府。宋为平凉军。金立平凉府,领平凉、潘原、崇信、华亭、化平五县,隶属凤翔路。元初,并潘原县入平凉,化平县入华亭。隶属巩昌等处总帅府。领平凉、崇信、华亭三县。

平凉县,金为平凉府倚郭县。元为下县。有屯田115顷。

崇信县,金为平凉府属县。元为下县。

华亭县,金为平凉府属县。元为下县。

四、临洮府

临洮府(治今甘肃临洮县),散府。唐为临洮军。宋为镇洮军,又为熙州。金为临洮府。元为临洮府,领狄道、渭源二县,隶属巩昌等处总帅府。比金临洮府少当川、康乐二县,增渭源一县。

狄道县,金为临洮府属县。元为下县。

渭源县,金为渭源堡。元至元十三年升为渭源县。下县。

---

① 《元史》卷15《世祖纪十二》。
② 《甘肃通志》卷3上《建置沿革》。
③ 《金史》卷26《地理志下》;《元史》卷60《地理志三》、卷11《世祖纪八》;《元一统志》卷4《陕西等处行中书省》。
④ 《元史》卷8《世祖纪五》至元十一年四月辛亥、卷12《世祖纪九》至元二十年正月壬申。

五、庆阳府

庆阳府(治今甘肃庆城县),散府。唐为庆州。宋为庆阳军,又改庆阳府。金升庆原路。元初改为庆阳散府,隶属巩昌等处总帅府。至元七年,并庆阳府二属县安化、彭原入本府。领合水一县。

合水县,金为庆阳府属县。元为下县。

六、秦州

秦州(治今甘肃天水市),中州。唐初为秦州。宋为秦州、雄武军节度。金为秦州,领成纪、治坊、甘谷、清水、鸡川、陇城、西宁、秦安七县。隶属凤翔路。元初隶属巩昌等处总帅府。至元七年并鸡川、陇城入秦安,治坊入清水。领成纪、清水、秦安三县。

成纪县,金为秦州倚郭县。元为中县。
清水县,金为秦州属县。元为中县。
秦安县,金为秦州属县。元为下县。

七、陇州

陇州(治今陕西陇县),中州。唐为汧阳郡,又改陇州。宋为陇州,防御。金仍为陇州,领汧阳、汧源、陇安三县。隶属凤翔路。元初隶属巩昌等处总帅府,领汧阳、汧源、陇安、吴山四县。至元七年,省吴山、陇安入汧源县。领汧阳、汧源二县。

汧阳县,金为陇州倚郭县。元为中县。
汧源县,金为陇州属县。元为下县。

八、宁州

宁州(治今甘肃宁县),下州。唐初为宁州。宋仍为宁州。金宁州隶属庆原路,领安定、定平、真宁、襄乐四县。元初隶属巩昌等处总帅府。至元七年,省襄乐、安定、定平三县入本州。领真宁一县。

真宁县,金为宁州属县。元为下县。

九、定西州

定西州(治今甘肃瓜州县),下州。唐为渭州西市。宋置定西城。金改定西县,隶属巩州。贞祐四年(1216)升为定西州,置安西县为倚郭县。又升通西二寨为县,隶属之。元初隶属巩昌等处总帅府。至元三年,省安西、通西等三县入本州。有屯田 467 顷。

十、镇原州

镇原州(治今甘肃镇原县),下州。唐为原州,又为平凉郡。宋因袭。金为原州,领临泾、彭阳二县,隶属庆原路。元初隶属巩昌等处总帅府,改镇原州。又以镇戎州之东山、三川二县来属。至元七年,临泾、彭阳及东山、三川四县并入本州。有屯田 426 顷。

十一、西和州

西和州(治今甘肃西和县西北),下州。唐为岷州,一度改和政郡。宋改西和州。窝阔台汗十年归附蒙古。旧领三县,大潭、祐川二县因战乱久废,余长道一县,至元七年亦并入本州。西和州四至八到是:东至上都四千五百里,东至大都四千二百二十里。西北至巩昌四百里。东至成州界黄竹一百二十里,西至安西州界间井三百里,南至阶州界青院关一百七十里,北至宁远县界马务里二百一十里。东到成州二百里,西到安西州二百里,南到阶州四百里,北到陇西县四百里。东南到洮州六百里,西北无城邑,东北到秦州七百里,西南到岷州七百里。其地理形势是"州境东通吐谷浑、至青海之寨,南直白马氏地,西连熙、巩,北本洮迭,在熙河为重地"①。

十二、环州

环州(治今甘肃环县),下州。唐改威州。宋为环州,后与庆州合组为环庆路。金仍为环州,领通远一县。隶属庆原路。元初隶属巩昌等处总帅府。至元七年,旧领通远县并入本州。

十三、金州

金州(治今甘肃榆中县),下州。原本兰州龛谷寨,金升寨为县。又置金州,以龛谷县为治所。元初隶属巩昌等处总帅府。至元七年,并龛谷县入本州。

十四、静宁州

静宁州(治今甘肃静宁县),下州。宋庆历中,以渭州陇干城置德顺军,又

---

① 《金史》卷 26《地理志下》;《元史》卷 60《地理志三》;《元一统志》卷 4《陕西等处行中书省》。

置陇干县。金升为德顺州,领陇干、治平、水洛、隆德等六县。隶属凤翔路。元初仍为德顺州,隶属巩昌等处总帅府。又并治平、水洛入陇干县,后省罢陇干县。改为静宁州。领隆德一县。

隆德县,金为德顺州属县。元为下县。

十五、兰州

兰州(治今甘肃兰州市),下州。唐置兰州,一度改金城郡。宋为兰州。金亦为兰州,领定远、龛谷、阿干三县。隶属临洮路。窝阔台汗六年归附蒙古,仍为兰州,领阿干一县及司候司。隶属巩昌等处总帅府。至元七年,阿干县及司候司并入本州。"兰于陇右号雄郡,地控边垂。"其四至八到是:东至上都五千三十里,东至大都四千七百五十里。东南至巩昌路四百三十里。东至金州界横岭四十五里,西至积石州界骷髅窝一百三十五里,南至临洮府界摩云岭七十里,东至庄浪州界挦嘛湾一百里。东到金州九十里,西到积石州三百五十里,南到临洮府二百二十五里,北到庄浪州二百五十里。东南到陇西县四百三十里,西北无城邑,东北无城邑,西南无城邑①。

十六、会州

会州(治今甘肃会宁县),下州。唐初置西会州,又改粟州和会宁郡,复为会州。宋置敷川县。金置保川县。后陷入西夏,侨治州之西南一百里会川城,名新会州。隶属临洮路。元初放弃新会州,迁于所隶西宁县。隶属巩昌等处总帅府。至元七年,西宁县亦并入本州。其四至八到是:东至上都四千六百五十里,东至大都四千三百七十里。西南至巩昌路二百六十里。东至德顺州界席家堡一百二十里,西至定西州界西巩镇龟儿觜五十里,南至巩昌路界匦梅岭九十里,北至中兴府界黄河畔二百六十里。东到德顺州二百七十里,西到定西州一百四十里。南无城邑,北到中兴府四百里。东南到秦州三百五十里,西北到金州三百里,东北到开成路三百里,西南到陇西县二百六十里②。

十七、徽州

徽州(治今甘肃徽县),下州。蒙古军入蜀,凤州所辖三县中河池、两当二县首先归降。因凤州仍治于梁泉县,另设置南凤州(新凤州)治于河池。后又升永宁乡为县,与两当县同为属邑。隶属巩昌等处总帅府。至元元年七月,改

---

①② 《金史》卷26《地理志下》;《元史》卷60《地理志三》;《元一统志》卷4《陕西等处行中书省》。

新凤州为徽州。至元七年,并河池、永宁二县入本州。领两当一县。

两当县,宋为凤州属县,上县。元为下县①。

十八、阶州

阶州(治今甘肃陇南市武都区西北),下州。唐初置武州,后改武都郡和阶州。宋仍为阶州,治福津县。北宋属秦凤路,南宋属利州路。元移治所于柳树城,距旧城东八十里。隶属巩昌等处总帅府。至元七年,福津、将利二属县并入本州②。

十九、成州

成州(治今甘肃成县),下州。唐为成州,一度改同谷郡。宋仍为成州,领同谷、栗亭二县,属秦凤路。南宋属利州路。元初隶属巩昌等处总帅府。1242年(宋淳祐二年),成都宋将田显归附蒙古,奉命迁居栗亭县,行栗亭管民司事,但不受成州节制。又割天水县来属。至元七年,同谷、天水二县并入成州。于是,成州属县全无。

二十、金洋州

金洋州(治今甘肃徽县伏家镇)。宋隶兴元路。窝阔台汗十年,金洋州雷、李二将携带民户归降蒙古,奉命迁至成州,行金洋州事。于是,金洋州也隶属巩昌等处总帅府③。

---

① 《元史》卷5《世祖纪二》。
② 《宋史》卷87《地理志三》;《元史》卷60《地理志三》;《元一统志》卷4《陕西等处行中书省》;《甘肃通志》卷3下。
③ 《宋史》卷89《地理志五》;《元史》卷60《地理志三》;《元一统志》卷4《陕西等处行中书省》。

第六章　四川行省所辖路府州

第一节　四川行省建置沿革概况

《元史》卷 91《百官志七》载："四川等处行中书省,国初,其地总于陕西。至元十八年(1281),以陕西行中书分省四川。二十三年,始置四川行省。署成都,统有九路五府。"元代四川行省有广义和狭义的区别。因为在近三十年的时间内,四川与陕西合为秦蜀行省或陕西五路西蜀四川行中书省,而四川独立和稳定地设置行省,又只是至元二十三年以后八十余年间。广义上的四川行省涉及秦蜀行省或陕西五路西蜀四川行中书省,狭义上的四川行省仅限于至元二十三年以后独立和稳定的行省建置。为正本清源,理清其比较复杂的线索脉络,这里还是先从秦蜀行省谈起。

秦蜀行省正式设立于元世祖中统元年(1260)八月,廉希宪为中书右丞,商挺为佥省,行省事①,它的前身无疑是八春、廉希宪、商挺为首的陕西四川等路宣抚司。中统三年易名为陕西四川行中书省。此时的陕西四川行中书省,尚属于临时处理军政的行省。

至元元年八月,陕西四川行中书省较早进入半固定行省的行列,开始有了较为稳定的辖区,设置时间较长,统辖节制权限较为明确。是年起,赛典赤·赡思丁首次以平章政事担任陕西四川行省长官十年,元廷特意命令"陕西五路四川行院大小官属并听节制",还专门颁布了"陕西四川、西夏中兴、北京三处行中书省条格"②。然而,陕西四川行省时而分为二,时而合为一,时而改置行枢密院或安西王相府,其官员仍带中书省宰执衔。在这个意义上,至元二十三年以前的陕西四川行省仍带有临时性的印痕,只能算是半固定的行省。

至元九年,忽必烈封嫡次子忙哥剌为安西王,出镇关中,设置王相府,其辖地和职权范围大致是:"教令之加,于陇于凉,于蜀于羌……其大如军旅之振

---

① 《元史》卷 4《世祖纪一》中统元年八月己酉。
② 《元史》卷 125《赛典赤·赡思丁传》、卷 5《世祖纪二》至元元年八月乙巳。

治,爵赏之予夺,威刑之宽猛,承制行之。自余商贾之征,山泽之产,盐铁之利,不入王府,悉邸自用。"①在安西王忙哥剌受封六月后,陕西四川行省就被废罢②。王相府取代该行省而获得"承制"治军、命官、司法、征税等广泛权力。直到至元十七年,亦即安西王忙哥剌死后第二年,陕西四川行省才重新恢复③。在至元二十三年以前的二十七年间,陕西四川行省竟然因安西王相府的替代而被废罢近八年,接近这段时期的三分之一。

因攻略南宋的需要,元廷自中统四年开始设置四川行枢密院,治成都,有时又分设东川、西川二行枢密院。在中统元年到至元十年和至元十七年到二十三年之间,陕西四川行省与四川行枢密院是同时并存的。元廷还注意协调陕西四川行省与四川行枢密院的关系。例如,至元初赛典赤·赡思丁担任陕西四川行省平章三年,忽必烈降诏"赏银五千两,仍命陕西五路四川行院大小官属并听节制",还一度改四川行枢密院为行中书省,以原行省、行院官赛典赤和也速带儿共同负责④。

同样是为着对南宋用兵,这段时期的陕西四川行省治所迁徙不定。中统年间,治所在京兆路。至元二年闰五月,移于兴元(今陕西汉中市)。三年,又南徙利州(今四川广元市)。十七年川蜀战事结束后,治所迁回京兆路⑤。沿袭中统年间四川行枢密院专官负责军饷供应的先例,陕西四川行省的职司一度偏重于供应军需。如赛典赤·赡思丁曾经奉命分镇四川,偕万户郑鼎佯攻嘉定,但不久遵朝廷旨意"行省事于兴元,专给粮饷"⑥。至元二十三年四川独立建省以后,治所起初设在成都。至元二十五年四月,一度迁于重庆,而在成都立宣慰司。两年后,由于"成都之民,苦于供给",四川行省"复徙治成都"⑦。

至元二十三年以前的陕西四川行中书省本身,还有两次改置行尚书省的变动⑧。一是指至元七年三月元廷依据阿合马的建议,一度改陕西五路西蜀四川行中书省为行尚书省,二是指至元八年九月"罢陕西五路西蜀四川行尚书省,以也速带儿行四川尚书省事于兴元,京兆等路直隶尚书省"。同年十一月,

---

① 《牧庵集》卷10《延釐寺碑》。
② 《元史》卷8《世祖纪五》至元十年四月辛丑。
③ 《元史》卷11《世祖纪八》至元十七年六月丁丑、七月己酉,卷91《百官志七》。卷163《李德辉传》云:"置行中书省,以德辉为安西行省左丞。"此安西行省,当是陕西四川行省的别称?
④ 《元史》卷125《赛典赤·赡思丁传》、卷6《世祖纪三》至元三年十二月辛酉。
⑤ 《元史》卷6《世祖纪三》至元二年闰五月癸亥、至元五年七月壬子,卷91《百官志七》。
⑥ 《元史》卷125《赛典赤·赡思丁传》。
⑦ 《元史》卷15《世祖纪十二》至元二十五年四月戊申、卷16《世祖纪十三》至元二十七年三月庚申。
⑧ 《至正集》卷42《陕西行中书省题名记》。

四川行省又移治成都①。前一次更改,只是名称改变,无实质意义。后一次改尚书省,则是牵涉陕西四川行省一分为二,四川部分自为四川行尚书省,陕西则直隶朝廷尚书省。这应该是中统元年建立陕西四川行省后首次较大变更。谭其骧先生说,"四川境内独立行省始此"②。诚是。然而,此次更改仅维持四月余,至元九年正月,不仅重新恢复行中书省的名称,而且"京兆复立行省"③。《元史》卷8《世祖纪五》至元十年四月辛丑又载:"罢四川行省",增立东川、西川两行枢密院④,是证至元九年正月大抵是在四川行省之外另立陕西行省,直到二省一并被安西王相府所替代。而至元十年二月朝廷"遣断事官麦肖勾校川陕行省钱谷",或许是王相府接管其财赋的措施⑤。此后多数时间,安西王相府又是与东川、西川行枢密院并存的,直到至元十五年四川行省复立和东川、西川行枢密院废罢为止⑥。翌年七月,四川行省亦罢。至元十七年十月恢复设置陕西四川行省⑦。

另,《元史》卷91《百官志七》又有"至元十八年,以陕西行中书分省四川"的说法。揆以《世祖纪八》至元十八年十二月辛亥"命西川行省给万家奴所部兵仗"和《世祖纪九》至元十九年九月壬申"命四川行省就遣亦奚不薛军前往招抚"蛮洞向世雄兄弟等史料⑧,以及迄至元二十二年二月,四川行省或西川行省招讨、统辖蛮夷等活动依然见于史书记载⑨,此说可以成立。《元史》卷155《汪世显附汪惟正传》所载"(至元)十七年,迁龙虎卫上将军、中书左丞,行秦蜀中书省事,赐玉带。以省治在长安,去蜀远,乃命惟正分省于蜀……二十二年改授陕西行中书省左丞",亦可证上述"分省四川"是比较准确的说法,"四川行省"则是用后来的正式名称去称呼此"分省"军政实体。而至元二十二年七月汪惟正朝见忽必烈并被任命为陕西行省左丞⑩,也意味着四川由分省独立置行省,已成定局。

---

① 《元史》卷7《世祖纪四》至元七年三月庚子,至元八年九月丙寅、十一月丙戌;卷91《百官志七》。
② 谭其骧:《元陕西四川行省沿革考》,《禹贡》3卷6号,1935年。
③ 《元史》卷7《世祖纪四》至元九年春正月庚辰。
④ 《元史》卷8《世祖纪五》至元十年四月辛丑。
⑤ 《元史》卷8《世祖纪五》至元十年二月丙申。
⑥ 《元史》卷155《汪世显附汪良臣传》云:至元十五年"四川悉平……捷闻,世祖喜甚,召良臣入觐,授资善大夫、中书左丞、行四川中书省事"。卷10《世祖纪七》至元十五年九月癸未载:"省东西川行枢密院。"
⑦ 《元史》卷10《世祖纪七》至元十六年七月戊申曰"罢西川行省";卷11《世祖纪七》至元十七年十月壬午载:"诏立陕西四川等处行中书省,以不花为右丞,李德辉、汪惟正并左丞。"
⑧ 《元史》卷13《世祖纪十》至元二十一年七月丁丑、十月戊申,至元二十二年二月丙午。
⑨ 《元史》卷12《世祖纪九》至元十九年十月庚戌还云:"以四川民仅十二万户,所设官府二百五十余,令四川行省议减之。"
⑩ 《元史》卷13《世祖纪十》又云:是年七月壬午,"陕西四川行中书省左丞汪惟正入见"。

据《元史》卷12《世祖纪九》和卷91《百官志七》,至元二十年三月陕西四川行省曾短暂废罢。而至元二十二年"西川行省"、"陕西行省"或"陕西四川行省"等又不断见于史书,正如谭其骧先生所论,至元二十二年陕西四川行省一度恢复建置①。

还需要强调,至元二十三年以后虽然陕西和四川各自为行省的体制大体确定下来,但大德三年(1299)至七年间仍然再次发生二省合一的变动。这一点,《元史》卷91《百官志七》和《题名记》皆漏记,兹略作补述。

《元史》卷20《成宗纪三》大德三年二月丁巳条载:"罢四川、福建等处行中书省……置四川、福建宣慰司都元帅府及陕西汉中道肃政廉访司。"大德七年六月己丑条又载:"罢四川宣慰司,立四川行中书省。"是证至元二十三年以后仍然有大德三年至七年间四年零四个月四川省并入陕西行省的情况②。

据《元史》卷60《地理志三》,四川行省辖"路九,府三,属州三十六,军一,属县八十一"。

第二节　成都等五路、一府沿革

一、成都路

成都路(治今四川成都市),上路。唐为益州,又改成都府。宋为益州路,又为成都府路。早在窝阔台汗八年(1236)十月二十四日,窝阔台之子阔端率蒙古军攻克宋成都府。蒙哥汗八年(1258)初,蒙古在成都修筑新城,完善防务,先后以阿答胡和纽璘为都元帅③。中统二年(1261)五月忽必烈降诏命令成都路置惠民药局④。估计在此前后成都路及总管府已经设立。至元十一年(1274),一度设置成都路防城总管,命原行枢密院副使李昱担任,"通管军民事"⑤。又设

---

① 《元史》卷13《世祖纪十》至元二十二年二月丙午云:"以荆湖行省所隶八番罗甸隶西川行省。"七月壬午载:"陕西四川行中书省左丞汪惟正入见。"卷155《汪世显附汪惟正传》则说,至元二十二年汪惟正"改授陕西行中书省左丞"。谭其骧:《元陕西四川行省沿革考》,《禹贡》3卷6号,1935年。
② 《勤斋集》卷2《元故荣禄大夫平章政事议陕西等处中书省事赵公墓志铭》载:元贞初担任四川省平章政事的赵弼,即因为"大德三年省革",而改任"平章政事议陕西行中书省事"。大德五年五月初五,赵弼"薨于安西顺义里私第之正寝"。安西(路)是至元十六年到皇庆元年京兆路的官方称谓,说明赵弼在大德三年到五年已因四川省并入陕西行省引起的职务变动而在京兆录事司顺义里置买"私第"长期居住。后者又是大德三年四川省并入陕西行省的有说服力的一个佐证。
③ 陈世松等:《宋元战争史》,四川省社会科学院出版社,1988年,第69、128页。
④ 《元史》卷4《世祖纪一》。
⑤ 《松雪斋集》卷8《故成都路防城军民总管李公墓志铭》。

录事司。至元十三年,领成都、嘉定、崇庆三府,眉、邛、隆、黎、雅、威、茂、简、汉、彭、绵十一州。当年,嘉定府升路总管府,以眉、雅、黎、邛四州划属。二十年,又割黎、雅二州属吐蕃招讨司,降崇庆府为州,隆州并入仁寿县,直隶路总管府。

成都"为西蜀都会,土地广衍,民物繁庶"①。然因长期战乱,至元二十七年户数仅有 32 912 户②,相当于北宋崇宁年间户数五分之一强。本路境内的屯田,则数量可观。据初步统计,世祖朝民屯有近万户。广安等处万户府和五路万户府设在成都路的军屯计有 1 300 余户,约 230 顷土地③。成都路还是四川行省和西蜀四川道肃政廉访司的治所。

领一录事司,成都、华阳、新都、郫县、温江、双流、新繁、仁寿、金堂九县,彭、汉、安、灌、崇庆、威、简七州。州领十一县。

成都县,唐、宋为成都府治所。宋为次赤县。元为本路治所,下县。至元十三年以成都县原管大城内西北隅并入录事司。

华阳县,宋为次赤县。元为下县。

新都县,宋为次畿县。元为下县。

郫县,宋为次畿县。元为下县。

温江县,宋为次畿县。元为下县。

双流县,宋为次畿县。元为下县。

新繁县,宋为次畿县。元为下县。

仁寿县,唐为陵州。宋为隆州。元至元二十年,因隆州地荒人散,并为仁寿县,隶属成都路。下县。

金堂县,宋属怀安军。元初升为怀州,金堂仍为其属县。至元二十年,并怀州入金堂县,隶属成都路。下县。

彭州,下州。唐置濛州,又为彭州。宋仍为彭州,隶属成都府路。入元,隶属成都路。领濛阳、崇宁二县。比宋彭州少一九陇县。

濛阳县,宋为望县。元为下县。

崇宁县,宋为望县。元为下县。

汉州,下州。唐为德阳郡,又为汉州。宋仍为汉州,领四县,隶属成都府路。因长年兵革,破坏严重,元中统元年(1260)才重新设立汉州,隶属成都路。领什邡、德阳、绵竹三县。

---

① 《居闲丛稿》卷18《送李寿卿之成都路知事序》。
② 此为《元史》卷60《地理志三》所载。另,卷98《兵志一》云,至元七年六月成都府括民 31 075 户。
③ 《元史》卷100《兵志三》。

什邡县，宋为望县。元为下县。

德阳县，宋为望县。元至元八年九月，德阳县升为德州。十三年降为德阳县，隶属成都路。十八年还属汉州①。下县。

绵竹县，宋为望县。元至元十三年，因户口数少，并入本州。二十九年九月，复立为县②。下县。

安州，下州。唐置石泉县。宋升为石泉军，领三县，隶属成都府路。元中统五年，升为安州，隶成都路。领一石泉县。

石泉县，宋为下县。元仍为下县。

灌州，下州。唐为导江县。五代为灌州。宋为永康军，领二县，隶属成都府路。后废为灌口寨。元初，重新设立灌州，隶成都路。至元十三年，因户口数少，导江、青城二县省入本州。另，青城陶坝设有屯田万户府。

崇庆州，下州。唐为唐安郡，又为蜀州。宋为崇庆军，后升府，领四县。隶属成都府路。元至元十二年，立崇庆总管府。二十年改为崇庆州，隶成都路。又并江原县入本州。本州设有屯田万户府。领晋原、新津二县。

晋原县，宋为望县。元为下县。

新津县，宋为望县。元为下县。

威州，下州。唐为维州。宋改威州，领保宁、通化二县及保、霸二羁縻州。隶属成都府路。元至元十九年，并保宁县入本州。隶成都路。威州北至后番对如界大风流五十里，西北至后番小风流一百里。领一通化县。

通化县，宋为下县。元仍为下县。境内有嘉会乡。

简州，下州。唐分割益州置简州。宋为简州，领二县。隶属成都府路。元至元二十年，附郭阳安县并入本州。二十二年，原成都府路所属灵泉县并入简州，本州原领平泉县，因土地荒芜而废罢。于是，简州成了又一个无属县之州③。

与宋成都府路比较，元成都路的辖区范围由南宋的三府、十一州、二军，减少为七州。路属县和州属县也由五十八个减少至二十个。

二、嘉定府路

嘉定府路（治今四川乐山市），下路。唐为嘉州，一度改犍为郡。宋升嘉定府，隶属成都府路。至元十二年六月归附。十三年立路总管府。嘉定府路"东

---

① 《元史》卷7《世祖纪四》。另，《元史》卷11《世祖纪八》至元十八年十二月丙辰条云："以汉州德阳县隶成都府。"今暂从《地理志三》。
② 《元史》卷17《世祖纪十四》。
③ 以上据《宋史》卷89《地理志五》；《元史》卷60《地理志三》；《元一统志》卷5《四川等处行中书省》。

接江阳,南接朱提,北接蜀郡,西接广汉"。据说,入元后四川地区只设立四个路总管府。权相阿合马滥增为九路。御史台官员认为,四川民户数量少,建议保留广元、成都、顺庆、重庆、夔府五路。于是,朝廷废罢了上述五路以外的其余诸路。至元二十二年左右,朝廷又"以山谷险要,蛮夷杂处"为由,重新设置嘉定府路,来控制四川西部边陲[①]。本路旧领龙游、夹江、峨眉、犍为、洪雅五县,至元二十年,洪雅并入夹江县。二十五年七月,一度割属嘉定府路的沐川等五寨,又归还马湖蛮部总管府[②]。

世祖朝末,嘉定府路还曾经是四川行枢密院的所在地[③]。

领一录事司,龙游、夹江、峨眉、犍为四县,眉州、邛州二州。州领三县。

龙游县,宋为上县。元为下县。

夹江县,宋为中县。元为下县。

峨眉县,宋为中县。元为下县。

犍为县,宋为下县。元仍为下县。原县治在嘉定府治东南,岷江下游,临江滨,距府一百二十里,"荒简无居者"。入元后,迁徙至县界上的玉津镇,亦临江滨,距旧治一百里,但距路治不足二十里。

眉州,下州。唐为眉州,一度改通义郡。宋仍为眉州,领四县,隶属成都府路。至元十四年,隶嘉定府路。领彭山、青神二县。

彭山县,宋为望县。元为下县。

青神县,宋为紧县。元为下县。

邛州,下州。唐为邛州,一度改临邛郡。宋仍为邛州,领六县,隶属成都府路。元至元十四年,立安抚司,兼行州事。隶嘉定府路。二十一年,临邛、依政、蒲江三县并入本州。领一大邑县。

大邑县,宋为望县。元为下县。

与宋嘉定府比较,元嘉定府路变动主要有三:一是府升路及置录事司,二是直属县由五减为四,三是增加眉州、邛州二属州。

三、广元路

广元路(治今四川广元市),下路。唐为利州,一度改益昌郡。宋为利州路,端平之后,陷入兵乱十七年。蒙哥汗三年,立利州治所,设都元帅府。至元

[①] 《元史》卷13《世祖纪十》至元二十二年十月戊午。
[②] 《元史》卷15《世祖纪十二》至元二十五年七月戊戌。
[③] 《元史》卷16《世祖纪十三》至元二十八年二月乙酉。

十四年,罢都元帅府,改为广元路。同年,割巩昌便宜总帅府隆庆府,利、巴、大安、褒、沔、龙等州隶广元路。十六年正月,元朝廷在四川设置四道宣慰司,四川北道宣慰司就设在广元路。本路还有少量的民屯户及田亩①。至元二十七年户口数为16 442户。

领绵谷、昭化二县,保宁一府,剑州、龙州、巴州、沔州四州。府领三县,州领七县。

绵谷县,宋为中县。元为下县。

昭化县,宋为下县。元初葭萌县并入。仍为下县。

保宁府,唐为隆州,改阆州,又为阆中郡。宋为阆州,又改安德军节度,隶属利州路。元初立东川路元帅府。至元十三年,升保宁府。二十年罢元帅府,改保宁路。原领新得、小宁二州,后并入阆中县,奉国县并入苍溪县,新井、新政、西水三县并入南部县。又改保宁府,隶属广元路。本府有屯田118顷。领阆中、苍溪、南部三县。

阆中县,宋为望县。元为下县。倚郭。

苍溪县,宋为紧县。元为下县。

南部县,宋为紧县。元为下县。

剑州,下州。唐为始州,后改剑州。宋升普安军,又为隆庆府,领六县。隶属利州路。元至元十二年,改剑州。十四年,自巩昌便宜都总帅府割隶广元路。领普安、梓潼二县。

普安县,宋为中县。元至元二十年,普城、剑门二县并入本县。下县。

梓潼县,宋为上县。元为下县。

龙州,下州。唐初为龙门郡,又改龙州、江油郡和应灵郡。宋改政州,后复为龙州。领二县,隶属利州路。蒙哥汗八年宋守将王知府以城投降。至元十四年,自巩昌便宜都总帅府割隶广元路。二十二年,江油、清川二县并入本州。这样,龙州也成了无属县之州。

巴州,下州。唐为巴州,一度改清化郡。宋仍为巴州,领化城、难江、恩阳、曾口、上通江、下通江六县。隶属利州路。元至元十四年,自巩昌便宜都总帅府割隶广元路。二十年,难江、恩阳二县并入化城,上、下通江二县并入曾口。领化城、曾口二县。

化城县,宋为中县。元为下县。

曾口县,宋为下县。元仍为下县。

---

① 《元史》卷10《世祖纪七》、卷100《兵志三》。

沔州，下州。唐为兴州，一度改顺政郡。宋改沔州，领二县，隶属利州路。元至元十四年，与大安州、褒州一同自巩昌便宜都总帅府割隶广元路。二十年废褒州，只存铎水县，又降大安州为大安县改属本州。二十九年九月，迁沔州于铎水县为新治所①。领铎水、大安、略阳三县。

铎水县，下县。倚郭。

大安县，宋为大安州。元为下县。

略阳县，宋为中县。元为下县。至元二十年，长举县、西县并入本县②。

与宋利州路比较，元广元路所辖由三府、十二州减少为一府、四州，管辖范围明显缩小。具体变化表现为：兴元府、洋州、金州、阶州、西和州、同庆军、凤州、天水军等划属陕西行省，兴元府、洋州、金州、凤州另组兴元路，以及大安州等废罢。

四、顺庆路

顺庆路（治今四川南充市北），下路。至元二十七年户数为2 821户。唐为南充郡，又改果州，又改充州。宋升为顺庆府，隶属潼川府路。元中统元年立征南都元帅府。至元四年立东川路统军司，后改东川府。十五年，复名顺庆府。十六年正月，顺庆等路立四川东道宣慰司，为川蜀四道宣慰司之一。十八年六月，以顺庆府隶属四川东道宣慰司，故又称顺庆府宣慰司。十九年十月，四川东道宣慰司（顺庆府宣慰司）废罢③。二十年，升顺庆府为路总管府，设录事司。顺庆路境内还有民屯5 016户、军屯121户④。领一录事司，南充、西充二县，一广安府，蓬州、渠州二州。府领二县，州领五县。

南充县，宋为望县。元至元二十年，汉初县并入。下县。

西充县，宋为望县。元至元二十年，流溪县并入。下县。

广安府，宋为广安军，又改宁西军，隶属潼川府路。元至元十五年，废宁西军。二十年，升为广安府，隶属顺庆路。旧领渠江、乐池、和溪、新明四县，后和溪、新明并入乐池。领渠江、乐池二县。

渠江县，宋为中县。元为广安府倚郭县，下县。

乐池县，宋为紧县。元为下县。

蓬州，下州。唐改蓬山郡，复为蓬州。宋为蓬州，隶属利州路。元初立宣抚都元帅府，后罢。至元二十年，立蓬州路总管府。后改为蓬州，隶属顺庆路。

---

① 《元史》卷17《世祖纪十四》。
② 《宋史》卷89《地理志五》；《元史》卷60《地理志三》；《元一统志》卷5《四川等处行中书省》。
③ 《元史》卷10《世祖纪七》、卷11《世祖纪八》、卷12《世祖纪九》。
④ 《元史》卷100《兵志三》。

本州东北至新得州三百里。领相如、营山、仪陇三县。

相如县，南宋始置，望县。曾迁县民于云山砦，据险而守。元至元十五年，毁云山砦，复归旧治。二十年，金城寨并入。下县。

营山县，宋为中县。元至元二十年，良山县并入。下县。

仪陇县，宋为中县。元至元二十年，蓬池、伏虞二县并入。下县。本县东南至小宁州一百五十里。

渠州，下州。唐为渠州，一度改潾山郡。宋仍为渠州，隶属潼川府路。元至元十一年，立渠州安抚司。二十年，罢安抚司，以渠州为顺庆路属州。领流江、大竹二县。

流江县，宋为紧县。元为下县。

大竹县，南宋增置县。元至元二十年，潾山、潾水二县并入。下县①。

与宋顺庆府比较，元顺庆路的变化，不仅有府升路和置录事司，而且属县由三减为二，另增一属府和二属州，管辖范围明显扩大。其户口数却只相当于宋顺庆府的二十分之一。

五、潼川府

潼川府（治今四川三台县），唐为梓州，一度改梓潼郡，宋为静戎军，改静安军，又升潼川府。领郪县、中江、涪城、射洪、盐亭、通泉、飞乌、铜山、东关、永泰十县，隶属潼川府路。南宋末，战乱造成土地荒芜空旷。入元，恢复潼川府治。至元二十年，并涪城及录事司入郪县，通泉入射洪，东关入盐亭，铜山入中江。领郪县、中江、射洪、盐亭四县，遂宁、绵州二州。

郪县，宋为望县。元为潼川府倚郭县。下县。

中江县，宋为望县。元为下县。

射洪县，宋为紧县。元为下县。

盐亭县，宋为紧县。元为下县。

遂宁州，下州。唐为遂州，又改遂宁郡。宋为遂宁府，领小溪、蓬溪、长江、青石、遂宁五县，隶属潼川府路。元初仍为遂宁府。至元十九年，并遂宁、青石二县入小溪，长江入蓬溪。后又降府为州，隶属潼川府。领小溪、蓬溪二县。

小溪县，宋为望县。元为下县。

蓬溪县，宋为望县。元为下县。

绵州，下州。宋为绵州，隶属成都府路。元初仍隶成都路。中统四年八

---

① 以上据《宋史》卷 89《地理志五》；《元史》卷 60《地理志三》；《元一统志》卷 5《四川等处行中书省》。

月,忽必烈颁诏:以成都路绵州改隶潼川府①。至元二十年,并魏城县入本州,再次改隶潼川府。领彰明、罗江二县。

彰明县,宋为望县。元为下县。

罗江县,宋为紧县。元为下县②。

与宋潼川府比较,元潼川府为直隶四川行省的散府,其直属县数由十减为四,又增加遂宁、绵州二属州,辖区范围有所扩大。

六、永宁路

永宁路(治今四川叙永县西南),下路。宋为泸州江安、合江二县地。元初置西南番总管府。至元二十五年六月,改为永宁路,隶四川行省。顺帝至正初,改永宁宣抚司。至正四年(1344)十二月,该宣抚司还设置推官一员,专理刑狱③。领一筠连州,州领一县。

筠连州,下州。领一腾川县。

腾川县,下县④。

有一种说法是,筠连州和腾川县起初是至元十五年四月由云南行省招降的。不久奉朝廷诏令,筠连州和腾川县"新附户"拨属叙州安抚司充任站户之役,"于叙州等处治道立驿"⑤。

另,至元二十年四月,四川行省右丞也速带儿曾招抚筠连州等处蛮。大德五年(1301)二月,永宁路总管雄挫来大都朝见成宗皇帝,"献马三十余匹",获得绢帛赏赐有差。文宗至顺三年(1332)二月,乌撒土官宣慰使禄余曾经通过四川行省上奏朝廷,希望改属四川行省,隶于永宁路之下⑥。足见,永宁路所辖多半是西南蛮洞。

第三节　四川南道所辖四路、二府沿革

一、重庆路

重庆路(治今重庆市),上路。至元二十七年(1290)户数为 22 395 户。唐

---

① 《元史》卷5《世祖纪二》。
②④ 《宋史》卷89《地理志五》;《元史》卷60《地理志三》;《元一统志》卷5《四川等处行中书省》。
③ 《元史》卷15《世祖纪十二》、卷41《顺帝纪四》;《大清一统志》卷318《叙永厅》。
⑤ 《元史》卷10《世祖纪七》至元十五年四月丁丑、十六年六月癸巳。
⑥ 《元史》卷12《世祖纪九》、卷20《成宗纪三》、卷36《文宗纪五》。

为渝州。宋更名为恭州,后升重庆府,隶夔州路。入元,改为重庆路。至元十六年,立重庆路总管府。二十一年,以地处冲要,重庆路户口数虽不及标准定额的四分之一,仍被朝廷升为上路。至元十二年十二月,省隆化县入南川县①。二十一年,割忠州、涪州为属州。翌年,又割泸州、合州来属。省壁山入巴县;废罢南平军,其地并入南川县,以南川县直隶本路。又设置录事司。重庆路还有江津、巴县、三堆、中嶍、赵市等处军民屯田420顷,合计4 600余户②。领一录事司,巴县、江津、南川三县,泸州、忠州、合州、涪州四州。州领十县。

巴县,宋为重庆府属县,中县。元为重庆路倚郭县,下县。

江津县,宋为重庆府属县,中下县。元为下县。至元十六年,元朝廷曾赏赐四川行省参政昝顺江津县田民180户。

南川县,宋为南平军属县,中下县。元为下县。

泸州,下州。唐改泸川郡为泸州。宋为泸州、泸川军节度,隶潼川府路。元中统二年(1261),宋安抚使刘整以城归降。后宋元双方你攻我取,多次易手。至元十四年十月,最终为元军占据。十五年,隶属四川西道宣慰司。十八年,改隶四川南道宣慰司。二十年,罢安抚司,仅行泸州事。原设录事司和泸川县并入本州通管。二十二年,隶属重庆路。原领泸川、江安、纳溪、合江四县,乐共一城,仁怀、大洲、政和、镇溪、板桥、梅岭六堡,九支、平泉、史君、绥远、安溪、安远、博壁、江门八寨,经过至元十三年前后战乱,城邑堡寨残破,户口稀少,仅领江安、纳溪、合江三县。

江安县,宋为中县。元至元十二年,随泸州安抚梅应春归附。因兵乱民散,户口稀少,仅于乐共设知城一员。二十年八月,并城入本路通管。后为下县,治于故县城旧基。

纳溪县,北宋为纳溪口军寨。理宗绍定五年(1232)升为县,管辖江门寨、大洲、政和、镇溪、板桥一寨四堡。县治距泸州城下流三十里。元至元十二年,随泸州安抚梅应春归附。十三年,因兵乱一寨、四堡多废,唯余江门寨。二十年,江门寨并入本县。下县。

合江县,宋为中县。至元十二年,随泸州安抚梅应春归附。经至元十三年兵乱,所辖九支、平泉、史君、绥远、安溪五寨和仁怀堡皆废。下县。治所移于神臂江南济民市。

忠州,下州。唐初先后称临州、忠州。宋升为咸淳府,隶夔州路。元仍为忠州。领临江、南宾、丰都三县。隶属重庆路。另,宋忠州所属三县外,又有垫

---

① 《元史》卷8《世祖纪五》。
② 《元史》卷26《仁宗纪三》延祐五年十二月辛亥、卷100《兵志三》。

江县。入元,垫江县并入丰都县。顺帝至元四年(1338)重新设立垫江县,隶属重庆路忠州①。

临江县,宋为中下县。元为下县。

南宾县,宋为下县。元为下县。

丰都县,宋为下县。元为下县。

合州,下州。合州为"巴蜀要津",北魏始以涪水、汉水合流于城下而得名。唐为合州,一度改巴川郡。宋为合州,隶潼川府路。南宋淳祐年间,合州迁治于钓鱼山。元至元十五年,宋安抚使王立以城降,命为潼川路安抚使,知合州事。后迁回旧治。二十年,罢安抚司,降为属州,废录事司。赤水县并入石照县。二十二年,隶属重庆路。领铜梁、定远、石照三县。与宋合州比较,减巴川、赤水、汉初三县,增定远县。

铜梁县,宋为中下县。元初,并巴川、汉初二县入本县。下县。

定远县,本为南宋合州附近的女菁平。元至元四年,巩昌便宜总帅所部为抗拒钓鱼山合州宋军,特于女菁平之地创立武胜军。后改为定远州。至元二十四年,降为定远县,隶属合州②。下县。

石照县,原为石镜县,宋改石照县,中县。元至元十二年合州录事司及赤水县并入本县。治所亦迁回旧城。下县。

涪州,下州。唐为涪陵郡,又改涪州。宋仍为涪州,隶夔州路。宋淳祐二年(1242),为防御蒙古军队,移治所于三台山。入元,隶属重庆路。至元十二年,涪陵、乐都并入本州。领武龙县。

武龙县,宋为下县。元为下县③。

与宋重庆府比较,元重庆路不仅升路总管府和设录事司,其管辖范围也增加了泸州、忠州、合州、涪州四州。

二、绍庆府

绍庆府(治今四川彭水苗族土家族自治县),下。至元二十七年户数为3944户。唐为黔州,又为黔中郡。宋升绍庆府,隶夔州路。至元二十年,仍置绍庆府。领彭水、黔江二县。

彭水县,宋为中县。元为下县。

---

① 《元史》卷39《顺帝纪二》至元四年六月壬午。
② 《元史》卷14《世祖纪十一》三月丙辰、卷155《汪惟正传》。
③ 《宋史》卷89《地理志五》;《元史》卷60《地理志三》;《元一统志》卷5《四川等处行中书省》。

黔江县,宋为下县。元仍为下县。据说本县昔日因蛮洞侵扰,治所迁至老鹰砦。其辖区范围大体是南至酉阳溪界一百二十里,东北至清江县二百三十里,西北至龙渠县二百九十里①。

元代的绍庆府,有两个特殊之处:一是某些场合称为绍庆路,二是境内有数量甚夥的蛮獠洞寨。

绍庆路之称,在至元二十年以前业已有之。至元十九年元廷开始在绍庆路设立民屯,"于本路未当差民户内签二十三户置立屯田"②。而后,至元二十六年四月元廷颁给四川绍庆路"铺马札子二道"③。泰定四年(1327)春正月庚戌,又"置绍庆路石门十寨巡检司"④。笔者拙见,之所以有绍庆府和绍庆路相间出现的情况,或许是因为入元以后设立的就是绍庆路。至元二十年才改置绍庆府。至元二十年以后,人们习惯上依然称其旧名绍庆路。

至于绍庆府所辖蛮獠洞寨甚夥,也不乏史证。例如,至大三年(1308)十一月,四川行省绍庆路所辖容米洞首领田墨连结诸蛮攻劫麻寮等寨;延祐七年(1320)四月"绍庆路洞蛮为寇,命四川行省捕之";泰定四年六月"绍庆路四洞酋阿者等降,并命为蛮夷长官,仍设巡检司以抚之"⑤。又,宋绍庆府之下管领羁縻州四十九个,南宋时增至五十六个⑥。元绍庆府所辖蛮獠洞寨,显然是从宋代继承来的。

三、怀德府

有关怀德府的记载非常少。《元史》卷60《地理志三》仅有如下寥寥二十一个字:"怀德府。领州四。来宁州,下。柔远州,下。酉阳州,下。服州,下。"其他相关史实还有:武宗至大三年十一月元廷任命当地归降酋长田思远为怀德府判官;文宗至顺二年(1331)二月怀德府一度升为宣抚司,以镇抚驴谷什用等四洞及生蛮十二洞等地;同年四月,怀德府洞蛮二十一洞田先什用等以方物来贡等⑦。显而易见,怀德府也属于蛮獠洞寨聚集的地区。

四、夔路

夔路(治今重庆奉节县),又称夔州路,下路。至元二十七年户数为

---

① 以上据《宋史》卷89《地理志五》;《元史》卷60《地理志三》;《元一统志》卷5《四川等处行中书省》。
② 《元史》卷100《兵志三·屯田》。
③ 《元史》卷101《兵志四·站赤》。
④ 《元史》卷30《泰定帝纪二》。
⑤ 《元史》卷23《武宗纪二》、卷27《英宗纪一》、卷30《泰定帝纪二》。
⑥ 《宋史》卷89《地理志五》。
⑦ 《元史》卷23《武宗纪二》、卷35《文宗纪四》。

20 024 户。唐初为信州,后改夔州,又为云安郡。宋为夔州、夔州路和夔、利兵马钤辖所在。早在元中统三年,宋降将杨大渊、刘整就曾任职夔州路行省。至元十四年六月,宋将涪州安抚阳立归降,被任命为夔路安抚使①。此为元夔路相关建置的开始。十五年,正式设立夔州路总管府,以施州、云安州、万州、大宁州来属。二十二年七月,开州、达州、梁山州三州改隶夔州路②。于是,夔路领一录事司,奉节、巫山二县,施州、达州、梁山州、万州、云阳州、大宁州、开州七州。州领五县。

奉节县,宋为夔州属县,中县。元为下县。

巫山县,宋为夔州属县,中下县。元为下县。

施州,下州。唐改清江郡和清化郡,复为施州。宋仍为施州,隶属夔州路。原领清江、建始二县。至元二十二年,清江县并入本州③。仅领建始一县。

建始县,宋为中下县。元为下县。

达州,下州。唐为通州,一度改通川郡。宋更名为达州,领通川等六县,隶属夔州路。至元十五年,隶属四川东道宣慰司。二十二年七月,达州改隶夔路。领通川、新宁二县。

通川县,宋为中县。元为下县。

新宁县,宋为下县。元仍为下县。

梁山州,下州。本为梁山县,宋升为梁山军,隶属夔州路。至元二十二年升为梁山州。领梁山一县。

梁山县,宋为中下县。元为下县。

万州,下州。唐初为浦州,改万州,又改南浦郡。宋为万州,领南浦等二县,隶属夔州路。至元二十年,南浦县并入万州④。领武宁一县。

武宁县,宋为下县。

云阳州,下州。唐为云安监。宋置安义县,后复为云安监。又改云安军,隶属夔州路。元至元十五年,立云安军。二十年,升为云阳州,云阳县并入本州。

大宁州,下州。宋初为夔州大昌县,后改大宁监,隶属夔州路。至元二十

---

① 《元史》卷 5《世祖纪二》中统三年七月丙寅、戊寅,卷 9《世祖纪六》至元十四年六月丙寅。
② 《元史》卷 13《世祖纪十》。
③ 《元史》卷 15《世祖纪十二》至元二十五年十二月载:"以施州之清江县隶夔路总管府。"今从《地理志三》。
④ 《元史》卷 60《地理志三》云:"元至元二十年,以南浦县为万州。"按,前述至元十五年设立夔州路总管府,以施州、云安州、万州、大宁州来属。是时已有万州。故"以南浦县为万州",记述欠准确。

年,升为大宁州,大昌县并入本州。

开州,下州。唐改为盛山郡,后复为开州。宋为开州,隶属夔州路。元仍为开州①。

夔路境内还有夔路万户府和军民屯田等设置。民屯从至元十一年开始签发本路编民及新附军老弱,合计5 083户,屯田56顷。夔路万户府军屯351户,屯田56顷70亩,立14屯②。元夔路所辖也含有少数族洞蛮,如容米洞蛮田先什用等九洞以及忠信寨洞蛮等,另有不少怯怜口私属③。后者或许来自战乱掳掠。

与宋夔州路比较,元夔路虽然增设了录事司,但辖境大为缩小,由南宋的三府、八州、三军、一监减为七州,户口仅相当于宋夔州路十五分之一。

五、叙南等处蛮夷宣抚司

叙南等处蛮夷宣抚司大约设置于至元二十二年。起初,元朝在四川地区沿袭宋制,只设四路。在阿合马当政时期,增加到九路。后御史台官员言"其地民少",保留广元、成都、顺庆、重庆、夔府五路,其余四路罢去。至元二十二年十月,朝廷"以山谷险要,蛮夷杂处"为由,重新设立叙州宣抚司。不久,叙州宣抚司一度升格为叙州宣慰司。大德七年(1303)九月,又改为叙南等处诸部蛮夷宣抚司。按照朝廷的制度,叙南等处诸部蛮夷宣抚司隶属四川行省,不设佥事和计议二官。其令史、译史考满需要比附各路司吏人等一体迁用④。另,至元十八年重新设立的叙州路,又隶属于叙南等处蛮夷宣抚司。可见,叙南等处蛮夷宣抚司的行政级别略高于一般的路总管府。

叙州宣抚司所辖民屯合计4 444户,分别由签取叙州、长宁军、富顺州等处编民构成,还有叙州等处万户府军屯屯军239人、垦田41顷83亩,叙州万户府军屯屯户221名、土地38顷67亩⑤。

六、叙州路

唐为戎州,贞观初徙治所于僰道,位于蜀江之西三江口。宋改为叙州,上

---

① 以上据《宋史》卷89《地理志五》;《元史》卷60《地理志三》;《元一统志》卷5《四川等处行中书省》。
② 《元史》卷100《兵志三·屯田》。
③ 《元史》卷29《泰定帝纪一》泰定元年十二月乙亥、卷35《文宗纪四》至顺二年春正月戊子、卷36《文宗纪五》至顺三年春正月庚子。
④ 《元史》卷13《世祖纪十》、卷21《成宗纪四》、卷91《百官志七》、卷84《选举志四·考课·凡吏员考满授正九品》。
⑤ 《元史》卷100《兵志三·屯田》。

州,隶属潼川府路(东川路)。南宋咸淳中,为防御蒙古,筑城登高山为叙州治所。元至元十二年宋守城将领郭汉杰携城归降元朝。十三年,立安抚司。不久,拆毁登高山城,重新迁回三江口治所。废罢安抚司,立叙州。十八年,再次升格为叙州路,先隶安西行省(陕西四川),二十三年后,隶属叙南等处蛮夷宣抚司,二十三年正月,一度"降叙州为县"①。

叙州路(治今四川省宜宾市)地处长江上游的水路枢纽,从至元十五年五月开始,元廷就设立横穿川蜀水站,自叙州沿长江东下抵达荆南府(江陵路)。十六年六月,又签取高州、筠连州、腾川县的新附户于叙州等处修理道路,充任站役。三年内全程达到十九站,增加站户二千一百,船只计二百十二艘。二十八年二月,应云南行省请求,又增设云南中庆到叙州的陆路驿站五站②。领宜宾、庆符、南溪、宣化四县,富顺州、高州二州。

宜宾县,宋为中县。元为下县。

庆符县,宋始置县,有柔远、乐从、清平、石门、怀远五砦。北宋末,柔远、乐从二砦并入怀远砦。元为下县。

南溪县,宋为中县。元为下县。

宣化县,宋曾为镇,后升县。元为下县。

富顺州,下州。唐为富义县。宋初仍为泸州属县。乾德四年(966),因掌管煎盐,升为富义监。又改富顺县。元至元十二年,改富顺监安抚司。二十年,罢安抚司,升富顺州。

高州,下州。古夜郎属地,与乌蛮相邻,与长宁军地连接。唐于本部设羁縻高州。宋设长宁军,高州等十州受其统辖。元至元十五年,云南行省遣官招谕内附。十七年,知州郭安重新署理州事。所辖蛮人散居各个村囤,故而未设县邑乡镇③。

与宋叙州比较,元叙州路仍管辖宜宾、庆符、南溪、宣化四县。所不同的是,宋叙州另辖羁縻州三十个。元叙州路则设富顺州、高州二州,管理境内蛮人。

七、马湖路

马湖路(治今云南省绥江县西北金沙江南岸),下路。本为古牂柯属地,汉

---

① 《元史》卷11《世祖纪八》至元十八年二月乙亥、卷14《世祖纪十一》至元二十三年正月丁酉。
② 《元史》卷10《世祖纪七》至元十五年五月乙未、至元十六年六月壬辰,卷11《世祖纪八》至元十八年二月己丑,卷16《世祖纪十三》至元二十八年二月癸酉。
③ 以上据《宋史》卷89《地理志五》;《元史》卷60《地理志三》;《元一统志》卷5《四川等处行中书省》。

唐以后称马湖部。宋代该部蛮主屯居于马湖内土山。元至元十二年十二月马湖部归附,元廷开始设置马湖路总管府。该部部众离开湖岛,向东北迁徙一百七十里,在马湖南岸夷部溪口处创建总管府治所①。不过,有些场合又称为"马湖蛮部总管府"等。虽然《元史》卷60《地理志三》说,"其民散居山箐,无县邑城镇",但马湖路总管府所属大小官司及寨村也不止十个。除了长宁军和戎州以外,又有一度划属嘉定府路而至元二十五年七月重新"还隶"马湖路的"沐川等五寨",还有"泥溪、平夷、蛮夷、夷都、沐川、雷坡六长官司"②。相对而言,有关元代马湖路的史料记载是较少的。尽管如此,马湖路总管汝作率蛮军三百助四川行院也速带儿征讨乌蒙,路总管祈祷而消弭鼠灾,元贞二年(1296)以前马湖路每年进贡土产独本葱等少数史事③,仍然依稀可见。领长宁军和戎州。

长宁军,唐置长宁等羁縻州十四个、羁縻县五十六个,一并隶属泸州都督府。宋先立监,后升格为长宁军,领安宁县。元至元十二年,守吏黄立携城归附。二十二年,一度设录事司。后又与安宁县一起省入本军。泰定二年(1325)十一月,长宁军曾经改立为州④。

戎州,下州。原本古夜郎国西南蛮种族之一,号大坝都掌,分为十九族。唐武则天时,设置晏州为首的十四羁縻州、五团、二十九羁縻县。元至元十四年,应蛮夷部宣抚司昝顺遣官招谕,大坝都掌归附⑤。十七年,本部首领得兰纽朝觐,授予大坝都总管职务。二十二年升为戎州,治所在箐前。所领都是零散村囤,而无县邑乡镇⑥。

八、上罗计长官司

上罗计长官司,领罗计、罗星夷蛮地。属古夜郎国境,亦西南蛮种族。宋设长宁军,罗计、罗星立十羁縻州及各自官属,受其节制。而后,分姓他居,裂为上罗计和下罗计。元至元十三年,蛮夷部宣抚司昝顺引导本部酋长得赖阿当归附。十五年,得赖阿当受千户官职。十八年,黎州同知李奇以武略将军来充罗星长官。二十二年,上罗计随同周围夷蛮反叛,被四川行枢密院讨平。其

---

① 《元史》卷8《世祖纪五》至元十二年十二月丙寅、卷12《世祖纪九》至元十九年七月壬申。
② 《元史》卷15《世祖纪十二》至元二十五年秋七月戊戌、卷39《顺帝纪二》至元二年八月辛丑。
③ 《元史》卷13《世祖纪十》至元二十二年六月庚午、九月癸巳,卷19《成宗纪二》元贞二年五月庚寅。
④ 《元史》卷29《泰定帝纪一》。
⑤ 《元史》卷9《世祖纪六》至元十四年六月庚戌;《元史》卷60《地理志三》。
⑥ 《宋史》卷89《地理志五》;《元史》卷60《地理志三》;《元一统志》卷5《四川等处行中书省》。

部民散居村箐，同样没有县邑乡镇。

九、下罗计长官司

下罗计长官司，其地邻近乌蛮，又与叙州、长宁军连接。和上罗计一样，均属西南蛮种族。元至元十二年，长宁军知军率先归附。十三年，蛮夷部宣抚司昝顺引导本部酋长得颜箇赴四川行枢密院归降，奏为下罗计蛮夷千户。二十二年西南夷蛮普遍反叛，唯有下罗计部未曾参与。

十、四十六囤蛮夷千户所

四十六囤蛮夷千户所，领豕鹅夷地，在叙州庆符以南到定川一带。本为古夜郎国属部、唐羁縻定州之支江县。元至元十三年（1276）归附，开始在庆符县侨置千户所，领四十六囤，即黄水口上下落骨、山落牟许满吴、麽落财、麽落贤、腾息奴、屯莫面、落搔、麽落梅、麽得幸、上落松、麽得会、麽得恶、落魂、落昧下村、落岛、麽得享、落燕、落得虑、麽得了、麽腾斛、许宿、麽九色、落搔屯右、麽得晏、落能、山落寡、水落寡、落得搔、麽得具、麽得渊、腾日影、落昧上村、赖扇、许焰、腾郎、周头、卖落炎、落女、爱答落、爱答速、麽得奸、阿郎头、下得幸、上得幸、爱得娄、落鸥。

十一、四川南道所辖其他诸部蛮夷

四川南道所辖其他诸部蛮夷有秦加大散等洞（其下各设蛮夷官）、斜崖冒朱等洞、陇堤纣皮等洞、石耶洞、散毛洞、彭家洞、黑土石等处、市备洞、乐化兀都剌布白享罗等处、洪望册德等族、大江九姓罗氏、水西、鹿庙、阿永蛮部（至元二十一年，根据本部酋长阿泥入觐奏请，阿永蛮部隶属皇太子位下管领）、师壁洞安抚司、永顺等处军民安抚司、阿者洞（其下各设蛮夷官）、谢甲洞、上安下坝、阿渠洞、下役洞、驴虐洞、钱满等处、水洞下曲等寨、必藏等处、酌宜等处、雍邦等寨、崖笱等寨、冒朱洞、麻峡柘歌等寨、新附虺罗金井、沙溪等处、宙窄洞、新容米洞。

第七章　甘肃行省所辖路府州

第一节　甘肃行省建置沿革概况

有关甘肃行省的建置情况，《元史》卷91《百官志七》有如下的记载："中统二年(1261)，立行省于中兴。(至元)十年(1273)，罢之。十八年复立，二十二年复罢，改立宣慰司。二十三年，徙置中兴省于甘州，立甘肃行省。三十一年，分省按治宁夏，寻并归之。"以上记载有以下几点需要说明。第一，中兴行省又名西夏中兴行省、西夏行省，在元世祖至元十年废罢之前，已经有过一次废立的过程。据《元史·世祖纪》，至元三年二月甲申罢西夏行省，改立宣慰司。至元八年三月己丑，复立西夏中兴等路行尚书省，以趁海参知行尚书省事①。第二，至元十八年元廷立甘肃行省(甘州行省)。据《元史》卷60《地理志三》甘肃等处行中书省条，甘肃行省设于至元十八年。至元十九年到二十年任职甘肃行省的有左丞麦术丁和参政王椅②。第三，至元二十二年三月甘肃行省废罢后，甘肃行省的辖区归宁夏行中书省(即西夏中兴行省)管辖。至元二十二年三月"癸未，罢甘州行中书省，立宣慰司，隶宁夏行中书省"。不过，据《元史》卷13《世祖纪十》，甘肃宣慰司设置的时间当是至元二十二年二月③。第四，至元二十三年元廷"徙置中兴省于甘州，立甘肃行省"的同时罢宁夏行省(西夏中兴行省)。至元二十四年七月"以中兴府隶甘州行省"④。第五，至元三十一年分省治宁夏，中兴府等地从甘肃行省割出，此一时期宁夏行省与甘肃行省并存。元成宗元贞元年(1295)九月"庚辰，罢宁夏路行中书省，以其事并入甘肃行省"⑤。至此，甘肃行省基本上稳定下来。

这样，上述《元史·百官志》有关甘肃行省的记载就可这样理解：中统二年立西夏中兴行省，至元三年废罢，代之以宣慰司，至元八年复立，十年复罢。至元

---

① 《元史》卷6《世祖纪三》、卷7《世祖纪四》、卷8《世祖纪五》。
② 《元史》卷12《世祖纪九》。
③ 《元史》卷13《世祖纪十》。
④ 《元史》卷14《世祖纪十一》。
⑤ 《元史》卷18《成宗纪一》。

十八年元廷立甘肃行省。至元二十二年甘肃行省废罢，其辖区归宁夏行省（西夏中兴行省）管辖。至元二十三年复立甘肃行省，宁夏行省随即废罢，宁夏行省的辖区归甘肃行省管辖。至元三十一年分省治宁夏，甘肃行省和宁夏行省并存。元成宗元贞元年九月并宁夏行省入甘肃行省。上述甘肃行省和西夏中兴行省（宁夏行省）屡置屡废的过程，不仅可以反映出元朝在地方最高统治模式上的探索与矛盾，也能体现元朝对该地区统治中心的确定有一个反复摸索的过程。

甘肃行省辖有路七、直隶省部之州二、属州五。另外，在元世祖朝甘肃行省曾长期辖有庄浪路，到至元二十六年五月"以庄浪路去甘肃省远，改隶安西省"①。

最后对甘肃行省的行政建置作一简要总结：第一，由于所辖人口稀少，甘肃行省路州不辖属县。第二，一些路的建置源于宗王封地所在或屯田的需要。

第二节 甘州、永昌、肃州、沙州四路

一、甘州路

甘州路（治今甘肃张掖市），上路。唐为甘州，又为张掖郡。宋初为西夏所据，改称镇夷郡，又立宣化府。元初仍称甘州。元世祖至元元年（1264），在此置甘肃路总管府。八年，改甘州路总管府②。元成宗大德七年（1303）十月升甘州为上路。另据《元史》卷6《世祖纪三》，至元五年二月辛丑"析甘州路之肃州自为一路"。不难看出，这里的甘州路当是甘肃路之误，该则史料不仅说明甘肃路最初辖有甘州和肃州，而且说明甘州路的最初设置时间似为至元五年。甘州路不仅是甘肃行省的治所，还曾是甘肃行枢密院和河西陇北道肃政廉访司的治所③。据《元一统志》，甘州路环以祁连合黎之山，浸以居延鲜卑之水。

二、永昌路

永昌路（治今甘肃永昌县），下路。唐代为凉州。宋初为西凉府，景德中陷入西夏。元初仍为西凉府。元世祖至元十五年，元廷以该地为永昌王宫殿所在，立永昌路，降西凉府为州隶之④。这里的永昌王，当是指诸王只必帖木儿，

---

① 《元史》卷15《世祖纪十二》。
② 《元史》卷60《地理志三》。
③ 《元史》卷60《地理志三》、卷21《成宗纪四》、卷6《世祖纪三》、卷86《百官志二》。
④ 《元史》卷60《地理志三》。

元世祖至元九年十一月"诸王只必帖木儿筑新城成,赐名永昌府"①。另据《元史·世祖本纪》,元世祖至元十年七月元廷省西凉府入永昌路,至元十五年六月则降西凉府为西凉州②。看来,《元史·地理志》中的至元十五年,应该只是降西凉府为西凉州的时间。西凉府在省入永昌路以前隶属永昌王府管辖。《元史》卷168《陈祐传》载:约在元世祖至元九年,陈祐"佥中兴等路行尚书省事。西凉隶永昌王府,其达鲁花赤及总管为人诬构,家各百余口,王欲悉致之法,祐力辨其冤"。不过,在永昌路设立以后,西凉府则归永昌路管辖,这体现了元世祖即位后削弱宗藩的政治大背景。大约至此之后,永昌王在永昌路一带的权力主要局限在统领部民、收取五户丝等方面。至元二十年十一月"诸王只必帖木儿请于分地二十四城自设管课官,不从"③。武宗至大三年(1310)八月"己巳,以诸王只必铁木儿贫,仍以西凉府田赐之"④。

至正三年(1343)元顺帝还在永昌一带设有永昌等处宣慰司都元帅府,以辖诸王阔端、阿哈的领地属民⑤。诸王阔端,为窝阔台汗第二太子,蒙古国时期长期受命镇"西土",永昌等处为其封地所在⑥。永昌等处宣慰司先是隶属甘肃行省,至正十七年改隶詹事院。至正十三年四月"以甘肃行省平章政事锁南班为永昌宣慰使,总永昌军马,仍给平章政事俸。先是,永昌愚鲁罢等为乱,锁南班讨平之,至是复起,故有是命"。至正十七年五月"诏以永昌宣慰司属詹事院"⑦。

永昌路下辖一州,即西凉州,下州。西凉州,原为西夏的西凉府,并辖有搠罗、河罗等县。成吉思汗二十一年(1226)夏率兵取西夏甘、肃等州,"秋,取西凉府搠罗、河罗等县,遂逾沙陀,至黄河九渡,取应里等县"⑧。西凉府先后隶属永昌王府、永昌路,至元十五年降为西凉州。

三、肃州路

肃州路(治今甘肃酒泉市),下路。唐为肃州,又为酒泉郡。宋朝初年,为西夏所据。成吉思汗二十一年西征,攻陷肃州。元世祖至元七年,置肃州路总管府⑨。

---

① 《元史》卷7《世祖纪四》。
② 《元史》卷8《世祖纪五》、卷10《世祖纪七》。
③ 《元史》卷12《世祖纪九》。
④ 《元史》卷23《武宗纪三》。
⑤ 《元史》卷92《百官志八》。
⑥ 《元史》卷123《赵阿哥潘传》、卷125《高智耀传》。
⑦ 《元史》卷43《顺帝纪六》、卷45《顺帝纪八》。
⑧ 《元史》卷1《太祖纪》。
⑨ 《元史》卷60《地理志三》。

至于肃州路设置的时间,《元史》卷6《世祖纪三》的记载为至元五年:至元五年二月辛丑"析甘州路之肃州自为一路"。至元十七年沙州路设立以前,沙州隶属肃州路。

四、沙州路

沙州路(治今甘肃敦煌市西),下路。唐代为沙州,又为敦煌郡。宋仍为沙州,景祐初,西夏陷瓜、沙、肃三州,尽得河西故地,自此沙州一直归西夏管辖。成吉思汗二十二年,蒙古攻陷该地,任命八都大王统辖之。至元十四年,复立州。十七年,升为沙州路总管府,以瓜州隶之。至于沙州路设立的原因,《元史》卷60《地理志三》载:"沙州去肃州千五百里,内附贫民欲乞粮沙州,必须白之肃州,然后给与,朝廷以其不便,故升沙州为路。"看来,在至元十七年沙州路设立以前,沙州隶属肃州路。

沙州路辖一州,即瓜州,为下州。唐代为瓜州。宋朝初年为西夏所据。蒙古灭西夏后,州废。元世祖至元十四年复立。至元二十八年徙居民于肃州,瓜州仅存其名①。

元朝在肃州、沙州、瓜州一带立有管军万户府屯田,该地军屯正式设立于元世祖至元十八年正月。在此之前,元朝曾派遣都元帅刘恩往肃州诸郡考察屯田事宜,刘恩回奏宜立屯田。于是元廷采纳刘恩的意见,发军于甘州黑山子、满峪、泉水渠、鸭子翅等处立屯,为户二千二百九十,为田一千一百六十六顷六十四亩②。不过,元朝在沙州、瓜州设立的军屯也曾有过废立的反复。元贞元年春正月元廷废罢瓜、沙等州屯田,但很快又恢复了在瓜州、沙州的屯田③。至大二年八月元廷又废沙、瓜州军屯,但至迟延祐元年(1314)十月元廷再次恢复了沙、瓜等州的屯田,因为该月元朝设置了沙、瓜等处屯储总管万户府,秩正三品④。

第三节 亦集乃路、宁夏府路、兀剌海路及山丹、西宁二州

一、亦集乃路

亦集乃路(治今内蒙古额济纳旗东南),下路。亦集乃路位于甘州以北一

---

① 《元史》卷60《地理志三》。
② 《元史》卷100《兵志三》。
③ 《元史》卷18《成宗纪一》;《元史》卷19《成宗纪二》。
④ 《元史》卷23《武宗纪二》;《元史》卷25《仁宗纪二》。

千五百里,城东北有大泽,西北俱接沙碛,乃汉之西海郡居延故城。西夏国尝立威福军于此。成吉思汗二十一年(1226)内附蒙古。至元二十三年(1286),元朝在此立亦集乃路总管府①。亦集乃路的设置主要源于元朝在该地设立的屯田,所以亦集乃路的总管亦称亦集乃路屯田总管。"亦集乃路的居民,根据原定户籍编制造册,从帐籍中得见,屯田户、军户和站户,是该路管内的主要户口。"②元世祖至元二十二年七月"分甘州屯田新附军三百人,田于亦集乃之地"③,至元二十五年四月"命甘肃行省发新附军三百人屯田亦集乃,陕西省督巩昌兵五千人屯田六盘山"④。

二、宁夏府路

宁夏府路(治今宁夏银川市),下路。该地唐代隶属灵州。宋初,废为镇,领蕃部。自唐末有拓拔思恭者镇夏州,世代领有银、夏、绥、宥、静五州之地。宋天禧间,传至其孙德明,在怀远镇建城为兴州,后升兴庆府,又改中兴府。二十一年,蒙古攻占该地,仍称中兴府。至元二十五年,置宁夏路总管府⑤。元世祖朝曾在中兴府之地设有西夏中兴行省(宁夏行省),后废,中兴府归甘肃行省管辖。元朝在宁夏府路设有宁夏等处新附军屯田万户府⑥。宁夏府路领州三,即灵州、鸣沙州、应理州。

灵州,下州。唐代为灵州,又为灵武郡。宋朝初年被西夏国占领,改为翔庆军。二十一年蒙古攻取西夏灵州,时"夏人以十万众赴援,帝亲与战,大败之"⑦。

鸣沙州,下州。隋代置环州,立鸣沙县。唐罢环州以鸣沙县隶灵州。宋代该地为西夏国所据,仍称鸣沙县。元初立鸣沙州。

应理州,下州。与兰州相邻,东阻大河,西据沙山。唐代为灵武郡地。应理州城的始建年代不明,元初仍立为州⑧。

三、兀剌海路

兀剌海路(治今内蒙古乌拉特中旗新忽热苏木西南古城),旧为西夏的兀

---

①⑧ 《元史》卷60《地理志三》。
② 李逸友:《黑城出土文书》(汉文文书卷),科学出版社,1991年。
③ 《元史》卷13《世祖纪十》。
④ 《元史》卷20《成宗纪三》。
⑤ 《元史》卷60《地理志三》;《金史》卷17《哀宗纪上》。
⑥ 《元史》卷100《兵志三》。
⑦ 《元史》卷1《太祖纪》、卷120《察罕传》。

剌海城,成吉思汗四年,蒙古军攻克此地①。

四、山丹州

山丹州(治今甘肃山丹县),下州。唐代为删丹县,隶属甘州。宋初被西夏国占据,设置甘肃军于此。元初,该地成为阿只吉大王的分地。至元六年,立山丹城,删讹为山。至元二十二年,升为州,隶甘肃行省②。《元史》卷9《世祖纪六》载:至元十三年七月"敕山丹城直隶(中书)省部,以达鲁花赤行者仍领之"。

五、西宁州

西宁州(治今青海西宁市),下州。唐代在此置鄯州,领湟水县,上元年间为吐蕃所据,改称青唐城。宋朝收复此地,改为西宁州,隶属陕西路。金代,仍称为西宁州,隶属凤翔路。元初,西宁州成为章吉驸马分地。至元二十三年,元朝在此立西宁州等处拘榷课程所。二十四年,封章吉为宁濮郡王,以镇其地③。

---

① 《元史》卷60《地理志三》;《元史》卷1《太祖纪》。
② 《元史》卷60《地理志三》。
③ 《金史》卷26《地理志下》;《元史》卷60《地理志三》。

第八章 云南行省所辖路府州

第一节 云南行省的建置沿革概况

元代是中国古代西南经略中的重要时期,"自元初开设云南行省,建立规模,沿至明、清,其行政区划虽时有改革,而大体相同,设治名号,亦多沿袭,至近代如此"①。蒙哥汗三年(1253)十二月,忽必烈统兵灭大理政权,"留大将兀良合带戍守,以刘时中为宣抚使,与段氏同安辑大理,遂班师"②,"不二载,(兀良合带)平大理五城、八府、四郡,泊乌白蛮等三十七部。兵威所加,如鲁鲁厮、阿伯等城亦来款附"③。于是蒙古立十九个万户府进行统治④。元世祖至元四年(1267)九月"庚戌,遣云南王忽哥赤镇大理、鄯阐、茶罕章、赤秃哥儿、金齿等处,诏抚谕吏民"⑤。随着行省制的推行以及西南地区政局的变化,元朝为加强对西南地区的统治,至元十年闰六月"丙子,以平章政事赛典赤行省云南,统合剌章、鸭赤、赤科、金齿、茶罕章诸蛮,赐银贰万五千两、钞五百锭"⑥。

元世祖忽必烈即位后逐渐将蒙古国时期在西南各地所设万户改为路府州县进行统治。至元十三年正月"丁亥,云南行省赛典赤,以改定云南诸路名号来上"⑦。元代云南行省路府州县的建置归属情况也屡有变动。至元三十一年(1294)四月"己酉,云南行省以所定路、府、州、县来上:上路二,下路十一,下州四十九,中县一,下县五十"⑧。但是,据《元史》卷61《地理志四》,云南行省所辖"路三十七、府二、属府三、属州五十四、属县四十七。其余甸寨军民等

---

① 方国瑜:《中国西南历史地理考释》,第782页。
② 《元史》卷4《世祖纪一》。
③ 《秋涧先生大全集》卷50《大元光禄大夫平章政事兀良氏先庙碑铭》。
④ 《元史》卷61《地理志四》。
⑤ 《元史》卷6《世祖纪三》。
⑥ 《元史》卷8《世祖纪五》。
⑦ 《元史》卷9《世祖纪六》。
⑧ 《元史》卷18《成宗纪一》。

府不在此数"①。云南行省的行政建置基本上是由行省到宣慰司再到路、府、州、县的多层建置。有关元代云南行省的历史地理,方国瑜先生在其专著《中国西南历史地理考释》中已经进行了详细的考察。下面笔者以《元史·地理志》为主线,对云南行省所辖路、府、州、县的情况作一简要列举和分析。

第二节 云南行省直辖各路

一、中庆路

中庆路(治今云南昆明市),上路。唐代为姚州。大理国为善阐府之地。蒙哥汗三年(1253)忽必烈统兵征服大理,蒙古军前后共收复八府、四郡、三十七部。其地东至普安路之横山,西至缅地之江头城,共三千九百多里;南至临安路之鹿沧江,北至罗罗斯之大渡河,将近四千里。蒙哥汗五年,蒙古在大理故地立十九个万户府,分善阐府为四个万户府。至元七年(1270),改四个万户府为善阐路。至元八年,元朝分大理国三十七部为南北中三路,每路设达鲁花赤和总管领之。云南行省设立后,初置郡县,于是改善阐为中庆路。中庆路为云南行省和云南诸路道肃政廉访司的治所。至元十二年元朝在中庆路还立有中庆路军民屯田②。中庆路领一录事司,昆明、富民、宜良三县,嵩明、晋宁、昆阳、安宁四州。州领八县。

昆明县,中县。倚郭县。唐代所置。蒙哥汗四年,蒙古在此立两个千户。至元十二年改为善州,领昆明县、官渡县。二十一年,元朝废善州,仍置昆明县,又省官渡县来属。其地有昆明池,五百余里,夏季常为水患。张立道为大理等处劝农使,对昆明池加以治理,得地万余顷,皆为良田。

富民县,下县。至元四年,蒙古在此立黎灢千户。十二年,元朝改黎灢千户为富民县。

宜良县,下县。唐代为匡州。蒙哥汗六年,蒙古在此立太池千户,隶属嵩明万户。至元十三年,立宜良州,治太池县。二十一年,罢宜良州为宜良县。后废太池县,以太池县之地属宜良县。

嵩明州,下州。嵩明州位于中庆路东北,治所在沙札卧城,白蛮部落称其为嵩明。蒙哥汗六年,蒙古在该地立嵩明万户。至元十二年,元朝改嵩明万户

---

① 《元史》卷61《地理志四》。
② 《元史》卷86《百官志二》、卷91《百官志七》、卷100《兵志三》。

为长州。十五年,升长州为嵩明府。到至元二十二年则降嵩明府为嵩明州。嵩明州领杨林、邵甸二县。

杨林县,下县。杨林县位于嵩明州东南四十里,治所在杨林城。蒙哥汗七年,蒙古立羊林千户。至元十二年,元朝改羊林千户为杨林县。

邵甸县,下县。邵甸县位于嵩明州西面四十里,治所在白邑村,没有城郭。蒙哥汗七年,蒙古在此立邵甸千户。至元十二年,元朝改邵甸千户为邵甸县。

晋宁州,下州。唐代为晋宁县,蒙氏、段氏统治时期皆为阳城堡部。蒙哥汗七年,蒙古在此立阳城堡万户。至元十二年,元朝改阳城堡万户为晋宁州。晋宁州领呈贡、归化二县。

呈贡县,下县。呈贡县西临滇泽,在中庆路的南面,晋宁州的北面六十里。蒙哥汗六年,蒙古立呈贡千户。至元十二年,元朝割诏营、切龙、呈贡、雌甸、塔罗、和罗忽六城及乌纳山立呈贡县。

归化县,下县。归化县在晋宁州的东北,呈贡县的南面,西临滇泽。县治在安江城。蒙哥汗六年,该地分隶呈贡千户。至元十二年,元朝割大吴龙、安江、安溆等地立归化县。

昆阳州,下州。昆阳州位于滇池以南,州治在巨桥城。段氏时,该地隶善阐府。蒙哥汗时,蒙古并罗富等十二城,设立巨桥万户。至元十二年,元朝改巨桥万户为昆阳州。二十一年,省河西县入州为属乡。领三泊、易门二县。

三泊县,下县。至元十三年,元朝在那龙城立三泊县。

易门县,下县。易门县在昆阳州之西,治所在市坪村。至元四年,蒙古在此立浽门千户,隶巨桥万户。至元十二年,元朝改浽门千户为易门县。

安宁州,下州。唐初置安宁县,隶昆州。蒙哥汗七年,该地隶属于阳城堡万户。至元三年,蒙古在此立安宁千户。至元十二年,元朝改安宁千户为安宁州。领禄丰、罗次二县。

禄丰县,下县。禄丰县在安宁州以西,治所在白村。元初隶安宁千户。至元十二年,元朝割安宁千户之碌琫、化泥、骥琮笼三处立禄丰县。

罗次县,下县。罗次县在安宁州以北九十里。县治在压磨吕村。至元十二年,元朝因罗部立罗次州,隶属中庆路。二十四年,又改罗次州为罗次县。二十七年,改隶安宁州①。

---

① 《元史》卷61《地理志四》;《大明清类天文分野之书》卷15《云南府》。

二、威楚开南等路

威楚开南等路(治今云南楚雄市),下路。蒙氏时,该地设有银生节度。段氏时,银生节度隶姚州,又名当筋验。到高升泰执掌大理国政之时,高升泰封其侄子明量于威楚,筑外城,号德江城,传至其裔长寿。蒙哥汗三年蒙古军平定大理。六年,蒙古设立威楚万户。至元八年,元朝改威楚万户为威楚路,置总管府。十年复为万户府,十五年又改置威楚路。十九年又置威楚开南等路宣抚司。二十一年更为总管府,仍为威楚路。

威楚开南等路领威楚、定远二县,镇南、南安、开南、威远四州。州领一县。按《元混一方舆胜览》威楚路定远州领南宁县。李源道撰《王惠墓志铭》曰:"至元二十五年,主定远县主簿。"看来至元二十五年定远州已改为定远县[①]。元朝在威楚路还设立了威楚提举司屯田和威楚路军民屯田[②]。

威楚县,下县。倚郭。蒙哥汗六年立千户所。至元十五年,元朝升立威州,又立富民、净乐二县隶属威州。至元二十一年,元朝降威州为威楚县,改富民、净乐二县为乡属威楚县。

定远县,下县。定远县位于威楚路北。蒙哥汗四年,蒙古立牟州千户、黄蓬阱百户。至元十二年,元朝改牟州千户为定远州,黄蓬阱百户为南宁县,后又革南宁县为乡,改定远州为定远县,隶属威楚路。

镇南州,下州。镇南州位于威楚路的北面,旧为朴、落等部族所居之地。段氏时,封高明量为楚公,领欠舍、沙却之地。蒙哥汗三年,该地内附。七年,蒙古在此立欠舍千户、石鼓百户。至元二十二年,元朝改欠舍千户为镇南州,立定边、石鼓二县。二十四年,废定边、石鼓二县为乡,仍隶镇南州。

南安州,下州。南安州位于威楚路东南,辖境内山岭稠叠,其中一峰竦秀,林麓四周,峰顶有泉。蒙哥汗在此立摩刍千户,隶属威楚万户。至元十二年,改摩刍千户为南安州,隶威楚路。南安州领广通一县。

广通县,下县。广通县位于南安州的北面。蒙哥汗七年,蒙古立路睒千户。至元十二年元朝改路睒千户为广通县,隶属于南安州。

开南州,下州。开南州位于威楚路西南。自南诏至段氏,皆为边外荒僻之地。蒙古于中统三年(1262)平定该地,划归威楚万户管辖。至元十二年,元朝在此立开南州。

---

① 《元文类》卷54;方国瑜:《中国西南历史地理考释》,第824页。
② 《元史》卷100《兵志三》。

威远州，下州。威远州位于开南州西南。金齿、白夷部落酋长阿只步所居之地。蒙古于中统三年征降该地。至元十二年，元朝立威远州，隶属于威楚路①。

三、武定路军民府

武定路军民府（治今云南武定县），下路。唐隶姚州，在滇北，旧为獹鹿等部族所居之地。蒙哥汗四年内附蒙古。至蒙哥汗七年，立为罗婺万户府，隶威楚万户。至元八年，并仁德、于矢两部之地入罗婺，更置立为北路总管。十一年复割出仁德、丁欠二部，改为武定路。元世祖朝在武定路立有军屯，至元二十七年，元朝以云南戍军粮饷不足，在和曲、禄劝二州爨僰军内，签发一百八十七户，设立屯田②。

武定路领和曲、禄劝二州。州领四县。

和曲州，下。和曲州位于武定路西南三十里，旧名匚簹甸。蒙哥汗六年，改匚簹甸为和曲。至元二十六年，元朝升和曲为州。和曲州领二县。

南甸县，下县。武定路设治于此。旧称瀼甸，又称洟陬笼。元至元二十六年改为南甸县。

元谋县，下县。县在本路西北三百六十里。旧名环州，设治五甸，元至元十六年改为元谋县。

禄劝州，下州。禄劝州位于武定路东北，旧称洪农碌券，无郡所。元至元二十六年，元朝立禄劝州。禄劝州领易笼、石旧二县。

易笼县，下县。易笼为城池的名称，位于在州北一百八十里的倍场之地。至元二十六年，元朝在此立易笼县。

石旧县，下县。石旧县位于禄劝州东。至元二十六年，元朝在此立石旧县③。

四、鹤庆路

鹤庆路军民府（治今云南鹤庆县），下。府治在丽江路东南，大理路东北，其地旧称为鹤川、样共。蒙哥汗三年内附蒙古，设立鹤州。蒙哥汗七年，蒙古立谋统二千户隶属大理上万户。至元十一年，元朝废罢谋统千户，仍立鹤州。

---

① 《元史》卷61《地理志四》；《大明清类天文分野之书》卷15《楚雄府》。
② 《元史》卷100《兵志三》。
③ 《元史》卷61《地理志四》；《大明清类天文分野之书》卷15《武定路军民府》。

二十年,成为燕王分地,直隶云南行省。二十三年,升鹤州为鹤庆府。《元史》卷17《世祖纪十四》中亦有有关鹤庆府的记载:至元三十年七月"庚申,命知鹤庆府昔宝赤赍玺书招谕农顺未附蛮寨"①。元朝在鹤庆路设有军民屯田,"世祖至元十二年,签鹤庆路编民一百户立民屯。二十七年,签爨僰军一百五十二户立军屯,为田军屯六百八双②,民屯四百双,俱已业"③。看来,鹤州在元世祖至元十二年改为鹤庆路,后复为鹤州,又升为鹤庆府,而鹤庆府复升为鹤庆路则应在元世祖至元三十一年。

领剑川一县。

剑川县,下县。县治在剑川湖西,旧称罗鲁城。该地蒙哥汗四年归附蒙古。七年,蒙古在此立义督千户。至元十一年,元朝罢义督千户,立剑川县,隶属鹤州。三十一年,仍属鹤庆路④。

五、云远路

云远路军民总管府,设置于元贞二年(1296)。元贞二年九月"甲申,云南省臣也先不花征乞蓝,拔瓦农、开阳两寨,其党答剌率诸蛮来降,乞蓝悉平,以其地为云远路军民总管府"⑤。

六、彻里军民总管府

彻里军民总管府,设置于大德年间。大德年间,为招降尚未归附的小彻里部落,云南行省采纳大彻里酋长胡念的建议奏请元廷,设立了彻里军民总管府⑥。不过,据《元史》卷19《成宗纪二》,彻里军民总管府设立于元贞二年十二月。另据《大明清类天文分野之书》卷16《彻里军民府》,此地在浪沧江之南,地接南海,"癸丑年(1253)归附,至元十一年,立彻里路军民总管府在建水西南十五日程,领立甸"。看来彻里军民总管府从元初到元代中期应该有过一个立废的反复。

七、广南西路宣抚司

广南西路宣抚司,《元史·地理志》仅列其名,其他阙如。

---

① 《元史》卷17《世祖纪十四》。
② 一双约等于四亩。
③ 《元史》卷100《兵志三》。
④ 《元史》卷61《地理志四》;《大明清类天文分野之书》卷15《鹤庆府》。
⑤ 《元史》卷19《成宗纪二》。
⑥ 《元史》卷61《地理志四》。

八、丽江路军民宣抚司

丽江路(治今云南丽江市西北)因丽江而得名。蒙哥汗四年,蒙古在该地立茶罕章管民官。至元八年,改立宣慰司。十三年,改为丽江路,立军民总管府。二十二年,元朝罢丽江军民总管府,于通安、巨津之间立军民宣抚司。丽江路军民宣抚司北至上都九千九百四十五里,北至大都九千一百四十五里,东南至云南行省中庆路城一千三百一十里,东至罗罗斯界策脚寨五百六十里,西至兰州冰琅山外卢蛮界四百八十里,南至鹤庆路剑川县界木和寨十里,北至吐蕃竹罗界三百四十里,西南到鹤庆路剑川县界二百一十里,东南到大理路赵州界五百七十里,西北到吐蕃阁纳实界四百八十里。丽江路军民宣抚司领北胜府一府,顺州、蒗蕖、永宁、通安、兰州、宝山、巨津七州。州领具。

北胜府,位于丽江之东。蒙哥汗三年,该地酋长高俊内附。至元十五年,元朝在该地立施州。至元十七年,又立北胜州。二十年,升为北胜府。不过,据《元史》卷15《世祖纪十二》,北胜府则设于至元二十五年。至元二十五年五月"己亥,云南行省言:'金沙江西通安等五城,宜依旧隶察罕章宣抚司,金沙江东永宁等处五城宜废,以北胜、施州为北胜府。'从之"。

顺州,位于丽江之东,俗名牛睒。蒙哥汗三年内附。至元十五年,元朝改牛睒为顺州。

蒗蕖州,治所在罗共睒,位于丽江之东,北胜府和永宁州南北之间。元世祖至元九年内附。初置蒗蕖县,至元十六年,改为蒗蕖州。《元史》卷10《世祖纪七》载至元十六年五月"丁卯,改云南宝山、莨渠二县为州"。

永宁州,原名楼头睒,与吐蕃东徼相接。东徙后定居楼头睒,世代隶属大理。蒙哥汗三年内附。至元十四年置答蓝管民官。至元十六年,改为州。

通安州,治所在丽江之东、雪山之下。原名三睒,世代隶属大理。蒙哥汗三年内附。中统四年(1263),以当地酋长麦良为察罕章管民官。至元九年,其子麦兀继任该职。十四年,改三睒为通安州。通安州领九禾乡、白鹤场邑、班栅邑、东和等九十三乡镇。通安州北至上都九千九百二十里,北至大都九千一百二十五里,西北至丽江路军民宣抚司八十五里,东至顺州撒八桥金沙江界八十里,西至巨津州界四十里,南至昔西和鹤庆路界四十里,北至巨戎光宝山州界六十五里,东北到宝山州界一百里,西南到剑川县界一百一十里,东南到鹤庆路罗虽渡一百二十里,西北到巨津州界四十里。

兰州,位于澜沧江之东。唐为卢鹿蛮部所居。至段氏时,设立兰沧郡,隶大理。蒙哥汗四年内附,隶属茶罕章管民官。至元十二年改为兰州。

宝山州，位于雪山之东、丽江之西，三面皆被环绕。元世祖征大理，自卞头渡江，由罗邦至罗寺，围大匮等寨，酋长内附，以蒙古语命名其寨曰察罕忽鲁罕。至元十四年，元朝以大匮七处立宝山县，十六年升为州。《元史》卷10《世祖纪七》载至元十六年五月"丁卯，改云南宝山、莨渠二县为州"。

巨津州，原名罗波九睒。该地为大理国西北的咽喉所在。北面连接三川、铁桥，西面与吐蕃相邻。蒙哥汗三年内附蒙古。至元十四年，元朝于九睒立巨津州，主要因为辖境内铁桥之地向来是南诏与吐蕃相连的大渡口。领临西一县，罗波甸、聚闭奏邑等五十八乡镇。巨津州北至上都九千九百四十五里，北至大都九千一百四十五里，东至通安州阿那傍山顶四十五里，西至兰州入庆井界二百八十里，南至通安州马呼谷界七十里，北至小旦当柏坡告界二百四十里，东北到吐蕃样车阁二百三十里，西南到通安州寄和界三十里，西北到兰州睒界二百一十里。

临西县，下县，在巨津州之西北，为大理国的极边之地，本地人称其为罗哀间，居住着麽、些两个部落。至元十四年，元朝设立大理州县，在罗哀间设立临西县，意为西临吐蕃。隶属巨津州。领吐蕃、罗哀寨等十六乡镇。临西县北至上都一万一百六十五里，北至大都九千三百六十五里，南至巨津州二百二十里，东至吐蕃大旦当习明铺和一百五十里，南至巨津州界明路三里，北至生蛮竹罗界八十里，东北到吐蕃大旦拔群七十里，西南到兰州界月习一百二十里，东南到巨津州界盍义七十里，西北到吐蕃界香哀七十五里①。

九、东川路

东川路（治今云南会泽县），下路。至元二十八年八月立②。《元史》卷16《世祖纪十三》载至元二十八年八月"罢云南四州，立东川（府）[路]"。据方国瑜先生考证，这里的罢云南四州当为置会理州、麻龙州、通安州、姜州四州，以四州隶东川路③。东川路北控东川泽，西有金沙江，险据云弄山④。

十、茫部路军民总管府

茫部路军民总管府，下路。具体设立时间不明。《元史》卷34《文宗纪三》

---

① 以上据《元史》卷61《地理志四》；《大明清类天文分野之书》卷15《丽江府·鹤庆府》；《元一统志》卷7《云南诸路行中书省》。
② 《元史》卷61《地理志四》；《元史》卷16《世祖纪十三》。
③ 方国瑜：《中国西南历史地理考释》，第933～937页。
④ 《元一统志》卷7《云南诸路行中书省》。

载至顺元年(1330)闰七月"云南茫部路九村夷人阿斡、阿里诣四川行省自陈:'本路旧隶四川,今土官撒加伯与云南连叛,愿备粮四百石、民丁千人,助大军进征。'事闻,诏嘉其去逆效顺,厚慰谕之"。该则史料表明,茫部路在至顺元年以前即已经设立。茫部路领益良、强二州,二者均为下州①。

另据《大元混一方舆胜览》卷中《云南等路行中书省》,东川路和茫部路均归乌撒乌蒙等处宣慰司管辖。看来,东川路和茫部路的归属有一个变化的过程,大概两路先隶属乌撒乌蒙等处宣慰司,后直隶于云南行省。

十一、孟杰路

孟杰路,泰定三年(1326),八百媳妇蛮请求元朝设置官守,于是,元朝在该地置蒙庆宣慰司都元帅府及木安、孟杰二府。后孟杰府升为路。

十二、普安路

普安路(治今贵州盘县东旧普安镇),下路。原为南诏东部边地,居住着东爨乌蛮等七个部落。后来爨酋阿宋赶走其他部落独据其地,称于失部,世为该地酋长。于失部治所位于盘町山的南面、巴盘江的东面。蒙哥汗七年,于失部内附,蒙古立于失万户。至元十三年,元朝改于失万户为普安路总管府。十四年,改立招讨司。十六年改招讨司为宣抚司。二十二年罢宣抚司仍为普安路②。根据《元混一方舆胜览》和《事林广记》载《天下郡邑》,方国瑜先生认为,普安路应归曲靖等路宣慰司管辖,《元史》卷61《地理志四》将普安列于曲靖等路宣慰司之前,有误③。笔者认为,《元混一方舆胜览》和《事林广记》所记之所以与《元史·地理志》不同,大概是因为两书所记均为元朝中期以前的情况。

第三节 曲靖等路宣慰司所辖路府州

一、曲靖等路宣慰司及曲靖路

蒙哥汗六年(1256),蒙古立磨弥部万户。至元八年(1271),改磨弥部万户为中路。十三年,又改为曲靖路总管府。二十年,曲靖路成为皇太子的食邑封

---

① ② 《元史》卷61《地理志四》。
③ 参见方国瑜:《中国西南历史地理考释》,第799页。

地。二十五年,元朝升曲靖路为宣抚司,对此,《元史》卷 15《世祖纪十二》亦有记载:至元二十五年三月"改曲靖路总管府为宣抚司"。到至元二十八年二月元朝又以曲靖路宣抚司所辖地广、民心未安,改曲靖路宣抚司为宣慰司、管军万户府①。大德五年(1301)五月"丙辰,曲靖等路宣慰使兼管军万户忽林失来朝"②。

曲靖路(治今云南曲靖市),领南宁一县,陆凉、越州、罗雄、马龙、霑益五州。州领六县。

南宁县,下县。倚郭县。蒙哥汗三年内附。六年,蒙古在此立千户,隶属于莫弥部万户。至元十三年,升千户为南宁州。至元二十一年,元朝革南宁州为南宁县。

陆凉州,下州。蒙哥汗三年内附后,蒙古立落温千户于此,隶属落蒙万户。至元十三年,元朝改落温千户为陆凉州。十八年立云南王宫。陆凉州领芳华、河纳二县。

芳华县,下县。位于陆凉州以西五十里,曰中涧场。蒙哥汗六年立千户所,至元十三年革千户所为县。

河纳县,下县。位于陆凉州以南八十里,设治于蔡村。蒙哥汗六年蒙古于此立千户所,至元十三年元朝改千户所为河纳县。

越州,下州。位于曲靖路之南。蒙哥汗四年归附蒙古。六年,蒙古在此设立千户,隶属末迷万户。至元十二年,元朝改千户为越州,隶属曲靖路。

罗雄州,下州。蒙哥汗四年归附蒙古。蒙哥汗七年,该地归普摩千户管辖。至元十三年,元朝割夜苴部设立罗雄州,隶属曲靖路。

马龙州,下州。内附后,蒙古在此设立马龙千户。至元十三年改为州,设治旧马龙城之地。马龙州领一县,即通泉县。

通泉县,下县。位于马龙州西南。元初为易龙百户,隶属马龙千户。至元十三年,元朝改易龙百户为通泉县,隶属马龙州。

霑益州,下州。在曲靖路东北,南盘江、北盘江之间。蒙哥汗七年,蒙古以该地隶属曲靖磨弥万户府管辖。至元十三年,元朝在此设立霑益州。霑益州领交水、石梁、罗山三县。

交水县,下县。治所在易陬龙城。该地蒙哥汗五年内附蒙古。至元十三年,元朝在易陬龙城设立交水县。

---

① 《元史》卷 16《世祖纪十三》。
② 《元史》卷 20《成宗纪三》。

石梁县，下县。设立于至元十三年。

罗山县，下县。旧称为落蒙山，至元十三年立，在州之东一百二十里①。

二、澂江路

澂江路（治今云南澄江县），下路。治所在滇池东南。南诏蒙氏时为河阳郡，至大理段氏时，麽、些蛮后裔居住于此，号罗伽部。蒙哥汗四年该地内附蒙古，六年蒙古以罗伽部为万户。至元三年，改罗伽万户为中路。十六年，升为澂江路。澂江路领河阳、江川、阳宗三县，新兴、路南二州。州领三县。元朝在澂江路共设立屯田四千一百双。

河阳县，下县。倚郭县。内附后，蒙古在此设立千户。至元十六年，元朝改千户为河阳州。至元二十六年，降河阳州为河阳县。

江川县，下县。位于澂江路之南、星云湖之北。蒙哥汗六年蒙古在此设立千户。至元十三年，元朝改千户为江川州。二十年，降江川州为江川县。

阳宗县，下县。在澂江路西北、明湖以南。蒙哥汗六年蒙古设立千户。至元十三年，改千户为县。

新兴州，下州。蒙氏时为温富州之地。到大理段氏统治时期，麽、些诸部族分居其地。蒙哥汗六年蒙古于此分立二部千户，至元七年拨属中路。至元十三年，改千户为新兴州，隶属澂江路。领普舍、研和二县。

普舍县，下县。位于新兴州西北。蒙哥汗六年蒙古在该地立千户。至元十三年，改千户为普舍县，设治于普札龙城，隶属新兴州。

研和县，下县。蒙哥汗六年立为百户，隶郡雄千户。至元十三年，改百户为县。后省畔龙县以乡隶焉。

路南州，下州。路南州位于澂江路之东，旧称路甸，境内有撒吕城，原为落蒙部所居之地。宪宗朝内附，蒙古在落蒙部设立万户。至元七年，蒙古并落蒙、罗伽、末迷三万户为中路。到至元十三年，元朝分中路为二路。后改罗伽部之地为澂江路，同时改落蒙部之地为路南州，隶澂江路。路南州领邑市一县。

邑市县，下县。至元十三年，元朝在邑市、弥歪二城立邑市县，同时在弥沙等五城立弥沙县。二十四年，并弥沙县入邑市县，隶属路南州②。

---

① 《元史》卷61《地理志四》；《大明清类天文分野之书》卷15《曲靖军民府》。
② 《元史》卷61《地理志四》；《大明清类天文分野之书》卷15《澂江府》。

三、普定路

普定路(治今贵州安顺市),本普里部所居之地,归附蒙古后,改为普定府。至元二十七年,斡罗思、吕国瑞行贿于丞相桑哥及要束木等,设立罗甸宣慰司,隶属湖广行省。不过,罗甸宣慰司的设立却遭到了云南行省官员的反对。云南行省上言曰:"罗甸即普里也,归附后改普定府,印信具存,隶云南省三十余年,赋役如期。今所创罗甸宣慰安抚司,隶湖南省。斡罗思等擅以兵胁降普定土官矣资男、札哇、希古等,勒令同其入觐,邀功希赏。乞罢之,仍以其地隶云南。"结果,元廷采纳了云南行省的建议,罢罗甸宣慰安抚司为普定府。元成宗大德七年,元朝改普定府为普定路。普定路设立的缘由正如中书省臣所言:"蛇节、宋隆济等作乱,普定知府容苴率众效顺。容苴没,其妻适姑亦能宣力戎行,乞令袭其夫职。仍改普定为路,隶曲靖宣慰司,以适姑为本路总管,虎符。"①普定路的设立在《元史》中亦有记载。《元史》卷21《成宗纪四》载大德七年十月"庚子,改普定府为路,隶曲靖宣慰司,以故知府容苴妻适姑为总管,佩虎符"。元英宗初年在普定路立有屯田。延祐七年(1320)七月"壬午,立普定路屯田,分乌撒、乌蒙屯田卒二千赴之"②。据《大元混一方舆胜览》卷中《云南等处行中书省》,普定路曾领镇宁、永宁、习安三州。

四、仁德府

仁德府,原为㱔、剌部族居地,无郡县,后为仁地部所居。位于中庆路东北二百里。蒙哥汗五年内附蒙古。六年,蒙古在此设立仁地万户。元世祖至元初年仁地部反叛,至元四年平定之,仍设仁地万户,隶北路。至元十三年,改万户为仁德府。仁德府西接中庆,东连曲靖,川原平衍,皆可耕稼。元朝在仁德府设立屯田五百六十双。领为美、归厚二县。

为美县,下县。县治位于仁德府以北三里。至元二十四年元朝在此设置为美县。

归厚县,下县。县治在仁德府以西。至元二十四年,元朝立倘俸、为美二县。至元二十五年,改倘俸县为归厚县③。

---

① 《元史》卷61《地理志四》。
② 《元史》卷27《英宗纪一》。
③ 以上据《元史》卷61《地理志四》;《大明清类天文分野之书》卷15《寻甸军民府》;《元一统志》卷7《云南诸路行中书省》。

第四节 罗罗斯宣慰司所辖路府州

一、建昌路

建昌路(治今四川西昌市),下路。唐懿宗之时,立建昌府,乌、白两个部族居于此。其后,诸酋长相争不下。蒙哥汗时期,当地酋长建蒂内附,蒙古以其女婿阿宗守建昌。至元十二年(1275),元朝在其地设置五个总管府、二十三个州,同时设罗罗斯宣慰司以总之。建昌路即为五路之一。至元十九年二月,元朝又"改罗罗斯宣慰司隶云南省"①。建昌路东连乌蒙,西拒吐蕃,南接中庆,北邻西蜀,地据西南咽喉冲要之处。元朝在建昌路还立有军民屯田。建昌路领中县一县,建安、永宁、泸州、礼州、里州、阔州、邛部、隆州、姜州九州。州领一县。

中县,县治位于住头回甸,境内酋长所居之地原为中州。元世祖至元十年归附。十四年,元朝仍设中州于此。至元二十二年,降中州为中县,归建昌路直辖。

建安州,下州。为建昌路总管府的治所。当地酋长建蒂内附后,蒙元分故建昌府为两个万户和两个千户。至元十五年,元朝又割建乡城十四村及建蒂四村设立宝安州。十七年,改本地千户为建安州。到至元二十六年,元朝罢宝安州,并其地入建安州。

永宁州,下州。位于建昌路的东面。唐朝时所立建昌郡便统辖建安、永宁二州。元世祖至元九年,蒙元平定此地。十五年立管民千户。至元十七年,分建昌路之地设立二州,路治所在为建安州,东面的为永宁州,同归建昌路管辖。

泸州,下州。在建昌路的西面。境内有泸水,水深广而多瘴气,很少有人通行其上。泸水四季常热,其源头水温之高竟可以煮肉。大理段氏统治时期,在热水甸立泱笼城,归建昌府管辖。蒙哥汗时,当地酋长建蒂内附蒙古,后复叛,至元九年元朝平定了建蒂的反叛。至元十五年,元朝又改泱笼城为泸州。

礼州,下州。礼州位于建昌路西北、泸沽水以东,治所在笼麽城。至元九年元朝在此设立千户。至元十五年,又改千户为礼州。礼州领泸沽一县。

泸沽县,在礼州北面。至元九年,元朝平定建蒂叛乱后在此设立千户。至元十三年升千户为万户,至元十五年则改万户为县。

---

① 《元史》卷12《世祖纪九》。

里州，下州。蒙哥汗时期当地酋长纳空随建蒂内附蒙古，中统三年（1262）复叛。至元十年纳空之子耶吻归顺元朝，隶属乌蒙部。至元十八年，元朝于此设立普陀千户。二十二年，该地又联合乌蛮部反叛，逃奔罗罗斯之地。二十三年，元朝升千户为军民总管府，隶罗罗斯。二十六年，元朝又罢军民总管府为里州，隶属建昌路管辖。

阔州，下州。治所位于密纳甸之地，旧无城邑，为乌蒙部的居地。至元九年，设立千户。二十六年，改千户为阔州。据《大元混一方舆胜览》卷中《云南等处行中书省》，阔州领北舍一县。

邛部州，下州。邛部州位于建昌路和越嶲的东北、大渡河的南面。其地又称邛部川，设治乌弄城。蒙哥汗时期内附蒙古。中统五年，蒙古立邛部川安抚招讨使，隶属成都元帅府。至元十二年，割属罗罗斯宣慰司①。二十一年，改邛部川安抚招讨司为邛部州。

隆州，下州。位于建昌路西南，治所在大隆城。该地至元十三年内附元朝。十四年，设立千户。十七年，又改千户为隆州。

姜州，下州。姜为部族的名称。宪宗时该地随閟畔部内附蒙古，于是隶属閟畔部。落兰部酋长建蒂反叛后于至元八年攻占该地。至元九年元朝平定了建蒂的叛乱，该地先归会川路管辖，后改属建昌路。十五年，元朝在此设立姜州。二十七年，复属閟畔部，后又属建昌路②。

据《大元混一方舆胜览》卷中《云南等处行中书省》，建昌路还曾辖有苏州。

二、德昌路

德昌路军民府，下路。在建昌路西南，所居之地旧称屈部。元世祖至元九年内附。十二年，元朝在玝甸立定昌路，以本部为昌州。至元二十三年，元朝罢定昌路，并入德昌路。德昌路的治所在昌州葛鲁城。其始设时间尚没有直接的史料记载，但根据《元史》卷100《兵志三》，德昌路在至元十六年即已存在。《元史》卷100《兵志三》载："（至元）十六年，立德昌路民屯，发编民二十一户。"德昌路领昌州、德州、威龙、普济四州。

昌州，下州。德昌路设治本州。原为屈部居地。至元九年内附。十二年，改屈部为昌州，后兼领普济、威龙二州，隶属定昌路。二十三年，元朝罢定昌

---

① 邛部川安抚招讨司割属罗罗斯宣慰司的时间，《元史》卷61《地理志四》的记载原为元世祖至元十年。考虑到罗罗斯宣慰司设置于至元十二年，故将割属的时间改为至元十二年。
② 以上据《元史》卷61《地理志四》；《大明清类天文分野之书》卷14《建昌府》；《元一统志》卷7《云南诸路行中书省》。

路,昌州与普济、威龙二州同归德昌路管辖。

德州,下州。在德昌路之北。蒙哥汗时内附蒙古。至元十二年,设立千户。十三年,改千户为德州,隶属德平路。至元二十三年,德州改隶德昌路管辖。

威龙州,下州。威龙州位于德昌路西南,旧称巴翠部。至元十五年元朝在此设立威龙州,后来隶属德昌路。

普济州,下州。普济州在德昌路西北,旧称玕甸。至元九年,随屈部内附蒙古。至元十五年元朝在此设立普济州,普济州先归定昌路管辖,至元二十三年,元朝罢定昌路,普济州改隶德昌路①。

三、会川路

会川路(治今四川会理县南),下路。在建昌路以南。唐朝天宝末年,南诏国占据此地,设立会川都督府,又名清宁郡。大理段氏时,该地仍称会川府。元至元九年内附。至元十四年改立会川路,在城仍立管民千户所。十七年改管民千户所为武安州。会川路领武安、黎溪、永昌、会理、麻龙五州。元朝在此还设有军民屯田。

武安州,下州。为会川路的治所。至元十四年,立为管民千户。十七年,改管民千户为武安州。

黎溪州,下州。至元九年,罗罗蛮部族酋长阿夷内附,元朝立黎溪州以统之。

永昌州,下州。在会川路之北,设治于归依城故地,即古会川之地。大理段氏统治时期,高氏专政,驱逐本地酋长王氏,让他的儿子高政统领会川。蒙哥汗三年,蒙古征伐大理,高氏逃去。九年,会川故酋长王氏之孙阿龙率众内附。至元十年置管民官。十四年,元朝在此立管民千户。十七年,改管民千户为永昌州,隶会川路。

会理州,下州。在原会川府东南。蒙哥汗八年,当地绛部酋长亦芦内附蒙古,归閟畔万户管辖。至元四年,改属落兰部。会川路设置后该地则隶属于会川路。至元十五年,元朝在此设立会理州,仍然归会川路管辖。至元二十七年,复割属閟畔部。

麻龙州,下州。麻龙为城池的名称,当地的地名为棹罗能。蒙哥汗时当地部族酋长阿麻内附。元世祖至元五年,部族酋长建蒂反叛后占据该地。元朝平定建蒂反叛后,于至元十二年设管民官,以其地属会川府。十四年,设立管

---

① 《元史》卷61《地理志四》。

民千户,隶会川路。十七年,改管民千户为麻龙州。二十七年,则割属阔畔部。二十八年升阔畔部为东川府。后复属会川路①。

据《大元混一方舆胜览》卷中《云南等处行中书省》,会川路还直辖麻龙县和会通州、姜州②。

四、柏兴府

柏兴府(治今四川盐源县卫城镇)。旧为摩沙部族的居地。唐代为昆明县。元世祖至元十年,当地的盐井摩沙酋长罗罗连同爁鹿、茹库两个部族内附。十四年,元朝立盐井管民千户。十七年,改管民千户为闰盐州,又以爁鹿部居地为普乐州,二州同属德平路。至元二十七年,元朝合并普乐、闰盐二州为闰盐县,同时立柏兴府,隶罗罗斯宣慰司。有关柏兴府的设立,《元史》卷16《世祖纪十三》的记载更为详细:至元二十七年六月"壬申朔,升闰盐州为柏兴府,降普乐州为闰盐县,金州为金县"③。不过到了元成宗元贞二年(1296)十一月元朝又"罢云南柏兴府入德昌路"④。柏兴府直辖闰盐、金县二县。

闰盐县,下县。为柏兴府倚郭县。因境内有盐井,故名闰盐。

金县,下县。在柏兴府北,与吐蕃接壤。至元十五年,元朝先在此立金州,二十七年降为金县。金县因境内斛僰和山产金而得名⑤。

第五节 临安广西元江等处宣慰司所辖路州

据《元史》卷167《张立道传》,元朝在至元十七年(1280)以前就有临安广西道宣抚使之设,至元二十二年则设有广西道军民宣抚使。《元史》卷13《世祖纪十》载至元二十二年九月"立临安广西道宣抚司"。方国瑜先生认为,这里的"立临安广西道宣抚司"为立临安广西道军民宣抚司⑥。天历二年(1329)十月"云南行省立元江等处宣慰司"⑦。至顺二年(1331)五月"置临安元江等处宣慰司兼管军万户府"⑧。

---

① 《元史》卷61《地理志四》;《大明清类天文分野之书》卷14《会川府》。
② 《大元混一方舆胜览》卷中《云南等处行中书省》。
③ 《元史》卷16《世祖纪十三》。
④ 《元史》卷19《成宗纪二》。
⑤ 《元史》卷61《地理志四》。
⑥ 方国瑜:《中国西南历史地理考释》,第798页。
⑦ 《元史》卷33《文宗纪二》。
⑧ 《元史》卷35《文宗纪四》。

一、临安路

临安路(治今云南通海县北),下路。唐代隶属牂州,天宝末年为南诏所据。南诏蒙氏统治时期在该地立有通海郡都督府。大理段氏时则改为秀山郡,为阿僰部族的居地。蒙哥汗六年(1256)内附,蒙古以本部为万户。至元八年改万户为南路。至元十三年又改为临安路。临安路境内有宣慰司管辖的屯田六百双,本路有司所管的屯田三千四百双,爨僰军千户所管的屯田一千一百五十多双。临安路领河西、蒙自二县,舍资千户,建水、石平、宁州三州。州领二县。

河西县,下县。河西县位于杞麓湖以南,其地又名休腊,阿僰部所居之地。蒙哥汗六年内附蒙古。七年,阿僰万户设立后,休腊归其管辖。至元十三年,始设为河西州,隶属临安路。二十六年又降为河西县。

蒙自县,下县。蒙自县南面与交趾相邻,西与建水州接壤。县境内有目则山,汉语称为蒙自山,山上故城即为蒙自县县治所在。蒙自县为阿僰部居地。蒙哥汗七年,蒙古在本地设立千户,隶属阿僰万户。至元七年改阿僰万户为南路,本部千户如故。至元十三年,元朝改南路为临安路,改本千户为蒙自县。

舍资千户,在蒙自县以东,为阿僰部居地。内附蒙古后,先是隶属蒙自千户。至元十三年,元朝以该地邻近交趾,遂立舍资为安南道防送军千户,直接隶属临安路管辖。

建水州,下州。位于临安路以南,地近交趾,为云南行省的边地。建水州治所在建水城,为唐朝元和年间南诏蒙氏所筑。该地是些麽徒部族的居地,内附蒙古后为千户,隶属阿僰万户。至元十三年,元朝改千户为建水州,隶属临安路。

石平州,下州。在临安路的西南面,阿僰部在此设石坪邑。至元七年,元朝改石坪邑为石平州,隶属临安路。

宁州,下州。位于临安路之东。归附蒙古前为宁部族居地。蒙哥汗四年内附。至元十三年,改为宁州,隶属临安路。宁州原领西沙、通海、嶍峨三县,其中西沙县于至治二年(1322)并入宁州。

通海县,下县。宁州倚郭县。元初在此立通海千户,归善阐万户管辖。至元十三年,元朝改通海千户为通海县,隶宁海府。二十七年,罢宁海府,通海县直隶临安路,后复割属宁州。

嶍峨县,下县。嶍峨县在河西县之西,控扼山谷,北接滇池。归附蒙古前为阿僰部所居。内附后,蒙古立为千户。至元十三年,改千户为州,辖有邛洲、平甸二县。至元二十六年,降州为县,并邛洲、平甸二县为乡,隶属临安路。后割属宁州①。

二、广西路

广西路(治今云南泸西县),下路。原为东爨、乌蛮、弥鹿等部族的居地。唐代为羁縻州,隶属黔州都督府。后来师宗、弥勒两个部族雄踞该地。蒙哥汗七年,二部内附蒙古,隶属落蒙万户管辖。至元十二年,元朝籍二部为军,立广西路。十八年,以军户改为民。广西路领师宗、弥勒二州。另外,广西路还曾领有维摩州②。

师宗州,下州。位于广西路的东南面,为师宗部的居地。至元十二年,元朝籍师宗部为军,立为千户。十八年,复为民。二十七年,则改为师宗州。

弥勒州,下州。在广西路以南。昔为弥勒部所居。至元十二年,籍为军,立为千户。十八年,复为民。二十七年,改为弥勒州③。

三、元江路

元江路(治今云南元江哈尼族彝族傣族自治县),下路。旧为西南夷地。元江路在梁州、黑水的西南面,为阿棘诸部族的居地。蒙哥汗四年阿棘部内附蒙古,七年复叛。至元十三年,元朝遥立元江府以羁縻之。二十五年,元世祖忽必烈命云南王讨平之,于是割罗槃、马笼、步日、思麽、罗丑、罗陀、步腾、步竭、台威、台阳、设栖、你陀十二部于威远,设立元江路。元江路东有礼社江,西瞰澜沧水,北据目乐山,南临交趾界④。

第六节　大理金齿等处宣慰司所辖路府州

据《大明清类天文分野之书》卷16《大理府》,大理等处宣慰司最早设于元世祖中统三年(1262)。而据《元史》卷16《世祖纪十三》,至元二十八年(1291)二月元朝"立金齿等处宣慰司都元帅府"⑤。这里的金齿等处宣慰司都元帅府

---

① 《元史》卷61《地理志四》;《大明清类天文分野之书》卷15《临安府》。
② 《大元混一方舆胜览》卷中《云南等处行中书省》。
③ 《元史》卷61《地理志四》。
④ 《元史》卷61《地理志四》;《元一统志》卷7《云南诸路行中书省》。
⑤ 《元史》卷16《世祖纪十三》。

即为大理金齿等处宣慰司都元帅府①。

一、大理路

大理路军民总管府,上路。本汉楪榆县地。唐代在昆明之桥栋川设置姚州都督府。蒙氏统治时期,蒙氏所居之羊苴咩城,即为大理路军民总管府的府治。该地后来为大理国段氏所据。蒙哥汗三年(1253)蒙古收附大理。六年,在此设立上、下二万户。至元七年,元朝并二万户为大理路。大理路领一录事司,太和县,永昌、腾冲二府,邓川、蒙化、赵州、姚州、云南五州。府领一县,州领二县。

录事司,蒙哥汗七年,蒙古立中千户于此,隶属大理万户管辖。至元十一年,元朝罢中千户,改立录事司。十二年,升录事司为理州。二十一年,复罢理州,立录事司。

太和县,倚郭县。蒙哥汗七年,蒙古在城内外设立上、中、下三千户。至元二十六年,元朝改中千户为录事司,改上、下二千户为太和县。另据《大元混一方舆胜览》卷中《云南等处行中书省》,大理路曾直辖二县,即太和县、云南县。

永昌府,唐代为蒙氏居地,在段氏、高氏统治时期皆为永昌府。蒙哥汗七年,蒙古分永昌之永平设立千户。至元十一年,又设立永昌州。至元十五年升永昌州为永昌府,隶大理路。领永平一县。

永平县,下县。在永昌府、鹿沧江以东,即为汉博平县地。唐代蒙氏统治时期,改为胜乡郡,属永昌府。蒙哥汗七年蒙古在此设置了永平千户。至元十一年,又改永平千户为永平县。

腾冲府,位于永昌府之西。归附蒙古之前,为白蛮腾冲府之地。蒙哥汗三年,腾冲府酋长高救内附。至元十一年,元朝改腾冲府为藤越州,又立藤越县。十四年,复设立腾冲府。二十五年,元朝罢藤越州、藤越县,仅存腾冲府。元代永昌、腾冲二府共设有军民屯田二万二千一百零五双。

邓川州,下州。位于大理路之北。蒙氏和段氏统治时期为德原城。蒙哥汗三年内附。蒙哥汗七年,蒙古在此设立德原千户,隶属大理上万户管辖。至元十一年,元朝改德原千户为邓川州。邓川州领浪穹一县。《大元混一方舆胜览》卷中《云南等处行中书省》载:邓川州领浪穹、凤羽二县。

浪穹县,下县。蒙哥汗七年,蒙古在此立浪穹千户,隶属大理上万户。至元十一年改浪穹千户为浪穹县,隶属邓川州。

---

① 方国瑜:《中国西南历史地理考释》,第795~796页。

蒙化州，下州。本为蒙舍城，段氏时为开南县。蒙哥汗七年，立蒙舍千户，隶属大理上万户。至元十一年，改立蒙化府。十四年升为路。二十年复降路为州，隶属大理路。

赵州，下州。旧为罗落部族的居地。蒙氏立国，设立十睑，赵川睑为其一。睑即州之意。段氏时期改为天水郡。蒙哥汗七年蒙古立赵睑千户，隶属大理下万户。至元十一年元朝改赵睑千户为赵州，又在白崖睑立建宁县，隶本州。至元二十五年县并入州，隶大理路。

姚州，下州。唐代在梇栋川设置姚州都督府。段氏时期仍为姚州。蒙哥汗三年内附。七年，蒙古在此设立统矢千户、大姚堡千户。至元十二年，元朝罢统矢千户，立姚州，隶属大理路。姚州领大姚一县。

大姚县，下县。蒙哥汗七年，为大姚堡千户，隶属大理下万户。至元十一年，改为大姚县。

云南州，下州。唐代以汉云南县置郡。蒙氏、段氏统治时期皆为云南州。蒙哥汗七年立为千户，隶属大理下万户。至元十一年，改立云南州①。

二、蒙怜路

蒙怜路军民府，至元二十七年，元廷接受云南行省奏请，以蒙怜甸为蒙怜路军民总管府，蒙莱甸为蒙莱路军民总管府。

三、蒙莱路

蒙莱路军民府，《元史·地理志》中相关记载阙失。《元史》卷16《世祖纪十三》载：至元二十七年三月"己未，改云南蒙怜甸为蒙怜路军民总管府，蒙莱甸为蒙莱路"。

四、金齿等处宣抚司

金齿等处宣抚司，其地在大理路西南，东面为兰沧江（澜沧江），西与缅地相接。大理段氏时，白夷、金齿诸部族相继控制该地。蒙哥汗四年，蒙古平定大理后继续征伐白夷等部族。中统初年，金齿、白夷诸酋各遣子弟朝贡。中统二年（1261），蒙古设立金齿安抚司以统辖其地。至元八年，元朝分金齿、白夷为东西两路安抚使。十二年，又改西路安抚司为建宁路安抚司，东路安抚司为镇康路安抚司。十三年，立六路总管府。十五年，改两路安抚司为两路宣抚

---

① 《元史》卷61《地理志四》。

司。二十三年,元朝又罢两路宣抚司,并入大理金齿等处宣抚司。《元史》卷13《世祖纪十》载:至元二十二年八月"省合剌章、金齿二宣抚司为一,治永昌"。这里的合剌章、金齿二宣抚司当即指建宁、镇康二路宣抚司。金齿等处宣抚司领柔远、茫施、镇康、镇西、平缅、麓川六路,以及南睒。

柔远路,在大理路之西、永昌路之南。归附蒙元之前为僰部居地。中统初年,僰部酋长阿八思入朝。至元十三年,与茫施、镇康、镇西、平缅、麓川俱立为路,隶属宣抚司。

茫施路,在柔远路之南、泸江之西。中统初年内附。至元十三年立为路,隶宣抚司。据《大明清类天文分野之书》卷16《茫施府》,茫施路位于腾冲府东南四日程,领二甸。

镇康路,位于柔远路以南、兰江之西。中统初年内附蒙古。至元十三年,立为路,隶宣抚司。

镇西路,在柔远路正西,东隔麓川。中统初年内附,至元十三年立为路,隶宣抚司。

平缅路,北临柔远路。中统初年内附,至元十三年立为路,隶宣抚司。

麓川路,其地在茫施路以东。中统初年内附,至元十三年立为路,隶宣抚司。至顺元年(1330)九月"置麓川路军民总管府"[1]。

南睒,在镇西路西北。元初内附,至元十五年隶宣抚司。

以上金齿六路、一睒,每年纳金银为赋[2]。

第七节　乌撒乌蒙宣慰司所辖各路

乌撒乌蒙宣慰司,位于巴的甸之地。乌撒是当地部族的名称。乌撒部在中庆路东北七百五十里,旧名巴凡兀姑,元代为巴的甸,历来为乌部族的居地。元代所辖六部,曰乌撒部、阿头部、易溪部、易娘部、乌蒙部、閟畔部。在其东西又有芒布、阿晟二部。后来乌部族的后裔折怒强大,尽据其地,因取远祖乌撒为部名。蒙哥汗时,蒙古征大理,屡次招抚,均不降附。至元十年(1273)开始归附。十三年,元朝在此立乌撒路。十五年,改为乌撒路军民总管府。二十一年,改为军民宣抚司。二十四年,复升为乌撒乌蒙宣慰司。不过,据《元史》卷15《世祖纪十二》至元二十五年五月"改云南乌撒宣抚司

---

[1] 《元史》卷34《文宗纪三》。
[2] 《元史》卷61《地理志四》。

为宣慰司,兼管军万户府"。大德元年(1297)十一月"增乌撒乌蒙等处宣慰使一员,以孛罗欢为之"①。有关乌撒乌蒙宣慰司所辖机构的史料记载十分残缺不全。据《大元混一方舆胜览》卷中《云南等处行中书省》,乌撒乌蒙宣慰司领乌蒙路、乌撒路、东川路、茫布路。

乌蒙路(治今云南昭通市),至元十年归附,十五年置乌蒙路总管府,二十五年隶乌撒乌蒙等处宣慰司。

乌撒路(治今贵州威宁彝族回族苗族自治县),至元十年归附元朝,十二年置乌撒路招讨司,十五年改为军民总管府兼招讨司,二十四年升为乌撒乌蒙等处宣慰司兼管民万户府。

东川路,蒙哥汗六年(1256)归附蒙古,七年置万户府。至元二十年改为闷畔部军民官。二十八年改置东川府,隶乌撒乌蒙等处宣慰司。后东川路、茫布路均改隶行省直辖②。

茫布路,前文已有述及,兹不赘述。

据《元史》卷61《地理志四》,乌撒乌蒙宣慰司还辖有以下机构:木连路军民府、蒙光路军民府、木邦路军民府、孟定路军民府、谋粘路军民府、南甸军民府、六难路甸军民府、陋麻和管民官、云龙甸军民府、缥甸军民府、二十四寨达鲁花赤、孟隆路军民府、木朵路军民总管府、金齿孟定各甸军民官、孟爱等甸军民府、蒙兀路、通西军民总管府、木来军民府。据《大明清类天文分野之书》卷16,这些路军民总管府大部分设立于至元二十六年。

---

① 《元史》卷19《成宗纪二》。
② 《大明清类天文分野之书》卷14《乌蒙府》、《乌撒府》、《东川府》。

第九章　江浙行省所辖路府州

第一节　江浙行省建置沿革概况

在元代诸行省中，江浙行省具有十分重要的政治经济地位。元朝北方的粮食供给主要来自江浙地区。江浙行省是伴随着元朝对南宋的征伐与统治而逐步建立起来的。至元十年(1273)四月元廷设立荆湖、淮西行枢密院，作为统军征宋的主要统治机构①。随着征宋战争的进展，至元十一年三月元廷改荆湖、淮西行枢密院为荆湖、淮西行省，八月改淮西行省为行枢密院，次年七月又改淮西行枢密院为行省②。行省与行枢密院分别作为中书省与枢密院的派出机构，均是战争前线的指挥机构，只是行省的地位略高于行枢密院。此时不管是行省还是行枢密院往往都是临时设立，事后而罢。正如有学者所指出的，作为军前指挥机构的淮西行省还不能看作作为地方统治机构的江浙行省的前身③。元军攻破南宋的都城临安后，至元十三年二月在临安设置两浙大都督府，两浙大都督府实际上是军政合一的机构，主要镇抚南宋故地。同年六月元廷罢两浙大都督府，改立临安行省④。

在临安行省设置后不久，至元十三年十月元廷在淮东扬州设立行省，作为对两淮、江东的统治机构。迟至至元十五年十一月，扬州、临安二行省合并为江淮行省，治所在杭州，淮东地区设立宣慰司，隶属于江淮行省⑤。此后江淮行省的治所在扬州与杭州之间多次迁徙，一直到至元二十六年才最后稳定下来。至元二十八年元廷又割江淮行省之江北诸郡隶属于河南行省，这样江淮行省则改称为江浙行省⑥。那么，江淮行省的治所为什么会在扬州与杭州之间来回迁徙呢？这实际上是东南平定之初元朝对东南统治政策的直接反映。行省治所

---

①②　《元史》卷8《世祖纪五》。
③　刘如臻：《元代江浙行省研究》，《元史论丛》第六辑，中国社会科学出版社，1997年。
④⑤　《元史》卷9《世祖纪六》。
⑥　《元史》卷91《百官志七》。

在杭州有利于有效统治南宋故地,而行省治所在扬州则有利于确保东南粮食源源不断漕运到京师。扬州"地控江海",隋唐以来一直是南北交通,特别是南粮北运的重要枢纽。江淮行省设立之初面临的重要任务一是稳定江南统治,一是南粮北运。所以行省治所在扬州、杭州之间来回数次迁徙正是这两方面任务不能同时兼顾而不得不两边奔忙的直接反映。随着海运的发展与粮运系统的完善,元廷最终才把江浙行省的治所固定在杭州。毕竟"江南之遐远而杭州为要"[①],对于广大的东南地区来说,扬州偏居江北,不适合作为江浙行省的统治中心[②]。按《元史》卷62《地理志五》,江浙行省辖三十路、一府、二州。

元代江浙行省政区地理变迁的基本轨迹与特色有如下几点。

第一,江浙行省政区地理变迁经历了前后不同的三个发展阶段。

有元一代,江浙行省范围内的政区变迁沿革,大体可以分为至元十三年到大德三年(1299),大德三年到至正十六年(1356),至正十六年到二十七年三个阶段。在至元十三年到大德三年的第一阶段,江浙行省与所属宣慰使司及路府州县的建置,尚处于未完全定型的过渡时期。首先是行省一级的江淮行省、江浙行省、福建行省的名称、治所和辖境归属,不断变动。其次是由于军事管制和与行省权限配置关系的不顺畅,浙东、浙西、江东、福建等宣慰使司的建置,尚带有临时性和不稳定性。在大德三年到至正十六年的第二阶段,随着江北路州划属河南行省和福建行省的最终并入,江浙行省的名称、治所和辖境范围,得以基本固定。同时又确立了浙西、福建二道宣慰使司承行省号令而分治郡县,确立了行省、行台直辖浙西道和江东道的体制。在至正十六年到二十七年的第三阶段,江浙行省境内政区受到农民起义越来越大的冲击,分省等权宜设置较多出现,原有的政区统治秩序陷入混乱,最终走向崩溃。三个阶段中,第二阶段时间较长,前后近六十年。第一、第三阶段则是过渡性的。第二阶段大体能够体现元江浙行省范围内的政区基本属性和特征。

第二,江浙行省政区范围内的四道并存格局,上承宋代四路,下启明清浙闽等布政使司体制。

人们不难看到,无论是第一阶段,抑或第二阶段,江浙行省政区范围内浙东、浙西、江东、福建四道一直是存在的。即使在浙西和江东道宣慰使司废罢之后,两道始终有肃政廉访司的设置。这种四道并存,反映了元江浙行省之下政区的基本格局。其实,此四道并存,并非元人的首创。他们的辖区范围基本

---

① 《松乡集》卷1《江浙行省平章政事高公去思碑》。
② 刘如臻:《元代江浙行省研究》,《元史论丛》第六辑,中国社会科学出版社,1997年。

上是对宋代两浙东路、两浙西路、江南东路、福建路等四路的沿袭继承。尽管在名称上已经改路为道,官署机构上也有路监司与宣慰使司、州与路总管府的差异。此外,入明以后,元代的浙东、浙西二道合而组成了浙江布政使司辖区,福建道又演变为福建布政使司辖区。在这个意义上似乎可以说,元江浙行省政区范围内的四道并存格局,上承宋代四路,下启明清浙闽等布政使司体制。

第三,江浙行省作为最富庶的原南宋统治中心区域,依然被掺入少量蒙古投下食邑封户。

与其他行省同样,江浙行省政区也呈现四、五级多层状态。以上四、五级状态,实际上是在宋代路、州、县三级体制的基础上添加宣慰使司、行省二级后形成的。从制度渊源考察,宣慰使司和行省,起初都是代表中央统辖江浙军政的蒙元朝廷派出机构。这又是蒙元王朝给江浙行省政区层级直接带来的政治遗留物。人们还注意到,江浙行省作为最富庶的原南宋统治中心区域,依然存在一定数量的蒙古宗王贵戚功臣投下食邑封户。从分布范围看,这类投下食邑封户散在湖州、庆元、婺州、台州、饶州、集庆、信州、福州、建宁、泉州、邵武、汀州十二路及铅山州。涉及江浙行省路州数的近一半。封户合计 368 147 户。这个数目虽然只相当于江浙行省户口总数的一小部分,但也属于蒙元王朝给江浙行省政区构成带来的直接政治遗留物之一,可以反映蒙古贵族特权利益和投下分封制度在江浙行省政区范围内的某种延伸。

第四,江浙行省疆域南北较长和治所偏北等不正常状况同样存在。

如前所述,元江浙行省辖区基本上是宋代两浙东路、两浙西路、江南东路、福建路等拼合汇聚,其结果是本省版图疆域南北较长,南端到北端的直线距离约一千五百里;东西较窄,东端到西端的距离约四百二十至七百里。二者的比例,在二比一以上。江浙行省治所杭州路,也地处北部,距本省北界三百里左右。而与南部边界的直线距离则在一千里以上。杭州路充当本省治所,虽然有沿用南宋临安政治文化中心和繁华都市的背景因素,但作为江浙行省治所,同样有道里交通不方便、不合理的问题。追溯其渊源,又可以探寻到元行省"大军区"和"财赋转运站"的特殊角色和蒙元统治者以北制南国策等深层次原因。

第二节　浙西七路、一府、一州沿革

浙西七路、一府、一州,是指杭州路、湖州路、嘉兴路、平江路、常州路、镇江路、建德路、松江府、江阴州。在至元十五年(1278)到二十六年江淮行省治于扬州之际,浙西地区多数时间设置浙西道宣慰使司。至元二十六年江浙行省治所最终固定于杭州路后,浙西道宣慰使司随之撤销。浙西七路、一府、一州,相应地成为江浙行省的直辖路州。不过,江南浙西道肃政廉访司(前身为提刑按察司)长期以浙西七路、一府、一州为自己的监察区,而且基本是与江浙行省同城,也治于杭州路。换言之,行政上的宣慰使司道虽然至元二十六年以后因为行省直辖而不复设立,但地方监察系统的浙西肃政廉访司道却始终是存在的。从地域范围看,浙西肃政廉访司道及至元二十六年以前的浙西宣慰使司道,大体沿袭了宋代两浙西路的四府、三州、一军之地。略有变化的是,入元后,临安、嘉兴、平江、镇江四府和湖州、常州、建德州三州皆升为路,江阴军则改为州,松江府又是由宋嘉兴府属邑华亭县升格来的。

一、杭州路

杭州路(治今浙江杭州市),上路。至元二十七年户数 360 850 户。唐为杭州,南宋为临安府。至元十三年元军灭亡南宋,先置两浙都督府和安抚司。至元十五年,改立杭州路总管府。领左、右录事司,钱塘、仁和、余杭、临安、新城、富阳、於潜、昌化八县和海宁州。

关于杭州路的录事司和倚郭县,《松乡集》卷1《杭州路重建总管府记》云:"旧以两县置城西北隅,以听城以外之治。四录事司分置四隅,以听城以内之治。然后受命于郡府。"这里位于西北隅的倚郭两县,就是钱塘县与仁和县。《元史》卷62《地理志五》中仁和县"与钱塘分治城下"的记载,说的也是倚郭两县。按照《杭州路重建总管府记》的说法,迄作者任士林撰写是《记》的大德二年(1298),杭州路治所录事司曾经是"分置四隅",共有四个。《元史》卷62《地理志五》亦云,至元十四年,设置杭州路总管府的前一年,已分设"四隅录事司"。泰定二年(1325)并为左、右二录事司。负责治理城内民户的录事司,元代通常设于路总管府治所,绝大多数路仅设一个。人口低于二千的路治所,一概不设录事司。唯有杭州路作为户数多达三十六万余的全国第二大路,因人口稠密和政事繁杂,宋临安城即分九厢,平宋初许设四个录事司。后来,由四录事司减为两个,也有例可援。元大都与录事司职司相近的警巡院,也发生过由三个减为两个的类似变动。

钱塘县,宋为望县,绍兴中升畿县。元为上县。
仁和县,宋为望县,绍兴中升畿县。元为上县。
余杭县,宋为望县,绍兴中升畿县。元为中县。
临安县,宋为望县,绍兴中升畿县。元为中县。

新城县,宋为上县,绍兴中升畿县。元为中县。

富阳县,宋为紧县,绍兴中升畿县。元为中县。

於潜县,宋为紧县,绍兴中升畿县。元为中县。

昌化县,宋为中县,绍兴中升畿县。元为中县。

海宁州,唐宋为盐官县。元成宗元贞元年(1295)升为盐官州。文宗初,因海潮之害平息,易名为海宁州。

元代杭州城曾经发生至正元年(1341)四月十九日的特大火灾,烧毁房屋15 755间,殃及10 797户。大火"自东南延上西北近二十里,官民间舍,焚荡迨半,遂使繁华之地,鞠为蓁芜之墟"①。元末杭州路城池又得到大规模的重新修建。

史称,隋代杨素所筑杭州城,城墙周长三十六里有余。南唐钱镠所修杭州城,扩充至方圆七十里。入元以后,蒙古统治者长期实行拆毁城墙的政策,还有所谓"凡诸郡之有城郭,皆撤而去之,以示天下为公之义。洋洋圣谟,诚所谓在德不在险也"的说辞②。杭州城同样是废毁而不治。顺帝至正十八年,张士诚降元获太尉爵,率兵占据杭州,重新修筑杭州城。翌年十月竣工的杭州新城,城墙周长六万四千零二十尺、高三十尺、厚四十尺。新城改变旧城南北稍长的格局,"截凤山于外,络市河于内",加大了东西方向的长度,做到"广轮适中"。新城墙开十三门,东有候潮、新门、崇新、东青、艮山五门,西有钱湖、清波、丰豫、钱唐四门,南有和宁门,北有余杭、天宗、北新三门。每个城门均建"飞楼四楹",外面多数筑瓮城,唯艮山、清波二门筑月城,"环旋而入,互相屏蔽"。所有的城门,"凿石为枢,冶铁为扇,金铺铜环,启闭有则"。城门外有壕堑,内有上下人马的蹬道。城楼外沿有发射矢石的方台,其上"发号之亭,逻卒之舍,睥睨楼橹,连轺火炮,靡不毕具"。新城的修筑,进一步增强了杭州路"左江海,右湖山,内接京畿,外控诸国"的"东南重镇"地位③。然而,杭州新城并没有给元军固守带来多大的帮助,至正十九年和二十五年朱元璋军队两次进攻张士诚盘踞的杭州城,该城最终落入朱明王朝之手。经过此番战乱,杭州城随之黯然衰败。陈镒诗口"满城瓦砾总成堆,往事传闻尚可哀;士族尽从西渡去,官军却自北关来"④,可以为证。

与宋代临安府相比,元杭州路的实际辖地范围仍然是原先的九县,稍有变

---

① 《山居新话》卷3。
② 《至顺镇江志》卷2《城池》。
③ 《玩斋集》卷9《杭州新城碑》。
④ 《午溪集》卷6《钱塘乱后》。

化的是府升路、设录事司和盐官县升海宁州等。

二、湖州路

湖州路(治今浙江湖州市),上路,至顺年间户数 254 345 户。唐先为吴兴郡,又改湖州。宋改安吉州。至元十三年升为湖州路。路治所自至元十四年设录事司,"割旁县旧隶关内之地,以分治之"。湖州路领乌程、归安、安吉、德清、武康五县,及长兴州。

乌程县,宋为望县。元为上县,倚郭。

归安县,宋为望县。元为上县,倚郭。

安吉县,宋为望县。元为中县。

德清县,宋为紧县。元为中县。

武康县,宋为上县。元为中县。

长兴州,中州。唐为绥州和雉州,后为长城县。后梁和宋代为长兴县。元成宗元贞元年由长兴县升格为州①。

湖州路人口二十五万余户,在承担江浙行省税粮方面名列前茅。元后期湖州路还进入了蒙古诸王的汤沐邑行列。《元史》卷 26《仁宗纪三》载,延祐五年(1318)三月,仁宗皇帝命令以湖州路为安王兀都思不花分地,其户数与皇庆初受封的魏王阿木哥相同,也是六万五千户。需要补充说明的是,第一,以上安王兀都思不花六万五千封户,只是享受江南户钞的食邑户;第二,以上六万五千封户仅占湖州路户口总数的四分之一强,准确地说,湖州路民户的一部分而非全部,应该属于安王兀都思不花食邑民。

与宋代安吉州相比,元湖州路的实际辖地范围并无变化,只是在州升路、设录事司和长兴县升州等方面略有不同。

三、嘉兴路

嘉兴路(治今浙江嘉兴市),上路,户数 426 656 户。唐为嘉兴县,五代为秀州。宋为嘉禾郡,又升嘉兴府。元至元十三年正月,改嘉兴府安抚司。至元十四年三月改嘉兴路。其治所至元十三年设兵马司,十四年置录事司。嘉兴路的境土范围是:东西三百二十八里,南北九十一里;至上都四千三百八十四里,至大都三千五百八十四里;东至大海二百一十里,西至杭州路二百一十九里;南至杭州路硖石镇界六十里,北至平江路吴江县界三十里;东南到海九十

---

① 《元史》卷 62《地理志五》;《瓢泉吟稿》卷 4《湖州路重修录事司记》。

二里,西南到杭州盐官州界一百里,东北到平江路吴江县界六十里,西北到平江路吴江县界四十二里。

领一录事司,一嘉兴县,海盐州、崇德州二州。

录事司,辖迎年、正兴等八十三坊,五福、嘉禾等五乡。足见嘉兴路城内的规模与繁华。

嘉兴县,宋为望县。元为上县,倚郭。辖德化、胥山、移风等二十二乡,陶庄等三市,魏塘、白牛二镇。白牛镇是至元十三年由市改为镇的。嘉兴县境土范围是:东西七十里,南北八十里;东至松江府华亭县风泾界六十里,西至崇德州界官窑铺五十里,南至海盐州莫泾铺四十五里,北至平江路吴江县界二十里;东南到海盐州界四十五里,西南到崇德州界官窑铺五十里,东北到平江路吴江县界七十里,西北到崇德州乌清镇五十四里。

海盐州,中州。唐宋为海盐县。成宗元贞元年升为海盐州。海盐州辖海盐、甘泉、开济等十乡,宁海、澉浦等三镇,当湖等三市。其境土范围是:东西一百五十九里,南北一百三十三里;东至大海五里,西至杭州路盐官州界六十三里,南至杭州路盐官州界四十八里,北至嘉兴县七十三里;东南到大海三里,西南到杭州路盐官州界五十里,东北到华亭县八十五里,西北到嘉兴县界松扬泾四十五里。

崇德州,中州。宋为崇德县。成宗元贞元年升为崇德州。崇德州辖状元、五桂等四坊,青镇、语儿等六市,崇德、南津等十二乡。境土东西四十五里,南北三十五里。其四至八到大体是:北至上都四千五百八十五里,北至大都三千八百八十五里。东北至本路九十里。东至嘉兴县界六十里,西至湖州路德清县界一十五里,南至杭州路盐官州界五里,北至湖州路乌程县界三十里;东北到本路嘉兴县六十里,西南到湖州路德清县界二十里,东南到杭州路盐官州一十里,西北到湖州路归安县三十里。

此外,平宋初嘉兴府安抚司沿袭宋制,还包括华亭县。该县至元十四年升格为华亭府(后改松江府),而直隶行省[①]。

与宋代嘉兴府比较,元嘉兴路的变化主要是:府升路,设录事司,海盐、崇德二县升州以及华亭县割出。

四、平江路

平江路(治今江苏苏州市),上路,户数466 158户。唐为苏州,一度改吴

---

① 以上均据《元史》卷62《地理志五》;《大元一统志》卷8《江浙等处行中书省》;《至元嘉禾志》卷1、卷2、卷3。

郡。宋为平江府。至元十三年升为平江路。平江路的四至八到是：西北至上都四千三百六十四里，西北至大都三千五百六十四里。东到大海二百二十里。西至常州路界一百三十二里，南至嘉兴路界一百一十里，北至江阴路大江一百八十里；东南到嘉兴路一百五十里，西南到湖州路二百二十里，东北到大江二百三十里，西北到常州路一百八十里。

治所设录事司，领吴县、长洲二县，昆山、常熟、吴江、嘉定四州。

录事司，原本是在城地，平宋之初，沿袭宋制，设四厢。至元十四年置录事司，管理在城民户。下辖利娃、永定、凤凰等十乡。

吴县，宋为平江府治所，望县。入元后，在城民户改属录事司，吴县降为倚郭县。上县。下辖灵岩、横山、太平等二十一乡。吴县的四至八到是：西北至上都四千三百六十四里，西北至大都三千零五里。东至本路长洲县一里，西至湖州路界一百三十里，南至本路吴江州界四十里，北至本路长洲县界五十里；东到本路长洲县一里，西到湖州路一百六十里，南到本路吴江州四十五里，西南到湖州路乌程县一百六十里，东北到本路长洲县一里，西北到本路长洲县界五十里。

长洲县，宋为平江府属县，望县。入元后，由于人口增加和城市发展，长洲县与吴县的空间距离缩小为一里，故又变成平江路的另一个倚郭县。上县。长洲县下辖大云、道义、上安等十九乡。其四至八到是：西北至上都四千三百六十三里，西北至大都三千五百六十三里。东至本路昆山州界三十里，西至本路吴县一里，南至本路吴江州界四十里，北至常熟州界五十里；西到本路吴县一里，南到吴江州四十五里，北到常熟州一百零五里，东南到松江府一百三十五里，东北到常州路无锡州一百五十一里，西北到常州路无锡州九十九里。

昆山州，中州。唐宋为昆山县。成宗元贞元年由县升格为属州。

常熟州，中州。唐宋为常熟县。成宗元贞元年由县升格为属州。

吴江州，中州。唐宋为吴江县。成宗元贞元年由县升格为属州。

嘉定州，中州。宋嘉定十五年（1222）于昆山县分置嘉定县。成宗元贞元年由县升格为属州[①]。

元末，平江路治所城池同样被重新修建过。元中期以前，本着"不设险于区区之城郭"的原则，平江路治所城池一直废毁失修。平江路"东北濒大海，西南枕震泽"，又是江南漕运钱粮汇集地。红巾军起义爆发后，当地官府担心"郛郭之内，官粮贮于廪庾者，岁数百万。设城郭不完，寇攘逼近，将何以为国计

[①] 以上据《元史》卷62《地理志五》；《大元一统志》卷8《江浙等处行中书省》。

乎?"于是,至正十二年在宋代旧城的基础上,重新修筑了平江路城。新城墙高三十二尺,底部宽三十五尺,表面叠砌石块三层,以为加固,城墙之上宽十六尺,均用砖砌,还用大瓦砌成水沟,以流通雨水。每个城门建成楼,"以谨斥候,严烽燧"①。

与宋代平江府比较,元平江路的变化主要为:府升路,设录事司,昆山、常熟、吴江、嘉定四县升州。其实际辖区范围没有大的变动。户口却增加二倍。

五、常州路

常州路(治今江苏常州市),上路,户数 209 732 户。唐为常州,一度改晋陵郡。宋仍为常州,领晋陵、武进、宜兴、无锡、江阴五县。南宋改江阴县为江阴军,常州只领晋陵等四县。平宋之初,因袭南宋的建置。至元十四年升格为常州路总管府。另外,至元二十八年七月,江阴路一度降为江阴州,隶属常州路②。后来,江阴州自常州路割出,改而直隶江浙行省。

领一录事司,晋陵、武进二县,宜兴、无锡二州。

录事司,管辖在城民事。入元初期,置司候司,至元十五年改置录事司。辖孝仁东坊、孝仁西坊、双桂坊、安定坊等。

晋陵县,五代、宋为晋陵县,望县。元为中县,倚郭。下辖安上乡、新塘乡、太平乡、从政乡等。

武进县,宋为武进县,望县。元为中县,倚郭。

宜兴州,中州。唐为义兴县。宋改宜兴县,望县。入元初期为常州路属县,至元十五年升为宜兴府。二十年废府为县。二十一年复置宜兴府,又设宜兴县隶属之。二十八年七月,罢宜兴府,入宜兴县。成宗元贞元年,府县俱废,改立宜兴州,隶属常州路。

无锡州,中州。唐宋为无锡县,望县,平宋至元成宗初,一直是常州路属县。成宗元贞元年,改立无锡州,与宜兴同为常州路属州③。

与宋常州比较,元常州路的实际辖地范围并无变化,只是在州升路,设录事司和宜兴、无锡二县升州等方面略有不同。

六、镇江路

镇江路(治今江苏镇江市),中路,户数 103 315 户。唐为润州,又改丹阳

---

① 《侨吴集》卷9《平江路新筑郡城记》。
② 《元史》卷16《世祖纪十三》。
③ 以上据《元史》卷62《地理志五》;《大元一统志》卷8《江浙等处行中书省》。

郡,又为镇海军。宋为镇江府。元世祖至元十二年,改江阴镇江安抚使司。十三年为镇江府路。二十六年改称镇江路。镇江路的地域范围大体是:西至集庆路句容县界四十五里,南至常州路武进县界一百一十七里,北至扬子江十里。

领一录事司,丹徒、丹阳、金坛三县。

录事司,管辖坊隅城市居民。入元初期,沿用宋制设七隅,后因逃亡消乏,户数减少,逐步合并为五隅、四隅,到文宗至顺年间,缩减为崇化、还太二隅。又有紫金坊、丛桂坊、阜民坊、至孝坊等二十八坊。其中,至孝坊为元世祖至元年间增立。

丹徒县,宋为镇江府属县,紧县。元为中县,倚郭。辖江口坊、俪孝坊等坊,崇德乡、大慈乡等八乡。其地域范围是:东西五十里,南北七十里。南至丹阳县界四十三里,北至扬子江二里。

丹阳县,宋为镇江府属县,紧县。元为中县。辖立道坊、福安坊、辅德坊、朝阳坊、迎恩坊、泽民坊等,多是至顺二年(1331)县尹钱遵咨访改立。另有练塘乡、寿安乡、太平乡等十乡。其地域范围是:东西五十三里,南北六十五里。东至武进县界五十七里,南至金坛县界四十五里,北至丹徒县界二十七里。

金坛县,宋为镇江府属县,紧县。元为中县。辖市东坊、衮绣坊、市西坊、凤沼坊等十七坊,还有唐安乡、礼智乡等九乡。其地域范围是:东西一百里,南北九十里。西至句容县界六十五里,南至溧阳州四十二里,北至丹阳县界三十五里①。

与宋镇江府比较,元镇江路的实际辖地范围亦无变化,稍有不同的是府升路、设录事司等。

七、建德路

建德路(治今浙江建德市东北),上路,户数103 481户。唐为睦州,改严州,又改新定郡。宋为建德军,又为遂安军,后升建德府。元世祖至元十三年,改建德府安抚司。十四年,改建德路。领一录事司,建德、淳安、遂安、桐庐、分水、寿昌六县。

建德县,宋为望县。元为中县,倚郭。

淳安县,宋为望县。元为中县。

遂安县,宋为中县。元为下县。

---

① 以上据《元史》卷62《地理志五》;《至顺镇江志》卷1、卷2。

桐庐县,宋为上县。元为中县。
分水县,宋为中县。元为中县。
寿昌县,宋为中县。元为中县①。

与宋建德府比较,元建德路的实际管辖范围仍然是六县之地,稍有不同的是府升路、设录事司等。

八、松江府

松江府(治今上海松江区),至顺年间户数为163 931户。原本华亭县。唐为苏州属邑,宋为秀州属邑。元至元十四年,因"民物繁夥"改华亭府。十五年二月,改松江府。另置华亭县隶属之。至元二十八年七月,直隶江淮行省。松江府的境土范围是:东西一百六十里,南北一百七十三里;东至大海八十里,西至平江路长洲县八十里,南至大海九十里,北至平江路昆山州界八十里;东南到明州界九十里,西南到海盐州界六十里,东北到平江路昆山州界一百二十里,西北到平江路昆山州界一百五十里②。

领华亭县和上海县二属县。华亭县是倚郭县,上海县则是至元二十八年七月自华亭县分立的③。

九、江阴州

江阴州(治今江苏江阴市),上州。户数53 821户。唐初为暨州,后为常州属邑江阴县。宋为江阴军。元世祖至元十二年,依旧为江阴军,行安抚司事。十四年,升为江阴路总管府。二十六年,在原有官衙的基础上还重建了江阴路总管府厅堂。二十八年七月,江淮行省参知政事燕公楠上奏:江阴路和常州路"壤地相接,户不满七万,设总府非是",建议改为州,隶属常州路,"管内省并司县各一,减官俸数十,于事理便"。元世祖制书批准。于是,降江阴路为江阴州,隶属常州路。当年十二月,新任江阴州达鲁花赤乌鲁克锡布哈到职。鉴于隶属常州路后"符檄数下,调发无虚日,溯流供给,回远百里,民疲于奔命,讯报淹留,囚多瘐死,兵廪不时,率有怨言"等弊端,乌鲁克锡布哈率领土庶,请求以州隶行省,事得专达,免旁郡牵制之虞。成宗即位伊始,批准了乌鲁克锡布哈的请求,命令江阴州自常州路割出,改而直隶江浙行省。由此,江阴州又

---
① 《元史》卷62《地理志五》。
② 《至元嘉禾志》卷1。
③ 《元史》卷62《地理志五》、卷10《世祖纪七》、卷16《世祖纪十三》;《西岩集》卷16《松江府廨记》。关于上海县自华亭县分立的时间,《地理志五》言至元二十七年。今从本纪。

成为直隶行省之州①。

第三节　浙东道所属七路沿革

一、庆元路

庆元路(治今浙江宁波市)，上路。户数 241 457 户。唐为鄞州，后改明州和余姚郡。宋升庆元府。至元十四年(1277)改庆元路总管府。庆元路的境土范围是：东至海岸一百零四里，自海岸出海到石马山约六百里为本路界；西至本路与绍兴路界(慈溪县金川乡桐下浦)一百二十里，南至本路与台州路界(奉化州南松林乡栅墟岭海)一百六十四里，北至海岸六十二里，自海岸到苏州洋二百二十里海洋为本路界；东南到海岸一百一十二里，自海岸泛大海到八百三十八里锯门山为本路界；西南到本路与台州路宁海县界(奉化州松林乡杉木岭)一百二十六里；东北到海岸七十二里，自海岸泛大海一千二十八里为本路之界；西北到本路与绍兴路界(慈溪县鸣鹤乡双河)二百五十五里。因为庆元路三面环海，其境土范围将大片近海及岛屿囊括在内就是十分自然的。

大德六年(1302)十月浙东宣慰使司都元帅府徙治庆元路后，占据了路总管府衙门。于是，路总管府移治四明驿馆(原宋庆元府通判厅)。另外，浙东海右道肃政廉访司分司亦设在庆元路录事司西北隅(西门里)。至大二年(1309)火灾焚毁后，又迁往鄞县旧治所。廉访司分司与庆元路同城，可以代表台察对庆元路总管府乃至浙东宣慰使司都元帅府就近实施监察。

领一录事司，鄞县、象山、慈溪、定海四县，奉化、昌国二州。

录事司，衙署在城内西南隅迎凤坊宋府院故址。在城急递铺一处，坐落于西北隅，至元十三年在南宋宣诏亭旧址设立。劝农桑之社有东南隅的天字社、地字社等二十八社，西南隅的律字社、吕字社等三十九社，东北隅的河字社、淡字社等二十六社，西北隅的逊字社、国字社等三十九社。

鄞县，宋为望县。元为上县，倚郭县。下辖万龄老界乡、翔凤乡等十一乡，五十二都，七隅。急递铺有夹塘铺、景安铺等五铺。衙署前期在东北隅开明桥之北。至大二年，浙东海右道肃政廉访司分司所据南宋通判西厅焚毁，遂迁至鄞县衙署。于是，鄞县只得在南宋通判西厅废墟上重新建造新衙署。境内有

---

① 《元史》卷 16《世祖纪十三》、卷 62《地理志五》；《墙东类稿》卷 7《江阴路重建总管府厅堂记》、《江阴改州记》。

巡检司两个。小溪巡检司在县南四十五里句章乡镇都,大嵩巡检司在县东六十里阳堂乡十一都。鄞县的境土范围是:东西六十五里,南北五十七里,东南距西北一百二十五里,西南距东北二百一十五里;东至本县与定海县界(阳堂乡育王寺山陇东河头铺)三十五里,西至本县与慈溪县界(桃源乡潘奥岭)三十里,南至本县与奉化州界(鄞塘乡传霸河)三十五里,北至本县与定海县界(老界乡陈渡桥铺)五十里。

象山县,宋为下县。元为中县。下辖归仁、政实、游仙三乡,二十四都。境内有巡莆门、东门二巡检司。其衙署即宋象山县治。象山县的境土范围是:东西二百里,南北二百五里;东至鄞县界(东殊山)八十里,西至台州路宁海县界(磁苍山脊)一百里,南至台州路宁海县界(秋卢门海港)一百九十里,北至鄞县界(屿山)一十五里。

慈溪县,宋为上县。元为中县。境内下辖西屿乡、德门乡、鹤鸣乡等五乡,三十都。又设西渡铺、夹田铺、桐桥铺等八个急递铺。还有丈亭巡检司和鹤鸣巡检司。慈溪县的境土范围是:东西一百里,南北九十里,东至定海县界(梅林泾及双桥鸬鹚浦)六十里,西至绍兴路余姚州界(桐下湖从浦)八十里,南至鄞县界(钟乳山及潘粤岭孤儿岗)三十里,北至嘉兴路海盐州界(海岸中桑屿和黄牛山)六十里。

定海县,宋为望县。元为中县。下辖清泉乡、灵绪乡等六乡及二十一都。又设管界巡检司(灵绪乡二都)、施山巡检司(灵绪乡四都)、海内巡检司(太丘乡三都)、白峰巡检司(海晏乡一都,后迁灵岩乡一都)等。定海县的境土范围是:东西三百九十里,南北二百五十七里;东至昌国州界四十里,西至鄞县界(清泉乡西陈渡桥铺北)五十里,南至鄞县界(灵岩乡河头铺育王山坳)三十五里,北至海岸二里,至平江路海面分界二百二十里①。

奉化州,下州。宋为奉化县,望县。平宋初,仍为奉化县,元成宗元贞元年(1295)"朝廷以诸县地产民稠者升而州",奉化县因户口五万有余而及格,升为奉化州,隶庆元路。第二年正月,新委派的达鲁花赤、知州、同知等官正式就职视事②。下辖奉化、连山、松林、忠义、金溪、长寿、禽孝、剡源等八乡,五十二都。境内急递铺有大桥铺、金钟铺、南渡铺、陈桥铺、常浦铺、龙潭铺、尚田铺、双溪铺、方门铺、山隍铺、栅墟铺等。还有公棠巡检司(在剡漱乡五十二都)、鲒埼巡检司(松林乡十七都)、连山巡检司(在连山乡五都)、田下巡检司(在忠义

---

① 《延祐四明志》卷1《沿革考》,卷8《公宇》、《递铺》、《社》、《乡都》。
② 《延祐四明志》卷8《奉化州重建公宇记》。

乡二十三都)、栅墟巡检司(在松林乡十五都)、东宿巡检司(在忠义乡二十四都)六个巡检司。奉化县升格为奉化州后,官吏品秩依次俱升,"独莅事所因循犹旧",继续使用原奉化县衙。皇庆元年(1312),富丽堂皇的新州衙建成:"为厅为轩,为僚佐,为宾荣,画诺有堂,宴息有室","谯门吏庑,犴狴垣墉","体制宏敞,轮奂翚飞,俨然千里之郡矣"。奉化州的境土范围是:东西一百七十里,南北一百零五里;东至鄞县界(藤岭和道陈岭)七十里,西至绍兴路嵊县界(陆照岭)一百里,南至台州路宁海县界(栅墟岭)六十里,北至鄞县界(北渡大江)四十五里①。

昌国州,下州。宋为昌国县。至元十四年朝廷因"海道险要,升县为州,以重其任"。十七年,设昌国县隶属其下。二十七年,昌国县废罢,只设昌国州隶于庆元路。下辖富都、安期、金塘、蓬莱四乡,十九都。其中,富都乡九都与州治陆地相连,其余安期、金塘、蓬莱三乡,十都均分散在海岛上,全赖舟楫来往。另有螺头巡检司、岑江巡检司、三姑巡检司、岱山巡检司、北界巡检司五个巡检司。因为昌国州的境土范围包括了大片海洋和岛屿,它的四至八到依照旧俗以潮数约算里程。大致情况是:东西五百里,南北三百里,西南到本路治三百五里。东去海上五潮至西庄石马山与高丽国分界,南去海上五潮至龙屿与象山县分界,西去海上一潮至蛟门山与宁海县分界,北去海上五潮至大七山与平江路分界②。

根据《元史》卷95《食货志三》,仁宗皇庆元年答剌麻八剌庶长子、魏王阿木哥曾受封庆元路六万五千户,计户钞二千六百锭。由于魏王阿木哥位下主要享受户钞,其封户约占庆元路总户数的四分之一,所以,庆元路部分民户也属于忽必烈曾孙、魏王阿木哥的位下食邑户。

与宋庆元府比较,元庆元路的实际管辖范围仍然是鄞县等六县之地,稍有不同的是府升路、设录事司以及奉化、昌国升州等。

二、衢州路

衢州路(治今浙江衢州市),上路。户数118 567户。唐分婺州之西境置衢州,一度改为信安郡。宋仍为衢州。元至元十三年改衢州路总管府。领一录事司,西安、龙游、江山、常山、开化五县。

西安县,宋为望县。元为中县,倚郭。

---

① 《延祐四明志》卷1《沿革考》,卷8《公宇·奉化州重建公宇记》、《乡都》。
② 《延祐四明志》卷1《沿革考》,卷8《公宇》、《乡都》;《昌国图志》卷1《沿革》、《境土》。

龙游县，宋为上县。元仍为上县。

江山县，南宋改名礼贤，紧县。元恢复江山县旧名，下县。

常山县，宋改信安县，下县。元恢复常山旧名，下县。

开化县，宋为中县。元仍为中县。

与宋衢州相比，元衢州路大体沿用了宋衢州所辖五县的境土版图，其户口数也相差无几。只是在州升路，增录事司和江山、常山二县名上略有变动①。

三、婺州路

婺州路（治今浙江金华市），上路。户数 221 118 户。唐初为婺州，又改东阳郡。宋改保宁军。元至元十三年改婺州路总管府。浙东海右道肃政廉访司也设在婺州路。

领一录事司，金华、东阳、义乌、永康、武义、浦江六县，兰溪一州。

金华县，宋为望县。元为上县，倚郭。

东阳县，宋为望县。元为上县。

义乌县，宋为望县。元为上县。

永康县，宋为紧县。元为中县。

武义县，宋为上县。元为中县。

浦江县，宋为上县。元为中县。

兰溪州，下州。唐宋为兰溪县。元成宗元贞元年升为州，隶属于婺州路。

元末，婺州路城池也得到了重新修建。王祎《婺州新城记》说："世祖皇帝念创造之难，惩攻取之劳，以为天下既一家，郡国城郭无所用，而众建省闑以作蕃翰天下……爰自比岁，中区俶扰，所在郡国，民讹不宁。"江浙行省议定："城郭复建，于今为宜"，鉴于"婺于浙东，今为上路，后枕山阜，前临溪流，最为形胜，而肃政廉访司实治于兹"。至正十四年（1354）闰三月，在浙东海右道肃政廉访司副使的倡导下，新修了婺州路城池。新城周长一千四百七十九丈，高二丈，墙基宽度和顶部宽度均为二丈二尺，"外包密石"，"实土其中"，城顶部砌有防御用的矮墙，城下又修砌了石头道路。翻修后的七座城门，"皆架屋为飞观"，西面的朝天门和北面的旌孝门，"各环以瓮城"。路总管陈以实、兰溪知州唐棣、金华县尹徐允益等参与了修建的组织工作②。

---

① 以上据《元史》卷 62《地理志五》；《大元一统志》卷 8《江浙等处行中书省》；《宋史》卷 88《地理志四》。
② 以上据《元史》卷 62《地理志五》；《大元一统志》卷 8《江浙等处行中书省》；《宋史》卷 88《地理志四》；《王忠文公集》卷 10。

此外,至元二十一年元世祖怯薛执事官之一厥列赤曾受封婺州路永康县五十户,计户钞二十锭①。此永康县五十户,当是怯薛厥列赤投下食邑户。

与宋婺州比较,元婺州路同样沿袭宋婺州辖七县的境土版图。另有州改路、增设录事司、兰溪升州,以及人口增加近九万户等变更。

四、绍兴路

绍兴路(治今浙江绍兴市),上路。户数 151 234 户。唐为越州,一度改会稽郡。宋为绍兴府。元至元十三年改绍兴路。绍兴路的四至八到是:西北至上都四千八百九十五里,西北至大都四千九十五里;东至庆元路慈溪县界一百九十里,西至杭州路界一百三十八里,南至台州路天台县界二百四十五里,北至大海一百零一里;东到庆元路三百一十里,西到建德路三百七十里,南到台州路三百八十里,北到大海一百零一里;东南到庆元路三百五十里,东北到大海一百一十里,西南到婺州路三百五十里,西北到杭州路一百七十一里。

元顺帝至正十二年九月,红巾军开始转战"大江之南","狼籍州郡,如无人之境",绍兴路官员也决定修城池以加强防御。次年三月竣工的绍兴路新城,基部宽三丈二尺,高度也是三丈二尺,顶部砌有四尺高的埤堄矮墙,"戍有木樵,卫有校联"。城门中,水门五个,陆地门六个,水门另筑瓮城,陆地门则筑重门,"皆梁石为洞,上各置望楼"。城门的名称略有更改:东南门原名稽山,改曰会稽;西门原名常喜,改曰常禧;西北门原名西郭,改曰承恩;水门名为拱辰;北门原名昌安,改曰泰安;南水门原名植利,改曰兴利②。

领一录事司,山阴、会稽、上虞、萧山、嵊县、新昌六县,余姚、诸暨二州。

山阴县,本越王勾践之都,位于会稽山之北。宋为望县。元至元十三年后定为上县,与会稽县并为本路倚郭县。其四至八到是:西北至上都四千八百九十五里,西北至大都四千九十五里;北至本路三里,东至会稽县运河界一百五十步,西至萧山县小江界五十三里,南至诸暨州古博岭界四十五里,北至大海三十五里;东到本路三里,西到萧山县一百三里,南到诸暨州一百二十里,北到大海三十五里;东南到嵊县一百五十七里,西南到诸暨州一百一十里,东北到会稽县三里,西北到萧山县九十七里。

会稽县,宋为望县。元至元十三年后定为中县,与山阴县并为本路倚郭

---

① 《元史》卷95《食货志三》。校勘记说,依户钞数计算,"五十户"应该是"五百户"之讹。疑是。
② 以上据《元史》卷62《地理志五》;《大元一统志》卷8《江浙等处行中书省》;《东维子集》卷12《绍兴新城记》。

县。其四至八到是：西北至上都四千八百九十五里，西北至大都四千九十五里；西至本路治一百八十步，东至上虞县界小江九十二里，西至山阴县界运河六十步，南至嵊县界杉木岭一百里，北至大海三十里；东到上虞县一百二十里，西到本路四里，南到嵊县一百五十里，北到大海三十里；东南到上虞县一百三十五里，西北到山阴县三里，东北到上虞县一百二十里，西北到萧山县九十七里。

上虞县，秦汉以来皆属会稽郡。宋为望县。元至元十三年后定为上县。其四至八到是：西北至上都五千一十五里，西北至大都四千二百一十八里；西至本路一百二十里，东至余姚州界二十八里，西至会稽县界二十八里，南至嵊县界七十里，北至大海四十五里；东到余姚州六十里，西到会稽县一百二十里，南到嵊县一百三十里，北到大海四十五里；东南到余姚州六十五里，西南到会稽县一百二十里，东北到余姚州六十五里，西北到会稽县一百三十五里。

萧山县，唐初为永兴县，后改萧山县。宋仍为萧山县，紧县。元至元十三年后定为中县。其四至八到是：西北至上都四千七百七十七里，西北至大都三千九百七十七里；东至本路一百里，东至山阴县界五十里，西至杭州路钱塘县界二十三里，南至诸暨州界六十五里，北至杭州路仁和县界三十五里；东到山阴县一百三里，西到杭州路钱塘县五十三里，南到诸暨州一百二十里，北到杭州路仁和县八十里；东南到山阴县九十七里，东北到杭州路盐官州五十四里，西南到杭州路富阳县九十里，西北到富阳县八十里。

嵊县，汉为剡县。宋改嵊县，望县。至元十三年后定为上县。其四至八到是：西北至上都五千四十五里，西北至大都四千二百四十八里；北至本路一百五十里，东至庆元路奉化县界一百一十里，西至诸暨州一百二十六里，东到新昌县三十里；西到诸暨州二百九里，南到新昌县三十里，北到会稽县一百五十五里；东南到新昌县三十五里，东北到新昌县四十五里，西南到婺州路东阳县一百七十二里，西北到山阴县一百五十七里。

新昌县，五代始置，宋为紧县。至元十三年后定为上县。其四至八到是：西北至上都五千七十五里，西北至大都四千二百七十八里；北至本路一百八十里，东至台州路宁海县界一百里，西至嵊县一十五里，南至天台县界五十五里，北至嵊县三十里；东南到天台县一百五里，西南到嵊县四十五里，东北到奉化县一百八十里，西北到嵊县三十五里。

余姚州，唐为余姚县，宋因袭之，为望县。入元，定为上县。元贞元年升为下州，隶属绍兴路。其四至八到是：西北至上都五千七十五里，西北至大都四千二百七十八里；西至本路一百八十里，东至庆元路慈溪县界一十里，西至上虞县界三十二里,南至嵊县界一百六十一里,北至大海三十五里;东到庆元路慈溪县九十里,西到上虞县六十里,南到嵊县一百六十五里,北到大海三十五里;东南到庆元路慈溪县八十里,西南到上虞县六十五里,东北到庆元路慈溪县八十里,西北到上虞县六十五里。

诸暨州,宋为诸暨县,望县。入元,定为上县。元贞元年升为下州,隶属绍兴路。其四至八到是:西北至上都四千九百一十四里,西北至大都四千一百一十四里;东北至本路一百一十里,东至嵊县界八十三里,西至婺州路浦江县界六十八里,南至婺州路东阳县一百三十里,北至本路萧山县界六十五里;东到嵊县二百九里,西到婺州路浦江县一百三十里,南到婺州路东阳县一百九十里,北到萧山县一百二十里;东南到婺州路东阳县一百九十五里,东北到山阴县一百一十里,西南到婺州路浦江县一百三十里,西北到萧山县一百三十五里①。

另外,武宗初,察合台四世孙秃剌因手缚阿忽台而定大事,封越王,以绍兴路为食邑分地,不久被杀②。其绍兴路食邑是否被剥夺,不详。

与宋绍兴府比较,元绍兴路依然维持了原有的境土范围。不同的是,府改为路,余姚、诸暨二县并升为属州,以及增设录事司。

五、温州路

温州路(治今浙江温州市),上路。户数 187 403 户。唐初为东嘉州,先后改为永嘉郡和温州。宋升瑞安府。元至元十三年,设置温州路。领一录事司,永嘉、乐清二县,瑞安、平阳二州。

永嘉县,宋为紧县。入元,定为上县,倚郭。

乐清县,宋为上县。入元,定为下县。

瑞安州,唐为瑞安县。宋仍为瑞安县,紧县。元元贞元年升为下州,隶属温州路。

平阳州,唐为平阳县。宋仍为平阳县,望县。元元贞元年升为下州,隶属温州路。

与宋瑞安府比较,元温州路的境土范围未变。稍有变化的是,瑞安府改为温州路,瑞安、平阳升为属州,以及录事司的设置。人口也增加六万多户③。

---

① 以上据《元史》卷 62《地理志五》;《大元一统志》卷 8《江浙等处行中书省》;《宋史》卷 88《地理志四》。
② 《元史》卷 117《秃剌传》。
③ 以上据《元史》卷 62《地理志五》;《大元一统志》卷 8《江浙等处行中书省》;《宋史》卷 88《地理志四》。

六、台州路

台州路(治今浙江临海市),上路。户数 196 415 户。唐初为海州,先后改台州、临海郡和德化军。宋仍为台州。元至元十三年置安抚司。十四年,改台州路总管府。领一录事司,临海、仙居、宁海、天台四县,黄岩一州。

临海县,宋为望县。入元,定为上县,倚郭。

仙居县,宋为上县。入元,仍为上县。

宁海县,宋为紧县。入元,定为上县。

天台县,宋为上县。入元,定为中县。

黄岩州,唐宋为黄岩县。元元贞元年升为下州,隶属台州路①。

另外,至元二十一年元世祖怯薛执事之一八刺哈赤曾受封台州路天台县四千户,计户钞一百六十锭②。此天台县四千户,应属怯薛八刺哈赤投下食邑户。

与宋台州比较,元台州路境土范围同样没有变化。但在州改路、黄岩升州以及录事司设置等方面又略有变动。户口则增加近四万。

七、处州路

处州路(治今浙江丽水市),上路。户数 132 754 户。唐初为括州,先后改缙云郡和处州。宋仍为处州。元至元十三年置处州路总管府。领一录事司,丽水、龙泉、松阳、遂昌、青田、缙云、庆元七县。

丽水县,宋为望县。入元,定为中县,倚郭。

龙泉县,宋为望县。入元,定为中县。

松阳县,宋为上县。入元,定为中县。

遂昌县,宋为上县。入元,定为中县。

青田县,宋为中县。入元,定为中县。

缙云县,宋为上县。入元,定为中县。

庆元县,南宋宁宗庆元三年(1197)分龙泉县松源乡增置,以纪年为名。中县。入元,定为中县。

与宋处州相比,元处州路沿袭其所辖七县的境土格局。稍有变化的是州改为路以及录事司的设置。户口也增加二万多③。

---

①③ 以上据《元史》卷62《地理志五》;《大元一统志》卷8《江浙等处行中书省》;《宋史》卷88《地理志四》。
② 《元史》卷95《食货志三》。

第四节　江东八路、一州沿革

江东八路、一州,是指宁国路、徽州路、饶州路、集庆路、太平路、池州路、信州路、广德路及铅山州。至元十三年(1276)元廷在建康府设立江东宣慰司,统辖上述地区。又设江东建康道提刑按察司(后改肃政廉访司)。江东宣慰司一度改行枢密院。随着江南行御史台自扬州徙至建康,江东宣慰司逐渐失去其存在的意义,最后于成宗大德三年(1299)三月废罢。江东建康道肃政廉访司则因避江南行御史台迁往宁国路①。江东建康肃政廉访司道和大德三年以前的江东宣慰司道,其监临或统辖的地域范围,大致与南宋江南东路二府、五州、二军相同。略有变化的是,原先的建康、宁国二府和徽、饶、太平、池、信五州及广德军皆升为路总管府。原南康军于至元十四年升格为路后,又在至元二十二年划归江西行省。

一、宁国路

宁国路(治今安徽宣城市),上路。户数 232 538 户。唐为宣州,后改宣城郡和宁国军。宋升宁国府。元至元十四年,置宁国路总管府。领一录事司,宣城、南陵、泾县、宁国、旌德、太平六县。元人姚燧曾说,宁国路"统属县六,户二十万,地周千里",可以为证。

录事司,宋于宁国府城内立四厢,元至元十四年废四厢,改立录事司。

宣城县,宋为望县。入元,定为上县,倚郭。

南陵县,宋为望县。入元,定为中县。

泾县,宋为紧县。入元,仍为县,上、中、下等失载。

宁国县,宋为紧县。入元,定为中县。

旌德县,宋为紧县。入元,定为中县。

太平县,宋为中县。入元,定为中县②。

由于江东建康道肃政廉访司设于宁国路,占据了宁国路总管府的官廨,宁国路总管府遂徙治于南倅厅。仁宗皇庆元年(1312),经历二十七年的风雨,南倅厅损坏严重。新任路总管陈杞倡导府僚捐俸禄,买民地,兴建起新的路总管府廨署。"其谯楼仪门,厅以听政,堂以燕处,厅翼两室,右居府推,左居幕府,

---

① 《至正金陵新志》卷2《金陵通记》;《元史》卷20《成宗纪三》。
② 以上据《元史》卷62《地理志五》;《宋史》卷88《地理志四》。

吏列两庑，架阁文钞，军资库房，与夫庖厩，各自为所。"①徙治南倅厅与新官衙的兴建，从侧面反映了宁国路总管府与廉访司同城的情况下的治所格局。

与宋宁国府比较，元宁国路沿袭其所辖六县的境土范围。稍有变动的是府改路以及录事司设置等。户数增加近九万。

二、徽州路

徽州路（治今安徽歙县），上路。户数 157 471 户。唐为歙州。宋改徽州。元至元十四年，置徽州路总管府。关于徽州路城的地理形势，元人唐元说："徽为郡，因山为城，水自彰山来，东走百里而汇于城下。前导厅事，累土石为台而屋其上。丽谯攸始，事载郡乘。北据乾，而有金莲之奇；南面离，而有紫阳之胜；西挹兑，而为黄罗灵山；东引震，而为花屏仙宅。大江之南，号为大州……"②

领一录事司，歙县、休宁、祁门、黟县、绩溪五县，一婺源州。

录事司，宋于徽州城内立四厢，至元十四年废四厢，改置录事司。

歙县，宋为望县。入元，定为上县，倚郭。

休宁县，宋为望县。入元，定为中县。

祁门县，宋为望县。入元，定为中县。

黟县，宋为紧县。入元，定为下县。

绩溪县，宋为望县。入元，定为中县。

婺源州，原本休宁县回玉乡，唐自休宁县割出而置婺源县。宋仍为婺源县。元贞元年（1295）升为下州，隶属徽州路。

与宋徽州比较，元徽州路基本沿袭其境土范围。略有不同的是，发生了州升路、婺源改州以及录事司设置等变化。户数则增加了近五万③。

三、饶州路

饶州路（治今江西鄱阳县），上路。户数 680 235 户。唐为鄱阳郡，后改饶州。宋仍为饶州。元至元十四年，置饶州路总管府。领一录事司，鄱阳、安仁、德兴三县，余干、浮梁、乐平三州。

录事司，宋于饶州城内立三厢，至元十四年废三厢，改立录事司。

鄱阳县，宋为望县。入元，定为上县，倚郭。

---

① 《牧庵集》卷 6《圣元宁国路总管府兴造记》。
② 《筠轩集》卷 10《徽州路重建谯楼记》。
③ 以上据《元史》卷 62《地理志五》；《大元一统志》卷 8《江浙等处行中书省》；《宋史》卷 88《地理志四》。

安仁县,宋为中县。入元,定为中县。

德兴县,宋为紧县。入元,定为上县。

余干州,唐宋均为余干县,元元贞元年升为中州,隶属饶州路。

浮梁州,唐宋均为浮梁县,元元贞元年升为中州,隶属饶州路。

乐平州,唐宋均为乐平县,元元贞元年升为中州,隶属饶州路。

与宋饶州比较,元饶州路承袭了前者所属鄱阳等六县之地而废罢铸铜钱之永平监。在州升路,余干、浮梁、乐平三县改属州以及录事司设置等方面,则有所变化。户数也增加了 2.7 倍①。

另外,至元二十一年哈剌赤土土哈曾受封饶州路四千户,计户钞一百六十锭②。此四千户,应属哈剌赤土土哈投下食邑户。

四、集庆路

集庆路(治今江苏南京市),又名建康路,上路。户数 214 538 户。战国始名金陵,晋改称建康,俗称石头城。隋改蒋州,复名丹阳郡。唐先置江宁郡,后改升州。五代为金陵府和江宁府。宋复为升州,后改建康军和建康府。元至元十二年,元军占据建康府,设建康宣抚司。十四年改为建康路总管府。天历二年(1329),以文宗潜邸,改建康路为集庆路。

集庆路的四至八到是:东西二百三十五里,南北四百六十里;东至镇江路界一百四十里,西至河南行省庐州路和州界一十里,南至宁国路界二百四十里,北至河南行省扬州路真州界四十九里;东南到常州路界二百八十五里,西南到太平路界九十里,东北到镇江路界一百三十五里,西北到河南行省扬州路真州界二十二里。自集庆路到汴梁路,陆路一千四百四十五里,水路一千七百七十里;到河南府路,陆路一千八百里,水路二千一百九十五里。

集庆路境内还分布有急递铺和驿站。首先是北至大都水程三十站,三千四百一十里,陆程四十站,二千八百一十五里。急递铺共五十一铺。其中,东路直抵镇江路界炭渚铺,合计东门、双牌、麒麟、东流等十三铺;南路直抵广德路界顾置铺,合计有土门、迟店、清水亭、玄武桥、李村、路口等二十五铺;西路直抵太平路慈湖铺,合计有越台、官庄、板桥、三城湖等九铺;北路直抵滁州界宣化铺,合计有府前、西门等四铺。另外,诸县不通驿路处,又设石井、周郎桥等十一铺,每铺相距二十里,以为递传。本路驿站计有在城金陵驿水站、马站,

---

① 以上据《元史》卷 62《地理志五》;《大元一统志》卷 8《江浙等处行中书省》;《宋史》卷 88《地理志四》。
② 《元史》卷 95《食货志三》。

江宁县江宁马站、大城港水站,上元县龙湾水站,句容县东阳马站、水站、下蜀马站、老鹳嘴马站,溧水州中山驿,溧阳州馆驿等。

集庆路衙署的迁徙变动,颇有意思。至元十二年二月所立建康宣抚司,步伯颜平宋行省之后尘,使用原南宋建康府衙及旧行宫直厅为治所。至元十四年江东道宣慰司成立后,占去了宣抚司的治所,由宣抚司改组成的建康路总管府,则移往佥厅君子堂内署事。十六年,又迁至西锦绣坊旧大军库内置府。二十二年,江淮行枢密院占据宣慰司衙署,宣慰司又迁往西锦绣坊旧大军库路总管府治。路总管府由此在数年内迁徙不常。大德二年(1298),位于城内西南隅银行街的东南佳丽楼被改建成新路总管府衙。堂曰公明,轩曰悦恕,设鼓角楼,置案牍架阁库。大德四年,路总管府又一度迁往旧转运司治。十年,经江南行御史台中丞廉道安批准,重新以佳丽楼为路总管府衙,除厅舍堂宁外,又增建仓廪、金陵水马二驿馆,行用库、东西织染二局等。至此,集庆路衙署才得以基本稳定和完善。从集庆路衙署数次迁徙,不难看出路总管府与行御史台、宣慰司、行枢密院等同城的情况下比较尴尬的处境。

领一录事司,上元、江宁、句容三县,溧水、溧阳二州。

录事司,至元十四年设立,辖城内民户。包含金华、翔鸾、康乐、赤兰等三十九坊。

上元县,宋为次赤县。元为中县,倚郭。辖区东西九十五里,南北八十五里;东至句容县界(周郎桥为中分界)八十里,西至江宁县界(录事司城门),南至江宁县界(永丰乡白米湖)七十里,北至真州六合县界(瓜步大江中游)四十九里;东南到句容县界(东陈村)七十里,西南到江宁县界(大隐乡)四里,东北到句容县界(章桥)六十里,西北到真州六合县界(湖墅大江中流)二十九里。辖金陵、慈仁、钟山、北城等十八乡,东里、西里、北里、泉水等五十二里。

江宁县,宋为次赤县。元为中县,倚郭。旧以御街中分,与上元县分治府城东西。设立录事司后,原县衙撤销,于原尉司建新县治。辖区东西八十五里,南北九十八里;东至上元县界和录事司城门,西至和州乌江县界(鳗鲡洲大江中游)四十里,南至溧水州界(乌刹桥)九十三里,北至上元县界(金陵乡)五里;东南到句容县界(湖山乡)七十里,西南到太平路当涂县界(章公塘)一百零六里,东北到上元县界(崇礼乡)二十五里,西北到上元县界(金陵乡)五里。统辖凤台、安德、新亭、随车等二十三乡,小郊、娄湖、常乐等八十六里。

句容县,宋为次畿县。元为中县。辖区东西七十里、南北一百二十里;东至镇江路丹徒县界(山口)五十里,西至上元县界(周郎桥为中分界)二十里,南至溧水州界(丁塘村)六十里,北至真州扬子县界(下蜀大江中流)七十里;东南到镇江路金坛县界(茅山崇元观西堆)六十里,西南到江宁县界(义山东绿杨村)七十里,东北到丹徒县界(左桥)六十五里,西北到上元县界(东阳镇霸桥)八十里。辖通德、福祚、临泉等十六乡,兴行、严墟、丰亭等五十八里。县城有跃鳞、句曲、宣化等十三坊。

溧水州,唐宋皆为溧水县。元贞元年以户满五万升为中州。州治依旧在宋县治,位于路治东南一百二十里。辖区东西八十二里余,南北一百五十五里余;东至句容县界(浮山顶)三十七里,西至上元县界(乌石桥)三十七里,南至宁国路宣城县界(四牌岗)一百一十里,北至江宁县界(上义山)四十五里,东北到句容县界(望湖冈)四十里,东南到溧阳州界(分界山)五十里,西南到宁国路宣城县界(昆山乡)一百三十五里,西北到江宁县界(乌刹桥)四十五里。辖崇德、易俗、仁和等十坊,上元、思鹤、赞贤、白鹿等十七乡,高坡、兴塘、良西等四十七里。

溧阳州,唐宋皆为溧阳县。元至元十四年改溧州,十五年改溧阳府,十六年升为溧阳路,管辖溧阳县和在城录事司。二十七年革去路名,降为县。元贞元年以民户五万以上升为中州。州治依旧在宋县治,位于路治东南二百四十里。辖区东西一百五十里,南北一百六十里;东至宜兴州界(葑埭牌)十五里,西至溧水州界(三塔墩)八十五里,南至广德路界(石屋山分流)七十里,北至金坛县界(长塘湖港荻场)八十里;东南到宜兴州界(白塔山)八十里,西南到宁国路宣城县界(湖东北岸)一百二十里,东北到宜兴州界(五家村)四十五里,西北到溧水州界(曹山陆路)七十五里。辖育材、仁和、瑞莲等五坊,永年、福贤、举福等十三乡,艮方、沙涨、新建等十八里①。

与宋江宁府比较,元集庆路承袭了前者所属上元等五县之地。在府升路,溧水、溧阳二县改属州以及录事司设置等方面则略有变化。户口也增加近一倍。

集庆路一带还有钦察部功臣土土哈等封授的"哈剌赤户"一千户和"土土哈户"一千七百户。前者来自"旧籍租户",后者原本"俘获之户",他们与食邑户有所不同,封君可享有大部分税收且有权自署官吏管辖②。这应是路府州县系统以外的投下封户。

五、太平路

太平路(治今安徽当涂县),下路。户数76 202户。唐置南豫州。宋为太

---

① 以上据《至正金陵新志》卷1《地图》、卷4上《地所接四境》、卷4下《铺驿》;《元史》卷62《地理志五》;《大元一统志》卷8《江浙等处行中书省》;《宋史》卷88《地理志四》。
② 《元文类》卷26《句容郡王世绩碑》;《至正金陵新志》卷3《金陵表》。

平州。元至元十四年升为太平路。辖一录事司,当涂、芜湖、繁昌三县。

录事司,至元十四年由宋旧设在城四厢改立。

当涂县,宋为上县。元为中县,倚郭。

芜湖县,宋为中县。元为中县。

繁昌县,宋为中县。元为下县①。

与宋太平州比较,元太平路沿袭前者所属当涂等三县之地。在州升路及录事司设置等方面,稍有变化。户数也增加二万余户。

另外,元末郯王彻彻笃还受封太平路为食邑②。

六、池州路

池州路(治今安徽池州市贵池区),下路。户数 68 547 户。唐代开始设池州,一度废罢。宋仍为池州。元至元十四年升为池州路。辖一录事司,贵池、青阳、建德、铜陵、东流、石埭六县。

贵池县,宋为望县。元为下县,倚郭。

青阳县,宋为上县。元为下县。

建德县,宋为上县。元为中县。

铜陵县,宋为上县。元为中县。

东流县,宋为中下县。元为中县。

石埭县,宋为上县。元为下县③。

与宋池州比较,元池州路沿袭前者所属贵池等六县之地。在州升路及录事司设置等方面稍有变化。户数则减少一半。

七、信州路

信州路(治今江西上饶市西北),上路。户数 132 290 户。唐乾元年间开始置信州。宋仍为信州。元至元十四年升为信州路。辖一录事司,上饶、玉山、弋阳、贵溪、永丰五县。

上饶县,宋为望县。元为上县,倚郭。

玉山县,宋为望县。元为中县。

弋阳县,宋为望县。元为中县。

贵溪县,宋为望县。元为中县。

---

①③ 以上据《元史》卷 62《地理志五》;《宋史》卷 88《地理志四》。

② 《元史》卷 39《顺帝纪二》至元二年四月甲午。

永丰县,宋为中县。元仍为中县①。

与宋信州比较,元信州路保留了前者所属的上饶、玉山、弋阳、贵溪、永丰五县辖地。原属县铅山则因升为直隶行省之州而脱离信州路。还有州升路、录事司设置及户口减少二万余户等变化。

另外,至元十三年,野苦大王受封信州路三万户,计户钞一千二百锭②。这属于野苦大王位下的食邑户,数量接近信州路总户数的四分之一。《元史》卷117《别里古台传》及卷95《食货志三》载,至元十八年别里古台大王受封信州路及铅山州二城一万八千户,计户钞七百二十锭。此一万八千户别里古台大王位下食邑户,也当主要在信州路。

八、广德路

广德路(治今安徽广德县),下路。户数 56 513 户。唐初,以绥安县置桃州,后降为广德县。宋为广德军。元至元十四年升为广德路。辖一录事司,广德、建平二县。

广德县,宋为望县。元为中县,倚郭。

建平县,宋为望县。元为中县③。

与宋广德军比较,元广德路依然管辖广德、建平二县之地。另有军升路、录事司设置及户数增加一万五千户等变化。

九、铅山州

铅山州(治今江西铅山县永平镇),中州。元至顺年间户数 26 035 户。南唐割上饶、弋阳五乡为铜场,后升为铅山县。宋仍为铅山县,隶信州。元至元二十九年,割上饶县乾元、永乐二乡,弋阳县新政、善政二乡来属,连同铅山县,升格为铅山州,直隶江浙行省④。

据《元史》卷117《别里古台传》及卷95《食货志三》,至元十八年别里古台大王受封信州路和铅山州二城一万八千户。也就是说,铅山州亦有别里古台位下的食邑户。

---

①③ 以上据《元史》卷62《地理志五》;《大元一统志》卷8《江浙等处行中书省》;《宋史》卷88《地理志四》。

② 《元史》卷95《食货志三》。封授年份,《食货志三》记作"至元十三年","三疑"为"八"之讹。

④ 《元史》卷62《地理志五》;《宋史》卷88《地理志四》。

第五节　福建道所属八路沿革

一、福州路

福州路（治今福建福州市），上路。户数 799 694 户。唐为闽州，后改福州、长乐郡及威武军节度使。宋仍为福州，且为福建路治所，南渡后升为帅府。元至元十五年(1278)设福州路。至元十七年正月到五月，二十年三月到二十二年正月，二十三年到二十八年二月，二十九年到大德三年(1299)二月，以及顺帝至正十六年(1356)以后，福州为福建行省治所。其余时间多为福建宣慰司治所。福州路还一直是福建闽海道肃政廉访司（前身为提刑按察司）的治所。元人如此描述福州城的地势形胜："福为东南巨镇"，"表里形胜，雄制一方"；"福州，中七郡而治连山，东驰众水，皆汇于海，地气旁薄，物产蕃阜"。

据说，入元，遵照朝廷撤毁城墙的命令，福州路城同样是"遗壕古堞，悉复于隍"。直到顺帝至正十一年，宣慰使都元帅吴某才力主重修城墙，而且具有"峙若崇冈，平如金堤，包陵络丘，开阳阖阴"的"大府之雄观"，在抵御属邑农民起义军进攻方面也发挥了一定作用。

福州路总管府廨署，也于至正二十年得以重新修缮，包括"听政之堂，退休之室，公牍之署"，以及凉轩燠馆、重门庑廊①。

领一录事司，闽县、候官、怀安、古田、闽清、长乐、连江、罗源、永福九县，福清、福宁二州。州领二县。

录事司，至元十五年福建行省把福州在城原十二厢分为四隅，设录事司。十六年，四隅合并为二，设东、西二录事司。二十年，再次合并为一录事司。

闽县，宋为望县。元为中县，倚郭。

候官县，宋为望县。元为中县，倚郭。

怀安县，宋为望县。元为中县。

古田县，宋为望县。元为上县。

闽清县，宋为中县。元仍为中县。

长乐县，宋为紧县。元为中县。

连江县，宋为望县。元为中县。

罗源县，宋为中县。元仍为中县。

---

① 《秋声集》卷10《福州万岁寺重修报恩定光塔铭》、《榕府金城颂》；《玩斋集》卷7《重修福州治记》。

永福县,宋为望县。元为中县。

福清州,宋为福州属邑福清,望县。元元贞元年(1295)升为下州。

福宁州,原为宋长溪、宁德、福安三县。至元二十三年正月升长溪县为福宁州,以福安、宁德二县隶之①。这样,福宁州就成为领有二县的上州。元代,宁德、福安二县均为中县。

与宋福州比较,元福州路承袭了前者所属十三县(包括南宋增设福安县)之地。在州升路,福清县改属州,长溪、宁德、福安三县合并为福宁州以及录事司设置等方面,则略有变化。户数也增加二倍半。

据《元史》卷95《食货志三》载,皇庆元年(1312),镇南王脱欢位下封授宁德县13 604户,云南王忽哥赤位下封授福安县13 604户;泰定元年(1324)宁远王阔阔出位下封授永福县13 604户,计户钞各544锭。福州路境内应该有忽必烈上述三位皇子的位下食邑户。

二、建宁路

建宁路(治今福建建瓯市),下路。户数127 254户。唐初为建州,又改建安郡。宋改建宁军节度,后因孝宗旧邸,升为建宁府。元至元十六年改为建宁路。顺帝至正十八年福建行省右丞朵歹分省建宁,建宁路随之成了分省所在。领一录事司,建安、瓯宁、浦城、建阳、崇安、松溪、政和七县。

建安县,宋为望县。元为中县,倚郭。

瓯宁县,宋为望县。元为中县,倚郭。

浦城县,宋为望县。元为中县。

建阳县,宋初用旧名建阳,景定元年(1260)改嘉禾县,望县。元复为建阳县,中县。

崇安县,宋为望县。元为中县。

松溪县,宋为紧县。元为下县。

政和县,宋为紧县。元为下县②。

据《元史》卷95《食货志三》载,铁木哥·斡赤斤大王至元十八年分拨建宁路71 377户,计户钞2 855锭。这应是铁木哥·斡赤斤位下食邑户。其数量居然占建宁路总户数的一半以上。

---

① 以上据《元史》卷62《地理志五》、卷14《世祖纪十一》;《大元一统志》卷8《江浙等处行中书省》;《宋史》卷89《地理志五》。

② 以上据《元史》卷62《地理志五》、卷92《百官志八》;《大元一统志》卷8《江浙等处行中书省》;《宋史》卷89《地理志五》。

与宋建宁府比较,元建宁路承袭了前者所属七县之地。在州升路、建阳县恢复旧名、撤销丰国监以及录事司设置等方面,则略有变化。户数减少近七万户。

三、泉州路

泉州路(治今福建泉州市),上路。户数 89 060 户。唐置武荣州,又改泉州。宋为平海军,旋复为泉州。元至元十五年改为泉州路。大德二年二月,改泉州路为泉宁府。然而,习惯上仍然称为泉州路。至元十四年到二十年左右,泉州路曾经是福建行省或泉州行省所在。至正十八年福建行省参政讷都赤分省于泉州,于是有了泉州分省。

领一录事司,晋江、南安、惠安、同安、永春、安溪、德化七县。

录事司,元至元十四年设立南、北二司。十六年,二司合并为一。

晋江县,宋为望县。元为中县,倚郭。

南安县,宋为中县。元仍为中县。

惠安县,宋为望县。元为下县。

同安县,宋为中县。元为下县。

永春县,宋为中县。元为下县。

安溪县,宋为下县。元仍为下县。

德化县,宋为下县。元仍为下县①。

与宋泉州比较,元泉州路承袭了前者所属晋江等七县之地。在州升路及录事司设置等方面则稍有变化。户数又减少一半以上。

泉州路同样有蒙古诸王的食邑封户。如皇庆元年忽都帖木儿太子位下封授南安县 13 604 户,计户钞 544 锭②。

四、兴化路

兴化路(治今福建仙游县东北),下路。户数 67 739 户。宋置太平军,又改兴化军。起先,治所在兴化县,后迁至莆田县。元至元十四年升为兴化路。元末,兴化路也设立过兴化分省。

领一录事司,莆田、仙游、兴化三县。

录事司,至元十三年,割兴化军治所莆田县左、右二厢而设立。

---

① 以上据《元史》卷 62《地理志五》、卷 19《成宗纪二》;《大元一统志》卷 8《江浙等处行中书省》;《宋史》卷 89《地理志五》。
② 《元史》卷 95《食货志三》。

莆田县,宋为望县。元为中县,倚郭。

仙游县,宋为望县。元为下县。

兴化县,宋为中县。元为下县。皇庆二年,县治迁往广业湘溪①。

与宋兴化军比较,元兴化路沿袭前者所属莆田等三县之地,在军升路及录事司设置等方面稍有变化。户数则增加三千余户。

五、邵武路

邵武路(治今福建邵武市),下路。户数 64 127 户。唐为邵武县。宋置邵武军。元至元十三年升为邵武路。

领一录事司,邵武、光泽、泰宁、建宁四县。

邵武县,宋为望县。元为中县,倚郭。

光泽县,宋为望县。元为中县。

泰宁县,宋为望县。元为中县。

建宁县,宋为望县。元为中县②。

与宋邵武军比较,元邵武路沿袭前者所属邵武等四县之地。在军升路及录事司设置等方面,稍有变化。户数则减少二万余户。

另外,皇庆元年爱牙赤大王位下封授光泽县 13 604 户,计户钞 544 锭③。这是忽必烈皇子之一在邵武路的食邑封户。

泰宁县还与宗王买奴的王爵名号及封邑联系在一起。至治三年(1323)十二月,英宗遇害和泰定帝即位三个月后,原晋王内史、新任中书省右丞相旭迈杰上奏:"近也先铁木儿之变,诸王买奴逃赴潜邸,愿效死力,且言不除元凶,则陛下美名不著,天下后世何从而知。上契圣衷,尝蒙奖谕。今臣等议,宗戚之中,能自拔逆党,尽忠朝廷者,惟有买奴,请加封赏,以示激劝。"泰定帝采纳其意见,下令封宗王买奴泰宁县五千户,又依泰宁县名封其为泰宁王。遗憾的是,百余日后泰宁王买奴卒。其子亦怜真朵儿赤奉旨嗣泰宁王爵位④。

我们注意到,元代有两个泰宁县,除了江浙行省邵武路所属的泰宁县外,还有泰宁路下属的泰宁县。泰宁王买奴所封究竟是哪个呢?因为泰宁路位于

---

① 以上据《元史》卷 62《地理志五》;《大元一统志》卷 8《江浙等处行中书省》;《宋史》卷 89《地理志五》;《乾隆福建通志》卷 2《建置沿革》;谭其骧:《元福建行省建置沿革考》,《禹贡》第二卷第一期,1934 年。

② 以上据《元史》卷 62《地理志五》;《大元一统志》卷 8《江浙等处行中书省》;《宋史》卷 89《地理志五》。

③ 《元史》卷 95《食货志三》。

④ 《元史》卷 29《泰定帝纪一》。

草原地带,仁宗延祐年间已升府改路,一般认为泰宁路是辽王脱脱的领地。所以,泰宁王买奴受封五千户,应该是邵武路下属的泰宁县。

六、延平路

延平路(治今福建南平市),下路。户数 89 825 户。南唐置剑州。宋改为南剑州,以区别于利州路之剑州。元至元十五年升为南剑路,延祐元年(1314)三月,改为延平路。至正二十四年延平路也增设了延平分省。

领一录事司,南平、尤溪、沙县、顺昌、将乐五县。

南平县,宋为剑浦县,紧县。元前期沿用剑浦县名,延祐元年三月,改名为南平县。中县,倚郭。

尤溪县,宋为上县。元为中县。

沙县,宋为中县。元仍为中县。

顺昌县,宋为上县。元为中县。

将乐县,宋为上县。元为中县①。

与宋南剑州比较,元延平路沿袭前者所属剑浦等五县之地,在州升路及录事司设置等方面稍有变化。户数则减少近二万户。

七、汀州路

汀州路(治今福建长汀县),下路。户数 41 423 户。唐置汀州,一度改临汀郡。宋仍为汀州。元至元十五年升为汀州路。

汀州路地处福州与抚州交界的群山峻岭,"山重复而险阻,水迅急而浅涩"。宋人诗句可为证:"全闽形势数临汀,赣岭连疆似井陉。江汇重渊锁地脉,山横华盖应天星。"

汀州路的辖境范围和四至八到为:北至上都六千三百一十九里,北至大都五千五百五十九里;东至延平路界三百里,西至江西行省赣州路界六十里,南至江西行省潮州路界五百七十里,北至赣州路界一百九十里;东到延平路四百里,西到赣州路四百一十里,南到潮州路六百六十里,北到江西行省建昌路七百里;东北到邵武路六百六十里,西南到江西行省梅州路四百三十里,东南到潮州路六百三十里,西北到赣州路二百四十里。

领一录事司,长汀、宁化、清流、莲城、上杭、武平六县。

---

① 以上据《元史》卷 62《地理志五》;《大元一统志》卷 8《江浙等处行中书省》;《宋史》卷 89《地理志五》;《元史》卷 25《仁宗纪二》;谭其骧:《元福建行省建置沿革考》,《禹贡》第二卷第一期,1934 年。

录事司,管辖在城坊郭。元至元二十一年八月割长汀县所管城内三坊、城外十七坊,归属之。

长汀县,宋为望县。元至元二十一年定为中县,倚郭。其四至八到为:北至上都六千三百一十五里,北至大都五千五百五十六里;南至本路一里,东至宁化县界一百里,西至江西行省赣州路瑞金县界六十里,南至上杭县界一百五十五里,北至赣州路石城县界四十五里;东到清流县二百一十里,西到赣州路瑞金县一百里,南到武平县二百五十里,北到赣州路石城县一百六十里;东南到莲城县一百四十里,西南到武平县二百五十里,东北到宁化县一百八十里,西北到赣州路瑞金县一百里。

宁化县,宋为望县。元为中县。旧管十团,又增设南平、北安、宁定、安远四寨。其四至八到为:北至上都六千二百五里,北至大都五千四百五里;东至延平路将乐县界一百八十五里,西至江西行省赣州路石城县界五十里,南至长汀县界一百里,北至邵武路建宁县界九十里;东到延平路将乐县三百里,西到赣州路石城县八十里,南到长汀县一百八十里,北到邵武路建宁县一百八十里;东南到清流县六十里,西南到赣州路瑞金县二百二十里,东北到邵武路泰宁县二百八十里,西北到江西行省建昌路广昌县二百里。

清流县,宋析长汀、宁化边远地置清流县。元为下县。其四至八到为:北至上都六千三百四十五里,北至大都五千三百四十五里;南至本路一百二十里,东至延平路将乐县界八十里,西至宁化县界三十五里,南至宁化县界十五里,北至宁化县界二十里;东到延平路将乐县二百四十里,西到宁化县六十里,南到莲城县一百四十五里,北到宁化县六十里;东南到延平路沙县三百一十里,西南到宁化县四十五里,东南到莲城县一百八十里,西北到宁化县六十里。

莲城县,南宋新增县,因四山环绕,簇簇如莲而得名。元为下县。其四至八到为:西至上都六千二百四十五里,西至大都五千二百四十五里;西至本路一百二十里,东至延平路沙县界一百三十里,西至长汀县界二十五里,南至上杭县界八十里,北至长汀县界三十五里;东到延平路沙县四百八十里,西到长汀县一百二十里,南到漳州路龙岩县三百五十里,北到清流县一百八十里;东南到延平路沙县四百八十里,西南到长汀县一百八十里,东南到清流县一百五十里,西北到长汀县一百八十里。

上杭县,因自县以上可通小舟而得名。宋为上县。元为中县。其四至八到为:北至上都六千三百五十五里,北至大都五千五百五十五里;南至本路治二百三十里,东至莲城县界二百五十里,西至武平县界三十五里,南至漳州路龙溪县界三百一十里,北至长汀县界一百六十里;东到莲城县三百四十里,西到武平县一百里,南到漳州路龙岩县四百五十里,北到长汀县二百四十里;东南到莲城县五百八十里,西南到漳州路龙溪县五百五十里,东北到长汀县五百八十里,西北到长汀县三百四十里。

武平县,宋为上县。元为下县。辖太平、铜鼓山、兴化等乡。其四至八到为:北至上都六千五百九十九里,北至大都五千八百三十九里;南至本路治二百八十里,东至上杭县竹鉴保黄锁五十里,西至江西行省赣州路安远县界大中山一百四十里,南至江西行省梅州程乡县界南安岩九十里,北至长汀县界黄公岭一百五十里;东到上杭县八十里,西到赣州路安远县二百四十里,南到梅州程乡县二百三十里,北到长汀县二百四十里;东北到赣州路石城县一百六十里,西南到梅州程乡县二百二十里,东南到江西行省潮州路海阳县四百五十五里,西北到赣州路会昌县二百一十里①。

与宋汀州相比,元汀州路大体沿用了宋汀州所辖六县的境土版图,只是在州升路和增设录事司上略有变动。其户数则减少一半。

据《元史》卷95《食货志三》,至元十八年鲁国公主位下封授汀州路食邑户四万户,计户钞一千六百锭。其封户占汀州路总户数的绝大部分。

八、漳州路

漳州路(治今福建漳州市),下路。人口 21 695 户。唐析闽州西南境置漳州,一度改漳浦郡。宋仍为漳州。元至元十六年升为漳州路。领一录事司,龙溪、漳浦、龙岩、长泰、南靖五县。

龙溪县,宋为望县。元为下县。

漳浦县,宋为望县。元为下县。

龙岩县,宋为望县。元为下县。

长泰县,宋为望县。元为下县。

南靖县,元至治年间析龙溪、漳浦、龙岩三县之地所设。初名南胜,县治在九围寨山之东,后至元三年(1337)徙治于小溪管山之阳。至正十六年又因偏僻多瘴迁徙至双溪之北,且改名南靖②。

与宋漳州相比,元漳州路大体沿用了宋漳州所辖四县的境土版图,只是在州升路、增设南靖县及录事司上略有变动。其户数则减少近八万户。

---

① 以上据《元史》卷 62《地理志五》;《大元一统志》卷 8《江浙等处行中书省》;《宋史》卷 89《地理志五》。
② 以上据《元史》卷 62《地理志五》;《大元一统志》卷 8《江浙等处行中书省》;《宋史》卷 89《地理志五》;《乾隆福建通志》卷 2《建置沿革》。

第十章　江西行省所辖路府州

第一节　江西行省建置沿革概况

江西行省是元代江南三行省之一。元人虞集说:"江西之为省,东接闽浙,西连荆蜀,北逾淮汴,以达京师,据岭海之会,斥交广之境,蛮服内向,岛夷毕朝,提封数千里,固东南一都会之奥区,而龙庆则其治所也"①。

元军对江西的经略,是从至元十二年(1275)七月蒙古军万户宋都带率汉军万户武秀、张荣实、李恒及吕师夔,以行都元帅府攻取江西开始的②。江西行省的正式创立,则是在灭亡南宋之后的至元十四年。《元史》卷9《世祖纪六》载:至元十四年七月戊申"置行中书省于江西,以参知政事、行江西宣慰使塔出为右丞,参知政事、行江西宣慰使麦术丁为左丞,淮东宣慰使张荣实、江西宣慰使李恒、招计使也的迷失、万户昔里门、荆湖路宣抚使程鹏飞、闽广大都督兵马招计使蒲寿庚并参知政事,行江西省事"。同书卷135《塔出传》、卷91《百官志七》及卷62《地理志五》,也都说江西行省的创建时间是至元十四年。从至元十四年江西行省官员的履历看,塔出原系淮西行省参知政事,平宋时先负责两淮战事,后迁江西都元帅和江西宣慰使,率兵平定广东③。麦术丁是由中书省参政出任行江西宣慰使的。张荣实原职水军万户,曾以先锋随伯颜下鄂、汉,又从阿里海牙攻岳州和江陵,不久被调往江西,随都元帅宋都带征隆兴,降抚州,迁官福建宣慰使和江东宣慰使。《元史》卷166《张荣实传》称其担任江西参政的任务的是:"以广东余党未附,命与右丞塔出抚定之。"唐兀人李恒先随伯颜渡江东下,至元十二年春调荆湖听阿里海牙指挥,同年七月奉命以左副都元帅从宋都带经略江西④。彻里贴木儿、也的迷失、昔里门均为渡江平宋的

---

① 《道园类稿》卷39《江西行省平章政事伯撒里公惠政碑》。
② 《元史》卷8《世祖纪五》。
③ 《元史》卷135《塔出传》。
④ 《元史》卷129《李恒传》。

军将。程鹏飞、蒲寿庚则是降元的南宋军政官员,后者宋元之际长期掌管泉州市舶提举司。元廷在至元十四年设立江西行省以及任命塔出、麦术丁、彻里贴木儿等九人担任江西行省官员,至少可以说明如下两点:第一,江西行省最初是以攻略江西的江西都元帅等若干军将为主体组建起来的。其成员还包括中书省派来的一名参政及两名南宋降将。这与阿里海牙一人主持攻略荆湖南北并创立湖广行省的情况有所不同。第二,该行省所辖,一开始即包含或涉及江西、广东和福建,基本使命又是追剿南宋朝益、广二王,抚定江西、广东、福建三地。江西行省的设立,与灭宋以后元王朝逐步将其统治推进到江西、广东、福建等地及削平南宋残余势力的战略计划,密切联系在一起。

建省之初,江西行省设于隆兴路(豫章)。而后,江西行省大约经历了至元十五年、十七年、十九年、二十二年、二十三年、二十八年等若干次变化。至元十五年六月,朝廷精简江南冗官,江西行省被并入福建行省。同年七月,省治一度迁往赣州,其官员减为右丞塔出、左丞吕师夔、参政贾居贞三人,辖区则明确包括福建、江西和广东①。《元史》卷91《百官志七》所载:至元十五年"并入福建行省",卷62《地理志五》曰:至元十五年"改宣慰司(泉州)为行中书省"等,均可为证。至元十七年元月该行省徙福州,五月移泉州,或称泉州行省,还一度出现隆兴、泉州、福州分置三省的情况②。至元十九年五月,朝廷以"去江南冗滥官"为由,下令合并江西、福建二行省③。至元二十二年和二十八年二月福建行省又两次并入江西行省。此外,福建行省还于至元二十三年和大德三年(1289)二月两次改属江浙行省④。经过屡次分合离并,直至大德三年福建行省最终撤销而归属江浙行省,江西行省的建制和基本辖区才算固定下来。其间,江西行省的治所也曾在至元二十七年五月暂时移至吉州,"以便捕盗"⑤。

关于江西行省所辖路州数,《元史》卷62《地理志五》及卷91《百官志七》虽有"为路一十八、州九"等记载,其实,这只是大德三年江西行省的建制和辖区固定以后的概括统计。前述福建行省并入划出所造成的路州数增减自不待言,江西行省所辖个别路州的归属变动,也不乏见。如原属湖广行省的袁州路,至元十九年十一月改隶江西行省,同时改隶江西行省的还有兴国军和饶州

---

① 《元史》卷10《世祖纪七》、卷62《地理志五》。
② 《元史》卷11《世祖纪八》、卷62《地理志五》、卷91《百官志七》。
③ 《元史》卷12《世祖纪九》。
④ 《元史》卷16《世祖纪十三》、卷20《成宗纪三》、卷62《地理志五》。
⑤ 《元史》卷16《世祖纪十三》。

路。不过,兴国军和饶州路改隶只是暂时的,最终还是划归湖广行省与江浙行省了①。南康路原隶江淮行省,至元二十二年元月割隶江西行省②。肇庆、德庆二路和封、连二州,也在至元二十九年六月自湖广改隶江西行省③。

元代江西行省政区地理变迁的基本轨迹与特色如下。

第一,江西行省的政区地理经历了一个从不稳定到基本定型的发展过程。

元代江西行省范围内的政区地理,以大德三年(1299)为界,大体经历了一个从不稳定到基本定型的发展过程。至元十三年到大德三年之间,江西行省与所属宣慰使司及路府州县的建置,均不十分稳定。首先是江西行省与福建行省等的名称、治所和辖境归属,不断变动。如前文所述,大约发生过至元十五年、十七年、十九年、二十二年、二十三年、二十八年等若干次分合。直到大德三年,福建行省最终撤销而归属江浙行省,江西行省的建制和基本辖区才算固定下来。其次是路府州县建置不十分稳定。江西行省所辖十八路、九州之中,袁州路、江州路、南康路、德庆路、肇庆路、封州、桂阳州、连州等发生过划属其他行省和改隶江西的变化。除去龙兴路、广州路等十八路升为路后基本稳定未变,英德州、梅州、南恩州、封州、新州、连州、循州等七州都发生过升路而复降为州之类的变化。而富州、宁州、吉水、安福、太和、永新、新昌、萍乡、新淦、新喻、建昌、宁都、会昌等州,也统统是在大德三年以前由县升格为属州的。形成鲜明对照的是,从大德三年到至正二十六年(1366),上自行省,下到路府州县,行政建置方面的变动大体告一段落,江西行省范围内的政区地理趋于基本定型。

第二,江西行省范围内二道并存的格局,上承宋代江南西、广南东二路,下启明代江西、广东二布政使司政区体制。

元代江西行省虽然有上述从不稳定到基本定型的发展过程,但江西、广东二道的分野始终是存在的。至元十四年和十七年曾两度设立江西道宣慰使司。后来,行政上的宣慰司道虽因为行省直辖而废罢不立,但地方监察系统的江西湖东肃政廉访司道却常设未变。从地域范围看,龙兴等十一路、一州和所在江西湖东肃政廉访司道,大体沿袭了宋代的江南西路的六州、四军之地。至于统辖七路、八州的广东道宣慰使司都元帅府,不仅宣慰司道建置最为稳定,至元十三年设立后未发生变更,而且诸项权力有相对独立性,构成了龙兴等十

---

① 《元史》卷12《世祖纪九》、卷62《地理志五》。
② 《元史》卷13《世祖纪十一》、卷62《地理志五》。
③ 《元史》卷17《世祖纪十四》。

一路、一州以外的第二个行政单元。江西行省二道并存的格局，在辖区范围上基本上是对宋代江南西路、广南东路的沿袭继承。尽管在名称上改路为道，官署机构上也有路监司与宣慰使司的差异。入明以后，元龙兴等十一路、一州和所在江西湖东肃政廉访司道，演化为江西布政使司辖区，广东道又演变为广东布政使司辖区。

第三，江西行省范围内"每州皆为路"的现象较为典型，蒙古投下食邑封户的数量也比较多。

元代江西行省所辖十八路、九州，路州数比江浙、湖广二行省略少，但户口数量在一千六百户到二万五千户不等的九个散州，不仅可以从宽执行朝廷路州依户口数定规格的制度，一概维持了原有州的建置，而且英德州、梅州、南恩州、封州、新州、连州、循州等七州，都发生过一度升格为路的变更。于此，"每州皆为路"①的现象，在江西行省是相当普遍的。

江西行省作为原南宋统治中心区域之一，蒙古宗王贵戚功臣投下食邑封户较多。从分布范围看，这类投下食邑封户散在龙兴路、吉安路、瑞州路、袁州路、临江路、抚州路、江州路、南康路、赣州路、建昌路、南安路、广州路、韶州路、肇庆路等十四路，以及梅州、南恩州、桂阳州、连州、南丰州五州。涉及江西行省所辖路州的70%，封户合计909 982户。这个数目相当于江浙行省封户的2.47倍，在江南三省中应该是最多的，可以反映蒙古贵族特权利益和投下分封制度在江西行省政区范围内的某种延伸。

还有两个问题需要特别说明。

元代江西行省辖区实乃宋江南西路与广南东路的南北拼合，已如前述。从辖区幅员和范围图形看，南北狭长，南端到北端近二千里；东西较窄，两端距离五百里到一千里不等。南北和东西的距离比例，大约是二比一。像这样广袤而狭长的地方政区，古今中外实属罕见。更有甚者，行省治所设于本省东北部距北界二百里处，远离本政区的中心地带，与南端的直线距离竟达到一千四百至二千里。如此安排，给江西行省对所辖政区的治理管辖，自然带来诸多不便，在管理学理论上也是犯大忌的。蒙元统治者之所以不顾行政常识，如此处理江西行省的辖区，可以追溯到元行省"大军区"和"财赋转运站"的特殊角色，也可以探寻蒙元统治者以北制南国策等深层次原因。

在与相邻河南、湖广等行省山川地理互相掣肘控制方面，元江西行省也有

---

① 《草木子》卷3下《杂制篇》。

较突出的表现。与宋江南西路的北部辖区比较，元江西行省的变化主要是割出兴国路而划入江州路。这样，江西行省北部以长江与河南行省为界，与河南行省南、北隔江分治的格局，十分明显。而江州路划属江西行省，对进一步沟通长江与鄱阳湖水系及赣江流域的水陆交通，都是大有裨益的。然而，这种疆界格局，并没有减少江西行省与相邻河南、湖广等行省山川地理方面的互相掣肘控制。首先是原属江西行省的兴国路改属湖广行省，使江西行省由南岸控制长江的里程没有因为江州路划入而增加多少，反而更有利于湖广行省从长江上游及西北陆地掣肘控制江西行省，同时也增加了江西行省从长江南岸上游掣肘控制江浙行省的便利。

第二节　龙兴等十一路、一州沿革

龙兴等十一路、一州，是指龙兴路、吉安路、瑞州路、袁州路、临江路、抚州路、江州路、南康路、赣州路、建昌路、南安路和南丰州。至元十四年（1277）和十七年曾两度设立江西道宣慰使司。江西行省及其治所最终稳定后，龙兴等十一路、一州，相应地成为江西行省的直辖路州。不过，江西湖东道肃政廉访司（前身为提刑按察司）长期以龙兴等十一路、一州为自己的监察区，而且多数时间与江西行省同城，也治于龙兴路。换言之，行政上的宣慰司道虽因为行省直辖而多数时间未设立，但地方监察系统的江西湖东肃政廉访司道却始终是存在的。从地域范围看，龙兴等十一路、一州和所在江西湖东肃政廉访司道，大体沿袭了宋代江南西路的六州、四军之地。略有变化的是，入元后，宋江南西路原有六州、四军一概升为路，建昌军之南丰县升格为南丰州且直隶行省，南康路则自江淮行省划属本省。

一、龙兴路

龙兴路（治今江西南昌市），上路。至元二十七年户数 371 436 户。唐为洪州，一度改豫章郡。宋升隆兴府。元至元十二年设行都元帅府及安抚司，仍领八县。十四年，改立路总管府，始为江西行省治所。十五年，行省移于赣州路。十六年，复为江西行省治所。二十年，改路名隆兴为龙兴。领一录事司，南昌、新建、进贤、奉新、靖安、武宁六县，富州、宁州二州。

录事司，宋以南昌、新建二县分置九厢。元至元十三年，废城内六厢，置录事司管辖之。

南昌县，宋为望县。元为上县，倚郭。元至元二十年，割录事司所领城外二厢和东西两关来属本县。

新建县,宋为望县。元为上县,倚郭。

进贤县,宋崇宁年间,以南昌县进贤镇升为县。元为中县。

奉新县,宋为望县。元为中县。

靖安县,宋为中县。元仍为中县。

武宁县,宋为紧县。元为中县。至元二十三年到大德八年(1304),曾经是宁州治和倚郭县。大德八年重新改属本路。

富州,上州。宋为富城(丰城)县,隶属隆兴府。至元十九年,隶皇太子真金位下。二十三年,升格为富州。

宁州,中州。唐宋为分宁县。至元二十三年,于武宁县置宁州,领武宁、分宁二县,武宁为倚郭县。大德八年,割武宁县直隶龙兴路。又徙宁州治于分宁县。对于大德八年的新调整,成书于大德七年的《大元一统志》未能载入,仍然记作宁州领武宁、分宁二县①。

至元十四年二月,元廷下令拆毁吉安路和抚州路的城池,唯龙兴(隆兴)路城池因为地处赣水之滨,允许暂时保存下来②。另外,顺帝朝在龙兴路城外、滕王阁西南,重新修建了赣江迎恩亭,以迎接和恭送朝廷使者。届时"省臣宪府率僚属郡县文武百执事"都要前往迎送③。

元龙兴路的辖区范围,沿袭了宋隆兴府所属八县之地,略有变更的是:府升路、隆兴改龙兴、富城县升富州、分宁县升宁州,以及增置录事司等。户口增加了十一万户。

龙兴路又是真金太子位下的江南食邑。关于这件事,目前有三种稍有差别的记载:一是《元史》卷95《食货志三》说,真金太子位,至元十八年分拨龙兴路105 000户,计钞4 200锭。二是卷62《地理志五》云,龙兴路富州,至元十九年,隶皇太子真金位下。三是卷115《裕宗传》说,"诏割江西龙兴路为太子分地"。某些史料还补充道,至元三十一年朝廷下令:以龙兴路"贡赋之出",隶属真金太子位下④。鉴于至元十八年真金在龙兴路受封105 000户,占龙兴路户口总数的28.3%。而富州又是本路唯一的上州。从龙兴路所辖二州、六县、一录事司的行政单位构成看,真金在龙兴路的封户很可能大多数集中在富州。所以,第一、二种记载并不矛盾,二者反映的是受封的原貌。至于第三种

---

① 以上据《元史》卷62《地理志五》;《大元一统志》卷9《江西等处行中书省》;《宋史》卷88《地理志四》。
② 《元史》卷9《世祖纪六》。
③ 《道园类稿》卷26《龙兴路重建赣江迎恩亭记》。
④ 《道园类稿》卷26《龙兴路重建滕王阁记》。

记载,则可能是成宗即位前后真金太子位下受到特别尊敬优待的表现,或者可以称之为成宗即位前后真金太子食邑的变异扩张。既然龙兴路"贡赋之出",全部拨隶真金太子位下,其食邑就不再局限于原先的封户及富州范围内,整个龙兴路随而都会成为真金太子的食邑。无论局部还是全体,龙兴路存在真金太子位下较多数量的食邑封户,乃是不争的事实。

二、吉安路

吉安路(治今江西吉安市),上路。户数 444 083 户。唐为吉州,又为庐陵郡。宋仍为吉州。元至元十四年,升为吉州路。置录事司,领八县。元贞元年(1295),吉水、安福、太和、永新四县升为州。皇庆元年(1312)二月,改吉州路为吉安路。管辖一录事司,庐陵、永丰、万安、龙泉、永宁五县,吉水、安福、太和、永新四州。

庐陵县,宋为望县。元为上县,倚郭。

永丰县,宋为望县。元为上县。

万安县,宋为望县。元为中县。

龙泉县,宋为望县。元为中县。

永宁县,下县。至顺年间,自永新州分割而立。

吉水州,中州。宋及元世祖朝为吉水县。元贞元年,依照朝廷计户数升州的政令,升为吉水州。

安福州,中州。宋为安福县,望县。元至元十三年到三十一年仍为安福县。元贞元年,亦升为安福州。

太和州,下州。宋为太和县,望县。元至元十三年到三十一年仍为太和县。元贞元年,亦升为太和州。

永新州,下州。宋为永新县,望县。元至元十三年到三十一年仍为永新县。元贞元年,亦升为永新州[①]。

吉安路的城池,至元十四年二月被元廷下令拆毁[②]。这是蒙元统治者惩罚平宋战争中遇到的据城顽强抵抗而采取的极端措施。

元吉安路的辖区范围,沿袭了宋吉州所属八县之地,略有变更的是:州升路,吉州改吉安,吉水、安福、太和、永新四县升为州,增设录事司及永宁县等。

---

① 以上据《元史》卷 62《地理志五》、卷 24《仁宗纪一》;《大元一统志》卷 9《江西等处行中书省》;《宋史》卷 88《地理志四》。

② 《元史》卷 9《世祖纪六》。

户口增加了近十一万户。

吉安路同样也存在蒙古诸王的食邑封户。《元史》卷 95《食货志三》载,安西王忙哥剌位下,至元十八年分拨吉州路 65 000 户,计钞 2 600 锭。其封户约占本路户数的 14.6%。

三、瑞州路

瑞州路(治今江西高安市),上路。户数 144 572 户。唐置靖州,又改筠州。宋为高安郡,又改瑞州。元至元十四年,升为瑞州路。领一录事司,高安、上高二县和新昌一州。

录事司,至元十四年始立。

高安县,宋为望县。元为上县,倚郭。

上高县,宋为望县。元为中县。

新昌州,下州。唐为建成县,后省入高安县。宋置新昌县。元贞元年,升新昌县为新昌州。元人房弼《新昌州官题名记》云:"元贞元年诏江南诸县户四万以上等第升州,新昌与焉。州既升,官亦升,仕于是邦者,其爵秩视昔殊矣。"①可见,新昌县升为新昌州,主要是依据该州户口达到了元廷四万以上的规定。由于县升为州,所在官员的品秩也随之提高了。下辖天德、太和、义钧、天宝、宣风、广贤、新安等乡。其四至八到是:东北至上都五千一百七十五里,东北至大都四千四百一十五里;东至本路一百二十里,东至高安县宜丰桥界七十五里,南至上高县凌口界三十里,西至袁州路万载县连香岭界六十里,北至龙兴路分宁县(后改宁州)八迭岭界八十里;东到高安县一百二十里,西到潭州路浏阳州三百五十里,南到上高县四十里,北到龙兴路武宁县(原宁州治所)三百里;东南到临江路一百六十里,西南到袁州路万载县一百二十里,东北到奉新县一百六十里,西北到龙兴路分宁县(后改宁州)一百八十里②。

元瑞州路的辖区范围,沿袭了宋瑞州所属三县之地,略有变更的是:州升路,新昌县升为州,以及增置录事司等。户口增加了三万余户。

据《元史》卷 95《食货志三》,武宗海山未即汗位以前,曾于大德八年获拨江南食邑瑞州路六万五千户,计钞二千六百锭。其封户数占瑞州路总户数的近一半。另外,真金太子的四怯薛至元十三年也受封瑞州路上高县八千户,计

---

① 《同治瑞州府志》卷 18。
② 以上据《元史》卷 62《地理志五》;《大元一统志》卷 9《江西等处行中书省》;《宋史》卷 88《地理志四》。关于龙兴路宁州及所属分宁县、武宁县的指谓,成书于大德七年的《大元一统志》只反映大德七年以前的情况。对此,笔者作了相应的修改和说明。

钞三百三十锭。

四、袁州路

袁州路(治今江西宜春市),上路。户数 198 563 户。唐为袁州,又为宜春郡。宋仍为袁州。元至元十三年,置安抚司。十四年,升总管府,领四县,设录事司,隶属湖南行省。十九年,升为袁州路,改属江西行省。元贞元年,萍乡县升为州。

领一录事司,宜春、分宜、万载三县和萍乡州。

录事司,至元十三年设兵马司。十四年改立录事司。

宜春县,宋为望县。元为上县,倚郭。

分宜县,宋为望县。元为上县。

万载县,宋为紧县。元为中县。

萍乡州,中州。宋为萍乡县,望县。元至元十三年到三十一年仍为萍乡县。元贞元年升为萍乡州①。

元袁州路的辖区范围,沿袭了宋袁州所属四县之地,只是在州升路、萍乡县升为州,以及增置录事司等方面,略有变化。户口增加了六万余户。

《元史》卷 95《食货志三》载,世祖忽必烈的四斡耳朵后妃均在袁州路获赐食邑户。其中,大斡耳朵大德三年获拨袁州路宜春县 10 000 户,计钞 1 600 锭;第二斡耳朵至元二十二年获拨袁州路分宜县 4 000 户,计钞 160 锭,大德四年再次获拨袁州路萍乡州 42 000 户,计钞 1 600 锭;第三斡耳朵大德十年获拨袁州路宜春县 29 750 户,计钞 1 190 锭;第四斡耳朵大德十年分拨袁州路万载县 29 750 户,计钞 1 190 锭。四斡耳朵封户合计为 115 500 户,约占袁州路户口总数的 58%。此外,至元二十一年元世祖怯薛执事之一必阇赤(蒙古语"为天子主文史者")曾受封袁州路万载县 3 000 户,计户钞 120 锭②。

五、临江路

临江路(治今江西樟树市临江镇),上路。户数 158 348 户。南唐置清江县。宋即清江县置临江军。元至元十三年,隶江西行都元帅府。十四年,改临江路总管府。

领一录事司,一清江县,新淦、新喻二州。

录事司,宋隶都监司。至元十三年设兵马司。十五年,改立录事司。

---

① 以上据《元史》卷 62《地理志五》;《大元一统志》卷 9《江西等处行中书省》;《宋史》卷 88《地理志四》。
② 《元史》卷 95《食货志三》。

清江县,宋为望县,且即县治置临江军。元至元十四年升军为路。清江为上县,倚郭。

新淦州,中州。宋为新淦县,望县。元至元十三年到三十一年仍为县。元贞元年升为新淦州。

新喻州,中州。宋为新喻县,望县。元至元十三年到三十一年仍为县。元贞元年升为新喻州①。

元临江路的辖区范围,沿袭了宋临江军所属三县之地,变化的是军升路,新淦、新喻二县升为州,以及增置录事司等。户口增加了六万余户。

《元史》卷95《食货志三》载:北安王那木罕位下"江南户钞,至元二十二年,分拨临江路六万五千户,计钞二千六百锭"。其封户占临江路总户数的41%。

六、抚州路

抚州路(治今江西抚州市临川区),上路。户数218 455户。唐为抚州,一度为临川郡。宋仍为抚州。元至元十二年,复为抚州。十四年,升为抚州路总管府。其四至八到是:北至上都五千一百四十五里,北至大都四千三百八十五里;东至江浙行省饶州路安仁县一百二十里,西至龙兴路富州界牌六十里,南至建昌路南城县界山七十五里,北至龙兴路进贤县界牌五十五里;东到江浙行省信州路三百八十里,西到临江路二百八十里,南到建昌路一百二十里,北到龙兴路二百一十里;东南到邵武路六百七十里,西南到吉安路四百五十六里,东北到饶州路四百二十四里,西北到瑞州路二百八十里。

领一录事司,临川、崇仁、金溪、宜黄、乐安五县。

录事司,原为抚州在城地,宋设三厢管辖之。元至元十四年,废宋三厢而立。领在城民事,辖东、西、南、北四隅。

临川县,宋为望县。元为上县。其四至八到为:北至上都五千一百四十五里,北至大都四千三百八十五里;东至江浙行省饶州路安仁县腰铺一百二十里,西至本路崇仁县界四十五里,南至建昌路南城县界游原七十五里,北至龙兴路进贤县界南阳曾坊五十五里;东到江浙行省饶州路安仁县一百六十里,西到崇仁县一百二十里,南到建昌路南城县一百五十里,北到龙兴路进贤县一百五里;东南到本路金溪县九十里,西南到本路宜黄县一百二十里,东北到江浙行省饶州路余干州一百七十五里,西北到龙兴路富州一百六十里。下辖临汝、长寿、长宁、广西、灵台、广东、招贤、延寿、尽安、崇德、明贤、安宁、积善、长乐、

---

① 以上据《元史》卷62《地理志五》;《大元一统志》卷9《江西等处行中书省》;《宋史》卷88《地理志四》。

长安、新丰十六乡。

崇仁县,宋为望县。元为上县。其四至八到为:北至上都五千二百六十五里,北至大都四千六百零五里;东至本路一百二十里,东至临川县柏叶塘六十里,西至乐安县界长山四十里,南至宜黄县界孤岭六十里,北至龙兴路富州界岭三十五里;东到临川县一百二十里,西到临江路新淦州二百八十五里,南到吉安路吉水州二百五十里,北到龙兴路富州一百四十里;东南到宜黄县八十里,西南到乐安县一百三十五里,东北到龙兴路进贤县一百九十里,西北到临江路清江县二百四十里。下辖长安、礼贤、青云、崇仁、惠安、颖秀六乡。

金溪县,宋为紧县。元为上县。其四至八到为:北至上都五千二百三十五里,北至大都四千四百七十五里,西北至本路九十里;东至江浙行省信州路贵溪县界仙岩五十五里,西至临川县界东漕市四十五里,南至建昌路南城县界泽源岭五十里,北至临川县界望州岭六十里;东到江浙行省信州路贵溪县一百四十五里,西到宜黄县二百一十里,南到建昌路南城县一百七十五里,北到临川县九十里;东南到江浙行省邵武路光泽县三百三十里,西南到南丰州二百一十里,东北到江浙行省饶州路安仁县一百二十五里,西北到崇仁县二百一十里。下辖归政、归德、顺政、延福、顺德、永和六乡。

宜黄县,宋为望县。元为中县。其四至八到为:北至上都五千二百六十五里,北至大都四千五百五里,东北至本路一百二十里;东至建昌路南城县箬岭一百二十里,西至崇仁县孤岭四十里,南至赣州路宁都州界黄土岭一百六十里,北至临川县界捣港桥六十里;东到金溪县一百七十里,西到乐安县一百二十里,南到南丰州一百四十里,北到龙兴路富州二百二十里;东南到建昌路南城县一百二十里,西南到赣州路宁都州二百八十里,东北到临川县一百二十里,西北到崇仁县八十里。下辖崇贤、仙桂、待贤三乡。

乐安县,南宋置。元为中县。其四至八到为:北至上都五千三百八十五里,北至大都四千六百二十五里,北至本路二百四十里;东至崇仁县界丁家原三十里,西至吉安路永丰县界罗蔡五十里,南至赣州路宁都州界大木岭一百八十里,北至龙兴路富州界丁山岭八十里;东到宜黄县一百二十里,南到赣州路宁都州四百里,西到吉安路永丰县一百二十里,北到龙兴路富州二百四十里;东南到南丰州二百六十里,西南到吉安路吉水州一百三十里,东北到崇仁县一百三十五里,西北到临江路新淦州一百六十里。下辖忠义、乐安、云盖、天授四乡[①]。

[①] 以上据《元史》卷 62《地理志五》;《大元一统志》卷 9《江西等处行中书省》;《宋史》卷 88《地理志四》。

关于抚州路地理环境及风俗政情,元人虞集说:"……临川之为郡,远在江湖之表,非舟车货财之聚,非都会官府之总,境土宽夷。然无山溪之砦险,民俗平易,贫者尽力于耕,富者取利不出于田亩,不事商贾,不尚游宦,而又有儒雅之风焉。合郡之赋税,不过十余万,政令易行,民间苟无深害重伤,畏法以自保,终不敢轻为嚣讼,来吏于斯者。"①抚州路地处鄱阳湖平原,东有武夷山,西有赣江,其交通条件不能和龙兴路、江州路相比。其尚农淳朴之风情,显然与地理环境有密切联系。

此外,抚州路的城池,至元十四年二月与吉州路一起被元廷下令拆毁②。这也是蒙元统治者惩罚于平宋战争中遇到的据城顽强抵抗而采取的极端措施。

抚州路一度是江西行枢密院的治所。其境内长期驻戍抚州万户府和处州万户府等两个汉军万户府。此二万户府是由北方汉军及当地新附军组成的。抚州万户府包括八翼之兵,平宋后,即驻戍抚州一带。处州万户府是至元三十年经江淮行枢密院奏准,自处州移戍江西的。先屯戍赣州,后转戍抚州路。二万户府相继于至元二十二年和后至元二年(1336)在抚州路修建起公宇。抚州万户府的公宇位于"郡城内东南青云峰之北皋",处州万户府的公宇则是在南宋通判厅旧邸基础上改建而成的。"其治有厅事,有鼓角之楼、军器之库、后堂暖厅、直舍吏舍、庖厩门屋"等,"形胜高敞,足以临制一郡"③。这是有关江南诸路汉军万户屯戍公宇府舍的弥足珍贵的详细记载,可以反映出与江西行省政区相关联的当地军府的情况。

元抚州路的辖区范围,沿袭了宋抚州所属五县之地。只是在州升路和增置录事司等方面稍有变化。户口增加了五万余户。

抚州路又是拖雷幼子阿里不哥的江南食邑。《元史》卷95《食货志三》载:阿里不哥大王位下"江南户钞,至元十八年,分拨抚州路一十万四千户,计钞四千一百六十锭"。其封户占抚州路户口总数的近一半。笔者还看到,文宗至顺二年(1331)八月,元廷曾允许在抚州路设置镇宁王总管府。元代封授镇宁王爵位的,主要是阿里不哥的两名孙子:一个是大德九年受封的孛罗,此人延祐四年进封冀王;另一名是至大三年(1310)受封的那怀(又作那海)④。至顺二年在抚州路设置总管府的,应该是后者。元朝建立以后,一般诸王投下食邑只

---

① 《道园类稿》卷26《抚州路总管府题名记》。
② 《元史》卷9《世祖纪六》。
③ 《元史》卷13《世祖纪十》至元二十一年正月庚午;《道园类稿》卷26《抚州万户府重修公宇记》、《处州万户府重修公宇记》。
④ 《元史》卷35《文宗纪四》、卷107《宗室世系表》、卷108《诸王表》。

允许设立达鲁花赤,只有个别投下总管府被保留。因为镇宁王那怀在"天历之变"中拥戴文宗图帖睦儿,故受到多次赏赐,特许在江南食邑抚州路设总管府,显然是对镇宁王那怀例外眷顾和恩惠。诚然,此举对元后期抚州路的行政秩序不无消极影响。

七、江州路

江州路(治今江西九江市),下路。户数 83 977 户。唐为江州,一度改浔阳郡。宋为定江军。元至元十二年,置江东西宣抚司。十三年,改为江西大都督府,隶扬州行省。十四年,罢都督府,升江州路,隶龙兴行都元帅府。后隶江西行省。十六年,一度改隶黄蕲等路宣慰司。二十二年,复隶江西行省。领一录事司,德化、瑞昌、彭泽、湖口、德安五县。

录事司,宋隶都监司。至元十二年,设兵马司。十四年,改立录事司。

德化县,唐为浔阳县。南唐易名德化。宋为望县,元为中县。

瑞昌县,宋为中县。元仍为中县。

彭泽县,宋为中县。元仍为中县。

湖口县,宋为中县。元仍为中县。

德安县,宋为紧县。元为中县①。

元江州路的辖区范围,沿袭了宋定江军所属五县之地,但是在军升路、废罢铸钱之广宁监以及增置录事司等方面,稍有变化。户口减少近六百户。

另,延祐三年,真金太子妃伯蓝也怯赤获拨江南食邑江州路德化县 29 750 户,计钞 1 190 锭②。其封户数占江州路总户数的三分之一强。

八、南康路

南康路(治今江西星子县),下路。户数 95 678 户。唐属江州地。宋置南康军,治星子县,先属江南西路,后改隶江南东路。元至元十四年,升南康路,隶属江淮行省。二十二年,划属江西行省。

关于南康路的地理形胜及其在宋元两代的重要性,元人虞集云:"彭蠡九江之水合匡庐,屹然而止焉。前代以江湖阔远,置南康,治星子,以制其要。自江右会府视之,则有门户闭遮之势矣。宋南渡,恃江以立国,南康亦重地也……国朝既一海内,置三行省于江南,封疆之界,接畛是邦,视昔荆扬吴楚之

---

① 以上据《元史》卷 62《地理志五》;《大元一统志》卷 9《江西等处行中书省》;《宋史》卷 88《地理志四》。
② 《元史》卷 95《食货志三》。

交。"虞集的说法颇符合实际,切中事理。

领一录事司,星子、都昌二县和建昌州。

星子县,宋为上县,南康军治所。元为下县。

都昌县,宋为上县。元仍为上县。

建昌州,下州。唐初置南昌州,后废,隶属洪州。宋为南康军属县建昌,望县。元元贞元年升为建昌州①。

元南康路的辖区范围,沿袭了宋南康军所属三县之地,而在军升路、建昌县升州,以及增置录事司等方面,稍有变化。户口则增加二万余户。

南康路也存在蒙古诸王的江南食邑。《元史》卷95《食货志三》载:晋王甘麻剌位下"江南户钞,皇庆元年,分拨南康路六万五千户"。其封户占南康路户口总数的67.9%。同书卷32《文宗纪一》天历元年(1328)十二月丁巳条又说:"封西安王阿剌忒纳失里为豫王,赐南康路为食邑。"阿剌忒纳失里与燕铁木儿一起率先在大都发动兵变,迎接文宗、明宗回京,应该是"天历之变"中蒙古宗王功劳最大者。而此次政治斗争又是以泰定帝后裔失败和晋王削爵废罢而告终的。所以,自天历元年十二月,原晋王南康路食邑封户很可能转赐给豫王阿剌忒纳失里了。

九、赣州路

赣州路(治今江西赣州市),上路。户数71 287户。唐为虔州,一度改南康郡。宋改为赣州。元至元十四年,升赣州路总管府。十五年,设录事司,依旧领原南宋十县,隶江西行省。二十四年,并龙南县入信丰县,并安远县入会昌县。大德元年,宁都、会昌二县升为州,割瑞金隶会昌州。至大三年,重新设龙南、安远二县,隶宁都州。

上述变动后,赣州路领一录事司,赣县、兴国、信丰、雩都、石城五县,宁都、会昌二州。州领三县。

赣县,宋为望县,赣州治所。元为上县。

兴国县,宋为望县。元为中县。

信丰县,宋为望县。元为下县。

雩都县,宋为望县。元为下县。

石城县,宋为紧县。元为下县。

---

① 以上据《元史》卷62《地理志五》;《大元一统志》卷9《江西等处行中书省》;《宋史》卷88《地理志四》;《道园类稿》卷26《南康路重建谯楼记》。

宁都州,下州。宋为虔化县,望县。后改名宁都。元至元十四年到大德元年,为赣州路十属县之一。大德元年二月,升为州。领龙南、安远二县。

龙南县,下县。宋为中县。元至元十四年到二十四年,为赣州路十属县之一。二十四年,并入信丰县。至大三年,恢复龙南县,改隶宁都州。

安远县,下县。宋为紧县。元至元十四年到二十四年,为赣州路十属县之一。二十四年,并入会昌县。至大三年,恢复安远县,改隶宁都州。

会昌州,下州。宋为会昌县,望县。元至元十四年到大德元年,为赣州路十属县之一。大德元年二月,升为州。领瑞金一县。

瑞金县,下县。宋为望县。元至元十四年到大德元年,为赣州路十属县之一。大德元年,割属会昌州①。

元赣州路的辖区范围,沿袭了宋赣州所属十县之地,略有变化的是:州升路,宁都、会昌二县升州,龙南、安远、瑞金三县降为二州属县以及增置录事司等。户口则减少二十万余户。

《元史》卷 95《食货志三》载,至元十八年太祖成吉思汗大斡耳朵、第二斡耳朵、第三斡耳朵分别获得赣州路食邑二万户、一万五千户、二万一千户。三斡耳朵封户合在一起,约占赣州路户口总数的 78.6%。

十、建昌路

建昌路(治今江西南城县),下路。户数 92 223 户。南唐为建武军,宋为建昌军。元至元十四年,升建昌路总管府。十九年,南丰县升为州,直隶江西行省。建昌路的地理形势,可以用"据五岭之咽喉,控三吴之襟带"来描绘。

领一录事司,南城、新城、广昌三县。

录事司,至元十四年割南城县在城部分而立。

南城县,宋为望县。元为上县。

新城县,南宋增设。元为中县。

广昌县,南宋增设。元为中县②。

元建昌路的辖区范围,沿袭了宋建昌军的大部分地盘。变化明显的是:军升路、南丰县割出而自立为州,以及增置录事司等。户口减少二万户,或与南丰县割出有关。

---

① 以上据《元史》卷 19《成宗纪二》、卷 62《地理志五》;《大元一统志》卷 9《江西等处行中书省》;《宋史》卷 88《地理志四》。
② 以上据《元史》卷 62《地理志五》;《大元一统志》卷 9《江西等处行中书省》;《宋史》卷 88《地理志四》。

《元史》卷95《食货志三》载，太祖弟哈赤温大王子济南王位下，"江南户钞，至元十八年，分拨建昌路六万五千户，计钞二千六百锭"。也就是说，建昌路是成吉思汗三弟哈赤温大王位下江南食邑封户所在，其受封户数占该路总户数的三分之二强。

由于建昌路和南丰州分别为哈赤温大王位下、答里真官人位下的江南食邑封户所在，由于答里真官人位下南丰州自建昌路割出而独立为州，原本同属于宋建昌军的南城、新城、广昌、南丰四县，被分置在建昌路、南丰州两个行政单位。这种照顾蒙古诸王投下利益及便于管理而采取的变动建置的举措，不仅增设了一个直隶行省的南丰州，还使本来山水相连的前宋建昌军的南城、新城、广昌、南丰四县在空间上发生了变化。南丰州的辖地独立于建昌路之外，是不言而喻的。严重的是，南丰州独立之后，建昌路的辖地被截为两半，录事司和南城、新城二县居东北，广昌县在西南。二者辖区互不接界，中间夹着南丰州，空间上相隔近百里。于是，广昌县似乎成了建昌路治所百里以外的一块不大不小的"飞地"。

十一、南安路

南安路（治今江西大余县），下路。户数 50 611 户。唐为大庾县，宋置南安军。元至元十四年，升南安路总管府。十五年，割大庾县在城四坊，设录事司。十六年，废录事司。领大庾、南康、上犹三县。

大庾县，宋为中县。元仍为中县，倚郭。

南康县，宋为望县。元为中县。

上犹县，南唐为上犹县。宋改南安县，上县。至元十六年，改永清。后复为上犹[①]。

元南安路的辖区范围，沿袭了宋南安军所属三县地盘，唯有军升路等少许变化。户口增加二万多户。

十二、南丰州

南丰州（治今江西广昌县东），下州。户数 25 078 户。唐为南丰县，隶抚州。宋改隶建昌军。元至元十九年，南丰县升为州，自建昌路割出，直隶江西行省[②]。

关于南丰县升为州，元人彭埜说："南丰旧县……入国朝始升为州。上隶行省，下不临以总府，几与诸路体势均。"明人王澄《重修鼓楼记》又云："南丰自

---

① 以上据《元史》卷62《地理志五》；《大元一统志》卷9《江西等处行中书省》；《宋史》卷88《地理志四》。
② 《元史》卷62《地理志五》；《宋史》卷88《地理志四》。

升州几百年,州之赋为石不过万四千,户不满三万。虽曰州,其实邑也。"①按照元朝制度,江南诸县户数达到四万以上,可升为州。南丰州户数仅二万五千零七十八户,为什么能够升格为州呢?笔者认为,此与蒙古宗王食邑户有关。

《元史》卷95《食货志三》载,太祖叔答里真官人位下,"江南户钞,至元十八年,拨南丰州一万一千户,计钞四百四十锭"。如此,答里真官人位下受封的江南食邑户集中在南丰州,其户数接近该州总户数的一半。前述南丰县自建昌路割出,独立为直隶行省之州,实际上是元廷照顾蒙古诸王投下利益及便于管理而采取的变动建置的举措。

第三节　广东道所属七路、八州沿革

一、广州路

广州路(治今广东广州市),上路。户数 170 216 户。唐为广州,为岭南五府节度五管经略使治所。一度改南海郡。宋升为帅府。至元十三年(1276)六月十三日,归附。后又叛。十五年,元军重新攻克,立广东道宣慰司。又立广东路总管府和录事司。原领八县之中的怀集县,起初是元军自广西贺州攻入,故于至元十五年拨属贺州。本路西北至上都七千里,西北至大都六千二百里。地理形势大致是:"五岭峙其北,大海环其东,众水汇其前,群峰拥其后,气象雄伟。"

领一录事司,南海、番禺、东莞、增城、香山、新会、清远七县。

录事司,至元十六年设立,以广州东城、西城、子城和南海、番禺二县在城户隶之。

南海县,宋为望县。元为中县,倚郭。西北至上都七千里,西北至大都六千二百里。

番禺县,宋为上县。元为下县,倚郭。管辖惠风里、瑞石镇、平石镇、慕德镇、大水镇、石门镇、白田镇、扶胥镇等。西北至上都七千里,至大都六千二百里。

东莞县,宋为中下县。元为中县。西北至上都七千三百里,至大都六千五百里;东北至本路三百里。

增城县,宋为中县。元仍为中县。管辖长吉里、清明上里、清明下里等。西北至上都七千三百里,至大都六千五百里,至本路二百五十里。

香山县,南宋增设。元为下县。"香山为邑,海中一岛耳。其地最狭,其民

---

① 《康熙南丰县志》卷12、卷13。

最贫。"西北至上都七千三百里,至大都六千五百里,至本路水路三百里;北到番禺县二百九十里。

新会县,宋为下县。元为下县。管辖昆仑乡、清明里、寿宁乡等。"其地广漠……海有膏田沃壤,仓廪舟楫多取给。山居者苦瘴疠,滨海者多潮汐。"西北至上都七千三百里,至大都六千五百里;东北至本路二百九十里,到南海县二百九十里;北至南海县一百九十里。

清远县,宋为中县。管辖上元乡、政宾乡等。"清远地与莫徭犬牙相错,无旷原沃壤,刀耕火种,最为辛勤。无长溪洪河,肩背担负,最为劳苦。曾不如新会之一乡。"西北至上都六千八百二十里,至大都六千二百里;西南至本路一百八十里,到番禺县二十里;西到肇庆路四会县七十里①。

元广州路的辖区范围,沿袭了宋广州的大部分地盘,变化明显的是:州升路、怀集县拨属广西贺州以及增置录事司等。户口则增加二万多户。

广州路还有下嫁亦乞列思部的太祖女火臣位下食邑。《元史》卷95《食货志三》载,昌国公主位下,"江南户钞,至元十八年,分拨广州路二万七千户,计钞一千八十锭"。其封户数占本路总户数的15.9%。

二、韶州路

韶州路(治今广东韶关市),下路。户数19 584户。唐初为番州,又更名东衡州,又改韶州。宋仍为韶州,又名始兴郡。至元十三年,归附。后又叛。十五年,元军最终平定。立韶州路总管府,设录事司。至元二十七年十一月,韶州路降为曲江县。二十九年正月,录事司亦废罢。大德五年(1301),原属邑翁源县改隶英德州。

关于韶州路的地理风情,元人虞集说:"广东帅府统郡八,逾岭而南,值广上流者,韶居一焉。山高而水深,泉甘而土沃,风气清淑,无间于中州。是以岛夷货贿之交,鱼盐织贝之利,官府之总会,军旅之往来,贡赋之进纳,奸吏之旁午,寇扰之出入,不及于濒海之邦。而韶无五方杂处之人。"②由于地处广东道与本行省及朝廷南北相连的通道,韶州路之地还先后在至元二十六年和三十年暂时成为广东按察司的治所和赣州行枢密院官员的分镇处。

领一录事司,曲江、乐昌、仁化、乳源四县。

录事司,平宋后割曲江县城西厢及城外三厢,隶属录事司。

---

① 以上据《元史》卷62《地理志五》;《大元一统志》卷9《江西等处行中书省》;《宋史》卷90《地理志六》。
② 《道园类稿》卷22《韶州路重修宣圣庙学记》。

曲江县，宋为望县。元为中县。

乐昌县，宋为中县。元为下县。

仁化县，宋为中县。元为下县。

乳源县，南宋增设。元为下县①。

元韶州路的辖区范围，沿袭了宋韶州的大部分地盘，变化明显的是：州升路、翁源县拨属英德州以及增置录事司等。户口则减少三万多户。

韶州路境内还有成吉思汗开国功臣木华黎等投下食邑。《元史》卷95《食货志三》载，木华黎国王，"江南户钞，至元十八年，分拨韶州等路四万一千一十九户，计钞四百二十八锭"；带孙郡王，"江南户钞，至元十八年，分拨韶州路乐昌县一万七千户，计钞一千六百四十锭"；忽都虎官人"江南户钞，至元十八年，分拨韶州路曲江县五千三百九户，计钞二百一十二锭"。这里存在一个疑问：前述《元史》卷63《地理志五》载韶州路户数为 19 584 户。而木华黎、带孙、忽都虎三投下食邑户合计达到 63 328 户。两数字为何相差如此悬殊？这有两个可能：一是《地理志五》漏记韶州路户口数；二是投下食邑户不在《地理志》记载的户部人口统计数内。孰是孰非，还有待于日后进一步考证。

三、惠州路

惠州路（治今广东惠州市），下路。户数 19 803 户。唐为循州。宋改惠州，一度又改博罗郡。元至元十六年，升惠州路总管府。领归善、博罗、海丰、河源四县。起初，惠州路曾设录事司，至元二十九年正月废罢。

归善县，宋为中县。元为下县，倚郭。

博罗县，宋为中县。元为下县。

海丰县，宋为下县。元仍为下县。

河源县，宋为紧县。元为下县②。

元惠州路的辖区范围沿袭了宋惠州所属四县地盘，唯一的明显变动是州升路。户口则减少四万多户。

四、南雄路

南雄路（治今广东南雄市），下路。户数 10 792 户。唐为始兴县。五代置

---

① 以上据《元史》卷 62《地理志五》、卷 15《世祖纪十二》至元二十六年正月戊申、卷 16《世祖纪十三》至元二十七年十一月丁卯、卷 17《世祖纪十四》至元二十九年正月己酉、至元三十年二月辛亥；《大元一统志》卷 9《江西等处行中书省》；《宋史》卷 90《地理志六》。

② 以上据《元史》卷 62《地理志五》、卷 17《世祖纪十四》至元二十九年正月己酉；《大元一统志》卷 9《江西等处行中书省》；《宋史》卷 90《地理志六》。

雄州。宋以河北有雄州,特改南雄州。元至元十五年,升南雄路总管府。二十七年十一月,一度降为保昌县。南雄路也曾设录事司,二十九年正月废罢。领保昌、始兴二县。

保昌县,本浈昌县。宋易名保昌,望县。元为下县。

始兴县,宋为中县。元为下县①。

元南雄路的辖区范围,沿袭了宋南雄州所属二县地盘,变动的只是州升路。户口则减少一万余户。

五、潮州路

潮州路(治今广东潮州市),下路。户数 63 650 户。唐为潮州,一度改潮阳郡。宋仍为潮州。元至元十五年,唆都元帅奉命攻取,城破,版图归附。十六年,改路总管府,以孟招讨镇守。二十一年,广东道宣慰使月的迷失以兵来招谕。二十三年,又为江西等处行枢密院副使兼广东道宣慰使以镇之。元贞元年(1295),拨梅州来属。延祐四年(1317)十月,梅州自潮州路划出而独立。

关于潮州路在广东的地理位置,元人吴澄说:"潮为东广诸郡之最","二广,南服之极南也。三阳,又东广之极东也"②。其四至八到为:东至上都七千三百八十里,至大都六千五百八十里;东至漳州路漳浦县界分水岭一百四十里,西至梅州程乡县界瘦牛岭一百五十里,南至大海海阳县界辟望村八十里,北至梅州程乡县界双流津三百五十里;东到漳州路五百里,西到梅州七百里,南到大海边辟望村八十里,北到梅州五百里;东南到大海边小江场六十里,西南到揭阳县界三十五里,东北到汀州路一千一百里,西北到梅州六百里。

本路领一录事司,海阳、潮阳、揭阳三县。

录事司,至元二十二年设置,割海阳县郭外原四团六保分隶之。

海阳县,宋为望县。元为下县,倚郭。

潮阳县,宋为中下县。元为下县。

揭阳县,宋增置县。元为下县③。

元潮州路的辖区范围沿袭了宋潮州所属三县地盘,稍有变动的是州升路

---

① 以上据《元史》卷 62《地理志五》、卷 16《世祖纪十三》至元二十七年十一月丁卯、卷 17《世祖纪十四》至元二十九年正月己酉;《大元一统志》卷 9《江西等处行中书省》;《宋史》卷 90《地理志六》。
② 《吴文正公集》卷 20《潮州路重建庙学记》。
③ 以上据《元史》卷 62《地理志五》、卷 26《仁宗纪三》;《大元一统志》卷 9《江西等处行中书省》;《宋史》卷 90《地理志六》。

和增设录事司。户口也减少一万余户。

六、德庆路

德庆路(治今广东德庆县),下路。户数 13 705 户。唐为南康州,又名康州,后改南康。宋改德庆府。元至元十四年,广西宣慰司军队攻占,改隶广西道。十七年,升德庆路总管府。二十九年六月,经江西行省奏请,德庆路重新归属广东道。

领端溪、泷水二县。

端溪县,宋为下县。元仍为下县。

泷水县,宋为下县。元仍为下县①。

元德庆路的辖区范围沿袭了宋德庆府所属二县地盘,唯一变动的是府升路。户口则增加近五千户。

七、肇庆路

肇庆路(治今广东肇庆市),下路。户数 33 338 户。唐为端州,一度改高要郡。宋升肇庆府。元至元十六年,广西宣慰司军队攻占,改隶广西道。十七年,改为路总管府。二十九年六月,亦经江西行省奏请,肇庆路重新归属广东道。领高要、四会二县。

高要县,宋为中县。元仍为中县,倚郭。

四会县,宋为中县。元仍为中县②。

元肇庆路的辖区范围沿袭了宋肇庆府所属二县地盘,唯一变动的是府升路。户口则增加八千余户。

八、英德州

英德州(治今广东英德市),下州。唐为洭州。五代南汉为英州。宋升英德府。元至元十三年归附。十五年升为英德路总管府。至元二十三年,应广东宣慰使月的迷失的奏请,英德路因户口数少而降为散州。二十七年八月,前宋英德府属邑真阳、浛光二县重新划归英德州。大德四年九月,英德州达鲁花赤脱欢察儿招降群盗二千余户,于是升英德州为路,立翁源、真阳、浛光三县,

---

① 以上据《元史》卷 62《地理志五》、卷 11《世祖纪八》至元十七年正月戊辰、卷 17《世祖纪十四》至元二十九年六月壬申;《宋史》卷 90《地理志六》。
② 以上据《元史》卷 62《地理志五》、卷 17《世祖纪十四》至元二十九年六月壬申;《大元一统志》卷 9《江西等处行中书省》;《宋史》卷 90《地理志六》。

命脱欢察儿任路达鲁花赤兼万户以镇之。至大元年(1308)五月,英德路再次降为英德州。延祐元年四月,废罢真阳、浛光二县,其地并入英德州。

领一翁源县,原为宋韶州属邑。大德五年改隶英德州①。

元英德州的辖区范围基本沿袭了宋英德府所属二县地盘,明显变动的是府改州和改而领翁源一县。户口则增加八千余户。

九、梅州

梅州(治今广东梅州市),下州。户数 2 478 户。唐为程乡县。五代南汉置敬州。宋改梅州。元至元十三年归附。十六年,改为路总管府。二十三年三月,经广东宣慰使月的迷失的奏请,梅州路因户口数少而降为下州。元贞元年,梅州改属潮州路。延祐四年十月,梅州重新直属广东道宣慰司。

领一程乡县,与宋相同②。

元梅州的辖区范围,基本沿袭了宋梅州地盘。有所变动的是户口减少近一万户。

梅州境内包含下嫁汪古部的拖雷幼女独木干公主等三投下食邑封户。《元史》卷95《食货志三》载,独木干公主位下,"江南户钞,至元十八年,分拨梅州程乡县一千四百户,计钞五十六锭";也苦千户,"江南户钞,至元十八年,分拨梅州一千四百户,计钞五十六锭";欠帖温,至元十九年,"分拨梅州、安仁县四千户,计钞一百六十锭"。同样存在的疑问是:《元史》卷63《地理志五》载梅州人口二千四百七十八户。以上三投下食邑封户合计六千八百户。即使减去湖广行省衡州路安仁县二千封户,所剩四千八百户也相当于《地理志五》载梅州户口数的二倍。原因何在?同样有两种可能性:一是《地理志五》漏记梅州户口数;二是投下食邑户口不在《地理志五》记载的户部人口统计数内。孰是孰非,仍有待于进一步考证。

十、南恩州

南恩州(治今广东阳江市),下州。户数 19 373 户。唐为恩州,又为齐安郡。宋改南恩州,以区别于河北路之恩州。元至元十三年置南恩路总管府。十九年降为散州。领阳江、阳春二县。

---

① 以上据《元史》卷13《世祖纪十》、卷16《世祖纪十三》、卷20《成宗纪三》、卷22《武宗纪一》、卷25《仁宗纪二》、卷62《地理志五》;《大元一统志》卷9《江西等处行中书省》;《宋史》卷90《地理志六》。
② 以上据《元史》卷13《世祖纪十》至元二十二年十一月己巳、卷14《世祖纪十一》、卷26《仁宗纪三》、卷62《地理志五》;《宋史》卷90《地理志六》。

阳江县,宋为中县。元为下县。

阳春县,宋为下县。元仍为下县①。

与宋南恩州比较,元南恩州沿袭前者所属二县之地。有所变动的是户口减少近八千户。

南恩州也存在蒙古诸王的食邑封户。大德七年西平王奥鲁赤位下封授南恩州 13 604 户,计户钞 544 锭②。其封户超过本州户口总数的 70%。

十一、封州

封州(治今广东封开县东南),下州。户数 2 077 户。唐为临封郡,后改封州。宋仍为封州。元至元十三年归附。第二年复叛,广西道宣慰司以兵抚定,于是隶属广西道。十七年十二月,改路总管府。后降为散州。二十九年六月,经江西行省奏请,封州重新归属广东道。领封川、开建二县。

封川县,宋为下县。元仍为下县。

开建县,宋为下县。元仍为下县③。

与宋封州比较,元封州沿袭前者所属二县之地。有所变动的是户口减少近二万多户。

十二、新州

新州(治今广东新兴县),下州。户数 11 316 户。唐为新昌郡,后改新州。宋仍为新州。元至元十三年归附。十六年置新州路总管府。十九年,降为散州。领一新兴县。

新兴县,宋为下县。元仍为下县④。

与宋新州比较,元新州沿袭前者及所属一县之地。有所变动的是户口减少近二千多户。

十三、桂阳州

桂阳州(治今广东连州市东),下州。户数 6 356 户。唐为桂阳县。宋沿袭之,为连州属县。元至元十三年归附。十九年升桂阳县为散州,割连州阳山县来属。领一阳山县。

---

① ③ ④ 以上据《元史》卷 62《地理志五》;《大元一统志》卷 9《江西等处行中书省》;《宋史》卷 90《地理志六》。

② 《元史》卷 95《食货志三》。

阳山县。宋为连州属县,中县。元为下县。该县的四至八到是:西至本州一百一十七里,东全韶州路乐昌县黄岭界二百七十里,南至英德州前洽光县五山遥界七十里,北至湖广行省郴州路宜章县奔山界一百二十里,东至韶州路五百二十里;西到本州一百一十七里,南到封州开建县四百一十里,北到郴州路宜章县一百七十里;东北到韶州路乐昌五百二十里,西南到湖广行省贺州怀集县三百八十里,东南到广州路清远县五百二十里。

至元十八年,世祖忽必烈根据蒙古传统,分封新攻略的江南食邑,成吉思汗开国功臣畏答儿投下封授桂阳州 21 000 户,计钞 840 锭。所以,《元史》卷 63《地理志五》称桂阳州为忽都虎郡王分地①。忽都虎即畏答儿曾孙,郡王是他所袭爵位。如此,至元十九年由连州分割独立的桂阳州,应该是至元十八年分封江南食邑的副产品。换言之,人口仅 6 356 户的桂阳州,之所以能独立为直隶江西行省广东宣慰司的散州,或许主要是开国功臣畏答儿投下食邑所在使然。

需要解释的一个问题是至元十八年畏答儿投下封授桂阳州 21 000 户,而桂阳州人口仅 6 356 户,相当于封授户数的三分之一弱。这是否意味着相关史实有错误呢?答案是否定的。《元史》卷 121《博罗欢传》说,平宋后,博罗欢"益封桂阳、德庆二万一千户"。《元文类》卷 59《博罗欢神道碑》亦同。如前述,德庆路人口数为 13 705 户。二路州户口加在一起,正与封授户数持平。鉴于此,畏答儿投下封授桂阳州 21 000 户以及桂阳州因之独立为散州,是十分可靠的。只是《元史》卷 95《食货志三》和卷 63《地理志五》所载桂阳州后脱"德庆"二字,应予补正。

十四、连州

连州(治今广东连州市),下州。户数 4 154 户。唐为连山郡,又改连州。宋仍为连州。元至元十三年归附,置安抚司,直隶行中书省。十七年,废安抚司,升为连州路总管府,隶湖南道宣慰司。十九年降为散州。二十九年六月,经江西行省官员奏请,连州得以重新划属广东道宣慰司。

下辖上虞乡、下虞乡、高良半乡等。其四至八到为:北至上都五千五百零五里,北至大都四千七百零五里;东至桂阳州小门桥界一里,西至湖广行省道州路江华县界西岭八十里,南至湖广行省贺州怀集县界黄连山二百八十二里,

---

① 以上据《元史》卷 62《地理志五》、卷 95《食货志三》;《大元一统志》卷 9《江西等处行中书省》;《宋史》卷 90《地理志六》。

北至湖广行省桂阳路临武县界雷鸣水八十里;东到桂阳州三里,西到湖广行省贺州三百二十里,南到封州六百里,北到湖广行省桂阳路蓝山县二百四十里;东南到广州路九百六十里,东北到韶州路乐昌县五百二十里,西南到湖广行省贺州桂岭二百三十里,西北到湖广行省道州路三百七十里。

入元之初,连州仍管辖桂阳、阳山、连山三县。至元十九年桂阳、阳山二县由连州分割独立,组成桂阳州。而后,连州唯领一连山县。

连山县,宋为中县。元为下县。其四至八到为:东北至上都五千六百一十里,东北至大都四千八百一十里;东北至本州一百零五里,东至本州上平铺界七十里,西至湖广行省道州路江华县界西岭八十里,南至湖广行省贺州怀集县界一百九十里,北至本州大鹏山八十里;东到本州一百零五里,西到湖广行省道州路江华县一百八十里,南到湖广行省贺州怀集县一百九十里,北到蓝山县二百二十五里;东南到封州开建县四百五十里,东北到湖广行省桂阳路临武县二百二十五里,西南到湖广行省贺州桂岭县一百二十五里,西北到湖广行省道州路宁远县一百八十五里①。

与宋连州比较,元连州沿袭前者名称和州的建置。有所变动的是属县由三减为一,户口也由 36 943 户锐减至 4 154 户。

笔者发现,连州的行政建置及其与桂阳、阳山二县的分离,应该和蒙古开国功臣术赤台投下的食邑分封密切关联。《元史》卷 95《食货志三》载,术赤台郡王,至元十八年,分拨连州路二万一千户,计钞八百四十锭。如前所述,至元十七年到十九年之间,连州升为连州路,故《食货志三》称其为连州路。另外,连州户口仅仅 4 154 户。乍看起来,此情节与术赤台郡王"分拨连州路二万一千户"句相抵牾。不过,《元史》卷 120《术赤台传》又说,"至元十八年,增食邑二万一千户,肇庆路、连州、德州洎属邑俱隶"。据此,术赤台投下的江南食邑,包括肇庆路和至元十年调整后的连州。肇庆路户口为 33 338 户。肇庆路和连州的户口数加在一起,超过术赤台郡王分拨的二万一千户。因此,连州和肇庆路是术赤台投下江南食邑户所在,是符合事实的。或许是因为连州的民户都是术赤台投下江南食邑户,肇庆路只有部分民户属其食邑户,《元史》卷 95《食货志三》就只载连州而省略肇庆路了。

十五、循州

循州(治今广东龙川县),下州。户数 1 658 户。唐为海丰郡,改循州。宋

---

① 以上据《元史》卷 62《地理志五》、卷 17《世祖纪十四》;《大元一统志》卷 9《江西等处行中书省》;《宋史》卷 90《地理志六》。

仍循州。元至元十三年归附。一度立路总管府。至元二十三年三月,经广东宣慰使月的迷失的奏请,循州路因户口数少而降为下州。领龙川、兴宁、长乐三县。

龙川县,宋为望县。元为下县。

兴宁县,宋为望县。元为下县。

长乐县,宋为上县。元为下县①。

与宋循州比较,元循州沿袭前者州的建置和所属三县的地盘。有所变动的是,三属县级别显著降低,人口也由 47 192 户锐减至 1 658 户。

如果说前述连州户口锐减,尚可从桂阳、阳山二县的割出中寻找原因,而元循州的建置未变,所属三县也未变,缘何户口减少十分之九以上？笔者认为,或许和钟明亮叛乱有关。至元二十四年到二十七年,钟明亮在福建、江西、广东交界处叛乱,拥众十万。二十六年六月钟明亮暂时投降之际,行枢密院官月的迷失曾奏请委任钟明亮为循州知州。足见,当时的循州,应该是钟明亮叛乱的中心地带或巢穴。循州户口减少如此之多,恐怕是元军在当地的残酷镇压及掳掠所造成的。

---

① 以上据《元史》卷 13《世祖纪十》至元二十二年十一月己巳、卷 14《世祖纪十一》、卷 63《地理志五》；《宋史》卷 90《地理志六》。

第十一章　湖广行省所辖路府州

第一节　湖广行省建置沿革概况

湖广行省,全称为湖广等处行中书省。其前身是至元十一年(1274)年末阿里海牙奉命"分省于鄂,规取荆湖"而立的荆湖等路行中书省。至元十四年一度迁潭州,十八年复徙置鄂州。至元十四年广西州郡归附后,开始改称湖广等处行中书省,统三十路、三府①。关于湖广行省,元人许有壬说:"我元建行省为大藩,湖广控滇蜀,山海阻深,猺獠之所蟠穴,边报沓至,独以兵称,戍将视他省为多。"②湖广行省居江南三行省之一,在元朝廷控制鄂、湘、桂、琼、黔等原南宋辖地及中南少数民族方面,发挥着十分重要的作用。

元代的湖广行省是在平定南宋的过程中筹建和发展起来的。湖广行省的创建,又是和阿里海牙进行的规取、经略荆湖南北等活动连在一起的。所以,需要从阿里海牙经略荆湖南北和创建湖广行省谈起。

至元十一年朝廷设立伯颜丞相为首的荆湖行省于襄阳,统帅西路军伐宋。十二月,渡江成功并占领鄂州,伯颜丞相率大军,水陆东下。"留右丞阿里海牙等,以兵四方,分省于鄂,规取荆湖"③,这就是"荆湖等路行中书省"的缘起。自此,在阿里海牙的主持下,开始了经略荆湖南北和创建湖广行省的历程。

关于阿里海牙经略荆湖南北和创建湖广行省,姚燧《湖广行省左丞相神道碑》云:"……公(阿里海牙)鼓其孤军,留戍所余,不能倍万,名城通都,身至力取,利尽海表,图地籍民,半宋疆理","最所下州,荆之南十四,淮西四,湖南九,江之西二,广西二十有一,广东、海南各四,凡五十八。自余洞夷山獠,荷毡被毳,大主小酋,棋错辐裂,连数千里,受麇听令者,犹不与存。其依日月之末光,

---

① ③ 《元史》卷 127《伯颜传》、卷 128《阿里海牙传》、卷 91《百官志七》。
② 《至正集》卷 52《故通奉大夫湖广等处行中书省参知政事郑公神道碑铭》。

张雷霆之余威,以会其成功者,亦一世之雄哉"①。姚燧《神道碑》不无歌功颂德和溢美之嫌,但所言阿里海牙攻略荆湖南北州郡和开拓湖广行省疆域,又大抵属实。元代江南三行省的疆域,基本是依各路元军攻略江南兵锋所至而奠定的。湖广行省也不例外。

阿里海牙圆满地实现了留戍鄂州、经略荆湖南北的战略意图,其在鄂、湘、桂、琼、黔的攻城略地,几乎"半宋疆理"。这就从辖区范围、安抚降民、羁縻洞蛮、赋税制度、军事镇戍、委任官吏等方面初步奠定了湖广行省的基本规模。称阿里海牙为湖广行省的创建者,似乎不过言。忽必烈曾以御笔褒奖阿里海牙:"昔鲁鲁合西地所生阿里海牙,为大将有功,信实聪明而安详。其加卿为阿虎耳爱虎赤,嫡近越各赤"。②阿里海牙原系忽必烈宿卫士,此次破格擢为"阿虎耳爱虎赤,嫡近越各赤",并以御笔赞誉,可谓最高奖赏,也可以说是对阿里海牙经略荆湖南北,创建湖广行省的肯定和评价。

诚然,阿里海牙创建湖广行省,也有消极后果。一是"托俘虏之籍,私孥其人万家"③;二是"掌兵民之权,子侄姻党,分列权要,官吏出其门者,十之七八"④。尽管这两条都有蒙古军前掳掠习俗和行省制度不完善等客观原因,但阿里海牙的个人责任也不容忽视。这又为至元二十三年湖广行省受朝廷钩考和阿里海牙本人被逼自杀,留下了隐患。

湖广行省的名称及治所,前后有所变动。《元史》卷122《虎都铁木禄传》载:至元二十二年,虎都铁木禄"授奉训大夫,荆湖占城等处行中书省理问官。时行省之名曰荆湖占城,曰荆湖,曰湖广,凡三改"。此说大体正确,荆湖、湖广、荆湖占城三者,的确是该行省曾经用过的主要名称。毋庸讳言,湖广行省又是三者中使用最多或通用的名称。此外,还因治所迁徙而有鄂州行省和潭州行省等称。荆湖等路行中书省,简称荆湖行省,是至元十一年到十四年使用的名称。最初,荆湖行省的治所在鄂州。至元十二年四月阿里海牙攻占江陵,奏以右丞行省于江陵。于是,荆湖行省一度迁治江陵。《元史》卷165《朱国宝传》载:阿里海牙部将朱国宝"进攻新城",获宋将李信、李发等,"献俘江陵,行省奏功,赐金虎符",可以为证。另外,右丞阿里海牙率兵攻略潭州之际,有"两参政"同行,因之构成了"荆湖南路行中书省"⑤。阿里海牙应诏赴阙贺平宋和

---

① 《牧庵集》卷13。
② 《元文类》卷59《湖广行省左丞相神道碑》。
③ 《道园学古录》卷15《户部尚书马公墓碣》。
④ 《元史》卷173《崔彧传》。
⑤ 《圭斋集》卷9《江陵王新庙碑》;《元史》卷9《世祖纪六》至元十三年三月甲戌。

出征静江后,该行省治所又返回鄂州①。至元十四年春,行省平章政事廉希宪北归上都②,原设于江陵(荆南)的行中书省,实际上已不复存在。故此时又有"鄂州行省"之称。湖广省,是至元十四年以后使用的名称。《元史》卷6《世祖纪六》云:是年三月辛卯,"湖广行中书省言:'广西四十二郡并已内附,议复行中书省于潭州……'"。这是迄今史籍中较早出现的"湖广行省"称谓。或许是因为"广西四十二郡并已内附",荆湖行省就需要改称湖广行省了。至元十四年,元廷还设立了湖北道宣慰司,根据设宣慰司处不再设行省的制度,原"鄂州行省"只能并入径称为"潭州行省"③。按照忽必烈至元十四年的诏令,行省官员并非全部驻于潭州,而是"崔赋、阿里海牙同驻静江,忽都铁木儿、郑鼎同驻鄂汉,贾居贞、脱博忽鲁秃花同驻潭州"④。这或许是为了应付南宋二王逃亡闽广后江南各地的骚动。直到至元十八年湖广行省"复徙置鄂州"⑤,其治所才算固定下来。荆湖占城行省,是至元二十年左右阿里海牙等湖广行省官员参与征讨安南、占城时兼用的行省名。史称,专事征讨占城的占城行省,建立于至元十八年⑥。而阿里海牙至元二十年七月已任荆湖占城行省平章政事。他曾接受安南国王陈日烜"致书",并以荆湖占城行省的名义向安南国遣使,代元朝皇帝忽必烈转达欲安南国助军粮讨占城的旨意。直到阿里海牙至元二十三年自杀,大抵使用荆湖占城行省的名称,处理安南及占城事宜⑦。以后,荆湖占城行省的名称,就不多见了。也就是说,荆湖占城行省是至元二十年到二十三年左右湖广行省官员阿里海牙等兼职经略安南、占城事宜之际,使用的行省名称,而且带有临时征伐、事已则废的军前行省的性质。从第三个名称荆湖占城行省或许可以看到,在平定南宋以后的一段时期内,忽必烈曾赋予湖广行省代表朝廷继续经略安南、占城等海外诸国的使命。后来只是因为征安南屡败以及阿里海牙的自杀,经略安南、占城才连同荆湖占城行省一起寿终正寝。

湖广行省的辖区范围,基本是依照谁攻略谁管辖,攻略疆土即为本行省辖区的原则确定的。如阿里海牙在经略荆湖南北时,攻城略地所及,囊括了原南宋荆湖北路、荆湖南路、广南西路和夔州路的大部分地区,故其创建的湖广行

---

① 《元史》卷9《世祖纪六》至元十三年闰月丁酉、六月壬申。
② 《元文类》卷65《平章政事廉文正王神道碑》。
③ 《元史》卷9《世祖纪六》至元十三年十二月、至元十四年六月,卷65《地理志六》。
④ 《元史》卷9《世祖纪六》至元十四年三月。
⑤ 《元史》卷91《百官志七》。
⑥ 《元史》卷11《世祖纪八》至元十八年十月己酉、卷129《唆都传》。
⑦ 《元史》卷209《外夷传二·安南》。

省的辖区范围大体就是以上原南宋四路之地。有必要说明的是，由于各种原因，朝廷曾对湖广行省的辖区作过局部性调整，有些原系湖广行省攻略的路州被割属其他行省，有些他行省攻略的路州又割隶湖广行省。这里，对此类局部性变动试作考释，以进一步弄清湖广行省辖区范围的实际状态。

自湖广行省被割属其他行省的若干路州，主要指至元二十九年割属河南行省的江北路州和割属江西行省的肇庆、德庆、封州、连州等。江北路州割出的前奏，是至元二十二年九月元廷将湖广行省节制的"江北诸城课程钱粮"改隶中书省①。正式割出，则晚在至元二十九年。《元史》卷17《世祖纪十四》至元二十九年正月丙午条载："割湖广省之德安、汉阳、信阳隶荆湖北道，蕲、黄隶淮西道，并淮东道二宣慰司咸隶河南行省。其荆湖北道宣慰司旧领辰、沅、澧、靖、归、常德，直隶湖广行省。"河南行省成立于至元二十八年，二十九年正月正式将腹里南部和江淮、湖广等行省的江北之地划属河南行省。此次划属，主要涉及湖广行省属下的荆湖北道宣慰司及蕲黄等路。具体情况是，荆湖北道宣慰司所辖的江陵路、峡州路、安陆府、沔阳府、荆门州，连同新拨入的德安、汉阳、信阳等路（府）一并划属河南行省。而将原属荆湖北道的辰、沅、澧、靖、归、常德六路留归湖广行省。蕲黄等路至元十八年曾属蕲黄州宣慰司管辖，至元二十三年八月蕲黄宣慰司废罢，蕲州路、黄州路及寿昌军一度划归湖广行省②。此时，蕲黄等路又遵照朝廷的命令自湖广行省割隶河南行省。这次划属和留归，大抵是以长江为界，江北路州割隶河南行省，江南路州留归湖广行省。稍有例外的是，归州虽然地处江北，此次却留属湖广行省，并长期成为该省在江北上游的一块飞地；汉阳府虽暂划属河南行省，五个月后，又依据忽必烈诏书重新划归湖广行省③。

归州和汉阳府二江北飞地留属湖广行省，造成了河南、四川、湖广三行省间地界上的犬牙交错。从地理形势上看，归州西扼长江三峡，对四川行省的遏制，显而易见。对于河南行省，归州和汉阳府，又犹如打入江北的两根楔子，使其不能独据长江北岸之险。另一方面，江陵路和襄阳路划在河南行省辖区内，湖广行省的北向门户又在河南行省的掌握之中。这样做，当然有利于河南、四川、湖广三行省间政治、军事上的互相牵制及朝廷的控驭。《元史》卷17《世祖纪十四》至元二十九年六月壬申条载："江西行省臣言：'肇庆、德庆二路，封、连

---

① 《元史》卷13《世祖纪十》。
② 《元史》卷14《世祖纪十一》至元二十三年八月己亥、卷15《世祖纪十二》至元二十五年正月辛卯、卷59《地理志二》。
③ 《元史》卷17《世祖纪十四》至元二十九年六月辛亥。

二州,宋时隶广东,今隶广西不便,请复隶广东。'从之"。肇庆路、德庆路、封州、连州及桂阳州原来都是湖广行省军将所攻略,故至元二十九年以前隶属于该省湖南道、广西道二宣慰司。此时江西行省以上述路州宋朝均归广南东路为由,奏准正式划属江西行省①。另,原属湖广的袁州路,至元十九年十一月也改属了江西行省②。

自其他行省割属的若干路州,包括兴国路、八番顺元、左右江等。兴国路原属江西行省,至元三十年正月朝廷下令"割江西兴国路隶湖广行省"③。八番顺元宣慰司所辖西南苗族等寨甸,主要由四川行省所攻略或招降,湖广行省虽然在至元十六年参与了有关招降事,但迄至元二十六年,八番顺元诸蛮一直归四川行省管辖。八番顺元割隶湖广行省的过程并不十分顺利,而是经历了四五年的周折和反复。至元二十六年十月元廷首次下令"以八番、罗甸隶湖广省"。一年多后,即至元二十八年二月又改而命令:"以湖广行省八番、罗甸司复隶四川省。"同年十月,再次"割八番洞蛮自四川隶湖广行省"④。据说,后一次八番洞蛮割隶湖广行省,是应其首领杨胜请求实施的⑤。至元二十九年三月,元廷将八番罗甸、顺元二宣慰司合并为八番顺元等处宣慰司都元帅府,仍隶湖广行省,罗甸则还隶云南行省。同年,与顺元(亦奚不薛)一起自四川行省割隶湖广行省的,还有思州、播州⑥。至元三十年,四川行省以"思、播州元隶四川,近改入湖广,今土人愿仍其旧"为词,奏请朝廷还隶四川。忽必烈降旨遣使问其实情,思播州首领田氏、杨氏表示:"昨赴阙廷,取道湖广甚便,况百姓相邻,驿传已立,愿隶平章答剌罕。"⑦"平章答剌罕",即湖广行省平章哈剌哈孙。遣使问其实情的结果,并未让四川行省如愿,八番顺元宣慰司及思播州依然隶属于湖广行省。关于左右江自云南行省割隶湖广,姚燧《平章政事史公神道碑》说:"静江受兵,溪洞诸夷既降云南。公(阿里海牙部将史格)曰:'邕容视左右两江,犹身之有手足。今归云南,度吾不能制,必轻为寇。入则吾御,归则吾忧,是吾不遑一日息兵其界也。'遣使谕曰:'尔舍朝发夕至之邕容,乃远托数千里经数夷地不至之云南,何以应缓急?或他日尔越界为市,诸戍必以入寇加诛尔矣。且朝京师路迂,皆非计之得者。'溪洞闻之,翻云南来者五十州。后云南

---

① 《元史》卷62《地理志五》。
② 《元史》卷12《世祖纪九》、卷62《地理志五》。
③ 《元史》卷17《世祖纪十四》、卷63《地理志六》。
④ 《元史》卷15《世祖纪十二》、卷16《世祖纪十一》。
⑤⑦ 《元史》卷63《地理志六》。
⑥ 《元史》卷17《世祖纪十四》。

争之,其省平章为书让公曰:'吾与先太尉久共政,汝不可有吾成功。'各驿以闻,公使先至,诏听公节度,升昭勇大将军,广西宣抚使。寻罢宣抚,改镇国上将军,广南西道宣慰司。"①左右江地区与邕容等州毗邻,宋代同属广南西路。因元军在静江屠城,左右江洞蛮转而投降云南行省,故先受该省管辖。静江守将史格采用威逼利诱等方式,说服左右江弃云南而属湖广。云南行省与湖广行省因左右江归属发生争执,各遣使奏闻,朝廷最后裁定左右江归属湖广。碑中"为书"责备史格的云南行省平章,自称与史格父太尉史天泽"久共政",故此云南平章必是世祖初曾任中书省平章的赛典赤·赡思丁。由此可以窥知:左右江改属湖广行省,大约发生在赛典赤任云南平章的至元十六年以后。八番顺元和左右江相继从四川、云南二行省割隶湖广后,湖广行省也就成为云南、四川之外的另一个负有抚治西南少数民族使命的行省。

以上若干路州的割出和割入,大体是在至元三十年以前完成的。它和世祖末成宗初诸行中书省向地方最高军政官府的过渡及其辖区疆界的固定化,基本上是同步的。就湖广行省而言,割出的路州主要在北部和东南部,割入的路州及安抚司等主要在西部。割入部分的地域面积稍大于割出的部分,但湖广行省辖区的主体部分始终未变,依然是阿里海牙及其部将所攻略的原南宋荆湖南、北路和广南西路之地。

"湖广地方数千里,南包岭海,西控庸蜀"②,北部在长江中游及孝感、江陵、峡州一线与河南行省交界,西北部在巫峡、永顺安抚司、重庆路、泸州一线与四川行省交界,西南部在乌撒路、普定路、富州一线与云南行省交界,东部在幕阜山、萍乡州、封州一线与江西行省交界,南部一直到海南岛南端的吉阳军。所辖区面积是江南三行省中最大的,相当于今湖北、湖南、广西、海南、贵州五省的大部分地区。

再来看湖广行省所辖路州的数量。《元史》卷91《百官志七》载:"湖广等处行中书省……统有三十路,三府。"此说基本正确。如果按《地理志六》,言其"为路三十,州十三,府三,安抚司十五,军三",把湖广行省直辖的路府州等全部囊括在内,似乎更详细、更妥当些。应该补充的是,除上述路府州外,还有湖南、广西两江、海北海南、八番顺元四道宣慰司归湖广行省节制。后三道又均是宣慰司都元帅府的建制。湖广行省"统四道宣慰司"③,所统宣慰司数,在江

---

① 《牧庵集》卷16。
② 《至正集》卷34《送苏伯修赴湖广参政序》。
③ 《清河集》卷4《武昌路学记》。

南三行省中也是最多的。

然而,统辖如此广阔区域、如此众多路州及宣慰司的湖广行省,其治所却设在最北端长江边上的武昌路。这与河南、江浙、江西三行省类似,确实违背首府设于省区中心的行政地理常规,也是其他王朝难以见到的。此疑问似乎只能从元帝国将汉地诸行省当作财富"中转站"①和政治军事上以北制南的国策中找到答案。

第二节　湖北八路、一府、一州沿革

元代的湖北八路、一府、一州地区,实际上是原湖北道宣慰司所辖之地。湖北道宣慰司设立于至元十四年(1277),起初治于鄂州。首任宣慰使为万户郑鼎和原行省金事贾居贞。郑鼎战死后,鄂州路达鲁花赤张雄飞升任宣慰使。奥鲁赤也曾经以参知政事行湖北道宣慰使,兼领蒙古军,戍守鄂州一带②。十八年,移治潭州。十九年湖北道宣慰司因湖广行省所在而废罢,原湖北道宣慰司所辖八路、一府、一州随而成为湖广行省的直辖区。这八路、一府、一州是:武昌路、岳州路、常德路、澧州路、辰州路、沅州路、兴国路、靖州路、汉阳府、归州。

至元十九年以后,虽然湖北道宣慰司被撤销,但治于武昌路的江南湖北道肃政廉访司一直存在,以上八路、一府、一州又构成了该廉访司的监察区域,或者可以称之为廉访司道。这与江西廉访司的情况十分相近。元后期,湖北道宣慰司早已废罢,可仍有人认为,湖广"行中书省而统四道,宣慰使元将大吏,咸走节下"③。显然,湖北八路、一府、一州是被算在四道行列之内的。

笔者注意到,原湖北道宣慰司所辖之地,与宋荆湖北路的二府、十州、二军,相差无几。即使是至元十九年湖北道宣慰司废罢而由湖广行省直辖的近十年间,情况也大致如此。变化发生在十年之后。

《元史》卷17《世祖纪十四》至元二十九年正月丙午条云:"以汴梁、襄阳、河南、南阳、归德皆隶河南行省。复割湖广省之德安、汉阳、信阳隶荆湖北道,蕲黄隶淮西道,并淮东道三宣慰司咸隶河南省。其荆湖北道宣慰司旧领辰、沅、澧、靖、归、常德,直隶湖广省。"

---

① 参阅王颋:《行省制度浅谈》,《文史知识》1985年第3期。
② 《归田类稿》卷10《资德大夫中书右丞议枢密院事陈公神道碑铭》;《元史》卷163《张雄飞传》、卷131《奥鲁赤传》。
③ 《清河集》卷4《武昌路学记》。

由于至元二十八年设置河南行省,故发生江北诸路州划属该省的新变动。按照至元二十九年正月元廷的命令,原湖北道宣慰司所辖之地开始被一分为二,"辰、沅、澧、靖、归、常德,直隶湖广省";江北的德安、汉阳、信阳等地划归河南行省,另立荆湖北道宣慰司统辖之。这样,改由湖广行省直辖的湖北八路、一府、一州地区,事实上大体限于宋荆湖北路所辖的江南地带。江北的江陵府、峡州、德安府、复州等则割属河南行省荆湖北道宣慰司了。

一、武昌路

武昌路(治今湖北武汉市武昌区),上路。至元二十七年户数 114 632 户。唐初为鄂州,后改江夏郡和武昌军。宋初为武清军,后仍为鄂州,隶属荆湖北路。元至元十一年归附,立荆湖等路行中书省和本道安抚司。十三年,设录事司。十四年,立湖北道宣慰司,改安抚司为鄂州路总管府,第一任达鲁花赤是张雄飞。不久,鄂州行省并入潭州行省。十八年,行省迁回鄂州,移宣慰司于潭州。十九年,湖北道宣慰司因行省所在撤销,鄂州路直隶行省。大德五年(1301)十月,以鄂州路在江南诸城首来归附,又曾经是世祖忽必烈亲征之地,改名为武昌路。领一录事司,江夏、咸宁、嘉鱼、蒲圻、崇阳、通城、武昌七县。

江夏县,宋为紧县。元为中县,倚郭。

咸宁县,宋为中县。元为下县。

嘉鱼县,宋为下县。元仍为下县。

蒲圻县,宋为中县。元仍为中县。

崇阳县,宋为望县。元为中县。

通城县,宋为中县。元仍为中县。

武昌县,宋为上县,后以其为冲要之地,升为寿昌军。元至元十四年,升为散府,治本县。湖北道宣慰司首领官陈天祥曾奉命摄寿昌府事。后废府,以下县隶武昌路。户口 15 805 户[①]。

关于武昌路的地理形胜,元人元明善说:"武昌,塽山而城,堑江而池,挟滇益,引荆吴,据楚中,而履南越。"[②]

元武昌路沿袭宋鄂州所辖七县之地,变化的只是州升路和增置录事司。

[①] 以上据《元史》卷 63《地理志六》、卷 20《世祖纪十七》、卷 163《张雄飞传》;《大元一统志》卷 10《湖广等处行中书省》;《宋史》卷 88《地理志四》;《归田类稿》卷 10《资德大夫中书右丞议枢密院事陈公神道碑铭》。

[②] 《清河集》卷 4《武昌路学记》。

户口则增加近二万户。

二、岳州路

岳州路(治今湖南岳阳市),上路。户数 137 508 户。唐为巴州,又改岳州。宋为岳阳军。元至元十二年归附。十三年,立岳州路总管府。领一录事司,巴陵、临湘、华容三县,一平江州。

巴陵县,宋为上县。元仍为上县,倚郭。

临湘县,宋增设。元为中县。

华容县,宋为望县。元为中县。

平江州,宋为平江县,上县。元贞元年(1295)升为州①。

元岳州路沿袭宋岳州所辖四县之地,只在州升路、增置录事司及平江县改属州上稍有变化。户口则增加近四万户。

三、常德路

常德路(治今湖南常德市),上路。户数 206 425 户。唐为朗州,宋为常德府。元至元十二年归附,置常德府安抚司。十四年,改常德路总管府。领一录事司,一武陵县,桃源、龙阳二州。州领一县。

武陵县,宋为望县。元为上县。

桃源州,中州。宋为望县。元贞元年升为州。

龙阳州,下州。宋为中县。元贞元年升为州。领一沅江县,下县②。

元常德路沿袭宋常德府所辖四县之地,在府升路、增置录事司,桃源、龙阳二县改属州及沅江县降为龙阳州属县等方面略有变化。户口则增加近十五万户。

常德路又含有阔端太子位下等江南食邑封户。《元史》卷95《食货志三》载:"阔端太子位……江南户钞,至元十八年,分拨常德路四万七千七百四十户,计钞一千九百九锭";"阿塔赤:江南户钞,至元二十一年,分拨常德路龙阳县四千户,计钞一百六十锭";"帖古迭儿:江南户钞,至元二十一年,分拨常德路沅江县五千户,计钞二百锭"。以上三投下封户约占常德路总户数的四分之一强。

四、澧州路

澧州路(治今湖南澧县),上路。户数 209 989 户。唐为澧阳郡,又改澧

---

①② 以上据《元史》卷63《地理志六》;《大元一统志》卷10《湖广等处行中书省》;《宋史》卷88《地理志四》。

州。宋仍为澧州。元至元十二年归附,立安抚司。十四年,改澧州路总管府。领一录事司,澧阳、石门、安乡三县,慈利、柿溪二州。

澧阳县,宋为望县。元为上县,倚郭。

石门县,宋为中下县。元为上县。

安乡县,宋为中下县。元为下县。

慈利州,中州。宋为慈利县,下县。元贞元年升为州。

柿溪州,下州①。

元澧州路基本沿袭宋澧州所辖四县之地,在州升路、增置录事司和柿溪州、慈利县改属州等方面略有变化。户口则增加近十二万余户。

澧州路又含有察合台大王位下江南食邑封户。《元史》卷95《食货志三》载:"茶合罗大王位……江南户钞,全元十八年,分拨澧州路六万七千三百三十户,计钞二千六百九十三锭。"其封户约占澧州路总户数的近三分之一。

五、辰州路

辰州路(治今湖南沅陵县),下路。户数 83 223 户。唐为卢溪郡,又改辰州。宋仍为辰州。入元,改辰州路。领沅陵、辰溪、卢溪、叙浦四县。

沅陵县,宋为中县。元仍为中县。

辰溪县,宋为下县。元仍为下县。

卢溪县,宋为下县。元仍为下县。

叙浦县,宋为中下县。元为下县②。

元辰州路大体沿袭宋辰州所辖四县之地,唯一的变化是州升路。户口则增加七万余户。

六、沅州路

沅州路(治今湖南芷江侗族自治县),下路。户数 48 632 户。唐为巫州,后相继改沅州、潭阳郡和叙州。宋仍为沅州。元至元十二年,立沅州安抚司。十四年,改沅州路总管府。领卢阳、黔阳、麻阳三县。

卢阳县,宋为下县。元仍为下县。

黔阳县,宋为下县。元仍为下县。

---

①② 以上据《元史》卷63《地理志六》;《大元一统志》卷10《湖广等处行中书省》;《宋史》卷88《地理志四》。

麻阳县,宋为下县。元仍为下县①。

元沅州路大体沿袭宋沅州所辖之地,只是在州升路和减渠阳县方面稍有变化。户口则增加近四万户。

七、兴国路

兴国路(治今湖北阳新县),下路。户数 50 952 户。隋唐为永兴县。宋改永兴军,又改兴国军。元至元十四年,升兴国路总管府。原隶江西行省,至元三十年自江西割隶湖广。领一录事司,永兴、大冶、通山三县。

录事司,至元十七年设立。

永兴县,宋为望县。元为下县,倚郭。

大冶县,宋为紧县。元为下县。

通山县,宋为中县。元为下县②。

元兴国路基本沿袭宋兴国军所辖三县之地。变化的是军升路和增置录事司。户口则减少一万余。

八、靖州路

靖州路(治今湖南靖州苗族侗族自治县),下路。户数 26 594 户。唐为夷、播、叙三州之境。宋置诚州,又改靖州。元至元十二年,立安抚司。十三年,改靖州路总管府。靖州路的地理形势是"东通于邵,南通于融,北通于沅"。

领永平、会同、通道三县。

永平县,宋为下县。元仍为下县。

会同县,宋为下县。元仍为下县。

通道县,宋为下县。元仍为下县③。

元靖州路基本沿袭宋靖州所辖三县之地,唯一的变化是州升路。户口则增加约八千户。

九、汉阳府

汉阳府(治今湖北武汉市汉阳区),户数 14 486 户。唐初为沔州,又改沔阳郡。宋为汉阳军。至元十一年归附。十四年升为汉阳府。领汉阳、汉川

---

① ② 以上据《元史》卷 63《地理志六》;《宋史》卷 88《地理志四》。
③ 以上据《元史》卷 63《地理志六》;《大元一统志》卷 10《湖广等处行中书省》;《宋史》卷 88《地理志四》。

二县。

汉阳县,宋为紧县。至元二十二年升为中县。

汉川县,宋为下县。元仍为下县①。

元汉阳府基本沿袭宋汉阳军所辖二县之地,变化的只是军升路。

十、归州

归州(治今湖北秭归县),下州。户数 7 492 户。唐为归州,一度改巴东郡。宋仍为归州。南宋末,州治辗转迁至白沙南浦。元至元十二年,立安抚司。十四年,改归州路总管府。十六年,降为州。领秭归、巴东、兴山三县。

秭归县,宋为下县。元仍为下县,倚郭。

巴东县,宋为下县。元仍为下县。

兴山县,宋为下县。元仍为下县②。

元归州基本沿袭宋归州所辖三县之地。户口比宋代减少一万四千多户。

由于峡州路划属河南行省,归州就成了在空间上与湖广行省稍有隔离的一块飞地。

第三节　湖南道所属九路、三州沿革

一、潭州路

潭州路(治今湖南长沙市),上路。户数 603 501 户。唐为潭州,又改长沙郡。宋仍为潭州,湖南安抚司治所。元至元十三年(1276),立安抚司。十四年,改潭州路总管府。天历二年(1329),以文宗图帖睦尔潜邸所幸,改天临路。领一录事司,长沙、善化、衡山、宁乡、安化五县,醴陵、浏阳、攸、湘乡、湘潭、益阳、湘阴七州。

录事司,宋设兵马司,以都监领之。元至元十四年,改置录事司。

长沙县,宋为望县。元为上县,倚郭。

善化县,宋为望县。元为倚郭县。

衡山县,南岳衡山所在。宋为望县,有黄蘗银场。元为上县。

宁乡县,宋为中县。元为上县。

---

①② 以上据《元史》卷 63《地理志六》;《大元一统志》卷 10《湖广等处行中书省》;《宋史》卷 88《地理志四》。

安化县,宋为望县,有七星镇等。元为下县。

醴陵州,中州。唐宋皆为醴陵县。宋有永兴及旧溪银场。元元贞元年(1295)升为州。

浏阳州,中州。唐宋皆为浏阳县。元元贞元年升为州。

攸州,唐宋皆为攸县,唐属南云州,宋属潭州。元元贞元年升为州。

湘乡州,下州。唐宋皆为湘乡县。元元贞元年升为州。

湘潭州,中州。唐宋皆为湘潭县。元元贞元年升为州。

益阳州,中州。唐为新康县,宋为安化县。元元贞元年升为益阳州。

湘阴州,下州。唐宋皆为湘阴县。元元贞元年升为州[①]。

元潭州路沿袭宋潭州所属十二县之地,而在州升路、增设录事司和七县升州等方面又略有变化。户口则增加十六万余户。

潭州路还是武宗海山后妃位下的江南食邑。《元史》卷 23《武宗纪二》至大三年(1310)九月庚子条云:"以潭州隶中宫。"卷 95《食货志三》又载:"武宗斡耳朵:真哥皇后位:……江南户钞,延祐二年,分拨湘阴州四万二千户,计钞一千六百八十锭。完者台皇后位:……江南户钞,延祐二年,分拨潭州路衡山县二万九千七百五十户,计钞一千一百九十锭。"由于武宗海山自漠北南下入继大统,带来了许多蒙古旧俗,故至大三年很可能是把整个潭州路都拨赐中宫皇后位下。到仁宗延祐二年(1315),才将上述分封进一步食邑化,按制度享受江南户钞。而且食邑范围也限制在本路湘阴州四万二千户和衡山县二万九千七百五十户,不再是整个潭州路。

另外,《元史》卷 26《仁宗纪一》至大四年四月丁卯条载:"改封亲王迭里哥儿不花为湘宁王,赐金印,食湘乡州、宁乡县六万五千户。"卷 95《食货志三》又载:"武宗子明宗位,江南户钞,延祐二年,分拨湘潭州六万五千户,计钞二千六百锭。"据此,湘宁王迭里哥儿不花和明宗位下食邑也在潭州路辖区内。

二、衡州路

衡州路(治今湖南衡阳市),上路。户数 113 373 户。唐为衡州。一度改衡阳郡。宋仍为衡州。元至元十三年,立安抚司。十四年,改衡州路总管府。至元十五年到十八年,曾经是湖南道宣慰司治所。领一录事司,衡阳、安仁、酃县三县。

录事司,宋设兵马司,管辖在城民户五厢。元至元十三年,改立录事司。

---

① 《元史》卷 63《地理志六》;《大元一统志》卷 10《湖广等处行中书省》;《宋史》卷 88《地理志四》。

衡阳县，宋为紧县，有熙宁钱监。元为上县，倚郭。

安仁县，宋为中下县。元为下县。

酃县，宋太祖乾道四年(966)，析康乐、云阳、常平三乡置酃县，隶衡州。南宋茶陵县升为茶陵军后，酃县为其属县。入元，隶属衡州路①。

与宋衡州比较，元衡州路辖区由原先五县减少至三县，主要是茶陵、耒阳、常宁三县割出而升为直隶宣慰司之州，还有州升路、增设录事司等建制上的变化。户口则减少五万余户。

据《元史》卷95《食货志三》，"阔列坚太子河间王位……江南户钞，至元十八年，分拨衡州路五万三千九百三十户，计钞二千一百五十七锭"；"昔宝赤：江南户钞，至元二十一年，分拨衡州路安仁县四千户，计钞一百六十锭"；"八儿赤、不鲁古赤：江南户钞，至元二十一年，分拨衡州路酃县六百户，计钞二十四锭"。安仁县还有欠帖温的部分封户。如此，衡州路含有阔列坚太子位下和元世祖忽必烈怯薛执事昔宝赤、八儿赤和不鲁古赤等投下的食邑封户。其封户合计约占衡州路总户数的一半。

三、道州路

道州路(治今湖南道县)，下路。户数 78 018 户。唐为南营州，后又改道州和江华郡。宋仍为道州。元至元十三年，立安抚司。十四年，改道州路总管府。领一录事司，营道、宁远、江华、永明四县。

营道县，宋为紧县。元为中县，倚郭。

宁远县，宋为紧县。元为中县。

江华县，宋为紧县，有黄富铁场。元为中县。

永明县，宋为上县。元为下县②。

元道州路沿袭宋道州所属四县之地，而在州升路和增设录事司方面又有所变化。户口则增加三万余户。

四、永州路

永州路(治今湖南永州市)，下路。户数 55 666 户。唐改零陵郡为永州。宋仍为永州。元至元十三年，立安抚司。十四年，改永州路总管府。领一录事司，零陵、东安、祁阳三县。

---

①② 以上据《元史》卷63《地理志六》；《大元一统志》卷10《湖广等处行中书省》；《宋史》卷88《地理志四》。

零陵县，宋为望县。元为上县，倚郭。

东安县，宋为中县，有东安等砦。元为上县。

祁阳县，宋为中县。元仍为中县①。

元永州路沿袭宋永州所属三县之地，有所变化的是州升路和增设录事司。户口则减少三万余户。

永州路又是术赤大王等江南食邑所在。《元史》卷95《食货志三》载："术赤大王位……江南户钞，至元十八年，分拨永州六万户，计钞二千四百锭"，"灭古赤……江南户钞，至元二十二年，分拨永州路祁阳县五千户，计钞二百锭"。以上两投下封户数目，超过永州路户数近一万户。其原因需要进一步研究。

五、郴州路

郴州路（治今湖南郴州市），下路。户数61 259户。唐改桂阳郡为郴州。宋仍为郴州。元至元十三年，立安抚司。十四年，改郴州路总管府。领一录事司，郴阳、宜章、永兴、兴宁、桂阳、桂东六县。

录事司，宋设兵马司。至元十四年，改立录事司。

郴阳县，宋名郴县，等级为紧，有新塘、浦溪二银坑。元至元十三年，改为郴阳县，中县。倚郭。

宜章县，宋为中县。元仍为中县。

永兴县，宋为中县。元仍为中县。

兴宁县，南宋新增县，有资兴、程水二乡。元为下县。

桂阳县，宋为中县。元为下县。

桂东县，南宋新增县，有零陵、宜城二乡。元为下县②。

成宗朝，郴州路还成为潭州路以南军队和保定翼万人军队奉命戍守之地③。

元郴州路沿袭宋郴州所属六县之地，在州升路、增设录事司以及郴县易名等方面稍有变化。户口则增加二万余户。

六、全州路

全州路（治今广西全州县），下路。户数41 645户。五代后晋于清湘县置

---

① 以上据《元史》卷63《地理志六》；《大元一统志》卷10《湖广等处行中书省》；《宋史》卷88《地理志四》。

② 以上据《元史》卷63《地理志六》；《大元一统志》卷10《湖广等处行中书省》；《宋史》卷88《地理志四》。关于郴阳县，《元史》卷63《地理志六》说："旧为敦化县。"《乾隆湖广通志》卷4已考证其讹误。今从之。

③ 《元史》卷19《成宗纪二》元贞二年十一月、卷99《兵志二》。

全州。宋仍为全州。元至元十三年,立安抚司。十四年,改全州路总管府。领一录事司,清湘、灌阳二县。

录事司,宋设兵马司,至元十五年,改立录事司。

清湘县,宋为望县,有香烟、禄塘、长乌、羊状、磨石、获源七寨。元为上县,倚郭。

灌阳县,宋为中县,有洮水、灌水、吉宁三寨。元为下县①。

元全州路沿袭宋全州所属二县之地,只是在州升路和增设录事司上稍有变化。户口则增加近七千户。

全州路还是若干蒙古右手大千户的江南食邑所在。《元史》卷95《食货志三》载:"右手万户三投下孛罗台万户……江南户钞,至元十八年,分拨全州路清湘县一万七千九百一十九户,计钞七百一十六锭";"忒木台驸马……江南户钞,至元二十二年,分拨全州路录事司九千八百七十六户,计钞三百九十五锭";"斡阔烈阇里必……江南户钞,至元二十年,分拨全州路灌阳县一万六千一百五十七户,计钞六百四十六锭"。以上封户总数43 952户,稍多于全州路户数。而且,在全州路录事司和清湘、灌阳二县均有相应数量的封户。

七、宝庆路

宝庆路(治今湖南邵阳市),下路。户数72 309户。唐为邵州,又改邵阳郡。宋仍为邵州,又升宝庆府。元至元十二年,立安抚司。十四年,改宝庆路总管府。领一录事司,邵阳、新化二县。

邵阳县,宋为望县。元为上县,倚郭。

新化县,宋为望县,有惜溪、柘溪、藤溪、深溪、云溪五寨。元为中县。

本路的风俗形势是"风俗陋俭,狱讼简稀"②。

元宝庆路沿袭宋宝庆府所属二县之地,变化的只是府升路和增设录事司。户口则减少二万余户。

八、武冈路

武冈路(治今湖南武冈市),下路。户数77 207户。唐为武冈县。宋升为武冈军。元至元十三年,立安抚司。十四年,改武冈路总管府。领一录事司,武冈、新宁、绥宁三县。

---

① 以上据《元史》卷63《地理志六》;《宋史》卷88《地理志四》。
② 以上据《元史》卷63《地理志六》;《大元一统志》卷10《湖广等处行中书省》;《宋史》卷88《地理志四》。

录事司,宋有兵马司,领四厢。至元十三年,改立录事司。

武冈县,宋为中县,有山塘、关硖、武阳、城步、赤木、神山、峡口等寨。元为上县,倚郭。

新宁县,宋为下县。元仍为下县。

绥宁县,宋为中县。元为下县。

本路有屯田八十六顷①。

元武冈路沿袭宋武冈军所属三县之地,只是在军升路、增设录事司上稍有变化。

另外,忽必烈四大怯薛中的也可怯薛、忽都答儿怯薛、月赤察儿怯薛,至元二十一年同时获拨武冈路武冈、新宁、绥宁三县江南食邑封户各五千户,计钞二百锭②。三投下封户合计约占武冈路总户数的近五分之一。

九、桂阳路

桂阳路(治今湖南桂阳县),下路。户数 65 057 户。唐属郴州。宋升桂阳军。元至元十三年,立安抚司。十四年,改桂阳路总管府。领一录事司,平阳、临武、蓝山三县。

平阳县,宋为上县,有大富等九银坑。元仍为上县。

临武县,宋为中县。元仍为中县。

蓝山县,宋为中县。元为下县③。

元桂阳路沿袭宋桂阳军所属三县之地,变化的只是军升路和增设录事司。户口则增加二万余户。

十、茶陵州

茶陵州(治今湖南茶陵县),下州。户数 36 642 户。唐为茶陵县,隶南云州。宋初仍为县,隶衡州,一度升为茶陵军。元至元十九年,升为茶陵州,直隶湖南道宣慰司。

茶陵州又是末哥大王位下的江南食邑所在。《元史》卷95《食货志三》载:"末哥大王位……江南户钞,至元十八年,分拨茶陵州八千五十二户,计钞三百二十四锭。"

---

①③ 以上据《元史》卷63《地理志六》;《大元一统志》卷10《湖广等处行中书省》;《宋史》卷88《地理志四》。

② 《元史》卷95《食货志三》。

十一、耒阳州

耒阳州(治今湖南耒阳市),下州。户数 25 311 户。唐为耒阳县。宋仍为县,隶衡州。元至元十九年,升为耒阳州,直隶湖南道宣慰司。

耒阳州又是拨绰大王位下的江南食邑所在。《元史》卷 95《食货志三》载:"拨绰大王位……江南户钞,至元十八年,分拨耒阳州五千三百四十七户,计钞二百一十三锭。"

十二、常宁州

常宁州(治今湖南常宁市西北),下州。户数 18 431 户。唐为常宁县。宋仍为县,隶衡州。元至元十九年,升为常宁州,直隶湖南道宣慰司①。

常宁州又是合丹大王位下的江南食邑所在。《元史》卷 95《食货志三》载:"合丹大王位……江南户钞,至元十八年,分拨常宁州二千五百户,计钞一百锭。"

可以发现,茶陵州、耒阳州和常宁州由县升为州,自衡州路割出,直隶湖南道宣慰司,均发生在至元十八年末哥、拨绰、合丹受封食邑一年后。因此,以上三州各由县升为州,应该是元朝廷尊崇优待诸王位下的政策体现。

第四节 广西两江道所属六路、一司、一府、九州等沿革

一、静江路

静江路(治今广西桂林市),上路。户数 210 852 户。唐初为桂州,后改始安郡、建陵郡和静江军。宋仍为静江军,又升静江府。元至元十三年(1276),立广西道宣抚司。十四年,改宣慰司。十五年,设静江路总管府。领一录事司,临桂、兴安、灵川、理定、义宁、修仁、荔浦、阳朔、永福、古县等十县。

临桂县,宋为紧县。元为上县,倚郭。

兴安县,宋为望县。元为下县。

灵川县,宋为望县。元为下县。

理定县,宋为下县。元仍为下县。

义宁县,宋为中下县。元为下县。

修仁县,宋为中县。元为下县。

---

① 以上据《元史》卷 63《地理志六》;《大元一统志》卷 10《湖广等处行中书省》;《宋史》卷 88《地理志四》。

荔浦县,宋为望县。元为下县。

阳朔县,宋为望县。元为下县。

永福县,宋为下县。元仍为下县。

古县,宋为下县。元仍为下县①。

由于至元十三年攻克静江时元军实行了残酷的屠城及剽掠,该城受到很大破坏。"城既当剽杀之余,官舍民屋,尽于焚毁。"奉命留戍静江的首任广西宣慰使史格主持重建静江路官衙民居,"隙为居第,市为列肆,必完无苟。学校祠庙,大其故制",还"画地募民",强迫"乡县之豪,析族城居"。史格本人"所居第宏最静江",用意是"示吾久此不为去计";又将南逃归乡的被掳掠男女三千人,抄籍为民,以增加户口数量。经过这番努力,静江路很快重新恢复为"通都"大城②。

元静江路沿袭宋静江府所属十县之地,只是在府升路和增设录事司上稍有变化。户口则增加十六万余户。

二、南宁路

南宁路(治今广西南宁市),下路。户数 10 542 户。唐初为南晋州,后改邕州。宋曾经改为永宁郡。元至元十三年,立安抚司。十六年,改为邕州路总管府,兼左右江溪洞镇抚。泰定元年(1324),改为南宁路。其四至八到是:东北至上都六千六百九十里,东北至大都五千六百九十里;东至横州永淳县界一百二十里,南至钦州路安远县界八十里,西至左江古万寨管下溪洞界九十里,北至庆远路龙水县一百五十里;东到横州永淳县一百四十五里,南至钦州路二百三十五里,西到左江古万寨四百七十里,北至庆远路龙水县三百三十里;东南到横州二百一十里,东北到宾州一百九十八里,西南到左江太平寨七百九十里,西北到右江横山寨自杞国二千五十里。

领一录事司,宣化、武缘二县。

宣化县,宋为下县。元仍为下县。本县东北至上都六千六百九十里,东北至大都五千六百九十里;东至横州永淳县界一百二十里,南至钦州路安远县界八十里,西至左江万古寨管下溪洞界九十里,北至武缘县界二十五里;东到横州永淳县二百四十五里,南到钦州路安远县二百三十五里,西到左江迁龙寨一百

---

① 以上据《元史》卷 63《地理志六》;《大元一统志》卷 10《湖广等处行中书省》;《宋史》卷 90《地理志六》。

② 《牧庵集》卷 16《平章政事史公神道碑》。

五十里,北到武缘县一百里;东南到横州宁浦县二百一十里,东北到宾州领方县一百九十八里,西南到左江太平寨七百六十里,西北到右江横山寨四百九十里。

武缘县,宋为下县。元仍为下县,治所迁至西乡。境内有永宁乡、武颛里、止戈乡等。本县东北至上都七千六十里,东北至大都六千六十里;东南至本路总管府一百里,东至宾州上林县界一百里,南至宣化县界七十里,西至右江横山寨溪洞归德州一百四十里,北至庆远路龙水县一百里;东到宾州上林县一百七十里,南到宣化县三百里,西到宣化县那楼寨一百五十里,北到庆远路龙水县一百五十里;东南到宣化县金城寨一百二十里,东北到庆远路二百三十里,西南到左江古万寨三百九十里①。

南宁路还是左右两江宣慰使司都元帅府和后来的广西两江道宣慰使司都元帅府分司所在,始终负责兼管左右江溪洞。

元人傅与砺说:"南宁,本唐邕州。其土与左右江犬牙相入,而南控交趾,旁郡猺獠,出没不常。宋因南汉,升建武军,镇以节度。国朝复邕州。即其地创宣慰司制两江。后稍徙太平,加都元帅府。元贞初,始合广西两江道,定置宣慰使司都元帅府,治静江,而分府于邕。天历间,改邕为南宁。分府所部两江州郡数十,各受节制。其俗剽悍,守长多所自署,岁赋徒入其文书而已。朝廷亦羁縻之,不切以法。独南宁赋税之征,刑律之治,一视中州。守令将佐,悉上命所置。"②

由是观之,南宁路的辖区和管理方式均分为直辖一司二县、兼管左右江溪洞两部分。前者是本路总管府的统辖范围,后者是左右两江宣慰使司都元帅府和后来的广西两江道宣慰使司都元帅府分司所兼管的左右江溪洞,治所一度迁至太平寨。前者实行"赋税之征,刑律之治,一视中州。守令将佐,悉上命所置";后者容许"守长多所自署,岁赋徒入其文书而已。朝廷亦羁縻之,不切以法"。《元一统志》卷10所载横山、迁龙、古万、太平、永平五寨,虽然史称"隶邕州路节制",但确切地说,应当是隶属左右两江宣慰使司都元帅府和后来的广西两江道宣慰使司都元帅府分司,而不是隶属南宁路总管府的。

元南宁路大体沿袭宋邕州所属二县五寨之地。稍有变化的是州升路、易名南宁及增设录事司。户口则增加五千余户。

三、梧州路

梧州路(治今广西梧州市),下路。户数5 200户。唐改为苍梧郡,后仍为

---

① 以上据《元史》卷63《地理志六》;《大元一统志》卷10《湖广等处行中书省》;《宋史》卷90《地理志六》。
② 《傅与砺诗文集》卷5《送南宁路总管宋侯之官诗序》。

梧州。宋袭唐制，为梧州。元至元十四年，置安抚司。十六年，改梧州路总管府。领苍梧一县。

苍梧县，隋唐曾经置封州，后罢州改为苍梧县。宋为下县。元仍为下县。境内有孟陵、冷石、戎城三镇①。

元梧州路大体沿袭宋梧州之地，变化的只是州升路。户口则与宋基本持平。

又，《元史》卷95《食货志三》载："左手九千户合丹大息千户……江南户钞，至元十八年，分拨藤州、苍梧县一千二百四十四户，计钞四十九锭。"尽管合丹大息千户的封户散在藤州、梧州路苍梧县两处，梧州路苍梧县含有左手九千户之一合丹大息千户投下的江南食邑户是确凿无疑的。

四、浔州路

浔州路（治今广西桂平市），下路。户数 9 248 户。唐为浔江郡，又改浔州。宋仍为浔州。元至元十三年，置安抚司。十六年，改浔州路总管府。领桂平、平南二县。

桂平县，宋为下县。元仍为下县。

平南县，北宋为龚州属县，中县。政和元年（1111）和绍兴六年（1136）龚州两次被废罢，尤其是绍兴六年龚州废罢固定化，平南县改属浔州。元为下县②。

元浔州路大体沿袭宋浔州所属二县之地，发生变化的唯有州升路。户口数比起宋浔州和龚州有所减少。

浔州路还是阿儿思兰官人、撒秃千户、怯来千户、玉龙帖木儿千户、别苦千户五投下的江南食邑所在。《元史》卷95《食货志三》载：阿儿思兰官人与撒秃千户，江南户钞，至元十八年，分拨浔州路各三千户，计钞一百二十锭；怯来千户、玉龙帖木儿千户和别苦千户，江南户钞，至元二十年，分拨浔州路各三千户，计钞一百二十锭。

五、柳州路

柳州路（治今广西柳城县东南古城），下路。户数 19 143 户。唐为龙城郡，又改柳州。宋仍为柳州。元至元十三年，置安抚司。十六年，改柳州路总

---

① ② 以上据《元史》卷63《地理志六》；《大元一统志》卷10《湖广等处行中书省》；《宋史》卷90《地理志六》。

管府。领柳城、马平、洛容三县。

柳城县,宋为中县。元为下县,倚郭。

马平县,宋为中县。元为下县,境内有都博镇和都博镇巡检司等建置。

洛容县,宋为中县。元为下县①。

元柳州路大体沿袭宋柳州所属三县之地,唯一变化的是州升路。户口则增加一万余户。

柳州路又是下嫁汪古部赵国公主位下的江南食邑所在。《元史》卷95《食货志三》载:"赵国公主位……江南户钞,至元十八年,分拨柳州路二万七千户,计钞一千八十锭。"

六、横州路

横州路(治今广西横县),下路。户数4 098户。唐初为简州,先后改南简州、横州和宁浦郡。宋仍为横州。元至元十四年归附,置安抚司。十六年,改横州路总管府。本路的四至八到为:北至上都五千四百六十一里,北至大都四千四百六十一里;东至贵州界八十里,西至邕州路界一百八十里,南至钦州路界六十里,北至宾州路界一白四十里;东到贵州一百三十五里,西到邕州路二百二十里,南到钦州路二百四十里,北到宾州路一百九十七里;东南到钦州路二百九十里,东北到贵州一百四十里,西南到邕州路二百七十里,西北到邕州路二百一十里。

关于横州路总管府后来是否降为横州,《元史·地理志》虽然没有正面肯定,但直接记作横州。赵万里校辑《元一统志》时,认为《元史·地理志》脱路字,并依据《大明清天文分野之书》及《永乐大典》卷8506,补为横州路。笔者注意到,《广西通志》卷52《秩官》载,横州路达鲁花赤:朵儿赤,至元二十二年任;甘文奎,至元间任;必巴实,至元间以忠翊校尉任;额森,至顺间以忠翊校尉任。横州路总管:邓元甫,至元二十八年以昭毅将军任;任珪,至正间任;聂用和,至元间任;赵筠齐,至正间任。既然横州路总管府达鲁花赤和总管,元世祖朝到顺帝朝都有数人到官任职,横州路建置一直延续至元末是大体可以肯定的。所以,笔者从赵万里说。

领宁浦、永淳二县。

宁浦县,宋为下县。元仍为下县,倚郭。其四至八到为:北至上都五千四百六十一里,北至大都四千四百六十一里;东至郁林州界八十里,西至永

---

① 以上据《元史》卷63《地理志六》;《宋史》卷90《地理志六》;《玩斋集》卷10《贞素先生墓志铭》。

淳县界五十里,南至钦州路灵山县界六十里,北至宾州岭方县界一百四十七里;东到郁林州界一百三十五里,西到永淳县界一百二十里,南到钦州路灵山县一百八十里,北到宾州岭方县二百四十里;东北到郁林州一百四十里,西北到宾州岭方县二百四十里,西南到邕州路宣化县二百七十里,西到钦州路灵山县一百九十里。

永淳县,宋为下县,原名永定,后更名永淳。元仍为下县。其四至八到为:北至上都五千五百八十一里,北至大都四千五百八十一里;东至本路一百二十里,东至宁浦县界一百二十里,西至邕州路宣化县界五十里,南至钦州路灵山县界八十里,北至宾州岭方县界一百里;东到宁浦县一百五十里,西到宣化县一百五十里,南到钦州路灵山县一百五十里,北到宾州岭方县一百三十里;东南到宁浦县一百三十里,东北到宾州岭方县一百五十里,西南到钦州路灵山县一百七十里,西北到宣化县一百六十里①。

与宋横州比较,元横州路大体沿袭其所属二县之地,发生变化的主要是州升路。户口则增加六百户。

此外,《元史》卷 95《食货志三》载:"郓国公主位……江南户钞,至元十八年,分拨横州等处四万户,计钞一千六百锭。"郓国公主乃下嫁弘吉剌部长按陈之子赤苦的成吉思汗之女秃满伦。所以,横州又是郓国公主位下的江南食邑所在。需要注意的是,如前所述,横州路人口仅仅四千零九十八户,不足郓国公主封户的十分之一。不过,《食货志三》有"分拨横州等处"六字的记录。这样,郓国公主其余十分之九的封户,肯定分散在横州以外的路州了。

七、庆远南丹溪洞等处军民安抚司

庆远南丹溪洞等处军民安抚司(治今广西宜州市),户数 26 537 户。唐为龙水郡,又改粤州。宋为庆远府。元至元十三年,置安抚司。十六年,改庆远路总管府。成宗大德元年(1297)以前,庆远路和南丹州安抚司分别为两个同级行政建置。南丹州,原本是酋长莫氏世袭管领的羁縻州。北宋大观元年(1107),攻克南丹州,改为观州。四年,恢复南丹州,依然回归酋长莫公晟管领。元至元二十八年三月,南丹州酋长莫国麟北上觐见元世祖忽必烈,忽必烈授予他安抚使官职和三珠虎符。这应当是元南丹州安抚司设置的开始。大德

---

① 以上据《元史》卷 63《地理志六》;《大元一统志》卷 10《湖广等处行中书省》;《宋史》卷 90《地理志六》。

元年九月,中书省臣上奏:"南丹州安抚司及庆远路相去为近,所隶户少,请省之。"于是,元廷下令:废罢南丹州安抚司,设立庆远南丹溪洞等处军民安抚司,统一管辖原庆远路和南丹州安抚司之地。

领宜山、忻城、天河、思恩、河池五县。

宜山县,宋为龙水县,上县,后易名宜山。境内有怀远、思立二寨。元为下县。

忻城县,宋为中下县,原是芝忻、归恩等羁縻州之地,庆历三年(1197)置忻城县。元为下县。

天河县,宋为下县,境内有德谨寨。元仍为下县。

思恩县,宋为下县,境内有普义、带溪、镇宁三寨。元仍为下县。

河池县,南宋新增县,下县。元仍为下县①。

与宋庆远府相比,元庆远南丹溪洞等处军民安抚司除了沿袭其所属五县之地外,还将南丹州并入,名称上也有府与军民安抚司之别。户口则增加一万余户。

八、平乐府

平乐府(治今广西平乐县),户数 7 067 户。唐以平乐县置乐州,后又改平乐郡和昭州。宋仍为昭州。入元初期,仍为昭州。大德五年十一月,升昭州为平乐府。领平乐、恭城、立山、龙平四县。

平乐县,宋为中县。元为下县,倚郭。

恭城县,宋为下县。元仍为下县。

立山县,宋为中县。元为下县。

龙平县,宋为中县。元为下县②。

元平乐府大体沿袭宋昭州所属四县之地,发生变化的唯有昭州改平乐府。户口比起宋昭州减少一倍以上。

九、郁林州

郁林州(治今广西玉林市),下州。户数 9 053 户。唐为南尹郡,后改贵州和郁林州。宋仍为郁林州。元至元十四年,仍行郁林州事。境内有东乡、绿鸦

---

① 以上据《元史》卷63《地理志六》、卷16《世祖纪十三》、卷19《成宗纪二》;《大元一统志》卷10《湖广等处行中书省》;《宋史》卷90《地理志六》。
② 以上据《元史》卷63《地理志六》、卷20《成宗纪三》;《大元一统志》卷10《湖广等处行中书省》;《宋史》卷90《地理志六》。

镇。领南流、兴业、博白三县。

南流县，郁林州治所。宋为中下县。元为下县。

兴业县，宋为下县。元仍为下县。

博白县，北宋为白州属县，中县。南宋废白州，改隶郁林州。元为下县。境内有南、周罗、建宁、多余四乡和马门镇①。

元郁林州大体沿袭宋郁林州所属三县之地。户口略有增加。

十、容州

容州（治今广西容县），下州。户数2 999户。唐改铜州为容州，又改普宁郡。宋为宁远军。元至元十三年，置安抚司。十六年，改容州路总管府。而后降为容州。关于容州路总管府降为容州的时间，《粤西诗载》卷10仅言："后复为州。"其他史书亦语焉不详。幸而，《广西通志》卷52载："容州路总管：姬明，大德七年任。知容州：刘哲，后至元三年任；花礼，至正十六年任。"据此可知，容州路总管府降为容州的时间，大约在大德七年到后至元三年（1337）之间。

领普宁、北流、陆川三县。

普宁县，宋为上县。元为下县。境内有欣道东、欣道西、渭龙三乡。

北流县，宋为中县。元为下县。境内有峨山乡。

陆川县，宋为中县。元为下县。境内有龙池乡和博当镇。本县北至上都七千二十七里，北至大都六千二十七里；东至容州一百六十七里，东至北流县界峨石乡八十里，南至化州路石城县界阳村一百三十里，西至郁林州博白县界北旺村六十里，北至郁林州南流县界下坡村九十里；东到高州路茂名县四百里，西到郁林州博白县一百二十里，南到化州路石城县二百里，北到郁林州南流县一百一十里；东南到高州路茂名县四百里，东北到北流县一百一十里，西南到郁林州博白县一百一十里，西北到郁林州南流县一百一十里。

关于宋元之际容州的风俗形势，《元一统志》云："容介桂广间，盖蛮徼也。建炎以来，中原士大夫避地留家者众，俗化一变，于是衣冠礼度，并同中州。"②汉族文人的率多徙来，的确使容州的政治文化氛围为之一变。

元容州大体沿袭宋容州所属三县之地。户口减少一万余户。

---

①② 以上据《元史》卷63《地理志六》；《大元一统志》卷10《湖广等处行中书省》；《宋史》卷90《地理志六》。

十一、象州

象州（治今广西象州县），下州。户数 19 558 户。唐为象郡，又改象州。宋仍为象州。元至元十三年，置安抚司。十五年，改象州路总管府。而后降为象州。关于象州路总管府降为象州的确切时间，史料语焉不详。不过，《吴文正集》卷 66《有元朝列大夫抚州路总管府治中致仕李侯墓碑》载，李璋至元二十二年(1285)授象州路总管府知事。成书于大德七年的《元一统志》，已书作象州，而非象州路。所以，象州路总管府降为象州大约发生在至元二十二年到大德七年之间。

领阳寿、来宾、武仙三县。

阳寿县，宋为中下县。元为下县。

来宾县，宋为中下县。元为下县。

武仙县，宋为下县。元仍为下县①。

元象州大体沿袭宋象州所属三县之地。户口增加一万余户。

十二、宾州

宾州（治今广西宾阳县），下州。户数 6 248 户。唐以岭方县地置南方州，先后改为宾州、安都郡和岭方郡。宋仍为宾州。元至元十三年，置安抚司。十六年，改宾州路总管府。关于宾州的地理形势，元人曾经描述说："宾州，西接建武，北拒庆远，钦、象、横、贵，皆拟其境。在越骆为都会。"

关于宾州路总管府是否降为宾州，史书记载略有歧异。成书于大德七年的《元一统志》言其为宾州。《广西通志》卷 52《秩官》载，宾州路总管：王渥，泰定间任；张光孝，盂县人，后至元进士。这表明元末依然有宾州路总管府的设置。孰是孰非，只能暂且存疑。

领岭方、上林、迁江三县。

岭方县，宋为下县。元仍为下县，倚郭。

上林县，宋为中下县。元为下县。

迁江县，宋为中县。元为下县②。

与宋宾州比较，元宾州大体沿袭其所属三县之地，发生变化的主要是州升路。户口则减少一千余户。

---

①② 以上据《元史》卷 63《地理志六》；《大元一统志》卷 10《湖广等处行中书省》；《宋史》卷 90《地理志六》。

十三、融州

融州(治今广西融水苗族自治县),下州。户数21 393户。唐为融州,一度改融水郡。宋为清远军。元至元十四年,置安抚司。十六年,改融州路总管府。二十二年二月,降为散州。领融水、怀远二县。

融水县,宋为中县。元为下县。

怀远县,宋为下县,境内有临溪、文村、浔江三堡和高峰寨。元仍为下县①。

与宋清远军比较,元融州大体沿袭其所属二县之地。户口增加一万五千余户。

十四、藤州

藤州(治今广西藤县),下州。户数4 295户。唐改感义郡,后复为藤州。宋仍为藤州,又徙州治所于大江西岸。元至元十三年,仍行藤州事。领镡津、岑溪二县。

镡津县,宋为中县。元为下县。境内有上宁风、下宁风二乡。

岑溪县,宋为下县。元仍为下县。境内有城麻乡②。

与宋藤州比较,元藤州大体沿袭其所属二县之地。户口减少二千余户。

又,《元史》卷95《食货志三》载:"左手九千户合丹大息千户……江南户钞,至元十八年,分拨藤州、苍梧县一千二百四十四户";"也速兀儿等三千户……江南户钞,至元十八年,分拨藤州等处三千七百三十二户";"帖柳兀秃千户……江南户钞,至元十八年,分拨藤州一千二百四十四户,计钞四十九锭"。足见,藤州应该是左手九千户合丹大息千户、也速兀儿等三千户和帖柳兀秃千户等投下的江南食邑户所在。

十五、贺州

贺州(治今广西贺州市东南),下州。户数8 676户。唐改临贺郡,后复为贺州。宋仍为贺州。原属广南东路,大观二年(1108)五月,割隶广南西路。元至元十三年,仍行贺州事。领临贺、富川、桂岭、怀集四县。

---

① 以上据《元史》卷63《地理志六》、卷13《世祖纪十》;《大元一统志》卷10《湖广等处行中书省》;《宋史》卷90《地理志六》。

② 以上据《元史》卷63《地理志六》;《大元一统志》卷10《湖广等处行中书省》;《宋史》卷90《地理志六》。

临贺县，宋为紧县。元为下县，倚郭。

富川县，宋为上县。元为下县。

桂岭县，宋为中县。元为下县。

怀集县，宋为中县，属广州。元至元十三年，归附。十五年，刘道平叛乱，广西道宣慰使朱国宝统兵平定之。于是，怀集县改而划属贺州。境内有长乐、仁慈、武成、永平、大利、务本六乡①。

与宋贺州比较，元贺州在沿袭其所属三县的基础上，又增加一怀集县。户口则减少三万余户。

十六、贵州

贵州（治今广西贵港市），下州。户数 8 891 户。唐改怀泽郡，又改贵州。宋仍为贵州。元至元十四年，行贵州事，领郁林县。大德九年，省郁林县，只行州事。贵州地接八番，与播州相去二百余里，是湖广、四川、云南三行省的喉衿之地。大德六年，境内水东、水西、罗鬼诸蛮曾因云南行省右丞刘深强征民夫而叛乱②。

与宋贵州比较，元贵州沿袭其所辖地，变化的是郁林县并入本州。户口则增加一千余户。

贵州又是和斜温两投下的江南食邑所在。《元史》卷 95《食货志三》载："和斜温两投下……江南户钞，至元十八年，分拨贵州一万五百户，计钞四百二十锭。"

十七、左江的思明路、太平路，右江的田江路、来安路、镇安路等

左右江地区最初降附云南行省，至元十四年前后，经湖广行省军将史格劝诱，左右江酋长改而愿意隶属湖广行省，经朝廷裁定，左右江地区最终被置于湖广行省广南西路宣抚司和广西道宣慰司的管辖之下③。

有关元代左右江的行政建置及区划分野，史书记载或有分歧。

《元一统志》有横山寨、迁龙寨、古万寨、太平寨、永平寨五寨，分辖州、县、洞百余的说法。

《元史》卷 63《地理志六》仅留有左江的思明路（治今广西宁明县明江镇）、

---

① 以上据《元史》卷 63《地理志六》；《大元一统志》卷 10《湖广等处行中书省》；《宋史》卷 90《地理志六》。
② 《元史》卷 63《地理志六》；《宋史》卷 90《地理志六》。
③ 《牧庵集》卷 16《平章政事史公神道碑》。

太平路(治今广西崇左市江州区太平街道)、右江的田江路军民总管府(治今广西田东县西北)、来安路军民总管府(治今广西田阳县)、镇安路(治今广西那坡县)等简略记述。

《贞一斋杂著》卷1《两江释》又云:"邕州之西,曰左右江。两江北接八番,西抵云南,南拒交趾。地方千里,列田州、来安、镇安、思明、太平路军民总管府,分统州五十余,县二十余。"

如此看来,元人有关元代左右江行政建置的记载,开始就有"五寨"和"五路"的分歧。

明朝以后,《续文献通考》卷233《舆地考》和《明一统志》卷85等,虽然考证过思明、太平、田州、来安、镇安五路所辖州县洞沿革,但并没有完全说清楚元代左右江地区由五寨到五路的行政建置沿革情况。

经考订有关史料,笔者认为,大体以至元二十五年为界,元代左右江行政建置可以分为前后两个阶段。前一阶段,沿用宋制,设横山寨、迁龙寨、古万寨、太平寨、永平寨五寨,分辖百余州、县、洞。成书于大德七年的《元一统志》记述的大致是这一时期的情况。后一阶段,改立思明、太平、田州、来安、镇安五路,分统左右江州县洞。

我们先来看前一阶段五寨的建置统辖关系及其政区范围。

横山寨,位于右江。其四至八到为:东北至上都七千四百八十里,东北至大都六千四百八十里;东南至南宁路总管府五百二十里,东至武缘县界二百五十里,南至宣化县界二百里,西至特磨道界郁温县八百里,北至归仁州三百里;东到庆远路龙水县城四百五十里,南到宣化县四百九十里,西到特磨道九百里,北到自杞国城一千六百五十里;东南到武缘县三百九十里,东北到云南行省中庆路(善鄯府)一千八百里,西北到罗殿蛮国一千七百三十里,西南到左江古万寨三百一十里。

迁龙寨,归附元朝后,于左江镇驻扎。领忠州、思恩、上思三州,罗阳、永康、罗百三县,水口、玉龙二洞。其四至八到为:东北至上都六千九百里,东北至大都五千九百里;东至南宁路总管府二百里,东至宣化县界六十里,南至钦州路灵山县界三百四十里,西至古万寨吴洞界一百里,北至宣化县一百里;东到南宁路城一百里,南到钦州路灵山县四百里,西到左江太平寨管下上思明州四百里,北到武缘县一百六十里;东南到钦州路城四百五十里,东北到宣化县金城寨一百八十里,西北到左江太平寨四百八十里,西北到左江古万寨二百四十里。

古万寨,宋景祐四年(1037)立寨。归附元朝后,于思隶团沿居地面驻扎。领左州、江州二州,武黎、陁陵、崇善三县,吴洞、永安、坡陵、博龙、粟洞、古乐、古榄、思夔、还婪、卓洞、博喝、上浪、安礼十三洞。其四至八到为：东北至上都七千一百五十里，东北至大都六千一百五十里；东至南宁路总管府四百六十里，东至宣化县如禾乡左江镇一百五十里，南至迁龙寨界玉龙洞一百三十里，西至太平寨界龙州一百里，北至右江溪洞向武州界七百里；东到南宁路城四百六十里，南到迁龙寨城一百五十里，北到太平府一百六十里；东南到迁龙寨二百里，东北到右江横山寨三百一十里，西南到太平寨管下思明州五十里，西北到太平寨一百二十里。

太平寨，宋太平兴国年间立寨。归附元朝后，于古甑等洞地面驻扎。领龙州、上冻、下冻、万城、七源、恩城、龙英、养利、上怀恩、下怀恩、上思明、下思明、安平（太平府）等十三州，古甑、武德、武安、皮陵、武盈、罗徊、上耸、下耸等八洞。其四至八到为：北至上都七千二百七十里，北至大都六千二百七十里；东北至南宁路总管府五百八十里，东至古万寨管下安礼洞一百里，南至永平寨管下思凌州界一百二十里，北至太平府一百里；东到南宁路城五百八十里，北到左江古万寨一百里；东南到迁龙寨四百里，东北到右江横山寨四百三十里，西南到太平寨一百五十里。

永平寨，宋景祐四年立寨。归附元朝后，于西平州驻扎。领上石西、下石西、固陵、禄州等四州，如螯一县，武乙、宁康、凭洞、西平、上宁、安宝、上影、下影、都给、结安、旧洞、倘甲、结纶、思栗、武能、劳洞、武允、射鳌、洗甲、都康、榜免、尊洞等二十二洞。其四至八到为：北至上都七千二百九十里，北至大都六千二百九十里；东北至南宁路总管府七百里，西至太平寨龙州界六十里，北至太平寨上思明州一百二十里；西到太平寨龙州八十里，北到古万寨江州三百五十里；东北到太平寨一百五十里，西北到太平寨一百里①。

上述五寨中，迁龙寨、古万寨、太平寨、永平寨四寨驻扎在左江，统辖的州县洞绝大多数属于左江地区。唯有横山寨位于右江，统辖的州县洞也都是右江地区的。《元一统志》即有所谓"左江迁龙寨"、"左江古万寨"、"左江太平寨"和"右江横山寨"等称谓。该书还记述了当地的风俗："五寨溪洞，顽习与省民异，椎髻蛮音，衣冠不正，饮食亦殊。"

至元二十五年十月，湖广行省上奏："左、右江口溪洞蛮獠，置四总管府，统州、县、洞百六十，而所调官畏惮瘴疠，多不敢赴，请以汉人为达鲁花赤，军官为民职，杂土人用之。"这项建议得到了朝廷的批准②。以上奏言主要讲的是左、

---

① 以上均据《大元一统志》卷10《湖广等处行中书省》。
② 《元史》卷15《世祖纪十二》。

右江地区路级达鲁花赤和总管任命铨选事宜。它所披露的"置四总管府"之情节，对我们的讨论颇有裨益，表明迄至元二十五年十月，元廷在左、右江设置的官府已不再是"五寨"，而是过渡为"四总管府"体制。后来的思明、太平、田州、来安、镇安五路，实际上是"四总管府"基础上的添加。"四总管府"具体是五路中的哪四个，由于史料缺乏，目前尚不得而知。

下面再看《续文献通考》卷233《舆地考》对至元二十五年以后左、右江五路的考订。

左江说见宋邕州按语：

"思明路宋羁縻思明州，隶邕州。至元二十四年升为路。臣等谨按：元志不领州县。王圻续考有上思州、思明州、上石西州、下石西州，宋只一石西州，不分上下。思陵州、迁隆州宋时为寨，禄州、武黎县、江州、罗白县、忠州、定云州、陈蒙州、合江州并隶思明路内。定云、陈蒙、合江三州及罗白一县，宋无之。余皆见宋邕州左江羁縻之地。今从附录，又考明志，合江州即峡江州。与陈蒙并见前管番民总管条下。此似复出，说见下镇安路。

"太平路，宋太平寨，隶邕州。至元二十九年升为路。臣等谨按：元志不领州县。王圻续考有左州、镇远州、龙州、养利州、龙英州宋时为洞。结伦州、万承州，宋志承作丞。思同州、太平州宋时为寨，既以名路，又析为州也。思城州，宋志城作诚。全茗州，都结州，安平州，茗盈州，上怀恩州，结安州，上、下冻州，宋只一冻州，不分上下。罗阳县、永康县、陀陵县、崇善县并隶太平路内。镇远、养利、全茗、都结、茗盈、上怀恩、结安七州，崇善一县，宋无之。余皆见宋邕州左江羁縻之地。今从附录。"

右江说见宋邕州按语：

"田州路，宋羁縻田州，隶邕州。元升为路。臣等谨按：元志不领州县。王圻续考有思恩府，宋时为州。及果化、向武、奉议、上隆、归德、都康等州，富劳、上林二县，并隶田州路。又有功饶、怀德、婪凤、兼，宋志作鹣。下隆、武龙，宋志作笼。归朝、归辰等州，罗波、船带、唐兴、强山、威德、永宁、都阳、古带、南海、武林、顺阳、革阳等县内，思恩、功饶、婪凤、兼、武龙五州，见宋邕州右江羁縻之地，余皆无之。今亦从王圻附录。

"来安路说见镇安路。臣等谨按：元志不领州县。王圻续考有利州、泗城州、程县、上林长官司、安隆长官司、思城州，并隶来安路。皆宋邕州羁縻之地。又有罗博州、侯州、龙川州，宋右江县。安德州、归仁州、乐归州，宋右江有归乐州。隆州、顺隆州、唐兴州、昭假州、训州，宋绍庆府羁縻州内亦有训州。路城州、内思城州，已见太平路。田州路已有上隆、下隆。此又有思城及隆州，恐属复出。说见镇安路。

"镇安路,臣等谨按:以上五路,元史皆不详沿革。今参宋志,取其有可考者,注明各路之下。而来安、镇安之名,宋皆无之。王圻续考及明一统志并云:宋于镇安洞建右江镇安军民宣抚司。则宋邕州右江本有是洞,而史失之也。以镇安例推,并可知来安亦不出宋左右江羁縻之地。他如州县名之挂漏,及互异重出之处。宋元二史,各有得失,代远迹湮,其无可取证者,固不少矣。"

从《续文献通考》卷233《舆地考》所载五路的统属州县洞看,虽然数量上与前一阶段的"五寨"相同,但实际构成基本打破了原"五寨"的秩序。左江的迁龙寨、古万寨、太平寨、永平寨四寨改成了思明、太平二路,而且并不简单地是二路合并为一路。如思明路就包括了原迁龙寨的上思州、忠州、罗白县,原古力寨的江州、武黎县,原太平寨的上思明州、下思明州,原永平寨的上石西州、下石西州、禄州。太平路则包括了原迁龙寨的永康县,原古万寨的左州、陀陵县、崇善县,原太平寨的养利州、龙英州、万城州、安平州、茗盈州、上冻州、下冻州,原永平寨的结纶州等。左江两路对原四寨所辖州县都是兼而有之,混合编组,言其打破原先的构成秩序,是毫不过分的。右江的横山寨又被一分为三,改成田州、来安、镇安三路。所辖州县多数是《宋史·地理志》中的右江羁縻州县,来安路的龙川州则原属左江。尽管因为原横山寨统属州县洞的具体情况失载,无法与田州、来安、镇安三路所辖相比对,但同样可以断定右江所属州县洞原先的构成秩序被打破,重新按照三路模式进行了组建。

《粤西文载》卷10和《大元一统志》卷10,还对左右江所辖路州县数量作了统计:左江二路辖州二十六、县九,思明路辖州九、县五,太平路辖州十七、县四,右江三路辖州三十一、县十九,田州路军民总管府辖州六、县十三,来安路军民总管府辖州十六、县一,镇安路辖州九、县五。《大元一统志》特意记述了思明路所辖九州为上思州、忠州、上石西州、下石西州、思明州、西平州、禄州、江州、思陵州。其可靠性超过前揭《续文献通考》卷233《舆地考》。《明史》卷318《广西土司传》又说,太平路治所在丽江。

还应该注意,宋代在左右江地区所建立的横山寨、迁龙寨、古万寨、太平寨、永平寨五寨统属秩序,是太平寨总领横山、迁龙、古万、永平四寨。通常以"武臣"身份的邕州路经略、安抚总州事,兼领太平寨的"司市马"①。元至元二十五年以前,横山寨、迁龙寨、古万寨、太平寨、永平寨五寨不仅统统采取"驻扎"方式,起初的"四总管府",使用的也都是朝廷选调的流官。至元二十五年

---

① 《宋史》卷90《地理志六》。

十月以后才接受湖广行省的意见,开始实行"以汉人为达鲁花赤,军官为民职,杂土人用之"的办法。由于是"杂土人用之",故应该承认由此奠定了左右江田州、来安、镇安、思明、太平五路逐步土官化的新秩序。

其后,左右江田州、来安、镇安、思明、太平五路仍保留了部分流官。但土官数量渐渐增多。如至元二十九年六月甲寅忽必烈降诏书任命刚刚归降的右江岑从毅之子岑斗荣袭佩虎符,为镇安路军民总管;天历二年(1329)二月,广西思明路军民总管黄克顺入觐文宗,"来贡方物";延祐五年九月丙寅,"广西两江龙州万户赵清臣、太平路总管李兴隆率土官黄法扶、何凯并以方物来贡"①。《广西通志》卷42《坛庙》载:"元太平路总管李维屏为太平土官之祖,抚循保障,凡害于民者,一切去之。时丽江数经兵燹,民子女多被掳掠。李捐资赎归者无算。寻升广西宣慰司,亦多善政。郡人立祠以祀。"同书卷61《土司》载:"元置田州路军民总管府,属湖广行省。明改为田州府,省来安府入焉。寻复为州。其先岑氏。明洪武元年,土官岑伯颜以二路归附,因锡印,授世袭。伯颜传子永通。"

左右江田州、来安、镇安、思明、太平五路,不仅较多任用土官,其管理方式也与一般的路府州县迥异。《贞一斋杂著》卷1《两江释》云:"邕州之西,曰左右江。两江北接八番,西抵云南,南拒交趾。地方千里,列田州、来安、镇安、思明、太平路军民总管府,分统州五十余,县二十余。绝长补短,州不能百里,或一二十里,皆溪洞险阻。非有城池兵甲,又非有贡赋之益,徭役之奉也。"引文的要害在于末尾的"非有贡赋之益,徭役之奉"句。既然赋税徭役都不承担,田州、来安、镇安、思明、太平五路的"土官"性质就更是昭然若揭。

第五节 海北海南道所属路军及八番顺元宣慰司沿革

一、雷州路

雷州路(治今广东雷州市),下路。户数89 535户。唐初为南合州,贞观年间改东合州。后又易名海康郡和雷州。宋仍为雷州,隶属广南西路。元至元十五年(1278),湖广行省平章政事阿里海牙南下征讨琼州、南宁军、万安军、吉阳军等"海外四州",地处大陆南端的雷州归附元朝,起初设置了安抚司。至

---

① 《元史》卷17《世祖纪十四》、卷33《文宗纪二》、卷26《仁宗纪三》。

元十七年,雷州开始成为海北海南道宣慰司的治所。随而,雷州安抚司升格为路总管府。至元三十年,雷州路又成为海北海南道肃政廉访司的治所。本路屯田一百六十五顷有余。

雷州路的地域范围大致是:东至海岸一十里,西至海岸二百里,南至海岸二百里,北至高州路石城县界三百二十里;北至大都九千四十里。这与明雷州府是相近的①。

领海康、徐闻、遂溪三县。

海康县,宋为下县。元为中县。

徐闻县,宋一度废罢。元为下县。

遂溪县,宋一度废罢。元为下县②。

与宋雷州比较,元雷州路地域范围未变,仍领属海康等三县。变动的是州升为路。户口则增加七万余户。

二、化州路

化州路(治今广东化州市),下路。户数 19 749 户。唐为罗州、辩州。宋废罗州入辩州,又改辩州为化州。元至元十五年,立安抚司。至元十七年,升格为化州路总管府。本路屯田五十五顷有余。

领石龙、吴川、石城三县。

石龙县,宋为下县。元仍为下县。

吴川县,宋为下县。元仍为下县。

石城县,宋新增。元为下县③。

与宋化州比较,元化州路仍维持其领属石龙等三县的地域范围,变动的是州升为路。户口则增加一万余户。

三、高州路

高州路,下路。元代高州路的治所先是位于电白县(今广东高州市东北),大德八年(1304)又移治茂名县(今广东高州市)。高州路户数 14 675 户。唐为高凉州,又为高州。宋一度废高州入窦州,后复置。元至元十五年,立安抚司。十七年,升格为高州路总管府。本路屯田四十五顷。

---

① 《明一统志》卷 82。
② 以上据《元史》卷 63《地理志六》;《大元一统志》卷 10《湖广等处行中书省》;《宋史》卷 90《地理志六》。
③ 以上据《元史》卷 63《地理志六》;《宋史》卷 90《地理志六》。

领电白、茂名、信宜三县。

电白县，宋为下县。元仍为下县。

茂名县，宋为下县。元仍为下县。

信宜县，宋为中下县。元为下县①。

与宋高州相比，元高州路沿袭其电白等三县的地域范围。变动的也是州升为路。户口则增加近三千户。

四、钦州路

钦州路（治今广西钦州市），下路。户数 13 559 户。唐为宁越郡，又改钦州。宋仍为钦州。元至元十四年，立安抚司。十七年，升格为钦州路总管府。

领安远、灵山二县。

安远县，宋为下县，有如洪、如昔二寨。元仍为下县。

灵山县，宋为望县，有咄步寨。元为下县②。

与宋钦州比较，元钦州路仍维持其领属安远等二县的地域范围，变动的是州升为路，灵山县降为下县。户口则增加三千户。

钦州路又是答剌罕八答子、启昔里和速不台官人等投下的江南食邑所在。《元史》卷95《食货志三》载："八答子：江南户钞，至元十八年，分拨钦州路一万五千八十七户，计钞六百三锭"；"速不台官人：江南户钞，至元十八年，分拨钦州路灵山县一千六百户，计钞六十四锭"。《元史》卷136《哈剌哈孙传》也说，答剌罕启昔里，至元十八年，"割钦、廉二州，益其食邑"。

五、廉州路

廉州路（治今广西合浦县），下路。户数 5 998 户。唐为合浦郡，又改廉州。宋仍为廉州。元至元十七年设廉州路。本路屯田四顷有余。

领合浦、石康二县。

合浦县，宋为上县，有二寨。元为下县，倚郭。

石康县，宋为下县。元仍为下县③。

与宋廉州相比，元廉州路沿袭其合浦、石康二县的地域范围，变动的也是

---

①③ 以上据《元史》卷63《地理志六》；《大元一统志》卷10《湖广等处中书省》；《宋史》卷90《地理志六》。

② 同上。关于钦州立安抚司的时间，《元史》卷9《世祖纪六》和卷63《地理志六》有至元十四年和十五年的差异，中华书局点校本校勘记已考订至元十四年正确。今从之。

州升为路、合浦县降为下县。户口则减少近一千五百户。

六、乾宁军民安抚司

乾宁军民安抚司(治今海南海口市琼山区),户数 75 837 户。唐制置琼州,又为琼山郡。宋仍为琼州,又置琼管安抚都监。元至元十五年归附,隶属海北海南道宣慰司。文宗天历二年(1329),以潜邸所幸,改琼州路为乾宁军民安抚司。

关于琼州路的设置时间,史书没有明确记载。唯《钦定续文献通考》卷246 笼统云:"元世祖至元十五年,以琼州路属海北海南道宣慰司。"此乃清人追记,不足为训。幸好《元史》卷 14《世祖纪十一》至元二十四年九月己亥条有"海南琼州路安抚使陈仲达"佩虎符,率黎兵"助征交趾"等记载。由此可以确定,最迟在至元二十四年九月已有了琼州路的建置,而且是以琼州路军民安抚司的形式存在的。另,《元史》卷 19《成宗纪二》大德二年五月辛卯条又有"罢海南黎兵万户府及黎蛮屯田万户府,以其事入琼州路军民安抚司"句。可见,琼州路军民安抚司与一般路总管府有所不同,它应该是兼领军民的机构。天历二年改为乾宁军民安抚司后,这种兼领军民仍然没有改变。

领琼山、澄迈、临高、文昌、乐会、会同、定安七县。

琼山县,宋为中县。元为下县,倚郭。

澄迈县,宋为下县。元仍为下县。

临高县,宋为下县。元仍为下县。

文昌县,宋为下县。元仍为下县。

乐会县,宋为下县。元仍为下县。

会同县,下县。位于路治东南二百九十里。原属乐会县地,至元二十九年六月分置。

定安县,下县。位于路治南八十里。原属琼山县地,至元二十九年六月分置。定安县之名称,《元史》卷 63《地理志六》讹作"安定",今据《大元一统志》和《元史》卷 33《文宗纪二》更正。另,文宗天历二年十月在琼州路改为乾宁军民安抚司的同时,定安县也升格为南建州,直隶海北海南道宣慰司都元帅府。而且,委任南建洞主王官为知州,佩虎符,同样实行兼领军民的体制。直到明初,才恢复定安县的建制①。

与宋琼州相比,元琼州路或乾宁军民安抚司大体沿袭其地域范围,但又发

---

① 以上据《元史》卷 63《地理志六》;《大元一统志》卷 10《湖广等处行中书省》;《宋史》卷 90《地理志六》;《明一统志》卷 82;《清一统志》卷 350。

生若干变化,如州升为路,又改乾宁军民安抚司,属县由五个增为七个,定安县还升格为南建州。户口则增加六万余户。

《元史》卷17《世祖纪十四》至元二十九年六月壬午条云:"敕以海南新附四州,洞寨五百一十九、民二万余户,置会同、安定二县,隶琼州,免田租二年。"这应是分置会同、安定二县的由来。既然是蠲免田税,说明元朝廷在包括黎蛮等少数民族的海南新附四州,是征课赋税的。又,此处"海南新附四州……民二万余户"数目,比《宋史》卷63《地理志六》琼州、南宁军、万安军、吉阳军元丰户口数多出近万,估计是入元初期四州的户口数目。但是,比起《元史·地理志》所载四州户口数,不足四分之一。究其快速增长的原因,一方面可以归结于人口自然增长,但主要应该是元朝廷抄报户口政策在当地的有效实施。

七、南宁军

南宁军(治今海南儋州市新州镇),户数 9 627 户。唐为儋州,改昌化郡。宋改昌化军,又改南宁军。元至元十五年归附,隶属海北海南道宣慰司。领宜伦、昌化、感恩三县。

宜伦县,宋为下县。元仍为下县。
昌化县,宋为下县。元仍为下县。
感恩县,宋为下县。元仍为下县①。

与宋南宁军相比,元南宁军的地域范围和属县均没有变化。只是户口增加八千余户。

八、万安军

万安军(治今海南万宁市),户数 5 341 户。唐为万安州,宋改万安军。元至元十五年归附,隶属海北海南道宣慰司。领万安、陵水二县。

万安县,宋为下县。元仍为下县,倚郭。
陵水县,宋为下县。元仍为下县②。

与宋万安军相比,元万安军的地域范围和属县均没有变化。只是户口增加五千余户。

九、吉阳军

吉阳军(治今海南三亚市西北),户数 1 439 户。唐为振州。宋为崖州,又

---

① 《元史》卷63《地理志六》;《宋史》卷90《地理志六》。
② 《元史》卷63《地理志六》;《大元一统志》卷10;《宋史》卷90《地理志六》。

改朱崖军、吉阳军。入元,仍为吉阳军,隶属海北海南道宣慰司。领宁远县,宋为下县,元仍为下县①。

与宋吉阳军相比,元吉阳军的建制名称没有变化,其属县减少一吉阳县。户口则增加一千余户。

十、八番顺元宣慰司

1. 八番宣抚司(军民安抚司)所辖

罗番遏蛮军安抚司,位于今贵州贵阳市南一百一十五里。罗番始于唐时龙应召。宋熙宁六年(1073),与龙番、方番等入贡宋廷。至元十六年,湖广行省所派两淮招讨司经历刘继昌招降西南诸番时设置罗番遏蛮军安抚司。首任安抚使是罗甸国罗阿资。至元二十九年二月庚午,八番罗甸宣慰使斡罗思招附罗甸国古州等洞酋长部民数万户,估计当时也在罗番遏蛮军安抚司管辖之下。而后,云南行省言,此部分罗甸部民已隶属云南三十余年,斡罗思招附是以兵胁迫,邀功希赏。忽必烈命令以其地归还云南。这样,罗番遏蛮军安抚司所管辖的就只限于原先刘继昌招降的罗番部民了②。比较特殊的是,罗番遏蛮军安抚司不设置达鲁花赤③。这似乎是主要任用土著酋长的表象。

程番武盛军安抚司,位于今贵阳市南八十五里。程番始于唐末程元龙平定溪洞,世守程番。宋元丰七年(1084),向宋廷入贡方物。至元十六年,湖广行省所派两淮招讨司经历刘继昌招降西南诸番时设置程番武盛军安抚司。首任安抚使为程延随。

金石番太平军安抚司,位于今贵阳市西南一百里。金石番始于唐时石宝。宋熙宁六年(1073),与龙番、罗番等入贡宋廷。后定为五岁一贡。至元十六年湖广行省所派两淮招讨司经历刘继昌招降西南诸番时设置金石番太平军安抚司。首任安抚使是石延异。

卧龙番南宁州安抚司,位于今贵阳市南一百里。卧龙番始于唐龙德寿。宋熙宁六年,与罗番、方番等入贡宋廷,后定为五岁一贡。至元十六年湖广行省所派两淮招讨司经历刘继昌招降西南诸番时设立卧龙番南宁州安抚司。首任安抚使是龙文求④。

---

① 以上据《元史》卷63《地理志六》;《大元一统志》卷10《湖广等处行中书省》;《宋史》卷90《地理志六》。
② 以上据《元史》卷63《地理志六》、卷61《地理志四》、卷17《世祖纪十四》;《明一统志》卷88;《贵州通志》卷21。
③ 《元史》卷91《百官志七》。
④ 以上据《元史》卷63《地理志六》;《明一统志》卷88;《贵州通志》卷21。

小龙番静蛮军安抚司,位于今贵阳市南一百三里。小龙番始于唐时龙方灵。至元十六年湖广行省所派两淮招讨司经历刘继昌招降西南诸番时设立小龙番静蛮军安抚司。首任安抚使是龙方零。其官员不设置同知、副使①。

大龙番应天府安抚司,位于今贵阳市南一百一十里。大龙番始于唐时龙昌宗。至元十六年湖广行省所派两淮招讨司经历刘继昌招降西南诸番时设立大龙番应天府安抚司。首任安抚使是龙延三。

韦番蛮夷长官,位于今贵阳市南九十五里,明朝仍沿袭长官司建制②。

洪番永盛军安抚司,位于今贵阳市西南九十里。至元十六年湖广行省所派两淮招讨司经历刘继昌招降西南诸番时设立洪番永盛军安抚司。首任安抚使是洪延畅。

方番河中府安抚司,位于今贵阳市南九十里。方番始于唐末方德恒以征剿九蛮功授宣抚司。宋熙宁六年,与龙番、罗番等入贡宋廷。至元十六年湖广行省所派两淮招讨司经历刘继昌招降西南诸番时设立方番河中府安抚司。首任安抚使是韦昌盛③。

卢番静海军安抚司,卢番始于唐末卢君聘。至元十六年湖广行省所派两淮招讨司经历刘继昌招降西南诸番时设立卢番静海军安抚司。首任安抚使是卢延陵。其官署不设置首领官知事④。

定远府(治今贵州罗甸县东北),下属五州、十一县,五州即桑州、章龙州、必化州、小罗州、下思同州,十一县即朝宗县、上桥县、新安县、麻峡县、瓮蓬县、小罗县、章龙县、乌山县、华山县、都云县、罗博县。定远府大体是与安抚司处于同一层级。因为八番并非限于以上八安抚司,"八番"只是其中最大的八个部落。故需要另置定远府等以统其余。《钦定续文献通考》卷233云:桑州以下大抵皆蛮夷官,与下小程番等同。此说不太准确。《元史》卷62《地理志五》小程番条下注:"以下各设蛮夷军民长官。"据此,言"管番民总管"以下"小程番"等五十三军民长官等"大抵皆蛮夷官",是可以的。此处定远府下属五州、十一县,是清一色的州县建制,比较确切地说,应该是蛮夷官、流官参用。

管番民总管,下属小程番等五十三军民长官等,具体是:小程番、中嶒百纳等处、底窝紫江等处、瓮眼纳八等处、独塔等处、客当刻地等处、天台等处、梯下、党兀等处、勇都朱砂古坰等处、大小化等处、洛甲洛屯等处、低当低界等处、

---

①④ 《元史》卷63《地理志六》、卷91《百官志七》;《明一统志》卷88;《贵州通志》卷21。
② 《明一统志》卷88。
③ 《元史》卷63《地理志六》;《明一统志》卷88;《贵州通志》卷21。

独石寨、百眼佐等处、罗来州、那历州、重州、阿孟州、上龙州、峡江州、罗赖州、桑州、白州、北岛州、罗那州、龙里等寨、六寨等处、帖犵狫等处、木当三寨等处、山斋等处、羡塘带夹等处、都云桑林独立等处、六洞柔远等处、竹古弄等处、中都云板水等处。

金竹府，最早是至元二十六年八月由四川金竹寨改立为金竹府的。二十七年三月，正式设置金竹府大隘等四十二寨蛮夷长官。九月，金竹府知府扫间向元廷上贡马匹及雨毡。又奏言："金竹府虽内附，蛮民多未服。近与赵坚招降竹古弄古鲁花等三十余寨，乞立县，设长官总把，参用土人。"元廷批准了这一请求。三十年四月，金竹府马麟等十六人北上朝觐，果然被元廷委任为蛮夷官，"赐以玺书，遣归"。此外，元后期，金竹府与内地一样，也设置了儒学正之类的教官①。

陈蒙，《元史》卷16《世祖纪十三》至元二十八年十月丁亥载："洞蛮烂土立定云府，改陈蒙洞为陈蒙州。"足见，此处的陈蒙，原为陈蒙洞，至元二十八年改为陈蒙州。明初废。其旧址在今贵州都匀市东南一百里②。至元二十九年正月，应八番宣慰司都元帅刘德禄奏言，元廷还批准设置了陈蒙烂土军民安抚司，统辖新附洞蛮十五寨③。估计所统辖的洞蛮应该以刚刚设立的定云府和陈蒙州为主。陈蒙烂土安抚司的相关记载，仅见此一条，可能是旋立旋废的临时设置。

乖西军民府，设立于仁宗皇庆元年（1312），以土官阿马知府事，佩金符。另，《贵州通志》卷10载：乖西军民府在开州东六十里。入明，废罢。

此外，八番宣抚司还辖有木瓜犵猪蛮夷军民长官、卢番蛮夷军民长官、都云民军府、万平等处、南宁、丹竹等处、李稍李殿等处、阳安等处、八千蛮、恭焦溪等处、都镇、平溪等处、平月、李崖等处、杨并等处、卢山等处。

2. 顺元等路宣抚司（军民安抚司）所辖

顺元等路宣抚司，有时又称军民安抚司，设置于至元二十年。治所在今贵州贵阳市境内④。其缘起是至元十七年九月，罗氏鬼国主阿察及其弟阿里应安西王相李德辉招谕而降元。不久，忽必烈得到李德辉的奏报，批准了罗氏鬼国的归附，下令改鬼国为顺元路，任命阿察之弟阿里为顺元路军民总管兼宣抚

---

① 《元史》卷15《世祖纪十二》至元二十六年八月甲戌，卷16《世祖纪十三》至元二十七年三月庚申、九月戊申，卷17《世祖纪十四》至元三十年四月甲寅；《玩斋集》卷10《安仁县太君蔡氏权厝志》。
② 《清一统志》卷394。
③ 《元史》卷17《世祖纪十四》。
④ 《御批历代通鉴辑览》卷98。

使。后又命令阿里等北上朝觐①。《元史》卷63《地理志六》载"亦奚不薛军民千户宋添富及顺元路军民总管兼宣抚使阿里等来降。班师，以罗鬼酋长阿利（里）及其从者入觐。立亦奚不薛总管府，命阿里为总管"，讲的也是同一件事。

顺元等路宣抚司应该是元军征服亦奚不薛后的最早的军政设置之一，起初的名称可能是亦奚不薛总管府，"顺元路军民总管兼宣抚使"很像是后来的称谓。顺元等路宣抚司（亦奚不薛总管府）的设置，应该是元廷"讨平九溪十八洞，以其酋长赴阙，定其地之可以设官者与其人之可以入官者，大处为州，小处为县，并立总管府"政策的一部分。是时，亦奚不薛之地被一分为三，分而治之②。顺元等路宣抚司（亦奚不薛总管府）是其中之一，而且是核心区域。顺元等路宣慰司也以其地为治所。

顺元等路宣慰司的建立，略早于顺元等路宣抚司（亦奚不薛总管府）。首任宣慰使是蒙古人速哥。他原先的职务是四川南道宣慰使兼成都水军万户。至元十九年，他奉命平定亦奚不薛之地，而后被任命为顺元等路宣慰使。速哥经略亦奚不薛之地的功业大抵是："降八番金竹等百余寨，得户三万四千，悉以其地为郡县，置顺元路、金竹府、贵州以统之。"顺元等路宣慰司的统辖范围则是"东连九溪十八洞，南至交趾，西到云南，咸受节制"，播州和思州二宣抚司也受其管辖。速哥担任顺元等路宣慰使九年，至元二十四年，朝廷曾经欲任命他为河东陕西等路万户府达鲁花赤，经播州宣抚使杨汉英等赴阙请求挽留，故继续担任旧职，后又加都元帅③。直到至元二十九年三月八番罗甸、顺元二宣慰司合并，顺元等路宣抚司才改而成为八番顺元宣慰使司都元帅部属。

所辖的蛮夷官署大体是雍真乖西葛蛮等处、葛蛮雍真等处、曾竹等处、龙平寨、骨龙等处、底寨等处、茶山百纳等处、纳坝紫江等处、磨坡雷波等处、漕泥等处、青山远地等处、木窝普冲普得等处、武当等处、养龙坑宿征等处、骨龙龙里清江木楼雍眼等处、高桥青塘鸭水等处、落邦札佐等处、平迟安德等处、六广等处、贵州等处、施溪样头、朵泥等处、水东、市北洞。

其中，曾竹等处，成宗初宋隆济之侄宋阿重为曾竹蛮夷长官。宋隆济反叛后，宋阿重弃家朝觐京师，面陈事宜，随元军深入乌撒、乌蒙及水东，招谕木楼苗、犵，生获其叔隆济，特意献于朝廷。成宗升其官为顺元宣抚司同知，赐衣一袭，以为奖赏④。

---

① 《元文类》卷49《中书左丞李忠宣公行状》；《元史》卷11《世祖纪八》至元十七年九月丁卯。
② 《元史》卷12《世祖纪九》至元二十年七月壬申，卷63《地理志六》。
③ 《元史》卷131《速哥传》。
④ 《元史》卷21《成宗纪四》大德八年春正月庚申，卷63《地理志六》。

3. 思州宣抚司（军民安抚司）所辖

思州，唐初为务州，贞观四年（629）改思州。一度改宁夷郡，后复名思州。宋代思州时废时置，属夔州路。

思州归降，始于至元十四年五月忽必烈诏谕思州安抚使田景贤①。归降之初，维持安抚司建制。其治所原在龙泉平，因火灾，暂迁清江。至元十七年七月，奉朝廷敕令迁回龙泉平旧治所。至元十八年闰八月已经升格为宣抚司的思州安抚司，再次升格宣慰司，仍兼管内安抚使②。至元二十九年五月，思州安抚司又改为军民宣抚司③。此后十多年间，思州军民宣抚司之官署名称一直在使用。譬如，仁宗初思州军民宣抚司招谕官唐铨曾经以洞蛮杨正思等五人来朝，获得赏赐金帛有差。只是在泰定四年（1327）十一月又有思州土官田仁升职为思州宣慰使④。后者或许是加衔而非实职。思州直辖一婺川县，还管辖六十七个府、州、长官司等。

镇远府，入元以前，镇远府即为思州属邑。至元十五年十二月，思州安抚使田景贤奏请归还南宋旧借镇远城，又请求撤销戍卒。未被批准⑤。实际上，元廷不予批准的主要是撤销戍卒。此后多数时间内镇远府是隶属于思州军民宣抚司的。

思州宣抚司所辖其他州、长官司有楠木洞、古州八万洞、偏桥中寨、野鸡平、德胜寨偏桥四甲等处、思印江等处、石千等处、晓爱泸洞赤溪等处、卑带洞大小田等处、黄道溪、省溪坝场等处、金容金达等处、台篷若洞住溪等处、洪安等处、葛章葛商等处、平头著可通达等处、溶江芝子平茶等处、亮寨、沿河、龙泉平、祐溪、水特姜、杨溪公俄等处、麻勇洞、恩勒洞、大万山苏葛办等处、五寨铜人等处、铜人大小江等处、德明洞、乌罗龙干等处、西山大洞等处、秃罗、浦口、高丹、福州、永州、洒州、銮州、程州、三旺州、地州、忠州、天州、文州、合凤州、芝山州、安习州、茆难等团、荔枝、安化上中下蛮、曹滴等洞、洛卜寨、麦着土村、衙迪洞、会溪施容等处、感化州等处、契锄洞、腊惹洞、劳岩洞、驴迟洞、来化州、客团等处、中古州乐墩洞、上里坪、洪州泊李等洞、张家洞。

4. 播州宣抚司（军民安抚司）所辖

播州，唐初为郎州，后改置播州。辖境在今贵州遵义市及桐梓县一带。唐

---

① 《元史》卷9《世祖纪六》。
② 《元史》卷11《世祖纪八》、卷63《地理志六》。
③ 《元史》卷17《世祖纪十四》。
④ 《元史》卷24《仁宗纪一》至大四年二月庚午、卷30《泰定纪二》。
⑤ 《元史》卷10《世祖纪七》。

末，由南诏占领。太原人杨端举兵恢复，世袭管领其地。北宋大观年间，杨文贵献其地，复置播州。后改安抚司，仍由杨氏世代管领。

南宋灭亡，元世祖遣使者招播州安抚使杨邦宪归降，还应杨邦宪的请求特地降玺书曰："宋内附，边臣莫敢后。播末奉命，宜诏谕。汝能承朕意，其悉如宋制授官。"至元十四年，杨邦宪以播州、珍州、南平军三州版籍降元。翌年入朝，授龙虎卫上将军、绍庆珍州南平等处沿边宣慰使、播州安抚使。

至元二十二年，杨邦宪逝世。第二年，夫人田氏携幼子杨汉英赴上都，觐见忽必烈于大安阁。忽必烈把年仅五岁的杨汉英唤至御榻前，长时间地抚摩其头顶，仔细观察其眼神，对宰臣说："是儿真国器也，宜以父爵锡之。"还赐予蒙古语名字赛因不花，于是，授杨汉英龙虎卫上将军、绍庆珍州南平等处沿边宣慰使、播州军民安抚使，佩金虎符。考虑到杨汉英年幼，难以理事，忽必烈特意封田氏为永安郡夫人，以"领播州安抚司事"，实际掌管庶政。没料到，至元二十四年杨氏族党构乱，田夫人被杀。十二岁的杨汉英身着缞绖，北上入奏，得到忽必烈诏令，捕杀乱贼至四川行省，为母亲报了仇。不久，杨汉英升为宣抚使和侍卫亲军都指挥使。其弟杨如祖则官居播州招讨安抚使。

延祐七年（1320）杨汉英病死于讨伐播州南卢奔蛮的军旅中。根据至大四年（1311）特许世袭的诏书，侄儿杨嘉贞嗣袭其官职。至治二年（1322），杨嘉贞朝觐英宗，又获赐蒙古名字延礼不花，累官至资德大夫湖广行省左丞、沿边宣抚使。而后，嗣袭沿边宣慰使、播州军民安抚使和侍卫亲军都指挥使的还有杨嘉贞之子杨忠彦、杨忠彦之子杨元鼎、杨如祖之孙杨铿①。尽管天历之变中曾经发生过杨嘉贞等追随四川行省囊家台，反对文宗政权的情况②，也没有中断杨氏子孙世袭播州长官的特权。

播州宣抚司（军民安抚司）所辖的蛮夷官署有黄平府、平溪上塘罗骆家等处、水车等处、石粉罗家永安等处、六洞柔远等处、锡乐平等处、白泥等处、南平綦江等处、珍州思宁等处、水烟等处、溱洞涪洞等处、洞天观等处、葛浪洞等处、寨坝垭黎焦溪等处、小姑单张、倒柞等处、乌江等处、旧州草堂等处、恭溪杏洞、水囤等处、平伐月石等处、下坝、寨章、横坡、平地寨、寨劳、寨勇、上塘、寨垣、啰奔、平莫、林种密秀。

其中，黄平府，英宗至治三年二月，黄平府所属一长官所废罢，迁徙其民户

---

① 以上据《元史》卷14《世祖纪十一》至元二十三年六月辛酉、卷165《杨赛因不花传》；《清容居士集》卷26《资德大夫绍庆珍州南平沿边宣慰使播州安抚使侍卫亲军都指挥使上护军杨公神道碑铭》；《文宪集》卷10《杨氏家传》。
② 《元史》卷33《文宗纪二》天历二年二月癸丑。

直隶黄平府①。

5. 新添葛蛮安抚司

关于新添葛蛮安抚司名称的由来,有两种说法。《明一统志》卷88云:"宋嘉泰初,土官宋永高克服麦新等处,以其子宋胜苽之,乃改麦新为新添。"《钦定续文献通考》卷233说:"顺元安抚所属有葛蛮等处,后又别于葛蛮增设安抚,故曰新添。"

有关新添葛蛮安抚司的记载不多。其设置时间,《明一统志》说是"元至元间"。《元史》卷17《世祖纪十四》载:至元二十八年十一月乙卯"新添葛蛮宋安抚率洞官阿汾青贵来贡方物";二十九年正月乙巳,"从葛蛮军民安抚使宋子贤请,招谕未附平伐、大瓮眼、紫江皮陵、潭溪九堡等处诸洞苗蛮"。据此,新添葛蛮安抚司迄至元二十八年十一月已经设立。当时的安抚使为宋子贤。新添葛蛮安抚司同样有义务率领洞蛮官赴京师进贡方物,也有义务招谕未归附的其他洞蛮。成宗朝以后,新添葛蛮安抚司大体稳定下来,大德元年还获得了朝廷对地方军政衙门通常颁发的驿券一个②。安抚使之下,还按照朝廷制度设副使等。英宗朝,就发生新添葛蛮安抚司副使"龙仁贵作乱",而被湖广行省督兵捕捉的事件③。成宗初担任八番顺元宣慰使都元帅的忽鲁忽都,对新添葛蛮安抚司的巩固与完善建树良多。他招徕归附的思楼寨、落暮寨、梅求望怀寨和亲自平定的落同当等番,均是新添葛蛮安抚司部属。他还建议设立葛蛮宣抚司,希望给予新添葛蛮安抚司更大权限和更高的官府级别④。后来,新添葛蛮安抚司得以直隶八番顺元宣慰司,似乎与此番努力有关系。按《元史》卷63《地理志六》和卷91《百官志七》的记载,新添葛蛮安抚司隶属于湖广行省。《明一统志》说:"后改属云南行省,元末废。"待详考。

新添葛蛮安抚司所辖的蛮夷官署有南渭州、落葛谷鹅罗椿等处、昔不梁骆杯密约等处、乾溪吴地等处、哝耸古平等处、瓮城都桑等处、都镇马乃等处、平普乐重墺等处、落同当等处、平族等处、独禄、三陂地蓬等处、小葛龙洛邦到骆豆虎等处、罗月和、麦傲、大小田陂带等处、都云洞、洪安画剂等处、谷霞寨、刺客寨、吾狂寨、割利寨、必郎寨、谷底寨、都谷郎寨、犵狫寨、平伐等处、安刺速、

---

① 《元史》卷28《英宗纪二》。
② 《元史》卷63《地理志六》。
③ 《元史》卷28《英宗纪二》至治二年十二月庚辰。
④ 《元史》卷131《速哥传》、卷17《世祖纪十四》至元二十九年正月癸丑、卷134《斡罗思传》;《至正集》卷38《扎剌尔公祠堂记》载:忽鲁忽都率兵平定的诸部名为昔不良、帖乙郎、洛东。今据《元史》卷63《地理志六》勘同作昔不梁骆杯密约、帖犵狫、落同当。又载:"龙平连思娄、浴暮、梅求那诸夷愿受约束。"今亦据《地理志六》勘同作龙平寨、思楼寨、落暮寨、梅求望怀寨。

思楼寨、落暮寨、梅求望怀寨、甘长寨、桑州郎寨、永县寨、平里县寨、锁州寨、双隆、思母、归仁、各丹、木当、雍郎客都等处、雍门狣狣等处、栖求等处仲家蛮、娄木等处、乐赖蒙囊吉利等处、华山谷津等处、青塘望怀甘长不列独娘等处、光州、者者寨、安化思云等洞、北遐洞、茅难思风北郡都变等处、必际县、上黎平、潘乐盈等处、诚州富盈等处、赤畬洞、罗章特团等处、福水州、允州等处、钦村、硬头三寨等处、颜村、水历吾洞等处、顺东、六龙图、推寨、橘叩寨、黄顶寨、金竹等寨、格慢等寨、客芦寨、地省等寨、平魏、白崖、雍门客当乐赖蒙囊大化木瓜等处、嘉州、分州、平珠、洛河洛脑等处、宁溪、瓮除、麦穰、孤顶得同等处、瓮包、三陂、控州、南平、独山州、木洞、瓢洞、窨洞、大青山骨记等处、百佐等处、九十九寨蛮、当桥山齐朱谷列等处、虎列谷当等处、真滁杜珂等处、杨坪杨安等处、棣甫都城等处、杨友闾、百也客等处、阿落传等寨、蒙楚、公洞龙木、三寨猫犵剌等处、黑土石、洛宾洛咸、益轮沼边蛮、割和寨、王都谷浪寨、王大寨、只蛙寨、黄平下寨、林拱章秀拱江等处、密秀丹张、林种拱帮、西罗剖盆、杉木箐、各郎西、恭溪望成崖岭等处、孤把、焦溪笃住等处、草堂等处、上桑直、下桑直、米坪、令其平尾等处、保靖州、特团等处。

其中，平伐等处，据史书记载，平伐部酋长是大德元年降附元朝的。当年五月，该部请求隶属于亦奚不薛（顺元）宣抚司，元廷批准了这一请求。七日后，正式设立平伐等处长官司①。而后，平伐等处长官司又升格为安抚司。至大三年（1310）九月，平伐蛮酋不老丁遣其侄与甥十人归降，或许是嘉奖和酬功，平伐等处蛮夷军民安抚司同知陈思诚被提升为安抚使，且佩金虎符②。该安抚司还设置了达鲁花赤。后至元三年（1337）五月，平伐都云定云二处安抚司达鲁花赤暗都剌等还获得朝廷颁赐的虎符③。平伐一带的土官朝觐，也不乏见。泰定二年（1325）二月，平伐苗酋的娘欲率土官三百六十人北上朝觐，湖广行省提议精简为四十六人，朝廷才批准其朝觐④。顺帝初，又因为平伐、都云、定云一带酋长归降，特意"即其地复立宣抚司，参用其土酋为官"⑤。后者估计也是非正规的临时设置。

---

① 《元史》卷19《成宗纪二》大德元年五月庚寅、戊戌。
② 《元史》卷23《武宗纪二》至大三年九月己卯。
③ 《元史》卷39《顺帝纪二》至元三年五月癸卯。
④ 《元史》卷29《泰定纪一》。
⑤ 《元史》38《顺帝纪一》至元元年三月癸未。

第十二章　宣政院辖下的吐蕃三道宣慰司

元代是中国多民族统一国家历史发展中的重要阶段,其重要标志之一就是吐蕃地区正式纳入了国家版图和直接治理的体系之内。元朝在吐蕃地区设立了三道宣慰司都元帅府,统辖于宣政院之下。宣政院"秩从一品。掌释教僧徒及吐蕃之境而隶治之。遇吐蕃有事,则为分院往镇,亦别有印。如大征伐,则会枢府议。其用人则自为选。其为选则军民通摄,僧俗并用"①。宣政院是与中书省、御史台、枢密院平行的中央机构。陈得芝先生认为,宣政院统辖吐蕃三道的职能就相当于一个行省,《汉藏史籍》说吐蕃三道"算作一个行省",是完全符合实际情况的②。目前中外学者已对元代吐蕃的地方行政建置作过深入的研究③,近年来张云先生的专著《元代吐蕃地方行政体制研究》在吸收以往学者研究成果的基础上,进一步推进了此问题的研究。下面笔者拟借鉴以往的研究成果仅对元代吐蕃三道宣慰司都元帅府的建置及其所辖路、州、万户府作一简单勾勒。

《元史》卷17《世祖纪十四》载至元二十九年(1292)九月"丁亥,从宣政院言,置乌思藏、纳里速、古儿(鲁)孙等三路宣慰使司都元帅"。卷87《百官志三》宣政院条载"乌思藏、纳里速、古鲁孙等三路宣慰使司都元帅府,宣慰使五员,同知二员,副使一员,经历一员,镇抚一员,捕盗司官一员"。需要指出的是,至元二十九年只是乌思藏等三路宣慰使司都元帅府的设置时间,而在至元十七年前后史料中就出现了乌思藏宣慰司及赏竹莘真担任第一任宣慰使(时称万户)的记载,其中宣慰使在藏文史书中又称为本钦④。乌思藏宣慰司的前身应是至元四年左右设置的"乌思藏、纳里速、古鲁孙等三路军民万户府"。乌思藏等三路宣慰司都元帅府的辖区主要在今西藏自治区和不丹、列城等境外

---

① 《元史》卷87《百官志三》。
② 张云:《元代吐蕃地方行政体制研究》,中国社会科学出版社,1998年,陈得芝先生所作序言。
③ 参见张云:《元代吐蕃地方行政体制研究》导言。
④ 陈得芝:《乌思藏宣慰司的设置年代》,《元史及北方民族史研究集刊》第8期。

地区,治所在萨斯迦(今西藏萨迦县),故在藏文史书中,乌思藏等地的最高行政首领是萨斯迦本钦(sa skya dpon chen)①。乌思藏等三路宣慰司都元帅府之下辖有万户府和都元帅府、招讨司、转运司等行政军事机构,"纳里速古儿孙元帅二员。乌思藏管蒙古军都元帅二员。担里管军招讨使一员。乌思藏等处转运一员。沙鲁田地里管民万户一员。搽里八田地里管民万户一员。乌思藏田地里管民万户一员。速儿麻加瓦田地里管民官一员。撒剌田地里管民官一员。出蜜万户一员。嗷笼答剌万户一员。思答笼剌万户一员。伯木古鲁万户一员。汤卜赤八千户四员。加麻瓦万户一员。札由瓦万户一员。牙里不藏思八万户府,达鲁花赤一员,万户一员,千户一员,担里脱脱禾孙一员。迷儿军万户府,达鲁花赤一员,万户一员,初厚江八千户一员,卜儿八官一员"②。不难看出在乌思藏、纳里速、古鲁孙等地,宣慰司都元帅府辖下的万户制是其主要统治机构。

吐蕃等处宣慰司都元帅府是元朝在吐蕃地区设置的另一主要统治机构。吐蕃等处宣慰司都元帅府的设置应在元世祖至元六年以前。至元六年"以河州属吐蕃宣慰司都元帅府"③,据《元史》卷87《百官志三》,吐蕃等处宣慰司都元帅府辖有西夏中兴河州等处军民总管府,而吐蕃等处宣慰司都元帅府的治所即是河州(治今甘肃临夏市)④。在《元史》卷60《地理志三》"陕西等处行中书省"和《元史》卷87《百官志三》"宣政院"辖下均记有吐蕃等处宣慰司都元帅府所辖政区和机构,二处所记虽大致相同,但也有一定的差异,这说明吐蕃等处宣慰司都元帅府"既存在归陕西等处行中书省,又归宣政院管辖的两属情况,同时也存在着辖区大小的前后变化"⑤。两相比较,《元史》卷60《地理志三》的记载侧重于对其所辖路、州、县的记载,而《元史》卷87《百官志三》则侧重于记载其所辖行政军事机构及官员的配置情况。

据《元史》卷60《地理志三》,吐蕃等处宣慰司都元帅府所辖如下:

"河州路,下。领县三:定羌,下。宁河,下。安乡,下。

雅州,下。宪宗戊午岁(1258),攻破雅州,石泉守将赵顺以城降。领县五:名山,下。泸山,下。百丈,下。荣经,下。严道,下。

黎州,下。至元十八年,给黎、雅州民千一百五十四户、钞二千三百八锭,

---

① 张云:《元代吐蕃地方行政体制研究》,第113~126页。
② 《元史》卷87《百官志三》。
③ 《元史》卷60《地理志三》。
④ 《元史》卷63《地理志六》;《明史》卷330《西域二》。
⑤ 张云:《元代吐蕃地方行政体制研究》,第191页。

以资牛具种实。领县一：汉源，下。

洮州，下。领县一：可当，下。

贵德州，下。

茂州，下。领县二：汶山，下。汶川，下。

脱思麻路。

岷州，下。

铁州，下。

碉门鱼通黎雅长河西宁远等处宣抚司。

礼店文州蒙古汉儿军民元帅府。"

正如《元史》卷60《地理志三》所言，"自河州以下至此多阙，其余如朵甘思、乌思藏、积石州之类尚多，载籍疏略，莫能详录也"，以上只是一个残缺不全的记载。至于吐蕃等处宣慰司都元帅府所辖机构的情况，张云先生在其专著《元代吐蕃地方行政体制研究》中以《元史》卷87《百官志三》"宣政院条"所记为主线进行了详细的考证，兹不赘述。

元朝在吐蕃地区还设有吐蕃等路宣慰司都元帅府。《元史》卷87《百官志三》载："土番（吐蕃）等路宣慰使司都元帅府，宣慰使四员，同知二员，副使一员，经历、都事各二员，捕盗官三员，镇抚二员。"张云先生根据《元史》卷205《桑哥传》认为吐蕃等路宣慰司设置于至元二十五年以前①。由于汉文史籍中没有关于吐蕃等路宣慰司都元帅府治所的记载，故学者们对此问题有着不同的看法。任乃强、泽旺夺吉先生认为吐蕃等路宣慰司都元帅府的治所大致在今青海东南部玛沁县一带，陈庆英先生认为应在青海玉树市或四川甘孜藏族自治州北部的某地，张云先生认为应在灵藏（gling chang）②。

吐蕃等路宣慰司都元帅府的所辖区域和机构，《元史》卷87《百官志三》有如下的记载：

"朵甘思田地里管军民都元帅府，都元帅一员，经历一员，镇抚一员。

剌马儿刚等处招讨使司，达鲁花赤一员，招讨使一员，经历一员。

奔不田地里招讨使司，招讨使一员，经历一员，镇抚一员。

奔不儿亦思刚百姓，达鲁花赤二员。

碉门鱼通黎雅长河西宁远等处军民安抚使司，秩正三品，达鲁花赤一员，

---

① 张云：《元代吐蕃地方行政体制研究》，第215页。
② 任乃强、泽旺夺吉：《"朵甘思"考略》，《中国藏学》1989年第1期；陈庆英：《元朝在藏族地区设置的军政机构》，《西藏研究》1992年第3期；张云：《元代吐蕃地方行政体制研究》，第217～219页。

安抚使一员,同知一员,副使一员,佥事一员,经历、知事、照磨各一员,镇抚二员。

六番招讨使司,达鲁花赤一员,招讨使一员,经历一员,知事一员。雅州严道县、名山县隶之。

天全招讨使司,达鲁花赤一员,招讨二员,经历、知事各一员。

鱼通路万户府,达鲁花赤一员,万户二员,经历、知事各一员。黎州隶之。

碉门鱼通等处管军守镇万户府,达鲁花赤一员,万户二员,经历、知事各一员,镇抚二员,千户八员,百户二十员,弹压四员。

长河西管军万户府,达鲁花赤一员,万户二员。

长河西里管军招讨使司,招讨使二员,经历一员。

朵甘思招讨使一员。

朵甘思哈答李唐鱼通等处钱粮总管府,达鲁花赤一员,总管一员,副总管一员,答剌答脱脱禾孙一员,哈里脱脱禾孙一员,朵甘思瓮吉剌灭吉思千户一员。

亦思马儿甘万户府,达鲁花赤一员,万户二员。"

可以看出,吐蕃等路宣慰司都元帅府主要是以安抚司、招讨司、万户府来实现对所属部民或州县统治的。

下面简单总结一下元代在吐蕃地区所设三道宣慰司的情况。乌思藏等三路宣慰司都元帅府、吐蕃等处宣慰司都元帅府、吐蕃等路宣慰司都元帅府是元朝在吐蕃地区设置的最高地方行政军事机构。《元史》卷30《泰定帝纪二》载泰定三年(1326)四月"乙卯,以帝师兄锁南藏卜领西番三道宣慰司事,尚公主,锡王爵"。吐蕃三道宣慰司都元帅府实际上相当于行省,成为该地的最高统治机构,且均是军民兼领;在吐蕃地区行政建制上,和其他边疆地区类似,元朝政府在建置州县进行统治的同时,更是因地制宜设立了许多万户府、招讨司、安抚司等统治机构。

第十三章　元代政区地理变迁轨迹和特色

一般认为,元王朝是中国古代政区建置发展的重要时期之一。概括起来,元王朝政区建置的变化有三:一是地方政区由路、州、县三级变为行省(宣慰司)、路、府、州、县四级或五级,二是行省制的问世,三是边疆直接治理型的宣政院、行省、宣慰司、宣抚司、安抚司、长官司等取代羁縻府州。上述变化在元代是如何发生和逐步完成的,变化的具体过程和情形怎样,何种历史背景或因素促成、导致上述变化,元王朝政区建置变化在古代中国政区建置发展历程中的作用与地位又如何,关于这些问题,谭其骧、前田直典、周振鹤、丁昆健、王颋及笔者①曾从不同角度有所论及,这里拟在前人研究的基础上作如下较系统的论述,作为全书的总结。

第一节　北方汉地:画境之制与投下食邑置路州

元代北方汉地政区建置的变化,主要有蒙古时期的"画境之制"和至元初投下食邑置路州。

一、蒙古时期的"画境之制"

成吉思汗十二年(1217)木华黎国王奉成吉思汗的命令负责经营中原汉地之际,就开始对纳土归降的汉族地主武装头目授予行省、都元帅、州尹、县令等官衔,利用他们间接地治理管辖新征服的汉地农耕区。正如《经世大典叙录·官制》所云:"既取中原,定四方,豪杰之来归者,或由其旧而命官,若行省、领

---

① 谭其骧:《元福建行省建置考》,《禹贡》第二卷第一期,1934年;《陕西四川行省沿革考》,《禹贡》第三卷第六期,1935年;前田直典:《元朝行省の成立過程》,《史學雜誌》56编6号,1945年;周振鹤:《中国地方行政制度史》,上海人民出版社,2005年;丁昆健:《元代行省制度之形成及其职权》,台湾私立中国文化学院史学研究所博士论文,1977年(打印本);王颋:《元代行政地理研究》,复旦大学博士论文,1989年;李治安:《元代中原投下封地置路州发微》,《蒙古史研究》第三辑,内蒙古大学出版社,1989年;李治安:《行省制度研究》,南开大学出版社,2000年。

省、大元帅、副元帅之属是也；或以上旨命之，或诸王、大臣总兵政者承制以命之；若郡县兵、民赋税之事，外诸侯亦得以自辟用。"又引入蒙古兵民合一的万户、千户制度，给这些地主武装头目另加万户、千户官衔。起初仅立刘黑马、史天泽、萧札剌三万户，窝阔台汗四年（1232）之后增至七万户以上。于是，这些汉族万户就成为军民兼领、有土有民、世袭罔替的世侯军阀[1]。就行政区划而言，起初汉世侯军阀是依纳土归降的地盘来划分的，故与金朝原路州界限出入较大，彼此之间的犬牙交错和混杂错乱的情况也大量存在。

窝阔台汗八年，蒙廷在乙未（1235）清查登录户口的基础上又实行"画境之制"，调整和确定汉世侯的辖区疆界，从而导致了蒙元时期北方汉地政区建置的首次较大变动。

关于这次"画境之制"，史籍中留下的记载并不算多。元好问《严实神道碑》云："初，公之所统，有全魏，有十分齐之三，鲁之九。及是画境之制行，公之地于魏则别大名，又别为彰德，齐与鲁则复以德、济、兖、单归我。"王磐《张柔神道碑》载："丙申岁（1236），析天下为十道，沿金旧制画界。"王鹗《张柔墓志》说："初，乙未、丙申间，诸道所统，仍金之旧。"[2]

对以上三则史料所反映的"画境之制"的内容、方式及原则，学者们的理解不尽相同。张金铣认为："蒙古汗廷推行'画境之制'，把世侯统治下的州县划入'十道'范围之内，以便于统治和进行分封"，"'析天下为十道'，实即把中原分为十大达鲁花赤的监临区，从而将各地大大小小的汉人世侯纳入各道大达鲁花赤监临之下"[3]。赵文坦的意见与其相左，他主张："'诸道'应指初'画境'时大世侯所统之路"；"画境之制"依据纳地世守、取地得地、异地镇戍、分割调整等四原则，"经过'画境之制'，以论功行赏的名义对大小世侯原有的地盘作适当调整，约为十八路，基本上恢复了金朝原有的路府建置"[4]。

笔者拙见，张、赵二位对"画境之制"的解释都有合理之处，又都有需要进一步斟酌或完善的地方。"画境之制"和《畿辅通志》卷107王磐撰《张柔神道碑》所载"析天下为十道"有密切联系，在这一点上，张金铣的看法是正确的。"析天下为十道"是推行"画境"的临时措施，而"画境"的依据，大体为金朝末年汉地路州行政建置及其界限。"十道"与依据金朝末年汉地路州建置"画境"，并不矛盾。

---

[1] 到何之：《关于金末元初的汉人地主武装问题》，《元史论集》，人民出版社，1984年。
[2] 《元好问全集》卷26；《畿辅通志》卷107；《元朝名臣事略》卷6《万户张忠武公》。
[3] 《元代地方行政制度研究》，安徽大学出版社，2001年，第23、24页。
[4] 赵文坦：《大蒙古国时期汉人世侯研究》，博士论文，1999年油印本。

"画境"前后，蒙古朝廷确实部分实施了二路之上加设达鲁花赤或行省的政策。张金铣对山西、北京、燕京、河东、彰德、河北、大名、山东西、山东东、陕西十道的考订，颇见功力。其"十道"各设大达鲁花赤的说法，在山西、北京、燕京、河东、东平、陕西的场合，是可以成立的。但是在彰德、河北、大名等地区，则显证据不足。据笔者综合考察，"十道"远而模仿金九道提刑司和十三处转运司旧制①，近则参考窝阔台汗二年征收课税使的十路。就宋金制度而言，无论提刑司抑或转运司，都有监司和监察区的性质。这一性质，大抵也为"画境"之"十道"所沿用，又与设达鲁花赤的措施暗合。张金铣认为，"十道"由山西、北京、燕京、河东、彰德、河北、大名、山东西、山东东、陕西组成。然而，就当时的实际情况看，窝阔台汗六年金朝灭亡，蒙古国已经控制河南和陕西地区，八年"析天下为十道"，既然包括陕西，河南也应在其内。因为在金朝九道提刑司和十三处转运司中陕西、河南都榜上有名。另外，在"画境"的实际操作中，彰德等府州自真定路及东平路析出，非常明显。恢复大名路原有建置的计划，却因严实及王玉汝的阻拦而未果。故将大名列为"十道"之一，不妥。彰德与大名合为一道，可能性较大。鉴于此，笔者主张，窝阔台汗丙申年"画境"之"十道"大体囊括燕京、益都济南、河南、北京、平阳太原、真定、东平、大名彰德、西京、京兆。此"十道"与中统初宣抚司之十路一脉相承，且都具有监司的性质。窝阔台汗丙申年"画境"之"十道"开创在先，中统初宣抚司之十路继承于后②。

前揭"析天下为十道"之后，紧接着是"沿金旧制画界"。此十二字前后连接，最为重要，既讲"画境"依据的是金朝末年汉地路州行政建置及其界限，又披露"十道"与"金旧制"的密切关系。《元朝名臣事略》卷6《万户张忠武王》云"乙未、丙申间，诸道所统，仍金之旧"，也是这个意思。具体来说，"十道"大体相当于金朝的监司或监察区，设立"十道"，旨在督促对金末以来汉地路州行政建置的整顿重建。由于金末归附蒙古的大小军阀世侯大多各自建路府或行省，《元史》卷58《地理志一》载乙未籍民时就有三十六路之多。该志只列举为首的燕京和顺天，其他失载。尤其是顺天，在金朝根本不是路的建置。如张金铣所云，"这'三十六路'即三十六家大世侯的辖地，并非政区划分"。此时大小世侯地盘滥称"三十六路"，且犬牙交错，十分混乱。所以只好设立"十道"监司或监察区，以督促"三十六路"之改造和整顿。

---

① 《大金国志（下）》卷38《京府州军》，中华书局，1986年，第538页。
② 赵琦谈及窝阔台汗二年征收课税使之十路到中统初宣抚司之十路的演变时指出："很可能1236年的行政区划(指十道)基本上沿用到中统初年。"参见《大蒙古国时期十路征收课税所考》，《蒙古史研究》第六辑，内蒙古大学出版社，2000年。笔者赞同此见解。

尽管"画境之制"的有关史料记载偏少，但"画境"的结果足以说明一些问题。目前可以清晰地看到，"画境之制"所造成的汉地政区的显著变动主要是：张柔所辖三十余城多半按金朝路州旧有建置，回归中都路及河北西路，剩下的顺天保州"分隶无几"。真定路所辖州数减少了八个，剩下五个左右。从真定路割出的有：立彰德总帅府，析出相、卫二州；设邢洺路总管府，析出邢、洺、磁、威四州；析出祁、完二州，划属顺天府。划入真定路的仅有河间府深州。严实占据的东平行台地盘中，彰德及大名部分被割出，德州、兖州、济州、单州等归属严实麾下①。赵文坦博士论文曾考订"画境"中十八路的相应变动，颇有意义。正如赵文坦考订十八路变动后的结论："画境""基本恢复了金朝原有的路府建置"。事实上，将"三十六路"整顿恢复为十八路，这就是"画境之制"的成果。而且十道监督十八路的对应关系，也比较清楚，即：燕京道监督中都、平州、涿州三路，益都济南道监督益都、济南二路，河南道监督河南等路，北京道监督北京等路，平阳太原道监督平阳、太原二路，真定道监督真定、河间二路，东平道监督东平等路，大名彰德道监督大名、彰德、邢洺三路，西京道监督西京、宣德二路，京兆道监督京兆、巩昌等路。试想，如果没有"十道"监司或监察区，没有"金朝末年汉地路州行政建置及其界限"作为依据，又怎么能达到恢复"金朝原有的路府建置"的目标呢？

这里有必要澄清张金铣博士的一个说法。张金铣说："画境"之后，"随着达鲁花赤制度的普遍化，十道建制很快被破坏"。事实上，"十道"不是一般的行政"建制"，而是监司或监察区，虽然它带有临时性，但大抵被沿用到中统、至元初，不存在"很快被破坏"的后果。问题就出在张金铣没有把"十道"确切理解为督促整顿路州秩序的监司或监察区，进而人为地把"十道"与金朝路州"旧制"对立起来，所以导致了不应有的悖论。

总之，蒙古灭金前后，中原汉地世侯军阀林立，其占据的地盘犬牙交错，打乱了原有的路州县秩序。针对这种情形，蒙廷借助"十道"监司或监察区，按照金朝路州旧制画界，首次调整汉地路州县地界秩序。这就是所谓"画境之制"的由来和基本内容。

然而，此次"画境"调整路州县地界秩序，并不彻底，后来还发生了一定的反复。例如，窝阔台汗十三年，蒙廷又更改五年前对张柔辖地的变动，下令割雄、易、保、遂、安肃五州，隶属张柔，特赐名顺天，置顺天路②。由此，奠定了日

---

① 《元好问全集》卷26《东平行台严公神道碑》。
② 《混一方舆胜览》；《元史》卷58《地理志一》。

后顺天路(后称保定路)的辖区范围。虽然元好问有"于魏则别大名"之说,大名路长官也曾"欲以冠氏等十七城改隶大名",但因严实及其僚佐王玉汝的坚决阻拦而未能实现①。新的和较为彻底的调整路州县地界秩序,有待于忽必烈建立元朝以后。

二、至元初的投下食邑置路州

至元二年(1265)合并州县和投下食邑置路州,带来了"腹里"政区第二次较大的变动。

至元二年前后,元朝廷统一以户口数确定州县等第,不足下州和下县最低户口额度的,被强制省并。此举比较符合连年战乱后户口锐减等实际情况,便于消除"十羊九牧"之弊。故曾经导致"腹里"政区内部分州县省并废罢等变化。诸如顺德路唐山县并入内丘,广宗县并入平乡,南和县并入沙河,皆属此类。

引起更大范围变动,甚至部分抵消依户口数省并州县政策的,是投下食邑置路州。罢黜汉世侯不久,忽必烈着手调整投下五户丝食邑相关的路州建置。其做法大致是:在"画境之制"基础上,以较重要的诸王勋贵分地为单位,采取分设、新立、改置及维持原状等方式,众建路及直隶州,划一食邑,尽可能使拥有较多封户的诸王贵族独占一路一州,或在该路占主导地位,尽可能减少同路(州)内数投下封君领民纷杂交织的现象。如严实东平路辖区被分为济宁、东昌、东平三路和高唐、冠州等七个直隶州;而般阳路、彰德路、卫辉路、广平路、顺德路、怀孟路、河南府路等,则是从某些路州中割划、合并而来的新路(州);益都路、济南路、真定路、大名路、河间路等又属于路的名称未变,实际辖区却因投下封民所在发生划割改属等变动的"改置"路。以上投下食邑置路州,直接导致中原汉地路总管府数由十八九个增至四十余个,路州辖区则相应缩小。

由于保护投下特权,中书省直辖"腹里"政区内长期保留了数量可观的漠南草原投下领地路府和十余块食邑"飞地"。

有元一代,漠南蒙古草原地带的某些诸王驸马领地,也相继建立了投下路府。如汪古部驸马投下德宁路、净州路、集宁路与砂井总管府,弘吉刺部驸马投下应昌路和全宁路,亦乞列思部驸马投下宁昌路,辽王脱脱位下泰宁路等。这些投下路府与投下食邑路州性质不同,是典型的草原领地。不仅官员任用

---

① 《元史》卷153《王玉汝传》。

实行"自达鲁花赤总管以下诸官属,皆得专任其陪臣,而王人不与焉"的草原旧制,其行政建制又保持草原千户与路府的复合并存形态,实属"蒙古人入主中原后,将其原有的习惯和中原固有的制度结合起来的奇特产物"①。

投下分地设置路州还给元代地方行政区划和管理带来了某些混乱。如前述,元廷多注重投下封君归属的划一,而不甚顾及路州辖区在地域空间上的整体性与完整性,故投下食邑设置路州使"腹里"地区出现了十余块附属于大路大州而又遥处其他路州之间的大小不等的"飞地",如河间路的青城、临邑二县,德州的齐河县,大名路的清河县,真定路的涉县,广平路的井陉县,般阳路的登、莱二州,曹州的禹城县,濮州的馆陶、临清二县等。随之而来的路州与属县"飞地"相距遥远,官吏"申禀"和运输不便之类的弊端,始终相当严重。

投下领地路府和十余块食邑"飞地"是历代中原政区未曾有过的,也应该是元"腹里"政区受蒙古旧俗冲击和影响最为严重的部分。

第二节　江南地区政区的变迁特点

元朝江南地区行政建置方面的变动主要是:以十一宣慰司取代南宋的十一路,又依户口数实施州县升路、升州之类的改造。此外还有后面考察的江南三行省的设置。

关于以宣慰司取代南宋诸路,史卫民和张金铣已有考论②。笔者在他们研究的基础上略述其梗概。

平定南宋之初,由于行省尚未成为固定制度,元朝廷曾经以宣慰司充当地方最高军事管制机构来接管或代替原南宋路级官府。与征服江南的军事行动同步,先后设立了淮东、淮西、浙东、浙西、江东、江西、福建、湖北、湖南、广东、广西等十一道宣慰司,大体承袭或接收了原南宋的淮南东、淮南西、两浙东、两浙西、江南东、江南西、福建、荆湖北、荆湖南、广南东、广南西等十一路的旧有辖区。后来,随着行省的正规化,十一道宣慰司又略有调整。

淮东道宣慰司设立于至元十三年(1276),治扬州,因江淮行省治所迁徙曾经废置不常。至元二十六年江淮行省固定治于杭州且易名为江浙行省,特别是至元二十八年淮东道随江北地区划属新设置的河南行省后,淮东道宣慰司

---

① 《元史》卷118《特薛禅传》;周清澍:《汪古的领地及其统治制度》,《蒙古史论文选集》第一辑,内蒙古大学学报丛刊,1983年。
② 史卫民:《元朝前期的宣抚司与宣慰司》,《元史论丛》第五辑,中国社会科学出版社,1993年;张金铣:《元代地方行政制度研究》,安徽大学出版社,2001年,第199页。

最终得以恢复建置,长期管辖扬州、淮安二路和高邮府,以及真州、滁州、泰州、通州、崇明州、海宁州、泗州、安东州等八州。淮东道宣慰司大体接管了原南宋淮南东路所辖九州、四军,仅有扬州、淮安升路和高邮升府等改动①。

淮西道宣慰司设立于至元十二年四月,治所在庐州。郑鼎和昂吉儿先后担任淮西宣慰使②。十四年十月另置黄州宣慰司,或称黄蕲州宣慰司、蕲黄宣慰司,辖黄州、蕲州、江州、安庆四路及光州。而淮西道宣慰司仅管辖庐州、安丰二路。至元二十一年二月黄州宣慰司并入淮西道,此时的淮西道宣慰司管辖庐州、安丰、黄州、蕲州、安庆、江州六路,也大体接管了原南宋淮南西路的二府、六州、四军之地。至元二十二年江州路改隶江西行省。至元二十九年正月,淮西道随江北地区划属河南行省。大德三年(1299)二月,淮西道宣慰司废罢,所辖路州直隶河南行省③。

浙东道宣慰司设立于至元十三年,治所先后在庆元、绍兴、处州、温州、婺州迁徙。大德六年十月固定在庆元路,管辖庆元、衢州、婺州、绍兴、温州、台州、处州七路。与南宋两浙东路所辖三府、四州之地比较,除了府州升路外,辖区几乎没有变化④。

浙西道宣慰司设立于至元十三年,起初治所在杭州。后因江淮行省迁徙而暂时徙治平江路。浙西道宣慰司管辖杭州、湖州、嘉兴、平江、常州、镇江、建德七路及松江一府、江阴一州。其与南宋两浙西路四府、三州、一军的辖区范围相同,接管替代的色彩颇重。有变动的仅是四府、三州升路,江阴改州及增设松江府。至元二十六年,江浙行省治所固定于杭州,浙西道宣慰司随而废罢,所辖路州直属江浙行省⑤。

江东道宣慰司同样设立于至元十三年,治所在建康路。管辖宁国、徽州、饶州、建康、太平、池州、信州、广德八路及铅山一州。其与所接管的南宋江南东路二府、五州、二军之地比较,主要变化是南康划归江西行省,府州军升路以及增设铅山州。因江南行御史台治于建康路,大德三年二月江东道宣慰司废罢,所属路州直隶江浙行省⑥。江南行御史台对江东道路州同样具有镇遏和监督功能。

---

① 《元史》卷59《地理志二》;《宋史》卷88《地理志四》。
② 《元史》卷132《昂吉儿传》、卷154《郑鼎传》。
③ 《元史》卷59《地理志二》、卷13《世祖纪十》、卷17《世祖纪十四》、卷20《成宗纪三》;《宋史》卷88《地理志四》。然而,据《元史》卷24《仁宗纪一》,直到仁宗皇庆二年(1313)七月仍然有"改淮东淮西道宣慰司为淮东宣慰司,以淮西三路隶河南省"的记载。
④⑥ 《元史》卷62《地理志五》、卷20《成宗纪三》;《宋史》卷88《地理志四》。
⑤ 《元史》卷62《地理志五》、卷13《世祖纪十》;《宋史》卷88《地理志四》。

江西道宣慰司的前身是宋都台为首的江西行都元帅府,主要任务是攻略江西。至元十三年十二月,改江西道宣慰司,治所在隆兴路。所辖隆兴、吉安、瑞州、袁州、临江、抚州、江州、赣州、建昌、南安十路及南丰一州,大体是接收原南宋江南西路的一府、六州、四军之地。后来,兴国路划属湖广行省,南康路归于本道。至元十四年七月因建立江西行省,江西道宣慰司随而废罢,所辖路州直隶江西行省①。

福建道宣慰司创建于至元十四年。翌年,改福建行省。后经至元二十八年二月废省设司和二十九年的废司立省,大德三年,最终确定为福建道宣慰司都元帅府,隶属江浙行省。福建道宣慰司下辖福州、建宁、泉州、兴化、邵武、延平、汀州、漳州八路,基本接收了原南宋福建路六州、二府之地②。

荆湖北道宣慰司和湖北道宣慰司均为至元十三年左右设置,前者治于江陵,后者治于鄂州。至元十四年改设湖广行省,治于潭州路。曾因廉希宪行省江陵而废罢的荆湖北道宣慰司重新恢复。此时的荆湖北道宣慰司和湖北道宣慰司大体接管了原南宋荆湖北路所属江陵府、常德府、德安府、鄂州、岳州、归州、峡州、复州、澧州、辰州、沅州、靖州及汉阳军、荆门军、寿春军之地。至元十八年湖广行省移治鄂州,湖北道宣慰司随之撤销,所领路州直隶行省。至元二十八年,荆湖北道宣慰司划属河南江北行省,仅管辖长江以北路州③。

湖南道宣慰司设立于至元十五年,治所在衡州路。至元十八年湖广行省移治鄂州,湖南道宣慰司迁至潭州路。所辖潭州、衡州、道州、永州、郴州、全州、宝庆、武冈、桂阳九路和茶陵、耒阳、常宁三州,大体是接收原南宋荆湖南路的七州、一军、一监之地④。

广东道宣慰司于至元十五年设立,治广州路。后兼都元帅府,隶属江西行省。所辖广州、韶州、惠州、南雄、潮州、德庆、肇庆七路和英德、梅、南恩、封、新、桂阳、连、循八州,大体是接收原南宋广南东路的三府、十一州之地⑤。

广西道宣慰司设立于至元十四年,治静江路,隶属湖广行省。元贞元年(1295)与左右两江道宣慰司合并为广西两江道宣慰司都元帅府。所辖静江、南宁、梧州、浔州、柳州五路和郁林、容、象、宾、横、融、藤、贺、贵九州等,大体是

---

① 《元史》卷62《地理志五》、卷8《世祖纪五》、卷9《世祖纪六》;《宋史》卷88《地理志四》。
② 《元史》卷62《地理志五》、卷16《世祖纪十三》;《宋史》卷88《地理志四》。
③ 《元史》卷59《地理志二》、卷63《地理志六》、卷16《世祖纪十三》;《宋史》卷88《地理志四》。
④ 《元史》卷63《地理志六》;《宋史》卷88《地理志四》。
⑤ 《元史》卷62《地理志五》;《宋史》卷90《地理志六》。

接收原南宋广南西路北部中部地区①。

此外，至元十七年又增设海北海南道宣慰司于雷州路，接管原南宋广南西路南部的雷州、化州、高州、琼州、钦州、廉州和南宁军、万安军、吉阳军等地②。

灭南宋后，元廷于至元十三年至十七年模仿北方路的建置规模，在江南改置了八十余个路，几乎发展到"每州皆为路"的地步③。如至元十六年十二月改惠州、建宁、梧州、柳州、象州、邕州、庆远、宾州、横州、容州、浔州并为路总管府，至元十七年十二月改钦州、雷州、封州、廉州、化州、高州为路总管府④。

元代路的等级起初分为上、中、下三级。至元二十年改为上、下两级，"十万户之上者为上路，十万户之下者为下路"。又特意规定江陵路、扬州路、静江路、潭州路、成都路、杭州路、重庆路、绍兴路、建康路、鄂州路、淮安路、龙兴路等十二路因地"当冲要"，"虽不及十万户亦为上路"⑤。查《元史·地理志》，以上十二路中仅有成都、重庆、淮安三路不足十万户，尤其是成都、重庆二路因长期战乱，户数减至二三万。十二路中，置行省治所者四（成都、杭州、鄂州、龙兴），置行御史台者一（建康），置宣慰司者四（江陵、扬州、潭州、重庆），而且一概是兵家必争之地，大多驻戍万户等军队（如扬州、建康等城置七万户府，杭州置四万户府，江陵、淮安、潭州、重庆、成都等处也设万户府）⑥。依地势重要而确定上路的原则，显然又含有为军事镇戍等特殊目的服务的意思。

至元三年，朝廷首次以百姓户数确定诸州等第，"定一万五千户之上者为上州，六千户之上者为中州，六千户之下者为下州"。这显然是依据北方诸州辖户实际情况而规定的。至元二十年，因江南地区人口稠密，难以照搬北方制度，"又定其地五万户之上者为上州，三万户之上者为中州，不及三万户者为下州"。实施这项新规定后，"升县为州者四十有四"⑦。或许是江南地区由县升州者过多，成宗元贞元年五月又调整为："户至四万五千者为下州，五万至十万者为中州。"不用说，上州的户数，有的就在十万以上了。此次调整后，"凡为中州者二十八，下州者十五"，部分"户不及额"者被降格⑧，江南地区诸州数量过

---

① ② 《元史》卷63《地理志六》；《宋史》卷90《地理志六》。
③ 《元史》卷58至卷63《地理志》；《草木子》卷3下《杂制篇》。
④ 《元史》卷10《世祖纪七》、卷11《世祖纪八》、卷62《地理志五》、卷63《地理志六》。
⑤ 《元史》卷91《百官志七》；《事林广记》前集卷4《郡邑类》。
⑥ 《元史》卷99《兵志二·镇戍》、卷100《兵志三·屯田》。
⑦ 《元史》卷91《百官志七》。
⑧ 《元史》卷18《成宗纪一》。

多的情况得到一定程度的控制。

与北方汉地政区建置比较,元代江南地区除增设三行省外,主要变动是用宣慰司接管原南宋的路,又对州县实施依户口数升路升州之类的改造。其结果是元代的宣慰司和路府州县体制替代了南宋的路监司和州县。随之,地方官府的升格十分普遍。府州升路者八十余个,县升州者一度达到四十四个。江南地方官府的层级,也由南宋的路、州(府)、县三级制变为四级或五级制,即行省直辖诸路的场合为行省、路、州、县四级,行省下宣慰司分辖诸路的场合为行省、宣慰司、路、州、县五级。

第三节 行省的创置

元代政区建置的另一项建树,是创立了行省制。元世祖忽必烈统一全国后,相继设立陕西、四川、甘肃、云南、江浙、江西、湖广、河南、辽阳、岭北十行省。具体情况如下。

陕西行省,治于奉元路(京兆路),所辖奉元等四路、五府、二十七州,大约包含原北宋的永兴、鄜延、秦凤、环庆、泾原、熙河六路和利州路一小部分,又相当于原金朝的鄜延、京兆府、庆原、凤翔、临洮五路。

四川行省,治于成都路,所辖成都等九路、三府,大约包含原宋朝的成都府路、潼川府路、利州路和夔州路。

甘肃行省,治于甘州路,所辖甘州等七路、二州,包括原西夏国的大部分疆域。

云南行省,治于中庆路,所辖中庆等三十七路、二府,相当于原大理国的疆域。

江浙行省,治于杭州路,所辖杭州等三十路、一府、二州,包含原南宋的两浙东、两浙西、江南东、福建四路之地。

江西行省,治于龙兴路,所辖龙兴等十八路、九州,包括原南宋的江南西路和广南东路。

湖广行省,治于武昌路,所辖武昌等三十路、十三州、三府,包括原南宋的荆湖南、广南西二路和荆湖北路的江南部分。

河南行省,治于汴梁路,所辖汴梁等十二路、七府、一州,包括原北宋的京畿、京东、京西、淮南东、淮南西五路。

辽阳行省,治于辽阳路,所辖辽阳等七路、一府,相当于金上京、咸平、东京、北京四路。

岭北行省,治于和林路,辖和林路、称海宣慰司以及蒙古诸大千户①。

元王朝从蒙古国中央兀鲁思的传统模式出发,创建了特大的中书省直辖区"腹里",所辖范围涵盖了今河北、山西、山东及内蒙古的大部分,远远超越前朝京畿三辅的规模。同时又模仿燕京、别失八里、阿母河三行断事官,创建了上述十行省。每个行省都拥有相当于宋代三五个路的特大辖区,从而使古代高层督政区从唐"方镇"和宋"路"过渡到行省。就职司和性质而言,举凡钱谷、兵甲、屯种、漕运等军国重事,行省无所不辖。十行省犹若十大军区,又兼为中央与地方间的财赋中转站和行政节制枢纽。中央与地方的权力分配,同样以行省为枢纽。行省具有两重性质,又长期代表中央分驭各地,主要为中央收权兼替地方分留部分权力,所握权力大而不专。行省分寄为朝廷集权服务,朝廷集权始终主宰着行省分寄。元行省制不仅增加了一级新的高层督政区,使地方政区建置的层级达到四、五级,而且创建了十三四世纪中央与地方权力结构的新模式,对明清乃至近代影响至深且重。

第四节 边疆地区的行政管理方式

元代边疆地区政区建置的变化主要是:直接治理型的宣政院、行省、宣慰司、宣抚司、安抚司、长官司等取代唐宋时代的羁縻州。在岭北、东北和西北,行省及宣慰司是直接治理边疆的主要官府形式。在西南,除云南设行省和宣政院主管吐蕃外,主要是宣慰司、宣抚司、安抚司、长官司等设置。

唐宋等汉地王朝治理边疆,实行的都是羁縻政策。所谓羁縻政策,就是边疆部落首领既接受朝廷的州县官爵印信,又保持原有的称号、辖境和权力,自理内部事务。羁縻州大多只是名义上的州县区划,一般不呈报户籍,不承担贡赋②。在唐代治理西部、北部边疆过程中,羁縻都护府和羁縻都督府等也是另一种常见的方式。其级别明显高于一般羁縻州,但性质和权限与羁縻州无甚差别。

蒙元王朝肇起于朔漠,漠北、东北和西北是蒙古贵族率先建国和军事征服的地区。在这些地区,成吉思汗及其继承者最初是采取千户制和分封制予以

---

① 《元史》卷58至卷63《地理志》;《宋史》卷85至卷90《地理志》;《金史》卷24至卷26《地理志》。
② 参阅谭其骧:《唐代羁縻州述论》,收入《长水集续编》,人民出版社,1994年;马大正:《中国边疆经略史》第四、五编,中州古籍出版社,2000年。

治理。忽必烈定都开平和燕京以后,政治中心南移,漠北、东北和西北地区的边疆性质逐渐凸显。尤其是岭北、辽阳和甘肃三行省及若干宣慰司的相继建立,无一不带有代表朝廷管辖漠北、东北和西北边地的使命。上述行省及若干宣慰司等都是该地区权力很大的正规军政机构,与唐代的羁縻都护府和羁縻都督府等迥然不同。行省及若干宣慰司的设置,意味着元朝廷首次实施了对漠北、东北和西北边疆的直接或较直接的治理。

一般认为,西南土司制度确定于明朝。但是,土司名称和土司制度的基础却来自元朝。

从名称上看,元朝在西南边疆地区设立了诸多宣慰司、宣抚司、安抚司和长官司等。较为典型的此类设置有:宣政院之下乌思藏等三路宣慰司都元帅府、吐蕃等处宣慰司都元帅府、吐蕃等路宣慰司都元帅府,湖广行省的八番顺元宣慰司、八番宣抚司、顺元等路宣抚司、思州宣抚司、播州宣抚司、新添葛蛮安抚司,云南行省的丽江路军民宣抚司、曲靖等路宣慰司军民万户府、罗罗斯宣慰司、临安元江等处宣慰司兼管军万户府、大理金齿等处宣慰司都元帅府、乌撒乌蒙宣慰司,四川行省的叙南等处蛮夷宣抚司等。元代开始实行土著酋长担任宣慰司、宣抚司、安抚司和长官司职务的"土官"制度,当时多称"土官"。"土司"之称,偶尔有之①。应该承认,"土司"名称正是起源于这些土著酋长任职的宣慰司、宣抚司、安抚司、长官司等边地机构。

不仅如此,在普遍设置"土官"的基础上,元朝整个边疆政策较之唐宋时期又发生了根本性的变化。

由于统治民族已由汉族变成了少数民族的蒙古族,由于过去的边疆被视同内地,"无阃域藩篱之间"②,元王朝边疆政策的出发点也发生显著变化。蒙古统治者将汉地和其他少数民族居住地一概当作被征服地区,而与中原王朝将边疆地区视作蛮夷之地的传统观念截然不同。这是非常重要的理念转变。

基于这一新理念,元廷既因俗设"土官"而治,又通过宣政院、宣慰司、宣抚司、安抚司、长官司等机构,实行强制性的检括户籍,设立驿站,比较固定的缴税和贡献,强制征调土官土军等③。

正如忽必烈对播州安抚司的诏谕,"阅实户口,乃有司当知之事,诸郡皆然,非独尔播",阅户缴税似乎成了归附元朝廷的基本尺度。迫于元廷的强硬

---

① 《贵州通志》卷41《艺文记二》范汇:《八番顺元宣慰司题名碑记》曰:"然而土司相袭,或有争夺,则道路梗塞,外连南诏岭佬两江溪洞,侵削斗□,往往有之。"
② 《道园学古录》卷8《可庭记》。
③ 参阅方铁:《西南通史》第六编第三章,中州古籍出版社,2003年。

政策,土官们或早或晚"括户口租税籍以进"①。在蒙古统治者看来,少数民族地区并非汉人心目中的蛮夷,它和汉地一样,无一例外都是被征服的对象。因此,括户和缴税等,应当一视同仁。他们根本不去理会唐宋羁縻州政策,而是出于治理被征服地区的一般理念,独辟军、政、财等较直接管辖的路子。吐蕃地区比较特殊,故略有变通,实行"政教合一"宣政院帝师统辖的制度,但阅户缴税的原则并无二致。

元代直接治理边疆的政策,对明朝及以后影响巨大。明清两代大抵沿袭此项重要政策。明清西南土司必须履行的守边、缴税、设驿、征调等义务,实际上在元代已经比较全面地推行过了。

设置直接治理型的宣政院、行省、宣慰司、宣抚司、安抚司、长官司等,突破羁縻传统,改而实施直接治理边疆的政策,使中央政权的统治开始深入到边疆地区,对于13世纪以后多民族统一国家的发展具有战略意义。

第五节 简 短 结 语

地方政区层级趋多、行省制的问世、边疆直接治理型官司取代羁縻州,这三者是元代政区建置方面最显著的变动和特色,也是与前朝迥然不同的地方。

在元代政区建置的变动过程中,北方汉地和江南既有共同之处,也存在一定的差异。在政区层级趋多和实施行省制方面它们是一致的。但是,北方汉地的此类变化主要是借"画境之制"和投下食邑置路州来完成的,江南则是通过宣慰司接管南宋诸路和州县依户口数升格改造来实现的。

如果把古代政区建置的演进历程大致分为先秦诸侯国邑、汉魏长官负责的郡县制、唐宋官僚政治完善的方镇(路)州县制、元明清行省府州县制四大阶段,那么,元代恰恰处于第四阶段肇始的重要位置。可以说,层级趋多、行省制问世、边疆直接治理型官司取代羁縻州,这三者后来大抵被明清二王朝的政区建置所沿袭,由此同样成为元明清行省府州县制第四阶段的基本特征。在这个意义上,元代政区建置的变动在13世纪以后政区建置演进历程中扮演着某种承上启下和续写新篇的角色。

---

① 《元史》卷17《世祖纪十四》至元二十九年正月丙辰,卷63《地理志六》,卷29《泰定帝纪一》至治三年十二月丁亥、泰定元年正月戊申。

附 录

一、元帝国行省政区划分示意图

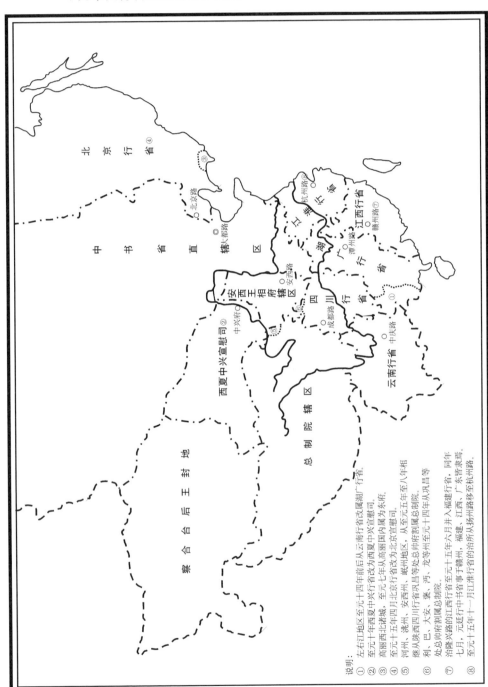

1. 至元十五年(1278)元帝国行省政区划分示意图

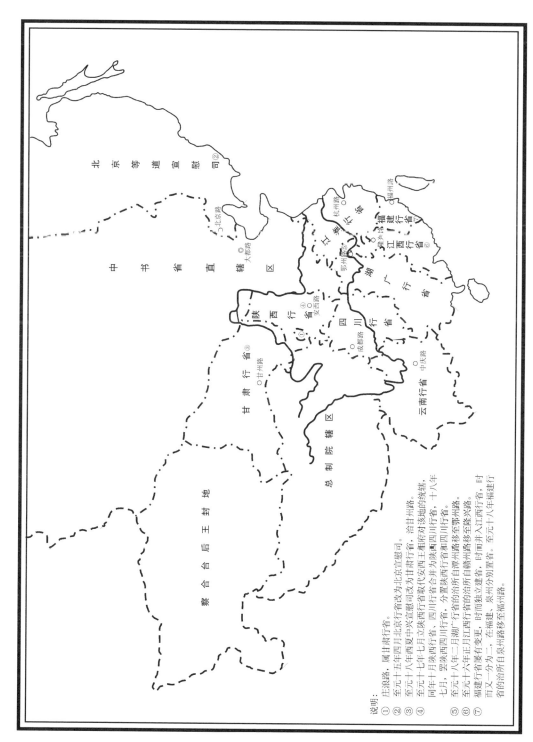

2. 至元十八年(1281)元帝国行省政区划分示意图

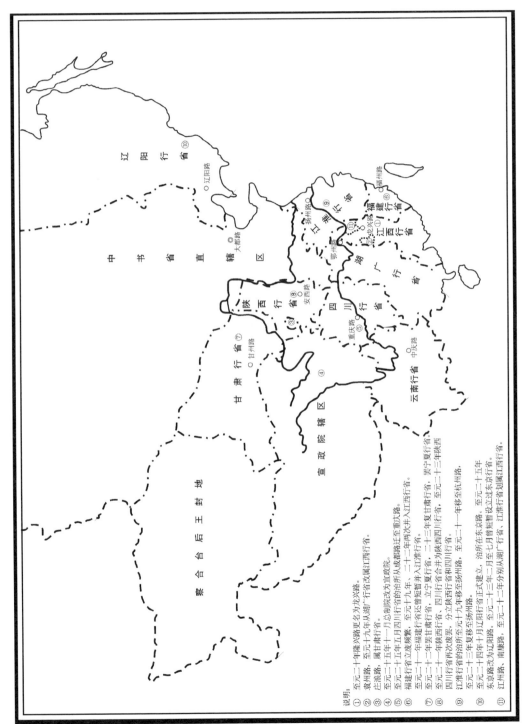

3. 至元二十五年(1288)元帝国行省政区划分示意图

附 录 337

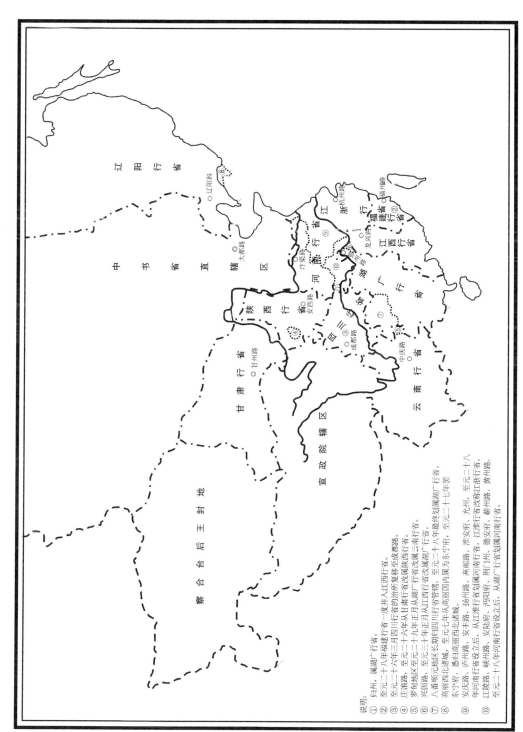

4. 至元三十年(1293)元帝国行省政区划分示意图

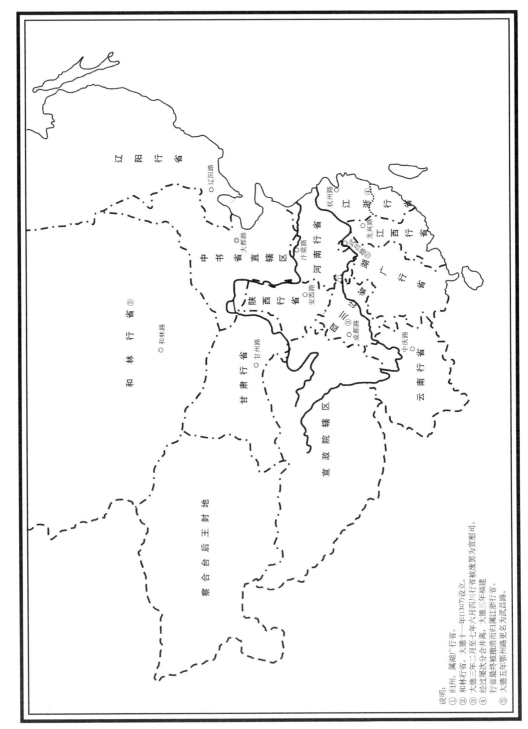

5. 至大元年(1308)元帝国行省政区划分示意图

二、元代行省与路、直隶府州建置沿革表

1. 元代行省

表 1　元代行省建置沿革表

年　份	行　省　建　置　沿　革
至元元年(1264)	陕西四川行省、西夏中兴行省、北京行省、山东行省
至元八年(1271)	四川行省、河南行省、北京行省、(东京行省)、西夏中兴行省
至元十年(1273)	(陕西四川行省)、云南行省、(西夏中兴行省)、北京行省、(河南行省)
至元十一年(1274)	云南行省、北京行省、荆湖行省、(淮西行省)
至元十四年(1277)	云南行省、北京行省、湖广行省、江淮行省、江西行省
至元十五年(1278)	云南行省、四川行省、(北京行省)、湖广行省、江淮行省、江西行省、(福建行省)
至元十七年(1280)	陕西四川行省、云南行省、湖广行省、江淮行省、江西行省、(福建行省)
至元十八年(1281)	陕西行省、四川行省、云南行省、湖广行省、江淮行省、江西行省、福建行省、甘肃行省
至元二十一年(1284)	陕西四川行省、云南行省、湖广行省、江淮行省、江西行省、福建行省、甘肃行省
至元二十二年(1285)	陕西四川行省、云南行省、湖广行省、江淮行省、江西行省、(福建行省)、宁夏行省
至元二十三年(1286)	陕西行省、四川行省、云南行省、东京行省、湖广行省、江淮行省、江西行省、甘肃行省
至元二十五年(1288)	陕西行省、四川行省、云南行省、辽阳行省、湖广行省、江淮行省、江西行省、福建行省、甘肃行省
至元二十八年(1291)	陕西行省、四川行省、云南行省、辽阳行省、河南行省、湖广行省、江浙行省、江西行省、(福建行省)、甘肃行省
至元三十年(1293)	陕西行省、四川行省、云南行省、辽阳行省、河南行省、湖广行省、江浙行省、江西行省、福建行省、甘肃行省
至元三十一年(1294)	陕西行省、四川行省、云南行省、辽阳行省、河南行省、湖广行省、江浙行省、江西行省、福建行省、甘肃行省、宁夏行省
元贞元年(1295)	陕西行省、四川行省、云南行省、辽阳行省、河南行省、湖广行省、江浙行省、江西行省、福建行省、甘肃行省
大德三年(1299)	陕西行省、云南行省、辽阳行省、河南行省、湖广行省、江浙行省、江西行省、甘肃行省

续　表

年　　份	行　省　建　置　沿　革
大德七年(1303)	陕西行省、四川行省、云南行省、辽阳行省、河南行省、湖广行省、江浙行省、江西行省、甘肃行省
大德十一年(1307)	陕西行省、四川行省、云南行省、辽阳行省、河南行省、湖广行省、江浙行省、江西行省、甘肃行省、和林行省
皇庆元年(1312)	陕西行省、四川行省、云南行省、辽阳行省、河南行省、湖广行省、江浙行省、江西行省、甘肃行省、岭北行省

说明：括号中的行省是指在该年置而复废的行省。

2. 腹里政区

表2-1　腹里政区建置表①

腹里	路、直隶府州	路(直隶府州)直属县	路属府州	府　州　属　县
直辖路府州	大都路	大兴、宛平、良乡、永清、宝坻、昌平	涿　州	范阳、房山
			霸　州	益津、文安、大城、保定
			通　州	潞县、三河
			蓟　州	渔阳、丰闰、玉田、遵化、平谷
			漷　州	香河、武清
			顺　州	
			檀　州	
			东安州	
			固安州	
			龙庆州	怀来
	上都路	开平	顺宁府②	宣德、宣平、顺圣
			兴　州	兴安、宜兴
			松　州	
			桓　州	
			云　州	望云

---

① 腹里及以下诸行省政区建置表均依据《元史·地理志》。
② 顺宁府辖保安州、蔚州，保安州领永兴一县，蔚州领灵仙、灵丘、飞狐、定安、广灵五县。

续 表

腹里	路、直隶府州	路(直隶府州)直属县	路属府州	府 州 属 县
直辖路府州	兴和路	高原、怀安、天成、威宁	宝昌州	
	保定路	清苑、满城、唐县、庆都、行唐、曲阳、新安、博野	易　州	易县、涞水、定兴
			祁　州	蒲阴、深泽、束鹿
			雄　州	归信、容城、新城
			安　州	葛城、高阳
			遂　州	
			安肃州	
			完　州	
	河间路	河间、肃宁、齐东、宁津、临邑、青城	沧　州	清池、乐陵、南皮、无棣、盐山
			景　州	蓨县、故城、阜城、东光、吴桥
			清　州	会川、靖海、兴济
			献　州	乐寿、交河
			莫　州	莫亭、任丘
			陵　州	
	永平路	卢龙、迁安、抚宁、昌黎	滦　州	义丰、乐亭
	德宁路	德宁		
	净州路	天山		
	集宁路	集宁		
	砂井总管府	砂井		
	应昌路	应昌		
	全宁路	全宁		
	宁昌路	宁昌		
	泰宁路	泰宁		
	真定路	真定、藁城、栾城、元氏、获鹿、平山、灵寿、阜平、涉县	中山府	安喜、新乐、无极
			赵　州	平棘、临城、高邑、赞皇、宁晋、隆平、柏乡
			冀　州	信都、南宫、枣强、武邑、新河
			深　州	静安、衡水

续 表

腹里	路、直隶府州	路(直隶府州)直属县	路属府州	府　州　属　县
直辖路府州	真定路		晋　州	饶阳、安平、武强、鼓城
			蠡　州	
	顺德路	邢台、钜鹿、内丘、平乡、广宗、沙河、南和、唐山、任县		
	广平路	永年、曲周、肥乡、鸡泽、广平	磁　州	滏阳、武安、邯郸、成安
			威　州	洺水、井陉
	彰德路	安阳、汤阴、临漳	林　州	
	大名路	元城、大名、南乐、魏县、清河	开　州	濮阳、东明、长垣、清丰
			滑　州	白马、内黄
			浚　州	
	怀庆路	河内、修武、武陟	孟　州	河阳、济源、温县
	卫辉路	汲县、新乡、获嘉、胙城	辉　州	
			淇　州	
	东平路	须城、东阿、阳谷、寿张、平阴、汶上		
	东昌路	聊城、堂邑、莘、博平、茌平、丘县		
	济宁路	巨野、郓城、肥城、金乡、砀山、虞城、丰县	济　州	任城、鱼台、沛县
			兖　州	嵫阳、曲阜、泗水、宁阳
			单　州	单父、嘉祥
	曹　州	济阴、成武、定陶、禹城、楚丘		
	濮　州	鄄城、馆陶、朝城、临清、观城、范县		
	高唐州	高唐、夏津、武城		
	泰安州	奉符、长清、莱芜、新泰		
	德　州	安德、平原、德平、清平、齐河		

续表

腹里	路、直隶府州	路（直隶府州）直属县	路属府州	府州属县
直辖路府州	恩州			
	冠州			
山东东西道宣慰司	益都路	益都、临淄、临朐、高苑、乐安、寿光	潍州	北海、昌邑
			胶州	胶西、即墨、高密
			密州	诸城、安丘
			莒州	莒县、沂水、日照、蒙阴
			沂州	临沂、费县
			滕州	滕县、邹县
			峄州	
			博兴州	
	济南路	历城、章丘、邹平、济阳	棣州	厌次、商河、阳信、无棣
			滨州	渤海、利津、霑化
	般阳府路	淄川、长山、新城、蒲台	莱州	掖县、莱阳、胶水、招远
			登州	蓬莱、福山、黄县、栖霞
	宁海州	文登、牟平		
河东山西道宣慰司	大同路	大同、白登、宣宁、平地、怀仁	弘州	
			浑源州	
			应州	金城、山阴
			朔州	鄯阳、马邑
			武州	
			丰州	
			东胜州	
			云内州	
	太原路	阳曲、文水、平晋、祁县、榆次、太谷、清源、寿阳、交城、徐沟	汾州	西河、孝义、平遥、介休
			石州	离石、宁乡
			忻州	秀容、定襄
			平定州	乐平

续 表

腹里	路、直隶府州	路（直隶府州）直属县	路属府州	府 州 属 县
河东山西道宣慰司	太原路	阳曲、文水、平晋、祁县、榆次、太谷、清源、寿阳、交城、徐沟	临　州	
			保德州	
			崞　州	
			管　州	
			代　州	
			台　州	
			兴　州	
			坚　州	
			岚　州	
			孟　州	
	平阳路	临汾、襄陵、洪洞、浮山、汾西、岳阳	河中府	河东、万泉、猗氏、荣河、临晋、河津
			绛　州	正平、太平、曲沃、翼城、稷山、绛县、垣曲
			潞　州	上党、壶关、长子、潞城、屯留、襄垣、黎城
			泽　州	晋城、高平、阳城、沁水、陵川
			解　州	解县、安邑、闻喜、夏县、平陆、芮城
			霍　州	霍邑、赵城、灵石
			隰　州	隰川、大宁、石楼、永和、蒲县
			沁　州	铜鞮、沁源、武乡
			辽　州	辽山、榆社、和顺
			吉　州	乡宁

表 2-2　腹里辖区路、直隶府州建置沿革表

年　份	路、直隶府州建置沿革
中统元年（1260）	顺天路、平滦路、真定路、洺磁路、大名路、卫辉路、东平路、益都路、济南路、西京路、太原路、平阳路
至元二年（1265）	顺天路、河间路、平滦路、真定路、顺德路、洺磁路、大名路、彰德总管府、东平路、曹州、德州、益都路、济南路、淄莱路、西京路、太原路、平阳路

续 表

年　份	路、直隶府州建置沿革
至元七年 （1270）	上都路、隆兴路、顺天路、河间路、平滦路、真定路、顺德路、彰德路、洺磁路、大名路、怀孟路、卫辉路、东平府、博州路、曹州、濮州、高唐州、泰安州、德州、恩州、冠州、益都路、济南路、淄莱路、西京路、太原路、平阳路
至元十二年 （1275）	上都路、隆兴路、保定路、河间路、平滦路、真定路、顺德路、彰德路、洺磁路、大名路、怀孟路、卫辉路、东平路、博州路、曹州、濮州、高唐州、泰安州、德州、恩州、冠州、益都路、济南路、淄莱路、宁海州、西京路、太原路、平阳路
至元十七年 （1280）	上都路、隆兴路、保定路、河间路、平滦路、真定路、顺德路、彰德路、广平路、大名路、怀孟路、卫辉路、东平路、东昌路、济宁路、曹州、濮州、高唐州、泰安州、德州、恩州、冠州、益都路、济南路、淄莱路、宁海州、西京路、太原路、平阳路
至元二十八年 （1291）	大都路、上都路、隆兴路、保定路、河间路、平滦路、应昌路、真定路、顺德路、彰德路、广平路、大名路、怀孟路、卫辉路、东平路、东昌路、济宁路、曹州、濮州、高唐州、泰安州、德州、恩州、冠州、益都路、济南路、般阳路、宁海州、大同路、太原路、平阳路
大德十一年 （1307）	大都路、上都路、隆兴路、保定路、河间路、永平路、静安路、净州路、应昌路、全宁路、真定路、顺德路、彰德路、广平路、大名路、怀孟路、卫辉路、东平路、东昌路、济宁路、曹州、濮州、高唐州、泰安州、德州、恩州、冠州、益都路、济南路、般阳路、宁海州、大同路、冀宁路、晋宁路
皇庆元年 （1312）	大都路、上都路、兴和路、保定路、河间路、永平路、静安路、净州路、集宁路、应昌路、全宁路、真定路、顺德路、彰德路、广平路、大名路、怀孟路、卫辉路、东平路、东昌路、济宁路、曹州、濮州、高唐州、泰安州、德州、恩州、冠州、益都路、济南路、般阳路、宁海州、大同路、冀宁路、晋宁路
延祐七年 （1320）	大都路、上都路、兴和路、保定路、河间路、永平路、德宁路、净州路、集宁路、砂井总管府、应昌路、全宁路、宁昌府、泰宁路、真定路、顺德路、彰德路、广平路、大名路、怀庆路、卫辉路、东平路、东昌路、济宁路、曹州、濮州、高唐州、泰安州、德州、恩州、冠州、益都路、济南路、般阳路、宁海州、大同路、冀宁路、晋宁路
至治二年 （1322）	大都路、上都路、兴和路、保定路、河间路、永平路、德宁路、净州路、集宁路、砂井总管府、应昌路、全宁路、宁昌路、泰宁路、真定路、顺德路、彰德路、广平路、大名路、怀庆路、卫辉路、东平路、东昌路、济宁路、曹州、濮州、高唐州、泰安州、德州、恩州、冠州、益都路、济南路、般阳路、宁海州、大同路、冀宁路、晋宁路

3. 辽阳行省

表 3-1 辽阳行省政区建置表

路	路直辖县（千户所）	路属府州（万户府）
辽阳路	辽阳	盖州、懿州
广宁路	闾阳、望平、广宁旧千户所、钟秀旧千户所、凌川旧千户所、辽镇旧千户所	
大宁路	大定、龙山、富庶、和众、金源、惠和、武平	义州、兴中州、瑞州、高州、锦州、利州、惠州、川州、建州
东宁府	土山、中和	高丽西京、黄州、凤州、大兴府等
沈阳路		沈州
开元路①		咸平府、合兰府、双城总管府、开元等万户府
水达达路		桃温、脱斡怜、孛苦江、胡嵬、兀者吉烈迷、吾者野人乞列迷等万户府

表 3-2 辽阳行省辖区路、散府建置沿革表

年份	路、散府建置沿革
窝阔台汗十三年（1241）	北京路、东京路、开元路、广宁路、盖州路、泰州路
中统四年（1264）	北京路、东京路、开元路、广宁路、懿州路、盖州路
至元三年（1266）	北京路、东京路、开元路、广宁路、懿州路、恤品路、合懒路、婆娑府路、盖州路②
至元四年（1267）	北京路、东京路、开元路、广宁路、懿州路、恤品路、合懒路、婆娑府路、盖州路、辽东路
至元六年（1269）	北京路、东京路、开元路、辽东路

---

① 据《辽东志》卷1《地理》，元末开元路辖七县，即咸平、新兴、庆云、铜山、清安、崇安、归仁。
② 《元史》卷6《世祖纪三》载至元三年二月"立东京、广宁、懿州、开元、恤品、合懒、婆娑等路宣抚司"。笔者认为恤品路、合懒路之称仅出现在该则史料中，估计设置后不久即被废罢。日本学者箭内亘认为上述史料中出现的合懒、恤品等名，"不能解作当时行政区划之路，殆只作地方之名用，因不能想象此等地方置有总管府"。参见箭内亘：《元代地名开元之沿革》，陈捷、陈清泉译：《蒙古史研究》，商务印书馆，1932年12月初版，第46页。但箭内氏并没有提出明确的史料依据，故此处笔者仍按原文的意思解作七路。

续表

年　份	路、散府建置沿革
至元七年(1270)	北京路、东京路、开元路、辽东路、东宁府
至元十三年(1276)	北京路、东京路、开元路、辽东路、东宁路
至元十五年(1278)	北京路、东京路、开元路、广宁路、辽东路、东宁府
至元二十二年(1285)	北京路、东京路、开元路、广宁路、辽东路、东宁府
至元二十二年(1286)	北京路、东京路、开元路、广宁路、东宁府
至元二十五年(1288)	武平路、辽阳路、开元路、广宁路、咸平府、东宁府①
至元二十七年(1290)	武平路、辽阳路、开元路、广宁路、咸平府
至元二十九年(1292)	大宁路、辽阳路、开元路、广宁路、咸平府
大德七年(1311)	大宁路、辽阳路、开元路、广宁路
皇庆元年(1312)	大宁路、辽阳路、开元路、广宁路、水达达路
至正二年(1342)	大宁路、辽阳路、开元路、广宁路、水达达路、懿州路

4. 河南行省

表 4-1　河南行省政区建置表

河南行省	路、直隶府州	路(直隶府州)直辖县	路府属州	州 属 县
行省直辖路府州	汴梁路	开封、祥符、中牟、原武、鄢陵、荥泽、封丘、扶沟、阳武、杞县、延津、兰阳、通许、尉氏、太康、洧川、陈留	郑　州	管城、荥阳、汜水、河阴
			许　州	长社、长葛、郾城、襄城、临颍
			陈　州	宛丘、西华、商水、南顿、项城
			钧　州	阳翟、新郑、密县
			睢　州	襄邑、考城、仪封、柘城
	河南府路	洛阳、宜阳、永宁、登封、巩县、偃师、孟津、新安	陕　州	陕县、灵宝、阌乡、渑池

---

① 《元史》卷59《地理志二》载："至元二十三年改(辽东路)为开元路，领咸平府，后割咸平为散府，俱隶辽东道宣慰司。"咸平府改为散府的具体时间虽不明确，但应在至元二十三年后不久。

续 表

河南行省	路、直隶府州	路（直隶府州）直辖县	路府属州	州　属　县
行省直辖路府州	南阳府	南阳、镇平	邓　州	穰县、内乡、新野
			唐　州	泌阳
			嵩　州	卢氏
			汝　州	梁县、鲁山、郏县
			裕　州	方城、叶县、舞阳
	汝宁府	汝阳、上蔡、西平、确山、遂平	颍　州	太和、沈丘、颍上
			息　州	新蔡、真阳
			光　州	定城、固始、光山
			信阳州	罗山、信阳
	归德府	睢阳、永城、下邑、宁陵	徐　州	萧县
			宿　州	灵壁
			邳　州	下邳、宿迁、睢宁
			亳　州	谯县、鹿邑、城父
	襄阳路	襄阳、南漳、宜城、谷城、光化、枣阳	均　州	武当、郧县
			房　州	房陵、竹山
	蕲州路	蕲春、蕲水、广济、黄梅、罗田		
	黄州路	黄冈、黄陂、麻城		
	庐州路	合肥、梁、舒城	和　州	历阳、含山、乌江
			无为州	无为、庐江、巢县
			六安州	六安、英山
	安丰路	寿春、安丰、霍丘、下蔡、蒙城	濠　州	钟离、定远、怀远
	安庆路	怀宁、宿松、望江、太湖、桐城、潜山		
淮东道宣慰司	扬州路	江都、泰兴	真　州	扬子、六合
			滁　州	清流、来安、全椒
			泰　州	海陵、如皋

续 表

河南行省	路、直隶府州	路(直隶府州)直辖县	路府属州	州 属 县
淮东道宣慰司	扬州路	江都、泰兴	通 州	静海、海门
			崇明州	
	淮安路	山阳、盐城、桃园、清河	海宁州	朐山、沭阳、赣榆
			泗 州	临淮、虹县、五河、盱眙、天长
			安东州	
	高邮府	高邮、兴化、宝应		
荆湖北道宣慰司	中兴路	江陵、公安、石首、松滋、枝江、潜江、监利		
	峡州路	夷陵、宜都、长阳、远安		
	安陆府	长寿、京山		
	沔阳府	玉沙、景陵		
	荆门州	长林、当阳		
	德安府	安陆、孝感、应城、云梦	随 州	随县、应山

表4-2 河南行省辖区路、直隶府州建置沿革表

年 份	路、直隶府州建置沿革
至元八年(1271)	南京路、河南府路、南阳府、归德府
至元十二年(1275)	南京路、河南府路、南阳府、归德府、襄阳路、复州路
至元十四年(1277)	南京路、河南府路、南阳府、归德府、襄阳路、蕲州路、黄州路、庐州路、安丰路、安庆路、扬州路、淮安总管府、高邮路、江路、复州路、荆门府
至元十七年(1280)	南京路、河南府路、南阳府、归德府、襄阳路、蕲州路、黄州路、庐州路、安丰府、安庆府、扬州路、淮安总管府、高邮路、江陵路、峡州路、安陆府、沔阳府、荆门州
至元二十八年(1291)	汴梁路、河南府路、南阳府、归德府、襄阳路、庐州路、安丰路、安庆路、扬州路、淮安府路、江陵路、峡州路、安陆府、沔阳府、荆门州
至元二十九年(1292)	汴梁路、河南府路、南阳府、归德府、襄阳路、蕲州路、黄州路、庐州路、安丰路、安庆路、扬州路、淮安府路、江陵路、峡州路、安陆府、沔阳府、荆门州、德安府

续 表

年　份	路、直隶府州建置沿革
至元三十年 （1293）	汴梁路、河南府路、南阳府、汝宁府、归德府、襄阳路、蕲州路、黄州路、庐州路、安丰路、安庆路、扬州路、淮安府路、江陵路、峡州路、安陆府、沔阳府、荆门州、德安府
大德十一年 （1307）	汴梁路、河南府路、南阳府、汝宁府、归德府、襄阳路、蕲州路、黄州路、庐州路、安丰路、安庆路、扬州路、淮安府路、高邮府、江陵路、峡州路、安陆府、沔阳府、荆门州、德安府
天历二年 （1329）	汴梁路、河南府路、南阳府、汝宁府、归德府、襄阳路、蕲州路、黄州路、庐州路、安丰路、安庆路、扬州路、淮安府路、高邮府、中兴路、峡州路、安陆府、沔阳府、荆门州、德安府

5. 陕西行省

表 5-1　陕西行省政区建置表

陕西行省	路、直隶府州	路（直隶府州）直辖县	路属州	州属县
行省直辖路府州	奉元路	咸宁、长安、咸阳、兴平、临潼、蓝田、泾阳、高陵、鄠县、盩厔、郿县	同　州	朝邑、郃阳、白水、澄城、韩城
			华　州	华阴、蒲城、渭南
			耀　州	三原、富平、同官
			乾　州	醴泉、武功、永寿
			商　州	洛南
	延安路	肤施、甘泉、宜川、延长、延川、安定、安塞、保安	鄜　州	洛川、中部、宜君
			绥德州	青涧、米脂
			葭　州	神木、吴堡、府谷
	兴元路	南郑、城固、褒城、西乡	凤　州	
			洋　州	
			金　州	
	凤翔府	凤翔、扶风、岐山、宝鸡、麟游		
	邠　州	新平、淳化		
	泾　州	泾川、灵台		
	开成州	开成	广安州	
	庄浪州			

续　表

陕西行省	路、直隶府州	路（直隶府州）直辖县	路属州	州属县
巩昌等处总帅府	巩昌府	陇西、宁远、伏羌、通渭、鄣县		
	平凉府	平凉、崇信、华亭		
	临洮府	狄道、渭源		
	庆阳府	合水		
	秦　州	成纪、清水、秦安		
	陇　州	汧阳、汧源		
	宁　州	真宁		
	定西州			
	镇原州			
	西和州			
	环　州			
	金　州			
	静宁州	隆德		
	兰　州			
	会　州			
	徽　州	两当		
	阶　州			
	成　州			
	金洋州			

表5-2　陕西行省辖区路、直隶府州建置沿革表

年　份	路、直隶府州建置沿革	
至元四年（1367）	京兆路、延安路、兴元路、凤翔路、原州	
	巩昌等处总帅府	巩昌府、平凉府、临洮府、庆阳府、隆庆府，秦州、陇州、会州、环州、金州、德顺州、徽州、金洋州、安西州、河州、洮州、岷州、利州、巴州、沔州、龙州、大安州、褒州、泾州、邠州、宁州、定西州、镇原州、阶州、成州、西和州、兰州

续 表

年　份	路、直隶府州建置沿革	
至元五年 (1268)	京兆路、延安路、兴元路、凤翔路、原州	
	巩昌等处总帅府	巩昌府、平凉府、临洮府、庆阳府、隆庆府，秦州、陇州、会州、环州、金州、德顺州、徽州、金洋州、河州、洮州、岷州、利州、巴州、沔州、龙州、大安州、褒州、泾州、邠州、宁州、定西州、镇原州、阶州、成州、西和州、兰州
至元六年 (1269)	京兆路、延安路、兴元路、凤翔路、原州	
	巩昌等处总帅府	巩昌府、平凉府、临洮府、庆阳府、隆庆府，秦州、陇州、会州、环州、金州、德顺州、徽州、金洋州、洮州、岷州、利州、巴州、沔州、龙州、大安州、褒州、泾州、邠州、宁州、定西州、镇原州、阶州、成州、西和州、兰州
至元七年 (1270)	京兆路、延安路、兴元路、凤翔路、原州	
	巩昌等处总帅府	巩昌府、平凉府、临洮府、庆阳府、隆庆府，秦州、陇州、会州、环州、金州、德顺州、徽州、金洋州、岷州、利州、巴州、沔州、龙州、大安州、褒州、泾州、邠州、宁州、定西州、镇原州、阶州、成州、西和州、兰州
至元八年 (1271)	京兆路、延安路、兴元路、凤翔路、原州	
	巩昌等处总帅府	巩昌府、平凉府、临洮府、庆阳府、隆庆府，秦州、陇州、会州、环州、金州、德顺州、徽州、金洋州、利州、巴州、沔州、龙州、大安州、褒州、泾州、邠州、宁州、定西州、镇原州、阶州、成州、西和州、兰州
至元九年 (1272)	京兆路、延安路、兴元路、凤翔府、原州	
	巩昌等处总帅府	巩昌府、平凉府、临洮府、庆阳府、隆庆府，秦州、陇州、会州、环州、金州、德顺州、徽州、金洋州、利州、巴州、沔州、龙州、大安州、褒州、泾州、邠州、宁州、定西州、镇原州、阶州、成州、西和州、兰州
至元十年 (1273)	京兆路、延安路、兴元路、凤翔府、开成府	
	巩昌等处总帅府	巩昌府、平凉府、临洮府、庆阳府、隆庆府，秦州、陇州、会州、环州、金州、德顺州、徽州、金洋州、利州、巴州、沔州、龙州、大安州、褒州、泾州、邠州、宁州、定西州、镇原州、阶州、成州、西和州、兰州

续 表

年　　份	路、直隶府州建置沿革	
至元十四年 （1277）	京兆路、延安路、兴元路、凤翔府、开成府	
	巩昌等处总帅府	巩昌路、平凉府、临洮府、庆阳府，秦州、陇州、会州、环州、金州、德顺州、徽州、金洋州、泾州、邠州、宁州、定西州、镇原州、阶州、成州、西和州、兰州
至元十六年 （1279）	安西路、延安路、兴元路、凤翔府、开成府	
	巩昌等处总帅府	巩昌路、平凉府、临洮府、庆阳府，秦州、陇州、会州、环州、金州、德顺州、徽州、金洋州、泾州、邠州、宁州、定西州、镇原州、阶州、成州、西和州、兰州
至元十八年 （1281）	安西路、延安路、兴元路、凤翔府、开成府、叙州路	
	巩昌等处总帅府	巩昌路、平凉府、临洮府、庆阳府，秦州、陇州、会州、环州、金州、德顺州、徽州、金洋州、泾州、邠州、宁州、定西州、镇原州、阶州、成州、西和州、兰州
至元二十六年 （1289）	安西路、延安路、兴元路、凤翔府、开成府、泾州、邠州、庄浪州	
	巩昌等处总帅府	巩昌府、平凉府、临洮府、庆阳府，秦州、陇州、会州、环州、金州、德顺州、徽州、金洋州、宁州、定西州、镇原州、阶州、成州、西和州、兰州
皇庆元年 （1312）	奉元路、延安路、兴元路、凤翔府、开成府、泾州、邠州、庄浪州	
	巩昌等处总帅府	巩昌府、平凉府、临洮府、庆阳府，秦州、陇州、会州、环州、金州、德顺州、徽州、金洋州、宁州、定西州、镇原州、阶州、成州、西和州、兰州
至治三年 （1323）	奉元路、延安路、兴元路、凤翔府、开成州、泾州、邠州、庄浪州	
	巩昌等处总帅府	巩昌府、平凉府、临洮府、庆阳府，秦州、陇州、会州、环州、金州、德顺州、徽州、金洋州、宁州、定西州、镇原州、阶州、成州、西和州、兰州

6. 四川行省

表6-1 四川行省政区建置表

四川行省	路、直隶府州等机构	路(直隶府州)直辖县等机构	路属府州军	府州属县
行省直辖路府州	成都路	成都、华阳、新都、郫县、温江、双流、新繁、仁寿、金堂	彭州	濛阳、崇宁
			汉州	什邡、德阳、绵竹
			安州	石泉
			灌州	
			崇庆州	晋原、新津
			威州	通化
			简州	
	嘉定府路	龙游、夹江、峨眉、犍为	眉州	彭山、青神
			邛州	大邑
	广元路	绵谷、昭化	保宁府	阆中、苍溪、南部
			剑州	普安、梓潼
			龙州	
			巴州	化城、曾口
			沔州	铎水、大安、略阳
	顺庆路	南充、西充	广安府	渠江、乐池
			蓬州	相如、营山、仪陇
			渠州	流江、大竹
	潼川府	郪县、中江、射洪、盐亭	遂宁州	小溪、蓬溪
			绵州	彰明、罗江
	永宁路		筠连州	腾川
四川南道宣慰司	重庆路	巴县、江津、南川	泸州	江安、纳溪、合江
			忠州	临江、南宾、丰都
			合州	铜梁、定远、石照
			涪州	武龙
	绍庆府	彭水、黔江		
	怀德府		来宁州	
			柔远州	
			酉阳州	
			服州	

续表

四川行省	路、直隶府州等机构	路（直隶府州）直辖县等机构	路属府州军	府州属县
四川南道宣慰司	夔路	奉节、巫山	施州	建始
			达州	通川、新宁
			梁山州	梁山
			万州	武宁
			云阳州	
			大宁州	
			开州	
	叙州路①	宜宾、庆符、南溪、宣化	富顺州	
			高州	
	马湖路		长宁军	
			戎州	
	上罗计长官司			
	下罗计长官司			
	四十六囤蛮夷千户所	黄水口上下落骨、山落牟许满吴、麽落财、麽落贤、腾息奴、屯莫面、落摇、麽落梅、麽得幸、上落松、麽得会、麽得恶、落魂、落昧下村、落岛、麽得享、落燕、落得忠、麽得了、麽腾斛、许宿、麽九色、落摇屯石、麽得晏、落能、山落寡、水落寡、落得摇、麽得具、麽得渊、腾日影、落昧上村、赖扇、许焰、腾郎、周头、卖落炎、落女、爱答落、爱答速、麽得奸、阿郎头、下得幸、上得幸、爱得娄、落鸥		
	诸部蛮夷	秦加大散等洞、斜崖冒朱等洞、陇堤纣皮等洞、石耶洞、散毛洞、彭家洞、黑土石等处、市备洞、乐化兀都刺布白享罗等处、洪望册德等族、大江九姓罗氏、水西、鹿庙、阿永蛮部、师壁洞安抚司、永顺等处军民安抚司、阿者洞、谢甲洞、上安下坝、阿渠洞、下役洞、驴虐洞、钱满等处、水洞下曲等处、必藏等处、酉宜等处、雍邦等寨、崖笱等寨、冒朱洞、麻峡柘歌等寨、新附鬼罗金井、沙溪等处、宙窄洞、新容米洞		

---

① 叙州路、马湖路、上罗计长官司、下罗计长官司、四十六囤蛮夷千户所均隶属于四川南道宣慰司辖下的叙南等处蛮夷宣抚司。

表6-2 四川行省辖区路、直隶府州建置沿革表

年 份	路、直隶府州建置沿革
至元十四年(1277)	成都路、嘉定府路、广元路、顺庆府、潼川府、马湖路
至元十六年(1279)	成都路、嘉定府路、广元路、顺庆府、潼川府、重庆路、夔路、马湖路
至元二十二年(1285)	成都路、嘉定府路、广元路、顺庆路、潼川府、重庆路、绍庆府、怀德府、夔路、马湖路
至元二十五年(1288)	成都路、嘉定府路、广元路、顺庆路、潼川府、永宁路、重庆路、绍庆府、怀德府、夔路、叙州路、马湖路

7. 甘肃行省

表7-1 甘肃行省政区建置表

路、直隶府州	路(直隶府州)直辖县	路属州	州 属 县
甘 州 路			
永 昌 路		西凉州	
肃 州 路			
沙 州 路		瓜 州	
亦集乃路			
宁夏府路		灵 州	
		鸣沙州	
		应理州	
兀剌海路			
山 丹 州			
西 宁 州			

表7-2 甘肃行省辖区路、直隶府州建置沿革表

年 份	路、直隶府州建置沿革
至元八年(1271)	甘州路、肃州路、西凉府、中兴府
至元十五年(1278)	甘州路、肃州路、永昌路、中兴府
至元十七年(1280)	甘州路、肃州路、永昌路、中兴府、沙州路

续 表

年　　份	路、直隶府州建置沿革
至元二十二年(1285)	甘州路、肃州路、永昌路、中兴府、沙州路、山丹州
至元二十三年(1286)	甘州路、肃州路、永昌路、中兴府、沙州路、山丹州、亦集乃路、西宁州、兀剌海路
至元二十五年(1288)	甘州路、肃州路、永昌路、宁夏路、沙州路、山丹州、亦集乃路、西宁州、兀剌海路

8. 云南行省

表 8-1　云南行省政区建置表

云南行省	路、直隶府州等机构	路(直隶府州)直辖县等机构	路属府州	府　州　属　县
行省直辖政区	中庆路	昆明、富民、宜良	嵩明州	杨林、邵甸
			晋宁州	呈贡、归化
			昆阳州	三泊、易门
			安宁州	禄丰、罗次
	威楚开南等路	威楚、定远	镇南州	
			南安州	广通
			开南州	
			威远州	
	武定路军民府		和曲州	南甸、元谋
			禄劝州	易笼、石旧
	鹤庆路军民府	剑川		
	云远路军民总管府			
	彻里军民总管府			
	广南西路宣抚司			
	丽江路军民宣抚司		北胜府	
			顺　州	
			蒗蕖州	
			永宁州	
			通安州	

续　表

云南行省	路、直隶府州等机构	路（直隶府州）直辖县等机构	路属府州	府　州　属　县
行省直辖政区	丽江路军民宣抚司		兰　州	
			宝山州	
			巨津州	临西
	东川路			
	茫部路军民总管府		益良州	
			强　州	
	孟杰路			
	普安路			
曲靖等路宣慰司	曲靖路	南宁	陆凉州	芳华、河纳
			越　州	
			罗雄州	
			马龙州	通泉
			霑益州	交水、石梁、罗山
	澂江路	河阳、江川、阳宗	新兴州	普舍、研和
			路南州	邑市
	普定路			
	仁德府	为美、归厚		
罗罗斯宣慰司	建昌路	中县	建安州	
			永宁州	
			泸　州	
			礼　州	泸沽
			里　州	
			阔　州	北舍
			邛部州	
			隆　州	
			姜　州	

续 表

云南行省	路、直隶府州等机构	路（直隶府州）直辖县等机构	路属府州	府州属县
罗罗斯宣慰司	德昌路军民府		昌州	
			德州	
			威龙州	
			普济州	
	会川路		武安州	
			黎溪州	
			永昌州	
			会理州	
			麻龙州	
	柏兴府	闰盐、金县		
临安广西元江等处宣慰司	临安路	河西、蒙自、舍资千户	建水州	
			石平州	
			宁州	通海、嶍峨
	广西路		师宗州	
			弥勒州	
	元江路			
大理金齿等处宣慰司	大理路	太和	永昌府	永平
			腾冲府	
			邓川州	浪穹
			蒙化州	
			赵州	
			姚州	大姚
			云南州	
	蒙怜路军民府			
	蒙莱路军民府			
	柔远路①			

① 柔远路、茫施路、镇康路、镇西路、平缅路、麓川路、南赕隶属于大理金齿等处宣慰司辖下的金齿等处宣抚司。

续 表

云南行省	路、直隶府州等机构	路(直隶府州)直辖县等机构	路属府州	府州属县
大理金齿等处宣慰司	茫施路			
	镇康路			
	镇西路			
	平缅路			
	麓川路			
	南赕			
乌撒乌蒙宣慰司	木连路军民府、蒙光路军民府、木邦路军民府、孟定路军民府、谋粘路军民府、南甸军民府、六难路甸军民府、陋麻和管民官、云龙甸军民府、缥甸军民府、二十四寨达鲁花赤、孟隆路军民府、木朵路军民总管府、金齿孟定各甸军民官、孟爱等甸军民府、蒙兀路、通西军民总管府、木来军民府、乌蒙路、乌撒路			

表8-2 云南行省辖区路、直隶府州建置沿革表

年 份	路、直隶府州建置沿革
至元十二年 (1275)	善阐路、威楚路、武定路、彻里路、建昌路、定昌路、中路、南路、广西路、大理路、乌撒路
至元十三年 (1276)	中庆路、威楚路、武定路、丽江路、普安路、曲靖路、仁德府、建昌路、定昌路、临安路、广西路、元江府、大理路、乌撒路、柔远路、茫施路、镇康路、镇西路、平缅路、麓川路
至元二十年 (1283)	中庆路、威楚路、武定路、鹤州、丽江路、普安路、曲靖路、澂江路、仁德府、建昌路、定昌路、德昌路、会川路、临安路、广西路、元江府、大理路、乌撒路、乌蒙路、柔远路、茫施路、镇康路、镇西路、平缅路、麓川路
至元二十五年 (1288)	中庆路、威楚路、武定路、鹤庆府、丽江路、普安路、曲靖路、澂江路、仁德府、建昌路、德昌路、会川路、临安路、广西路、元江路、大理路、乌撒路、乌蒙路、柔远路、茫施路、镇康路、镇西路、平缅路、麓川路
至元二十八年 (1291)	中庆路、威楚路、武定路、鹤庆路、丽江路、东川路、普安路、曲靖路、澂江路、普定府、仁德府、建昌路、德昌路、会川路、柏兴府、临安路、广西路、元江路、大理路、蒙怜路、蒙莱路、乌撒路、乌蒙路、柔远路、茫施路、镇康路、镇西路、平缅路、麓川路以及乌撒乌蒙宣慰司所辖木连等路
元贞二年 (1296)	中庆路、威楚路、武定路、鹤庆路、云远路、彻里路、丽江路、东川路、普安路、曲靖路、澂江路、普定府、仁德府、建昌路、德昌路、会川路、临安路、广西路、元江路、大理路、蒙怜路、蒙莱路、乌撒路、乌蒙路、柔远路、茫施路、镇康路、镇西路、平缅路、麓川路以及乌撒乌蒙宣慰司所辖木连等路

续 表

年　份	路、直隶府州建置沿革
至顺元年 (1330)	中庆路、威楚路、武定路、鹤庆路、云远路、彻里路、丽江路、东川路、茫部路、孟杰路、普安路、曲靖路、澂江路、普定路、仁德府、建昌路、德昌路、会川路、临安路、广西路、元江路、大理路、蒙怜路、蒙莱路、乌撒路、乌蒙路、柔远路、茫施路、镇康路、镇西路、平缅路、麓川路以及乌撒乌蒙宣慰司所辖木连等路

9. 江浙行省

表 9-1　江浙行省政区建置表

江浙行省	路、直隶府州	路(直隶府州)直辖县	路属州	州 属 县
行省直辖路府州	杭州路	钱塘、仁和、余杭、临安、新城、富阳、於潜、昌化	海宁州	
	湖州路	乌程、归安、安吉、德清、武康	长兴州	
	嘉兴路	嘉兴	海盐州	
			崇德州	
	平江路	吴县、长洲	昆山州	
			常熟州	
			吴江州	
			嘉定州	
	常州路	晋陵、武进	宜兴州	
			无锡州	
	镇江路	丹徒、丹阳、金坛		
	建德路	建德、淳安、遂安、桐庐、分水、寿昌		
	松江府	华亭、上海		
	江阴州			
浙东道宣慰司	庆元路	鄞县、象山、慈溪、定海	奉化州	
			昌国州	
	衢州路	西安、龙游、江山、常山、开化		

续　表

江浙行省	路、直隶府州	路(直隶府州)直辖县	路属州	州　属　县
浙东道宣慰司	婺州路	金华、东阳、义乌、永康、武义、浦江	兰溪州	
	绍兴路	山阴、会稽、上虞、萧山、嵊县、新昌	余姚州	
			诸暨州	
	温州路	永嘉、乐清	瑞安州	
			平阳州	
	台州路	临海、仙居、宁海、天台	黄岩州	
	处州路	丽水、龙泉、松阳、遂昌、青田、庆元、缙云		
	宁国路	宣城、南陵、泾县、宁国、旌德、太平		
	徽州路	歙县、休宁、祁门、黟县、绩溪	婺源州	
	饶州路	鄱阳、安仁、德兴	余干州	
			浮梁州	
			乐平州	
	集庆路	上元、江宁、句容	溧水州	
			溧阳州	
	太平路	当涂、芜湖、繁昌		
	池州路	贵池、青阳、建德、铜陵、石埭、东流		
	信州路	上饶、玉山、弋阳、贵溪、永丰		
	广德路	广德、建平		
	铅山州			
福建道宣慰司	福州路	闽县、侯官、怀安、古田、闽清、长乐、连江、罗源、永福	福清州	
			福宁州	福安、宁德
	建宁路	建安、瓯宁、浦城、建阳、崇安、松溪、政和		

续 表

江浙行省	路、直隶府州	路(直隶府州)直辖县	路属州	州 属 县
福建道宣慰司	泉州路	晋江、南安、惠安、同安、永春、安溪、德化		
	兴化路	莆田、仙游、兴化		
	邵武路	邵武、光泽、泰宁、建宁		
	延平路	南平、尤溪、沙县、顺昌、将乐		
	汀州路	长汀、宁化、清流、莲城、上杭、武平		
	漳州路	龙溪、漳浦、龙岩、长泰、南靖		

表9-2 江浙行省辖区路、直隶府州建置沿革表

年 份	路、直隶府州建置沿革
至元十三年（1276）	湖州路、平江路、镇江府路、衢州路、婺州路、绍兴路、温州路、处州路、邵武路
至元十四年（1277）	湖州路、嘉兴路、平江路、常州路、镇江府路、建德路、华亭府、江阴路、庆元路、衢州路、婺州路、绍兴路、温州路、台州路、处州路、宁国路、徽州路、饶州路、建康路、太平路、池州路、信州路、广德路、兴化路、邵武路
至元十五年（1278）	杭州路、湖州路、嘉兴路、平江路、常州路、镇江府路、建德路、松江府、江阴路、庆元路、衢州路、婺州路、绍兴路、温州路、台州路、处州路、宁国路、徽州路、饶州路、建康路、太平路、池州路、信州路、广德路、福州路、泉州路、兴化路、邵武路、南剑路、汀州路
至元十六年（1279）	杭州路、湖州路、嘉兴路、平江路、常州路、镇江府路、建德路、松江府、江阴路、庆元路、衢州路、婺州路、绍兴路、温州路、台州路、处州路、宁国路、徽州路、饶州路、建康路、太平路、池州路、信州路、广德路、福州路、建宁路、泉州路、兴化路、邵武路、南剑路、汀州路、漳州路
至元二十九年（1292）	杭州路、湖州路、嘉兴路、平江路、常州路、镇江路、建德路、松江府、江阴州、庆元路、衢州路、婺州路、绍兴路、温州路、台州路、处州路、宁国路、徽州路、饶州路、建康路、太平路、池州路、信州路、广德路、铅山州、福州路、建宁路、泉州路、兴化路、邵武路、南剑路、汀州路、漳州路

续 表

年　份	路、直隶府州建置沿革
元贞元年 (1295)	杭州路、湖州路、嘉兴路、平江路、常州路、镇江路、建德路、松江府、江阴州、庆元路、衢州路、婺州路、绍兴路、温州路、台州路、处州路、宁国路、徽州路、饶州路、建康路、太平路、池州路、信州路、广德路、铅山州、福州路、建宁路、泉州路、兴化路、邵武路、南剑路、汀州路、漳州路
延祐元年 (1314)	杭州路、湖州路、嘉兴路、平江路、常州路、镇江路、建德路、松江府、江阴州、庆元路、衢州路、婺州路、绍兴路、温州路、台州路、处州路、宁国路、徽州路、饶州路、建康路、太平路、池州路、信州路、广德路、铅山州、福州路、建宁路、泉州路、兴化路、邵武路、延平路、汀州路、漳州路
天历二年 (1329)	杭州路、湖州路、嘉兴路、平江路、常州路、镇江路、建德路、松江府、江阴州、庆元路、衢州路、婺州路、绍兴路、温州路、台州路、处州路、宁国路、徽州路、饶州路、集庆路、太平路、池州路、信州路、广德路、铅山州、福州路、建宁路、泉州路、兴化路、邵武路、延平路、汀州路、漳州路

10. 江西行省

表 10 - 1　江西行省政区建置表

江西行省	路、直隶州	路(直隶州)直辖县	路属州	州 属 县
行省直辖路州	龙兴路	南昌、新建、进贤、奉新、靖安、武宁	富　州	
			宁　州	
	吉安路	庐陵、永丰、万安、龙泉、永宁	吉水州	
			安福州	
			太和州	
			永新州	
	瑞州路	高安、上高	新昌州	
	袁州路	宜春、分宜、万载	萍乡州	
	临江路	清江	新淦州	
			新喻州	
	抚州路	临川、崇仁、金溪、宜黄、乐安		
	江州路	德化、瑞昌、彭泽、湖口、德安		

续 表

江西行省	路、直隶州	路(直隶州)直辖县	路属州	州 属 县
行省直辖路州	南康路	星子、都昌	建昌州	
	赣州路	赣县、兴国、信丰、零都、石城	宁都州	龙南、安远
			会昌州	瑞金
	建昌路	南城、新城、广昌		
	南安路	大庾、南康、上犹		
	南丰州			
广东道宣慰司	广州路	南海、番禺、东莞、增城、香山、新会、清远		
	韶州路	曲江、乐昌、仁化、乳源		
	惠州路	归善、博罗、海丰、河源		
	南雄路	保昌、始兴		
	潮州路	海阳、潮阳、揭阳		
	德庆路	端溪、泷水		
	肇庆路	高要、四会		
	英德州	翁源		
	梅 州	程乡		
	南恩州	阳江、阳春		
	封 州	封川、开建		
	新 州	新兴		
	桂阳州	阳山		
	连 州	连山		
	循 州	龙川、兴宁、长乐		

表 10-2 江西行省辖区路、直隶府州建置沿革表

年 份	路、直隶府州建置沿革
至元十四年（1277）	隆兴路、吉州路、瑞州路、临江路、抚州路、江州路、赣州路、建昌路、南安路、南恩路、循州路、兴国路
至元十五年（1278）	隆兴路、吉州路、瑞州路、临江路、抚州路、江州路、赣州路、建昌路、南安路、广州路、韶州路、英德路、南恩路、循州路、兴国路

续 表

年　份	路、直隶府州建置沿革
至元十六年 (1279)	隆兴路、吉州路、瑞州路、临江路、抚州路、赣州路、建昌路、南安路、广州路、韶州路、惠州路、南雄路、潮州路、英德路、梅州路、南恩路、新州路、循州路、兴国路
至元十七年 (1280)	隆兴路、吉州路、瑞州路、临江路、抚州路、赣州路、建昌路、南安路、广州路、韶州路、惠州路、南雄路、潮州路、英德路、梅州路、南恩路、新州路、循州路、兴国路
至元二十年 (1283)	龙兴路、吉州路、瑞州路、袁州路、临江路、抚州路、赣州路、建昌路、南安路、南丰州、广州路、韶州路、惠州路、南雄路、潮州路、英德路、梅州路、南恩州、新州、桂阳州、循州路、兴国路
至元二十三年 (1286)	龙兴路、吉州路、瑞州路、袁州路、临江路、抚州路、江州路、南康路、赣州路、建昌路、南安路、南丰州、广州路、韶州路、惠州路、南雄路、潮州路、英德州、梅州、南恩州、新州、桂阳州、循州、兴国路
至元二十九年 (1292)	龙兴路、吉州路、瑞州路、袁州路、临江路、抚州路、江州路、南康路、赣州路、建昌路、南安路、南丰州、广州路、惠州路、潮州路、德庆路、肇庆路、英德州、梅州、南恩州、封州、新州、桂阳州、连州、循州、兴国路
延祐四年 (1317)	龙兴路、吉安路、瑞州路、袁州路、临江路、抚州路、江州路、南康路、赣州路、建昌路、南安路、南丰州、广州路、惠州路、潮州路、德庆路、肇庆路、英德州、梅州、南恩州、封州、新州、桂阳州、连州、循州

11. 湖广行省

表 11-1　湖广行省政区建置表

湖广行省	路、直隶府州等机构	路（直隶府州）直辖县等机构	路属州	州属县
行省直辖路府州	武昌路	江夏、咸宁、嘉鱼、蒲圻、崇阳、通城、武昌		
	岳州路	巴陵、临湘、华容	平江州	
	常德路	武陵	桃源州	
			龙阳州	沅江
	澧州路	澧阳、石门、安乡	慈利州	
			柿溪州	
	辰州路	沅陵、辰溪、卢溪、叙浦		
	沅州路	卢阳、黔阳、麻阳		

续表

湖广行省	路、直隶府州等机构	路（直隶府州）直辖县等机构	路属州	州属县
行省直辖路府州	兴国路	永兴、大冶、通山		
	靖州路	永平、会同、通道		
	汉阳府	汉阳、汉川		
	归州	秭归、巴东、兴山		
湖南道宣慰司	潭州路	长沙、善化、衡山、宁乡、安化	醴陵州	
			浏阳州	
			攸州	
			湘乡州	
			湘潭州	
			益阳州	
			湘阴州	
	衡州路	衡阳、安仁、酃县		
	道州路	营道、宁远、江华、永明		
	永州路	零陵、东安、祁阳		
	郴州路	郴阳、宜章、永兴、兴宁、桂阳、桂东		
	全州路	清湘、灌阳		
	宝庆路	邵阳、新化		
	武冈路	武冈、新宁、绥宁		
	桂阳路	平阳、临武、蓝山		
	茶陵州			
	耒阳州			
	常宁州			
广西两江道宣慰司	静江路	临桂、兴安、灵川、理定、义宁、修仁、荔浦、阳朔、永福、古县		
	南宁路	宣化、武缘		
	梧州路	苍梧		

续 表

湖广行省	路、直隶府州等机构	路（直隶府州）直辖县等机构	路属州	州 属 县
广西两江道宣慰司	浔州路	桂平、平南		
	柳州路	柳城、马平、洛容		
	庆远南丹溪洞等处军民安抚司	宜山、忻城、天河、思恩、河池		
	平乐府	平乐、恭城、立山、龙平		
	郁林州	南流、兴业、博白		
	容 州	普宁、北流、陆川		
	象 州	阳寿、来宾、武仙		
	宾州路	岭方、上林、迁江		
	横州路	宁浦、永淳		
	融 州	融水、怀远		
	藤 州	镡津、岑溪		
	贺 州	临贺、富川、桂岭、怀集		
	贵 州			
	思明路			
	太平路			
	田州路军民总管府			
	来安路军民总管府			
	镇安路			
海北海南道宣慰司	雷州路	海康、徐闻、遂溪		
	化州路	石龙、吴川、石城		
	高州路	电白、茂名、信宜		
	钦州路	安远、灵山		
	廉州路	合浦、石康		
	乾宁军民安抚司	琼山、澄迈、临高、文昌、乐会、会同、安定		

续表

湖广行省	路、直隶府州等机构	路（直隶府州）直辖县等机构	路属州	州属县
海北海南道宣慰司	南宁军	宜伦、昌化、感恩		
	万安军	万安、陵水		
	吉阳军	宁远		
八番顺元宣慰使司	八番宣抚司	罗番遏蛮军安抚司、程番武盛军安抚司、金石番太平军安抚司、卧龙番南宁州安抚司、小龙番静蛮军安抚司、大龙番应天府安抚司、木瓜矻猪蛮夷军民长官、韦番蛮夷长官、洪番永盛军安抚司、方番河中府安抚司、卢番静海军安抚司、卢番蛮夷军民长官、定远府①、管番民总管②		
	顺元等路宣抚司	雍真乖西葛蛮等处、葛蛮雍真等处、曾竹等处、龙平寨、骨龙等处、底寨等处、茶山百纳等处、纳坝紫江等处、磨坡雷波等处、漕泥等处、青山远地等处、木窝普冲普得等处、武当等处、养龙坑宿征等处、骨龙龙里清江木楼雍眼等处、高桥青塘鸭水等处、落邦札佐等处、平迟安德等处、六广等处、贵州等处、施溪样头、朵泥等处、水东、市北洞		
	思州宣抚司	镇远府、楠木洞、古州八万洞、偏桥中寨、野鸡平、德胜寨偏桥四甲等处、思印江等处、石千等处、晓爱泸洞赤溪等处、卑带洞大小田等处、黄道溪、省溪坝场等处、金容金达等处、台蓬若洞住溪等处、洪安等处、葛章葛商等处、平头著可通达等处、溶江芝子平茶等处、亮寨、沿河、龙泉平、祐溪、水特姜、杨溪公俄等处、麻勇洞、恩勒洞、大万山苏葛办等处、五寨铜人等处、铜人大小江等处、德明洞、乌罗龙干等处、西山大洞等处、秃罗、浦口、高丹、福州、永州、迺州、鸾州、程州、三旺州、地州、忠州、天州、文州、合凤州、芝山州、安习州、茆滩等团、荔枝、安化上中下蛮、曹滴等洞、洛卜寨、麦着土村、衙迪洞、会溪施容等处、感化州等处、契锄洞、腊惹洞、劳岩洞、驴迟洞、来化州、客团等处、中古州乐墩洞、卜甲坪、洪州泊李洞、张家洞		

① 定远府辖有五州、十一县，五州即桑州、章龙州、必化州、小罗州、下思同州，十一县即朝宗县、上桥县、新安县、麻峡县、瓮蓬县、小罗县、章龙县、乌山县、华山县、都云县、罗博县。
② 管番民总管辖五十三军民长官如下：小程番、中嵱百纳等处、底窝紫江等处、瓮眼纳八等处、独塔等处、客当刻地等处、天台等处、梯下、党兀等处、勇都朱砂古坜等处、大小化等处、洛甲洛屯等处、低当低界等处、独石寨、百眼佐等处、罗来州、那历州、重州、阿孟州、上龙州、峡江州、罗赖州、桑州、白州、北岛州、罗那州、龙里等寨、六寨等处、帖犵猪等处、木当三寨等处、山斋等处、羡塘带夹等处、都云桑林独立等处、六洞柔远等处、竹古弄等处、中都云板水等处、金竹府、都云民军府、万平等处、南宁、丹竹等处、陈蒙、李稍李殿等处、阳安等处、八千蛮、恭焦溪等处、都镇、平溪等处、平月、李崖等处、杨井等处、卢山等处、乖西军民府。

湖广行省	路、直隶府州等机构	路(直隶府州)直辖县等机构	路属州	州属县
八番顺元宣慰使司	播州宣抚司	黄平府、平溪上塘罗骆家等处、水车等处、石粉罗家永安等处、六洞柔远等处、锡乐平等处、白泥等处、南平綦江等处、珍州思宁等处、水烟等处、溱洞涪洞等处、洞天观等处、葛浪洞等处、寨坝垭黎焦溪等处、小姑单张、倒柞等处、乌江等处、旧州草堂等处、恭溪杏洞、水囤等处、平伐月石等处、下坝、寨章、横坡、平地寨、寨劳、寨勇、上塘、寨垣、哮奔、平莫、林种密秀		
	新添葛蛮安抚司	南渭州、落葛谷鹅罗椿等处、昔不梁骆杯密约等处、乾溪吴地等处、哝耸古平等处、瓮城都桑等处、都镇马乃等处、平普乐重墺等处、落同当等处、平族等处、独禄、三陂地蓬等处、小葛龙洛邦到骆豆虎等处、罗月和、麦傲、大小田陂带等处、都云洞、洪安画剂等处、谷霞寨、刺客寨、吾狂寨、割利寨、必郎寨、谷底寨、都谷郎寨、犵狫寨、平伐等处、安刺速、思楼寨、落暮寨、梅求望怀寨、甘长寨、桑州郎寨、永县寨、平里县寨、锁州寨、双隆、思母、归仁、各丹、木当、雍郎客都等处、雍门犵狫等处、栖求等处仲家蛮、娄木等处、乐赖蒙囊吉利等处、华山谷津等处、青塘望怀甘长不列独娘等处、光州、者者寨、安化思云等洞、北遐洞、茅难思风北郡都变等处、必际县、上黎平、潘乐盈等处、诚州富盈等处、赤畚洞、罗章特团等处、福水州、允州等处、钦村、硬头三寨等处、颜村、水历吾洞等处、顺东、六龙图、推寨、橘叩寨、黄顶寨、金竹等寨、格慢等寨、客芦寨、地省等寨、平魏、白崖、雍门客当乐赖蒙囊大化木瓜等处、嘉州、分州、平珠、洛河洛脑等处、宁溪、瓮除、麦穄、孤顶得同等处、瓮包、三陂、控州、南平、独山州、木洞、瓢洞、窖洞、大青山骨记等处、百佐等处、九十九寨蛮、当桥山齐朱谷列等处、虎列谷当等处、真滁杜珂等处、杨坪杨安等处、棣甫都城等处、杨友阆、百也客等处、阿落传等寨、蒙楚、公洞龙木、三寨猫犵剌等处、黑土石、洛宾洛咸、益轮沼边蛮、割和寨、王都谷浪寨、王大寨、只蛙寨、黄平下寨、林拱章秀拱江等处、密秀丹张、林种拱帮、西罗剖盆、杉木箐、各郎西、恭溪望成崖岭等处、孤把、焦溪笃住等处、草堂等处、上桑直、下桑直、米坪、令其平尾等处、保靖州、特团等处		

表 11-2 湖广行省辖区路、直隶府州建置沿革表

年　份	路、直隶府州建置沿革
至元十四年(1277)	鄂州路、岳州路、常德路、澧州路、辰州路、沅州路、靖州路、汉阳府、归州路、潭州路、衡州路、道州路、永州路、郴州路、全州路、宝庆路、武冈路、桂阳路、郁林州、藤州、贺州、贵州

续　表

年　　份	路、直隶府州建置沿革
至元十六年 （1279）	鄂州路、岳州路、常德路、澧州路、辰州路、沅州路、靖州路、汉阳府、归州、潭州路、衡州路、道州路、永州路、郴州路、全州路、宝庆路、武冈路、桂阳路、静江路、邕州路、梧州路、浔州路、柳州路、庆远路、郁林州、容州路、象州路、宾州路、横州路、融州路、藤州、贺州、贵州、南宁军、万安军、部日军
至元十七年 （1280）	鄂州路、岳州路、常德路、澧州路、辰州路、沅州路、靖州路、汉阳府、归州、潭州路、衡州路、道州路、永州路、郴州路、全州路、宝庆路、武冈路、桂阳路、静江路、邕州路、梧州路、浔州路、柳州路、庆远路、郁林州、容州路、象州路、宾州路、横州路、融州路、藤州、贺州、贵州、雷州路、化州路、高州路、钦州路、廉州路、德庆路、肇庆路、连州路、封州路、南宁军、万安军、部日军
至元十九年 （1282）	鄂州路、岳州路、常德路、澧州路、辰州路、沅州路、靖州路、汉阳府、归州、潭州路、衡州路、道州路、永州路、郴州路、全州路、宝庆路、武冈路、桂阳路、茶陵州、耒阳州、常宁州、静江路、邕州路、梧州路、浔州路、柳州路、庆远路、郁林州、容州路、象州路、宾州路、横州路、融州路、藤州、贺州、贵州、雷州路、化州路、高州路、钦州路、廉州路、德庆路、肇庆路、连州、封州、南宁军、万安军、部日军
大德七年 （1303）	武昌路、岳州路、常德路、澧州路、辰州路、沅州路、兴国路、靖州路、汉阳府、归州、潭州路、衡州路、道州路、永州路、郴州路、全州路、宝庆路、武冈路、桂阳路、茶陵州、耒阳州、常宁州、静江路、邕州路、梧州路、浔州路、柳州路、平乐府、郁林州、容州路、象州、宾州路、横州路、融州、藤州、贺州、贵州、思明路、太平路、田州路、来安路、镇安路、雷州路、化州路、高州路、钦州路、廉州路、琼州路、南宁军、万安军、部日军
天历二年 （1329）	武昌路、岳州路、常德路、澧州路、辰州路、沅州路、兴国路、靖州路、汉阳府、归州、天临路、衡州路、道州路、永州路、郴州路、全州路、宝庆路、武冈路、桂阳路、茶陵州、耒阳州、常宁州、静江路、南宁路、梧州路、浔州路、柳州路、平乐府、郁林州、容州、象州、宾州路、横州路、融州、藤州、贺州、贵州、思明路、太平路、田州路、来安路、镇安路、雷州路、化州路、高州路、钦州路、廉州路、乾宁军民安抚司路、南宁军、万安军、部日军

主要参考文献

一、史籍文献

脱脱:《宋史》,中华书局校点本。
脱脱:《金史》,中华书局校点本。
宋濂:《元史》,中华书局校点本。
张廷玉:《明史》,中华书局校点本。
[高丽]郑麟趾:《高丽史》,朝鲜科学院古籍研究所刊本,1957年。
屠寄:《蒙兀儿史记》,中国书店影印本,1984年。
宇文懋昭:《大金国志》,中华书局,1986年。
《经世大典·站赤》,《永乐大典》本。
《元典章》,影印元刊本。
《历代石刻史料汇编》,北京图书馆出版社,2000年。
孛兰肹:《元一统志》,中华书局,1966年。
李贤:《明一统志》,影印《文渊阁四库全书》本。
和珅:《大清一统志》,影印《文渊阁四库全书》本。
刘应李:《大元混一方舆胜览》,四川大学出版社点校本,2003年。
《大明清类天文分野之书》,续修四库全书影印明刻本。
田文镜:《河南通志》,影印《文渊阁四库全书》本。
唐执玉:《畿辅通志》,影印《文渊阁四库全书》本。
刘于义:《陕西通志》,影印《文渊阁四库全书》本。
许容:《甘肃通志》,影印《文渊阁四库全书》本。
迈柱:《湖广通志》,影印《文渊阁四库全书》本。
鄂尔泰:《贵州通志》,影印《文渊阁四库全书》本。
鄂尔泰:《云南通志》,影印《文渊阁四库全书》本。
谢旻:《江西通志》,影印《文渊阁四库全书》本。
郝玉麟:《福建通志》,影印《文渊阁四库全书》本。

岳濬：《山东通志》，影印《文渊阁四库全书》本。
觉罗石麟：《山西通志》，影印《文渊阁四库全书》本。
袁桷：《延祐四明志》，《宋元方志丛刊》本，中华书局，1990年。
俞希鲁：《至顺镇江志》，《宋元方志丛刊》本，中华书局，1990年。
张铉：《至正金陵新志》，《宋元方志丛刊》本，中华书局，1990年。
冯福京：《大德昌国州图志》，《宋元方志丛刊》本，中华书局，1990年。
徐硕：《至元嘉禾志》，《宋元方志丛刊》本，中华书局，1990年。
于钦：《齐乘》，《宋元方志丛刊》本，中华书局，1990年。
《安阳县金石录》，《石刻史料新编》本，台湾，新文丰出版公司，1982年。
杨葆初：《集宁县志》，1924年抄本。
《巨野县志》，道光二十年(1840)刻本。
侯大节：《卫辉府志》，明万历三十一年(1603)刻本。
卢崧：《彰德府志》，乾隆五十二年(1787)刻本。
周家齐：《高唐州志》，光绪三十三年(1907)刻本。
黄廷金：《瑞州府志》，同治十二年(1873)刻本。
郑钶：《南丰县志》，康熙二十四年(1685)刻本。
熊梦祥：《析津志辑佚》，北京古籍出版社，1983年。
和珅：《钦定热河志》，影印《文渊阁四库全书》本。
阿桂：《钦定盛京通志》，影印《文渊阁四库全书》本。
毕恭：《辽东志》，《辽海丛书》本。
李辅：《全辽志》，《辽海丛书》本。
杨镳：《辽阳州志》，《辽海丛书》本。
刘源溥：《锦州府志》，《辽海丛书》本。
陈元靓：《事林广记》，中华书局影印本，1999年。
叶子奇：《草木子》，中华书局标点本，1997年。
元好问：《元好问全集》，山西人民出版社点校本，1990年。
郝经：《陵川集》，乾隆三年(1738)刻本。
姚燧：《牧庵集》，《四部丛刊初编》本。
王恽：《秋涧集》，《元人文集珍本丛刊》本，台湾，新文丰出版公司，1985年。
程钜夫：《雪楼集》，宣统二年(1910)陶氏涉园影洪武刊本。
陆文圭：《墙东类稿》，《元人文集珍本丛刊》本，台湾，新文丰出版公司，1985年。

元明善：《清河集》，《藕香零拾》本。
朱晞颜：《瓢泉吟稿》，《四库全书珍本》本。
朱思本：《贞一斋杂著》，《适园丛书》本。
黄溍：《金华黄先生文集》，《四部丛刊初编》本。
黄溍：《文献集》，咸丰元年(1851)刻本。
虞集：《道园类稿》，《元人文集珍本丛刊》本，台湾，新文丰出版公司，1985年。
虞集：《道园学古录》，《四部丛刊初编》本。
唐元：《筠轩集》，《四库全书珍本》本。
张养浩：《归田类稿》，乾隆五十五年(1790)刻本。
欧阳玄：《圭斋集》，《四部丛刊初编》本。
许有壬：《圭塘小稿》，影印《文渊阁四库全书》本。
许有壬：《至正集》，《元人文集珍本丛刊本》，台湾，新文丰出版公司，1985年。
刘敏中：《中庵集》，《北京图书馆古籍珍本丛刊》本。
郑元祐：《侨吴集》，《北京图书馆古籍珍本丛刊》本。
同恕：《榘庵集》，《四库全书珍本》本。
杨维桢：《东维子集》，《四部丛刊初编》本。
王礼：《麟原文集》，影印《文渊阁四库全书》本。
郭钰：《静思集》，影印《文渊阁四库全书》本。
胡祗遹：《紫山大全集》，《三怡堂丛书》本。
刘仁本：《羽庭集》，影印《文渊阁四库全书》本。
贡师泰：《玩斋集》，影印《文渊阁四库全书》本。
苏天爵：《元朝名臣事略》，姚景安点校本，中华书局，1996年。
苏天爵：《元文类》，《四部丛刊初编》本。
苏天爵：《滋溪文稿》，陈高华、孟繁清点校本，中华书局，1997年。
袁桷：《清容居士集》，《四部丛刊初编》本。
吴澄：《吴文正公集》，《元人文集珍本丛刊本》，台湾，新文丰出版公司，1985年。
赵孟頫：《松雪斋集》，《四部丛刊初编》本。
任士林：《松乡集》，影印《文渊阁四库全书》本。
王沂：《伊滨集》，《四库全书珍本》本。
危素：《危太朴集》，《元人文集珍本丛刊本》，台湾，新文丰出版公司，

1985年。

危素：《危太朴续集》，《元人文集珍本丛刊本》，台湾，新文丰出版公司，1985年。

马祖常：《石田集》，《元人文集珍本丛刊本》，台湾，新文丰出版公司，1985年。

刘将孙：《养吾斋集》，《四库全书珍本》本。

陈旅：《安雅堂集》，影印《文渊阁四库全书》本。

柳贯：《柳待制集》，《四部丛刊初编》本。

陶宗仪：《南村辍耕录》，中华书局标点本，1955年。

傅若金：《傅与砺诗文集》，《北京图书馆古籍珍本丛刊》本。

张伯淳：《养蒙文集》，影印《文渊阁四库全书》本。

陈镒：《午溪集》，影印《文渊阁四库全书》本。

王逢：《梧溪集》，同治思补堂本。

宋濂：《宋文宪公集》，《四部备要》本。

杨瑀：《山居新话》，《中国野史集成》影印本，巴蜀书社，2000年。

张之翰：《西岩集》，《四库全书珍本》本。

王祎：《王忠文公集》，清康熙刻本。

黄镇成：《秋声集》，《元人文集珍本丛刊本》，台湾，新文丰出版公司，1985年。

周权：《此山诗集》，影印《文渊阁四库全书》本。

沈节甫：《纪录汇编》，涵芬楼影印明刻本，上海商务印书馆，1938年。

迺贤：《河朔访古记》，光绪二十五年（1899）刻本。

蒲道源：《闲居丛稿》，《元代珍本文集汇刊本》，台湾，新文丰出版公司，1985年。

杜宏刚、邱瑞中、[韩]崔昌源辑：《韩国文集中的蒙元史料》，广西师范大学出版社，2005年。

二、参考论著

谭其骧：《元福建行省建置考》，《禹贡》2卷1号，1934年。

谭其骧：《陕西四川行省沿革考》，《禹贡》3卷6号，1935年。

谭其骧主编：《〈中国历史地图集〉释文汇编·东北卷》，中央民族学院出版社，1988年。

谭其骧：《元代的水达达路和开元路》，《长水集》（下），人民出版社，

1987年。

陈得芝:《元岭北行省诸驿道考》,《元史论集》,人民出版社,1984年。

陈得芝:《元岭北行省建置考》(上)、(中)、(下),《元史及北方民族史研究集刊》第9、11、12期,1985年,1987年,1989年。

陈得芝:《元代乌思藏宣慰司的设置年代》,《元史及北方民族史研究集刊》第8期,1984年。

钱大昕:《元史氏族表》,《嘉定钱大昕全集》,江苏古籍出版社,1997年。

王颋:《元代行政地理研究》,复旦大学博士论文,1989年。

王颋:《乔木延年——汪氏家族与巩昌都总帅府》,《龙庭崇汗——元代政治史研究》,南方出版社,2002年。

张云:《元代吐蕃地方行政体制研究》,中国社会科学出版社,1998年。

李治安:《元代分封制度研究》,天津古籍出版社,1992年。

方国瑜:《中国西南历史地理考释》,中华书局,1987年。

瞿大风:《元朝统治下的山西地区》,南开大学博士论文,2003年。

赵文坦:《大蒙古国时期汉人世侯研究》,山东大学博士论文,1999年。

张金铣:《元代地方行政制度研究》,安徽大学出版社,2001年。

周清澍:《汪古部的领地及其统治制度》,《文史》第十四辑,中华书局,1982年。

韩儒林:《元代的吉利吉思及其邻近诸部》,《穹庐集》,上海人民出版社,1982年。

亦邻真、周清澍等:《内蒙古历史地理》,内蒙古大学出版社,1994年。

陈世松:《宋元战争史》,四川省社会科学院出版,1988年。

丁昆健:《元代行省制度之形成及其职权》,台湾私立中国文化学院史学研究所博士论文,1977年(打印本)。

到何之:《关于金末元初的汉人地主武装问题》,《元史论集》,人民出版社,1984年。

赵琦:《大蒙古国时期十路征收课税所考》,《蒙古史研究》第六辑,内蒙古大学出版社,2000年。

史卫民:《元朝前期的宣抚司与宣慰司》,《元史论丛》第五辑,中国社会科学出版社,1993年。

马大正:《中国边疆经略史》,中州古籍出版社,2000年。

方铁:《西南通史》,中州古籍出版社,2003年。

王国维:《王国维遗书》,上海古籍书店,1983年。

张博泉、苏金源、董玉瑛：《东北历代疆域史》，吉林人民出版社，1981年。

杨昭全、孙玉梅：《中朝边界史》，吉林文史出版社，1993年。

李学智：《元代设于辽东行省之开元路》，《大陆杂志》第18卷第2、3、4期。

景爱：《关于开元路若干问题的探讨》，《学习与探索》1979年第3期。

李逸友：《黑城出土文书》（汉文文书卷），科学出版社，1991年。

叶新民：《弘吉剌部的封建领地制度》，《蒙古史论文选集》第一辑，内蒙古大学学报丛刊，1983年。

[日]箭内亘：《元代经略东北考》，上海商务印书馆，1934年。

[日]箭内亘：《元代的满洲疆域》，《满洲历史地理》第2卷，日本东京丸善株式会社，1940年再版。

[日]池内宏：《关于高丽恭愍王对东宁府的征伐》，《满鲜史研究》中世第三册，吉川弘文馆，1979年。

[日]和田清：《明代蒙古史论集》，商务印书馆，1984年。

[日]爱宕松男：《东洋史学论集》第四卷，日本三一书房，1988年。

[韩]方东仁：《双城总管府考》，《关东史学》第一辑，关东大学史学会，1982年。

[韩]方东仁：《东宁府置废小考》，《关东史学》第二辑，关东大学史学会，1984年。

图书在版编目(CIP)数据

中国行政区划通史·元代卷/周振鹤主编;李治安,薛磊著. —2版. —上海:复旦大学出版社,2017.9(2021.11重印)
ISBN 978-7-309-12701-0

Ⅰ.中… Ⅱ.①周…②李…③薛… Ⅲ.①政区沿革-历史-中国②政区沿革-历史-中国-元代 Ⅳ.K928.2

中国版本图书馆 CIP 数据核字(2016)第 283038 号

中国行政区划通史·元代卷(第二版)
周振鹤　主编　李治安　薛磊　著
出 品 人/严　峰
责任编辑/史立丽

复旦大学出版社有限公司出版发行
上海市国权路 579 号　邮编:200433
网址:fupnet@fudanpress.com　http://www.fudanpress.com
门市零售:86-21-65102580　　团体订购:86-21-65104505
出版部电话:86-21-65642845
浙江新华数码印务有限公司

开本 787×1092　1/16　印张 24.5　字数 406 千
2021 年 11 月第 2 版第 2 次印刷

ISBN 978-7-309-12701-0/K·601
定价:75.00 元

如有印装质量问题,请向复旦大学出版社有限公司出版部调换。
版权所有　侵权必究